ALONZO T. JONES

Boletín de la Conferencia General 1893

El mensaje del tercer ángel

Boletín

de la

Conferencia General 1893

por
Alonzo T. Jones

© 2019

ISBN: 978-0-9945585-3-4

Contenido

Prefacio 7
1. ¡Como niño: listo para recibir la palabra de Dios! 11
2. Identificando la marca de la bestia 24
3. La imagen de la bestia es formada 53
4. Proclamando el fuerte pregón del mensaje del tercer ángel 66
5. La reorganización eclesiástica del papado en América desde 1892 79
6. De pie en lealtad al mensaje del tercer ángel 94
7. El misterio de piedad: Cristo en mí la esperanza de gloria 110
8. Amor fraternal y el derramamiento de la lluvia tardía 123
9. Caleb y Josué: ¡Podemos entrar! 135
10. La carne de Cristo: Nuestro manto de justicia 151
11. La lluvia tardía: El Maestro de justicia 166
12. Justificación por fe versus justificación por obras 174
13. Una fe viva que obra 193
14. La justicia de Cristo: Un regalo gratuito 206
15. Orando por el derramamiento de la lluvia tardía 217
16. Abraham creyó a Dios y le fue imputado por justicia 228
17. Los sentimientos no tienen nada que ver con los hechos 238
18. Tu vida perfecta manifestada en Cristo 251
19. El nombre de Dios en la frente 266
20. El reposo del Señor 275
21. Creación y salvación 287
22. Levántate, resplandece; porque ha venido tu luz, y la gloria de Jehová ha nacido sobre ti 304
23. El Espíritu del Señor está sobre mí; para enseñar buenas nuevas 318
24. ¡Prepárate, porque el Señor está viniendo! ¡Prepárate, para ser como Él! 335

Prefacio

EN el año 1888, Alonzo T. Jones, junto con el coeditor de la revista *Signs of the Times*, Ellet J. Waggoner, presentaron el tema de Justicia por la fe en la sesión de la Conferencia General llevada en Minneapolis. La condición de la iglesia en aquel momento fue descrita por Ellen G. White en las siguientes palabras: "Como pueblo, hemos predicado la ley hasta estar tan secos como las colinas de Gilboa que no tienen rocío, ni lluvia". (*Review and Herald*, 11 de marzo de 1890, párrafo 13). "El mensaje del Evangelio de su gracia tenía que ser dado a su iglesia con contornos claros y distintos, para que el mundo no siguiera afirmando que los adventistas del séptimo día hablan mucho de la ley, pero no predican a Cristo, ni creen en Él" (*Evangelismo*, p. 143).

Las verdades que Jones y Waggoner presentaron en la conferencia de Minneapolis fueron denominadas como "herejía" por los hermanos líderes, pero en realidad fue un renacimiento de las verdades sencillas y simples de la justificación por la fe de Cristo, tal como fue predicada por los protestantes de la gran reforma. Ellen White declaró:

> En su gran misericordia el Señor envió un preciosísimo mensaje a su pueblo por medio de los pastores Waggoner y Jones. Este mensaje [de justicia por la fe tal como fue presentada por Jones y Waggoner] tenía que presentar en forma más destacada ante el mundo al sublime Salvador, el sacrificio por los pecados del mundo entero. Presentaba la justificación por la fe en el Garante [Cristo]; invitaba a la gente a recibir la justicia de Cristo, que se manifiesta en la obediencia a todos los mandamientos de Dios. Muchos habían perdido de vista a Jesús. Necesitaban dirigir sus ojos a su divina persona, a sus méritos, a su amor inalterable por la familia humana. Todo el poder es colocado en sus manos, y Él puede dispensar ricos dones a los hombres, impartiendo el inapreciable don de su propia justicia al desvalido agente humano. Este es el mensaje que Dios ordenó que fuera dado al mundo. Es el mensaje del tercer ángel, que ha de ser proclamado en alta voz y acompañado por el abundante derramamiento de su Espíritu (*Testimonio para los Ministros,* p. 91).

En los años siguientes a 1888, las verdades de la justicia de Cristo continuaron desarrollándose en la experiencia de Jones. La verdad es progresiva, y como se dedicó de todo corazón a su propagación; esa verdad se volvió más clara y simple a su entendimiento.

Los siguientes artículos son transcripciones de los discursos que Jones presento cinco años más tarde a los hermanos ministros de la Conferencia General en el año 1893. En estas reuniones, Jones presentó los temas de la justicia por la fe de una manera tan simple que hasta un niño podía entenderlos. Cada página de este libro muy probablemente contendrá un pensamiento que nunca antes ha venido a su mente. Aún los ministros mismos fueron constreñidos al reconocer el sentido común en el que se presenta la verdad.

En estas páginas, Alonzo Jones se sumerge profundamente en la revelación de Cristo como nuestra justicia y la inutilidad de nuestras propias obras. Con sabiduría divina, él ata estas verdades con el mensaje del Tercer Ángel de Apocalipsis 14 y revela, cómo el tema del sábado-domingo tiene todo que ver con nuestras esperanzas de vida eterna.

En resumen, como lo verán leyendo cuidadosamente, el domingo trata todo sobre "mí" –salvándome a mí misma por mis propias obras–; mientras el asunto del sábado se trata de que nosotros cesemos de hacer nuestra propia obra, nuestra propia voluntad y permitir a Dios obrar en nosotros tanto el querer como el hacer su propia obra salvadora.

El año 1893 fue un año importante en la historia de la América Protestante, y por lo tanto, también para la iglesia. El mundo había sido invitado a asistir a la "Exposición Mundial Colombina" o comúnmente conocida como la "Feria Mundial", que era un escaparate de las principales tecnologías y manufacturas del mundo. Durante los seis meses en que estuvo abierto, desde el 1 de mayo hasta el 30 de octubre, contando con 27 millones de visitantes que habían pagado el precio de admisión de 50 centavos, lo que significa que casi la mitad de la población estadounidense en ese tiempo viajo a Chicago para visitar la feria.

Las iglesias Presbiterianas y tanto como otros grupos religiosos vieron la feria como una oportunidad para promover los principios de su fe, y a través de peticiones firmadas por millones de personas, presionaron al Gobierno de los Estados Unidos para cerrar la Feria los domingos. El Senado concedió y aprobó la legislación estipulando que la adquisición de fondos que el gobierno proporcionaría a la Feria Mundial de Chicago seria dada siempre y cuando esta estuviera sujeta a que se cerraran todos los domingos al público. Esto fue una violación directa de la primera enmienda de la Constitución que afirma que: "El Congreso no hará ninguna ley en respecto al establecimiento de la religión...". Las iglesias protestantes dentro de Estados Unidos habían adquirido con éxito una influencia controladora sobre el Gobierno de los Estados Unidos de América. Jones había estado activo representando la causa de la libertad religiosa al Senado en oposición directa a los presbiterianos. Pero unos meses después, durante la Conferencia General de 1893, presentó la realidad del asunto:

> El gobierno de los Estados Unidos está ahora en las manos de una jerarquía, y no está más en las manos de los representantes del pueblo. Ha desaparecido el gobierno tal como lo establecieron nuestros antepasados; ha desaparecido de forma irreversible. Se acabó el gobierno del pueblo, por el pueblo y para el pueblo. La autoridad del gobierno emanada del pueblo –tal como prescribe la Constitución– y un gobierno regulado por la Constitución, pertenecen al pasado. Se ha anulado la Constitución, y ahora se ignora...

> Esa acción -del propio Congreso-, ha puesto al gobierno de los Estados Unidos en manos de las iglesias; eso ha establecido la marca de la bestia como Sabbath de la nación y para todo el mundo, y se ha reemplazado así el Sabbath del cuarto mandamiento en términos inequívocos en la legislación... ¿Qué tenemos ahora en nuestra propia nación? La imagen del papado (Capítulo 3 de este libro).

Este hecho se establece en los primeros capítulos de este libro, ya que Jones da el relato de su representación ante el Senado. Para algunos los primeros capítulos pueden parecer un poco aburridos, y es posible que se sientan tentados a no estudiarlos; pero les animo a perseverar en su lectura para que se familiaricen con el contexto histórico en el que se dieron estos importantes estudios. Si era imperativo que la iglesia recibiera estos mensajes en el año 1893, ¿cuán más deberíamos darles la bienvenida en nuestro corazón y en la vida de hoy?

Si lees las siguientes páginas con un espíritu enseñable y un corazón dispuesto, ellos cambiarán su vida. Nuestra experiencia hoy no es diferente a la de los adventistas del séptimo día en los años que rodearon a 1888: O hacemos demasiado de la ley y nos convertimos en fariseos legalistas tratando de salvarnos con nuestras propias obras, y mirando; juzgando a nuestros semejantes, o bien viviendo en el temor constante de la condenación de Dios o exaltándonos a nosotros mismos como "más santo que tú"; o nos hemos desinteresado totalmente acerca de nuestra responsabilidad ante Dios y Sus requisitos.

Jones presenta la fe y las obras como un medio sinérgico de salvación en un equilibrio armonioso, algo que hoy en día carece en gran medida en los ministerios de las iglesias. Mientras que, por medio del don de la justicia de Cristo, da libertad a los hombres de la condenación de la ley. Jones también muestra cómo es que, a través de ese mismo Don, podemos cumplir todos los requerimientos de esa ley santa en nuestras vidas de manera práctica.

A la luz de 1ª Corintios 2:14: "Pero el hombre natural no acepta las cosas del Espíritu de Dios, porque para él son necedad; y no las puede entender, porque se disciernen espiritualmente", te invitamos a orar antes de leer cada capítulo, y que el Espíritu Santo traiga estas preciosas verdades a su corazón. Cualquiera que sea la necesidad de su alma, en algún lugar de estas páginas, Dios ha preparado respuesta para usted.

Hemos reformateado, pero no reeditado el discurso original como se publicó por primera vez en los Boletines de la Conferencia General de 1893. La ortografía, la puntuación y la gramática permanecen inalteradas. Para un breve resumen de cada sermón, hemos titulado cada capítulo.

Dios sea usted al leer este libro.

Los publicadores

Capítulo 1

¡Listos, como niños, para recibir la palabra de Dios!

AL iniciar nuestro estudio bíblico, pienso que sería bueno dedicar esta hora, en todo caso, en considerar para qué venimos y la manera en que podemos resultar beneficiados. Supongo que todos vinieron esperando escuchar cosas en las que nunca pensamos antes, y no sólo oírlas, sino aprenderlas. Es muy fácil oír cosas en las que nunca antes pensamos, pero no siempre aprendemos lo que oímos; supongo que hemos venido con la esperanza de aprender cosas de las que nunca pensamos antes. Simplemente podemos decir que hemos venido con la esperanza de que el Señor nos dé nuevas revelaciones de sí mismo, de su palabra y de sus caminos. Por esto he venido. Este texto contiene un buen consejo para todos nosotros. Dice:

> De cierto os digo que el que no reciba el reino de Dios como un niño, no entrará en él (Mar. 10:15).

Así es como hemos venido a aprender acerca del reino de Dios, para recibir cosas de ese reino, cosas nuevas y antiguas, cosas antiguas en una nueva luz, y cosas nuevas en una nueva luz. Quien no las reciba como un niño no entrará en ese reino, no las podrá obtener. Por lo tanto, debemos todos venir aquí y sentarnos a los pies de Cristo, verlo como a nuestro Maestro, esperando recibir lo que Él tiene que decirnos, con la actitud de un niñito. El texto citado no es el único que nos habla acerca de los que recibirán el reino de Dios; en Mateo está expresado de forma que cubra todo el tiempo desde que recibimos por vez primera el reino de Dios.

> En aquel tiempo los discípulos se acercaron a Jesús y le preguntaron: ¿Quién es el mayor en el reino de los cielos? Llamando Jesús a un niño, lo puso en medio de ellos y dijo: De cierto os digo que, si no os volvéis y os hacéis como niños, no entraréis en el reino de los cielos (Mat. 18:1-3).

Si alguien debiera decir que el primer texto se refiere a cualquiera que está recibiendo el reino de Dios por vez primera y admite la verdad de que puede recibir el reino sólo como un niño pequeño, confesando que nada conoce de éste por él mismo y que no puede por sí mismo llegar a ese conocimiento; el segundo versículo demuestra que el asunto va más allá que eso, que se mantiene la idea incluso después que hemos recibido el reino de Dios. A fin de que seamos convertidos, debemos ser como niños pequeños, recibir el reino de Dios como niños pequeños, admitiendo que nada conocemos por nosotros mismos, que somos sin sabiduría propia. No es nuestra propia sabiduría la que puede aclararnos y abrir el camino por el cual podamos entender todo esto correctamente tal cual es. Debemos abandonar toda nuestra sabiduría a fin de obtener esa sabiduría, y al ser convertidos llegaremos a ser como niñitos.

"Si no os volvéis y os hacéis como niños, no entraréis en el reino de los cielos". ¿Cuál es el tipo de niño que se menciona? –Un niño pequeño. Los niños pequeños no tienen mucho orgullo de sus propias opiniones. Los adultos no están tan dispuestos para aprender. Esto es una ilustración que nos provee un modelo y ejemplo de cómo debemos venir a la palabra de Dios a fin de aprender. Hay otro versículo que nos enseña lo mismo, pero quizá aun con mayor fuerza.

| Si alguno piensa que sabe algo, aún no sabe nada como debería saberlo (1ª Cor. 8:2).

¿A cuántos se aplica? –A cada "alguno"; a todos los que estamos aquí, cualquiera que haya venido aquí–. ¿Es posible que se esté refiriendo a todos personalmente? –Así es. ¿Cuánto es necesario que alguien imagine saber, para que se le pueda aplicar? –Es suficiente con "algo". ¿Se aplica, por lo tanto, a cualquier grado y categoría de conocimiento? –Ciertamente. Veis que el texto se aplica a todos, y a todo lo que sea posible saber. Entonces, si alguno de nosotros piensa que sabe algo ¿qué sabe? ¿cuánto sabe? –No sabe nada, de la forma en que debiera saberlo.

Bueno, entonces, ¿admitiremos que esto es verdad? ¿Lo haremos? Aterrice este pensamiento tan sólo para usted mismo. Si vinisteis aquí pensando que sabíais algo, tiene que decidir que no lo sabe de la forma en que debería de saberlo. Entonces, ¿vendremos al estudio con esa mentalidad? ¿Acudiremos todos mañana, pasado mañana y cada día que vengamos, con el convencimiento de que no sabemos nada de la forma en que debiéramos saberlo? En nada cambia si se trata del pastor más veterano entre nosotros; debe venir aceptando que no sabe nada de la forma en que debería saberlo. Entonces podrá decir: "Yo no sé nada todavía como debería saberlo, enséñame". Así es como aprenderemos. Todo el que venga a esta casa con esa actitud, aprenderá algo en cada reunión; y esto también incluye al pastor más veterano entre nosotros: Él aprenderá aún más que el resto de nosotros, si se sienta con esa mentalidad. Ahora, ¿por cuánto tiempo se aplica el texto?, ¿por cuánto tiempo seguirá siendo verdad lo que afirma?, ¿superaremos en estas reuniones ministeriales el período de vigencia del texto? –De ninguna manera. Entonces, que bien. Queda establecido para todas las asambleas, por si hubiéramos pensado que sabíamos algo.

Hay ciertas cosas que creíamos saber bastante bien. Si hay alguna cosa que pensábamos que sabíamos, hacedla a un lado, nada sabemos. Siempre aprendemos más a partir de aquellos textos que más conocemos, los que nos son más familiares. No olvidéis eso. ¿Comprendéis que cuando alguien toma un texto o un pensamiento y tras haberlo estudiado por largo tiempo llega al convencimiento de que ha captado todo lo que contiene, se cierra en sí mismo? Cuando él dice: "Ahora lo comprendo", se priva de aprender lo que realmente está en aquel texto.

El hermano Porter nos ha hablado en el estudio precedente del propósito de Dios de hacernos conocer esas cosas. ¿Qué tipo de propósito fue ese? Un "propósito eterno". Y la Escritura es la expresión del pensamiento de Dios para nosotros, según ese propósito eterno. Es el medio por el que lleva a cabo, establece y da a conocer su propósito. Entonces, ¿qué tipo de propósito es? –Eterno. ¿Qué tan profundos son sus pensamientos? ¿Qué tan lejos es el alcance de ese propósito? –Eterno. Entonces, ¿qué tan profundos son los pensamientos expresados en las Escrituras? –Eternos. ¿En cuántas expresiones de las Escrituras tiene el pensamiento una profundidad eterna?, ¿en cuántos pasajes? –*En todos y cada uno de ellos*. En consecuencia, ¿es necesaria la totalidad de las Escrituras para que el Señor nos pueda expresar lo que quiere decirnos acerca de su propósito eterno? –Así es. ¿Qué tan profundo es el pensamiento en cada pasaje de las Escrituras y en las palabras empleadas para expresarlo? –Eterna. Por lo tanto, tan pronto como alguien capta alguno de esos pensamientos y cree que ya comprendió el texto, ¿cuán lejos está de ello?, ¿cuán lejos está de alcanzar el pensamiento que está realmente allí, en aquel pasaje? (Voz: Tan lejos como su mente está de la mente de Dios). Cuando dice: "Tengo la verdad, he captado el pensamiento", está cerrando su mente a la sabiduría del conocimiento de Dios; poniéndose a sí mismo y a su propia mente en el lugar de Dios y de sus pensamientos divinos. El hombre que hace así no puede aprender más. ¿No veis que en ese instante se está excluyendo a sí mismo, por siempre, de aprender? Y el hombre que hace así, por supuesto que no aprenderá nada más allá de él mismo, y por supuesto que nunca tendrá el conocimiento de Dios.

Los pensamientos expresados en las afirmaciones de las Escrituras tienen una profundidad eterna, por lo tanto, ¿qué límite podemos marcarnos al estudiarlos? –Ningún límite. ¿No nos presenta eso el espléndido panorama y el grandioso prospecto de que la mente eterna de Dios resulta desplegada ante nosotros a fin de que la estudiemos? Entonces, no olvidemos que ese es el campo de estudio en el que vamos a entrar.

Hemos estado aquí por un tiempo. Seamos cuidadosos de no pensar que sabemos algo. Asegurémonos de no haber sido seducidos con la idea de pensar que sabemos algo de la forma en que debiéramos saberlo. Permitámonos establecer ahora, por la palabra de Dios, que no conocemos nada en absoluto. Hay conocimiento en cada línea de pensamiento para que lo podamos pescar. Y hasta que todas las profundidades y eternidades pasen, nunca llegaremos al lugar donde tendremos el derecho a pensar que conocemos aquella cosa y que hemos terminado con ello. ¿No os parece? Me alegra saber que hay temas como esos a nuestra disposición para que los estudiemos, y un período de tiempo como ese (la eternidad) para estudiarlos. Como primera cosa, *alegrémonos* porque sea así. El texto citado permanecerá con nosotros, al menos, por tanto, tiempo como estemos en este mundo; y no a va a perder vigencia después; seguirá en pie. La Biblia, la palabra de Dios expresada en este formato, dejará de ser. Las Biblias serán quemadas, como cualquier otro libro de papel y piel. Pero la Palabra de Dios no será quemada. El texto en esta forma (impreso), perdurará por tanto tiempo como dure el mundo, pero posteriormente seguirá existiendo en el cuerpo. Por lo tanto, ese texto seguirá todo el tiempo con nosotros, nos acompañará por la eternidad. "Si alguno piensa que sabe algo, aún no sabe nada como debería saberlo". No lo sabe; nadie lo sabe. ¿No os alegra, hermanos, que sea así?

Pero no debemos pasar demasiado tiempo con ninguno de esos textos, ya que hay otros varios que queremos citar esta noche. Retomando el pensamiento al que nos hemos referido al principio, hemos venido aquí esperando aprender muchas cosas que sean nuevas, y muchas nuevas cosas a propósito de lo que habíamos aprendido con anterioridad. No obstante, hemos venido a aprender sólo la verdad. Es la verdad lo que queremos. La única cosa en la que hay algún poder, alguna bendición, alguna fuerza de santificación es en la verdad, tal y como ésta está en Cristo Jesús por supuesto, porque no hay verdad en algún otro camino. No corresponde a vosotros ni a mí cuestionar si se trata de algo antiguo o nuevo, o de quién lo ha de presentar en esta reunión ministerial, o si lo hemos de estudiar nosotros o alguien más, o ¿si lo es? La pregunta que debemos hacernos, es: ¿Es eso verdad? Si es la verdad, entonces tomemos la palabra del Señor tal como Él nos la ha dado a nosotros, no hace diferencia a través de quién Él nos habla, no hace diferencia la manera en que nos llega, no hace diferencia si viene en exactamente el sentido opuesto en el cual la esperábamos –y las probabilidades son que así será–, puesto que "mis pensamientos no son vuestros pensamientos ni vuestros caminos mis caminos, dice Jehová". Por lo tanto, aun cuando tengamos un camino arreglado, podremos esperar que venga por algún otro.

El Señor no permitirá que alguien dicte o trace planes para Él. Consideremos el texto bíblico:

> Verdaderamente tú eres Dios que te ocultas; Dios de Israel, que salvas (Isa. 45:15).

Aunque lo podemos ver, Dios se va a ocultar a sí mismo; no siempre podemos conocer los caminos en los cuales Él va a obrar; pero lo mejor de todo es que le permitiremos tener sus propios caminos para obrar, y estaremos con dicha disposición todo el tiempo. Así estaremos perfectamente seguros. Entonces estaremos libres de toda ansiedad, nunca tendremos que manejarla por nosotros mismos. Él es todo sabiduría; con Él todo va bien y nosotros simplemente nos mantenemos listos todo el tiempo para observar cómo actúa. No tenemos otra tarea, excepto la de gozarnos viendo cómo obra. He sido muy bendecido en el estudio de la Biblia y en observar cómo obra el Señor. Y cuando dicho estudio es el más oscuro y misterioso, es también el mejor, porque nos vacía de nosotros mismos. Si pudiéramos siempre ver cómo está viniendo, resultaría menos interesante. Cuando está lo más oscuro, podemos mirar más atentamente y con más interés, cómo lo resuelve el Señor.

Es sólo la verdad lo que hemos de aprender, sin importar quién la pronuncie –por supuesto, será realmente el Señor quien lo haga–, sin importar a través de quién, o de qué forma nos llegue. Si antes no la conocíamos, demos gracias a Dios por conocerla ahora. La única pregunta debe ser: ¿Es verdad? Todos conocéis estos versículos de 2ª Tes. 2:9-10:

> El advenimiento de este impío, que es obra de Satanás, irá acompañado de hechos poderosos, señales y falsos milagros, y con todo engaño de iniquidad para los que se pierden, por cuanto no recibieron el amor de la verdad para ser salvos.

¿Por qué es que él hace todo eso para esa gente? –Porque no recibieron el amor de la verdad. Satanás no tendrá posibilidad alguna de entrampar con hechos poderosos, señales, falsos milagros y con todo engaño de iniquidad al que ame la verdad y reciba el amor de la verdad, ya que Jesús ha dicho (Juan 8:32):

> Conoceréis la verdad y la verdad os hará libres.

Así, todo aquel que reciba el amor de la verdad, ésta lo hará libre. Entonces, ¿Es libre aquel a quien entrampa Satanás con hechos poderosos, señales, falsos milagros y con todo engaño de iniquidad? –No, él es un temeroso esclavo. Todo el tiempo que establezcamos en nuestra mente que lo único que vamos a buscar o esperar es la verdad, y amarla porque es la verdad, y llevarla porque es la verdad, entonces no necesitamos estar preocupados por si Satanás va a engañarnos o no.

Observad la segunda parte del versículo: El efecto de la verdad es hacernos libres. La primera mitad es la mejor promesa de la Biblia, si es que se pudieran medir las promesas. Pero no podemos hacerlo porque una es tan importante como la otra. Todas ellas son pensamientos de Dios, y sus pensamientos son eternos. En todo caso, esta es una excelente promesa: "Conoceréis la verdad". A mí me parece la más maravillosa promesa. "Conoceréis la verdad". ¿Creéis conocerla? ¿Os preguntáis si la conocéis? ¿Os preguntáis si tal y tal cosa es verdad? –"*Conoceréis* la verdad"–. Esa es la promesa de Jesús a vosotros y a mí: Que cuando confiamos en Él y lo seguimos, conoceremos la verdad. Y tan ciertamente como nos entregamos a Él y le sigamos, Él se encargará de que conozcamos la verdad, y confiemos en Él para ello.

> Dijo entonces Jesús a los judíos que habían creído en Él: Si vosotros permanecéis en mi palabra, seréis verdaderamente mis discípulos; y conoceréis la verdad y la verdad os hará libres (Juan 8:31-32).

¿Cómo conoceremos la verdad? Permaneciendo en su palabra, seremos verdaderamente discípulos suyos, y conoceremos la verdad. Su palabra es palabra de verdad.

Me gustaría que nos aferremos a esa promesa. Me parece que, si esa fuera la única promesa en la biblia, sería todo lo que necesitaríamos: "Conoceréis la verdad". Puesto que Cristo lo ha prometido, es para vosotros y para mí, cuando lo seguimos y nos rendimos a Él. Y porque esto es así, me parece que debemos ser las personas más felices en la tierra, por la promesa dada, "Conoceréis la verdad".

Con toda seguridad ha habido, desde las primeras lecciones, abundante oportunidad para que alguien se pregunte: "¿Es realmente así?". Quizá alguien ha tenido ya la oportunidad de decir: "Bien; sobre eso, no sé". Antes de que terminen estas seis semanas que el Señor nos ha concedido para que estudiemos su palabra y sus caminos, sin duda habrá innumerables ocasiones en las que vamos a decirnos: "¿Es así realmente?". ¿Cuál es la promesa? "Conoceréis la verdad". El Señor no quiere que creamos las cosas porque alguien las dice así. El Señor no quiere que concluyamos, cuando alguien dice algo: "Es así, porque ese alguien lo dice". No ha de ser así. Hemos de saber que es verdad porque lo dice Dios. Y yo digo que ahí está la promesa: "Conoceréis la verdad". Habrá la oportunidad de que surja la pregunta, ¿es eso así? ¿Qué hay acerca de aquello? Se presentará la pregunta, pero junto a ella estará la promesa. No lo olvidéis. Cristo os ha dicho, cada vez que surge la pregunta, "conoceréis la verdad".

Así, cuando algún pensamiento en las lecciones suscite una cuestión, ¿cuál es la respuesta para vosotros y para mí?, ¿qué es lo que debemos considerar?, ¿cuál debe ser entonces nuestra posición? Algún día cierto hermano hablará, y leyendo algún pasaje –o varios de ellos– hará una declaración, quizá expondrá una idea, que resulta nueva para mí; empleará una expresión que es nueva para mí. Se suscitará la pregunta: "¿Es eso así?". Entonces, ¿qué debo hacer justo ahí con aquel nuevo pensamiento, con la pregunta que surge? ¿Cuál es la respuesta para mí? –"Conoceréis la verdad". Por lo tanto, ¿qué debo hacer con esa nueva idea, con esa cuestión?, ¿no habré de tomar en consideración esa cuestión, esa nueva idea, eso que para mí es luz nueva?, ¿no deberé presentarla ante Cristo, pidiéndole que me haga conocer la verdad? ¿Os parece preferible acudir a algunos de los hermanos y preguntarles: "Qué pensáis sobre esto?". "El hermano "A" dice tal cosa, ¿qué piensas sobre eso? Eso es nuevo para mí, y tengo ciertas dudas al respecto". "También yo tengo dudas", responde el hermano "B" al que consultáis. "Bien: Entonces no puede ser así". Eso lo sentencia: "No es así". No es asunto tuyo el investigar lo que yo pienso al respecto.

Recuerdo que cierto día, en un encuentro campestre, un hermano leyó literalmente ciertas escrituras; eso fue todo lo que hizo: Fue una lectura bíblica. Pero los pensamientos contenidos en aquel relato bíblico eran nuevos para muchos en la audiencia. Unos seis hermanos se juntaron para venir a hablar conmigo y me preguntaron: "Hermano Jones, ¿qué piensa sobre eso?". Les respondí: "No es de su interés lo que yo pienso al respecto; ¿qué es lo que pensáis vosotros mismos acerca de ello?". "Es que no sabemos qué pensar al respecto", replicaron. A eso, respondí: "Investigad". Suponed que les hubiera respondido que no lo creía; entonces ellos habrían dicho: "No creemos en eso, porque el hermano Jones ha dicho que no lo cree". Suponed que les hubiera dicho que era tal como el hermano había leído; entonces habrían dicho: "Es así, porque el hermano Jones dice que es así". Por lo tanto, me propongo no deciros nada acerca de lo que pienso. No es de vuestro interés: Sabed por vosotros mismos cuál es la verdad. Esa es la posición que me propongo adoptar en este encuentro ministerial. Espero que surjan algunas cosas que resulten nuevas. Hasta ahora, jamás he estado en algún encuentro en el que estudiáramos la Biblia donde el Señor no nos diera algo nuevo, hermoso, grandioso y glorioso. Y el lugar que propongo ocupar es justo sobre aquella promesa: "Conoceréis la verdad".

Pero he conocido personas, e indudablemente usted también, que parecen albergar la idea de que la única forma segura de conocer la verdad es alzar todas las objeciones que puedan, y así obtener la respuesta. Pero cuando he alzado y presentado todas las objeciones que conozco respecto a un punto, y han sido respondidas, ¿podré entonces estar seguro de cuál es la verdad? –No, porque hay objeciones en las que nunca pensé. ¿Lo comprendéis? Según esa mentalidad, ¿puedo alguna vez llegar a estar seguro de que es la verdad, hasta que cada objeción posible es traída en su contra por cada mente en el universo? ¿Cuándo todas esas objeciones sean contestadas tendré la seguridad de que era la verdad? Si tal fuera el caso, ¿cómo puedo vivir todo el tiempo necesario para escuchar la respuesta a cada posible objeción? ¿Podemos llegar a conocer la verdad de esa forma? ¿Hay alguna posibilidad de conocer la verdad a base de suscitar objeciones y esperar a que se les dé respuesta? –No de ninguna manera. ¿Qué sentido tiene tomar un camino por el cual nunca se alcanzará el destino? Un camino, equivocado por supuesto. Mucho mejor es definitivamente no iniciarlo.

Otra cuestión: ¿Puede haber alguna objeción contra la verdad? Meditad detenidamente en ello. Cuando se presente alguna cosa, ¿es correcto que digamos: "Tengo una objeción a eso"? ¿Debe ser esa nuestra posición? –No; debemos preguntar si es la verdad, y en caso de serlo, no hay objeción, no puede haber objeción en su contra. ¿Os dais cuenta de que nuestra objeción es un fraude? Lo que nos debemos preguntar es: "¿Se trata de la verdad?".

Otro abordaje típico en algunos es escuchar las dos exposiciones [contrapuestas] de la verdad. Ya conocéis eso. Ellos dicen: "este es uno de los lados, pero ahora, quiero escuchar el otro lado antes de decidir". ¿Qué es "un lado" de la verdad? Bueno, aquí está un lado de la verdad, y allí el otro lado; entonces, ¿dónde está la verdad? Los dos lados de esa verdad, son un error. ¡He oído un lado, y quiero oír el otro de la misma! ¿Cómo podré entonces saber cuál es la verdad? Suponed que acabo de oír la genuina verdad (y hay gran necesidad de ella), pero no quedo satisfecho hasta no haber oído el otro lado de ella. ¿Qué es el otro lado? Si este lado es la verdad, ¿qué es el otro lado? –Error. ¿Será que podemos decidir mejor cuál es la verdad al escuchar un montón de mentiras? Alguno dirá: "He escuchado tu lado de la verdad, y me parece como si fuera verdad, ¡pero quiero escuchar el otro lado!". La verdad es la Palabra de Dios. Entonces él propone esperar a oír el otro lado, para saber si es o no la verdad, al compararlo con un montón de mentiras, y hacer de ese montón de mentiras el criterio para validar la verdad.

No queremos oír el otro lado, todo lo que queremos es la verdad. "Aquí está un lado de la verdad y allí el otro..." El que escucha ambos lados de acuerdo a su propio plan, ¿cómo llega entonces a la verdad? –A su manera. Ha oído esto y lo otro. ¿Dónde está la verdad? Tiene que averiguarla de alguna manera. ¿Acaso no compara un lado con el otro, y pesa uno de ellos contra el otro, y encuentra el equilibrio y juzga dónde está la verdad? Bien; una vez que ha hecho eso, ¿puede saber que tiene la verdad? ¿Está seguro que aquello es a la verdad? ¿Son mi mente, mi juicio, mi habilidad para sopesar argumentos y tomar una decisión; la prueba infalible de la verdad? ¿Es el juicio humano, con sus facultades, la prueba definitiva de la verdad?

Cuando queremos probar la verdad para asegurarnos que es la verdad, la prueba debe ser infalible, ¿no os parece? Ha de ser una prueba que nunca fallará. A fin de discernir y declarar la verdad, debe ser una prueba que nunca fallará cualquier circunstancia en medio de diez mil argumentos y errores. Debe ser tal que señale y detecte la verdad entre diez millones de opiniones diversas, y lo haga continuamente sin fallas por cada objeción que los hombres puedan plantear, ¿no es así? Sabemos que la mente humana no es lo que prueba la verdad. Lo único que es capaz de determinar la mente humana, es su propia idea particular sobre la verdad, pero, Él dice:

> Mis pensamientos no son vuestros pensamientos ni vuestros caminos mis caminos, dice Jehová" (Isa. 55:8).

Hermanos, en el tiempo en que ahora estamos hay dos razones por las que ese procedimiento no podría funcionar, incluso si fuera correcto. Una de ellas es que la verdad de Dios se está desarrollando tan rápidamente, que no tenemos tiempo para buscar todas las objeciones posibles y oír los argumentos de los dos lados, ya que quedaríamos eternamente rezagados mientras estuviéramos escuchando la infinidad de argumentaciones y objeciones. Pero no queremos encontrarnos en esa situación cuando se cierre el tiempo de gracia. El tiempo es demasiado corto para proceder así; y seríamos dejados fuera para cuando llegásemos a una conclusión. Pero ahí está la promesa: "Conoceréis la verdad". Volvamos la atención a Juan 14:16 y 17:

> Y yo rogaré al Padre y os dará otro Consolador, para que esté con vosotros para siempre: El Espíritu de verdad, al cual el mundo no puede recibir, porque no lo ve ni lo conoce; pero vosotros lo conocéis, porque vive con vosotros y estará en vosotros.

Es el Espíritu, ¿de qué?: –De verdad. Agradezcamos a Dios por la promesa: "Y yo rogaré al Padre". ¿Qué está haciendo Cristo por nosotros esta noche, los que estamos reunidos aquí? –Rogando al Padre. ¿Nos enviará al Consolador, el Espíritu de verdad? ¿Cuál ha de ser nuestra actitud antes de asistir a cada reunión diariamente? –La de participar de esa oración a fin de recibir el Espíritu de verdad, ¿no os parece? Así que Jesús está orando, ¿acaso no estaremos en buena compañía al orar también nosotros? Dediquémosle una buena porción de tiempo a la oración durante este encuentro. Pasemos un buen tiempo en su compañía, ¿estáis de acuerdo? –Audiencia: "Amén".

"Yo rogaré al Padre y *os dará*". No dice "rogaré al Padre a fin de que *os pueda dar*", como si eso tuviera que decidirse después de su oración, sino "Yo rogaré al Padre y *os dará*". Por supuesto que su oración es oída, ya que Él intercede por nosotros. Él presenta nuestras oraciones de acuerdo con la voluntad de Dios. Él oró, y nosotros oramos para que nos pueda dar al Consolador, y lo hace. Cuando pedimos, sabemos que recibimos, pues Él lo ha dicho. Si pedimos alguna cosa conforme a su voluntad, ¿qué sucede? –Que nos oye. Y esa es la confianza que tenemos en Él esta noche.

> Esta es la confianza que tenemos en Él, que, si pedimos alguna cosa conforme a su voluntad, Él nos oye (1ª Juan 5:14).

Entonces si tenemos esa confianza en el Señor, podemos tener un encuentro fructífero a lo largo de estos estudios que haremos. Pedid cualquier cosa de acuerdo con su voluntad, y Él nos oye. Ya que es su voluntad que tengamos el Espíritu Santo; podemos acudir a Él cada día y cada hora del día pidiéndole por ese Espíritu de verdad, sabiendo que lo recibiremos, sabiendo que Él nos oye; y si sabemos que nos oye, sabemos que tenemos las peticiones que le hemos presentado.

Reuniendo todo lo dicho hasta ahora: pedimos cualquier cosa conforme a su voluntad, y Él nos oye. Cada vez que pedimos, Él nos oye. ¿Qué sucede después que nos ha oído?, ¿sabemos que podríamos tenerlo o que lo tendremos? –¡Lo tenemos! Entonces, ¿qué debemos hacer? Cuando hemos pedimos de acuerdo con su voluntad, sabemos que nos oye, y tenemos lo que le hemos pedido. Entonces, ¿qué debemos de hacer? –Démosle las gracias por ello–. Así, antes de venir a las reuniones ministeriales cada mañana, pidamos al Señor el Espíritu Santo conforme a su voluntad; una vez que se lo hemos pedido, sometámonos completamente al Señor y démosle gracias por respondernos; vengamos confiados en que nos va a enseñar, que va a enseñar al instructor y a través de él a nosotros.

"Os dará otro Consolador, para que esté con vosotros..." ¿Por cuánto tiempo? –"Para siempre". El Espíritu de verdad es capaz de tomar la verdad y darla a conocer en cualquier momento en medio de las 10 mil veces 10 mil etapas del error. ¿Por cuánto tiempo? –"Para siempre". ¿No es eso bueno? ¿Acaso no es una buena promesa el hecho de que Él nos dará el Espíritu de verdad, y que permanecerá ahí para siempre? "El Espíritu de verdad, al cual el mundo no puede recibir, porque no lo ve ni lo conoce; pero vosotros lo conocéis, porque vive con vosotros y estará en vosotros".

"Cuando venga el Espíritu de verdad, Él os guiará". ¿Qué va a hacer? Os guiará. Lo va a hacer, eso es positivo. Cuando venga os guiará. Entonces hermanos, ¿podemos no confiar en Él? Pongamos las tres observaciones juntas: "Conoceréis la verdad"; "Rogaré al Padre"; y "Él os guiará". Por lo tanto, ¿podemos no confiar en Él?, ¿podemos no someter todo a Él inmediatamente sin la menor vacilación acerca de cualquier cosa? Ha dicho: "Conoceréis la verdad"; El "Padre… os dará… el Espíritu de verdad"; "El Espíritu de verdad… os guiará". ¿Acaso no someteremos todo a Él, confiando en Él, y esperando que Él nos guíe en cada uno de los estudios que vamos a tener aquí?

"Cuando venga el Espíritu de verdad, Él os guiará a toda la verdad, porque no hablará por su propia cuenta, sino que hablará todo lo que oiga y os hará saber las cosas que habrán de venir". ¿Lo hará? Nos va a mostrar cosas que han de venir. ¿No os parece que es la voluntad del Señor que sepamos cosas que han de venir, antes de que nos sobrecojan? ¿Acaso no nos ha dicho el Señor que el pueblo que ahora comprenda lo que está por sobrevenirnos –a través de lo que está sucediendo ante nuestros ojos– dejará de confiar en la inventiva humana, y sentirá que debemos reconocer y recibir al Espíritu Santo? ¿Cómo vamos a comprender lo que está por sobrecogernos? Al considerar lo que está sucediendo ante nosotros. Jesús nos va a mostrar cosas que están por suceder. No quiere que ninguna de esas cosas nos tome por sorpresa. Él quiere que sepamos de antemano lo que va a suceder, a fin de que estemos plenamente preparados y no resultemos sorprendidos y confundidos.

"Él me glorificará, porque tomará de lo mío y os lo hará saber". ¿Quién es "Él"? –"Yo Soy la verdad, el Espíritu de verdad". Toma de lo que es suyo y nos lo hace saber. Por lo tanto, si cuando el Espíritu de verdad tome solamente lo que es del Señor, eso es todo lo que nos va a hacer saber, puesto que no actuará independientemente haciendo cosas por sí mismo; de igual forma en que Jesús tampoco lo hizo, sino que todo lo sometió para que el Padre pudiera manifestarse y obrar en Él. Así, el Espíritu Santo, en su posición, hace exactamente tal como Jesús hizo: No se revela a sí mismo, sino que toma de lo que Dios [Padre] dijo a Jesús, y nos lo dice a vosotros y a mí. Por lo tanto, nos da la verdad de Dios tal como está en Jesús. ¿Es Él el Dios de verdad? "Todo lo que tiene el Padre es mío; por eso dije que tomará de lo mío y os lo hará saber". Como está escrito: "Cosas que ojo no vio ni oído oyó ni han subido al corazón del hombre, son las que Dios ha preparado para los que lo aman". Ahí tenemos las profundidades del propósito eterno. Esa ha de ser nuestra actitud: Pedir, participar cada día en esa oración del Señor a fin de que podamos tener al Espíritu de verdad aquí, en nuestros estudios y en toda nuestra obra, guiándonos a la verdad.

Observad lo siguiente en *El Camino a Cristo*, p. 91 [hacia el final del capítulo 10]:

> Nunca se deben estudiar las Sagradas Escrituras sin oración. Antes de abrir sus páginas debemos pedir la iluminación del Espíritu Santo, y este nos será dado. Cuando Natanael fue al Señor Jesús, el Salvador exclamó: "He aquí verdaderamente un israelita, en quien

no hay engaño". Dícele Natanael: ";De dónde me conoces?". Y Jesús respondió: "Antes que Felipe te llamara, cuando estabas bajo la higuera, te vi". Así también nos verá el Señor Jesús en los lugares secretos de oración, si le buscamos para que nos dé luz y nos permita saber lo que es la verdad. Los ángeles del mundo de luz acompañarán a los que busquen con humildad de corazón la voluntad divina.

El Espíritu Santo exalta y glorifica al Salvador. Está encargado de presentar a Cristo, la pureza de su justicia y la gran salvación que obtenemos por Él. El Señor Jesús dijo: El Espíritu "tomará de lo mío, y os lo anunciará". El Espíritu de verdad es el único Maestro eficaz de la verdad divina. ¡Cuánto no estimará Dios a la raza humana, siendo que dio a su Hijo para que muriese por ella, y manda su Espíritu para que sea de continuo el Maestro y guía del hombre!

Y en las páginas 109-110 se lee:

Dios quiere que aun en esta vida las verdades de su Palabra se vayan revelando de continuo a su pueblo. Y hay solamente un modo por el cual se obtiene este conocimiento. No podemos llegar a entender la Palabra de Dios sino por la iluminación del Espíritu por el cual fue dada. "Las cosas del Señor nadie las conoce, sino el Espíritu de Dios". "Porque el Espíritu escudriña todas las cosas, y aun las cosas profundas de Dios". Y la promesa del Salvador a sus discípulos fue: "Mas cuando viniere aquel, el Espíritu de verdad, Él os guiará al conocimiento de toda la verdad... porque tomará de lo mío, y os lo anunciará".

Dios desea que el hombre haga uso de su facultad de razonar, y el estudio de la Sagrada Escritura fortalece y eleva la mente como ningún otro estudio puede hacerlo. Con todo, debemos cuidarnos de no deificar [divinizar] la razón, que está sujeta a las debilidades y flaquezas de la humanidad. Si no queremos que las Sagradas Escrituras estén veladas para nuestro entendimiento de modo que no podamos comprender ni las verdades más simples, debemos tener la sencillez y la fe de un niño, estar dispuestos a aprender e implorar la ayuda del Espíritu Santo. El conocimiento del poder y la sabiduría de Dios y la conciencia de nuestra incapacidad para comprender su grandeza, deben inspirarnos humildad, y hemos de abrir su Palabra con santo temor, como si compareciéramos ante Él. Cuando nos acercamos a la Escritura nuestra razón debe reconocer una autoridad superior a ella misma, y el corazón y la inteligencia deben postrarse ante el gran YO SOY.

Desde ahora, y por tanto tiempo como vivamos, cuando leamos su Palabra exactamente tal como es, jamás levantemos un "sí" condicional contra ella. ¿Hay algún "pero" que alegar? –Definitivamente, no puede haberlo. Es precisamente aquello que dice. Agradezcamos a Dios que sea así, y permitamos que sea Él quien nos revele su significado, y como esto es así.

Leo ahora de *Gospel Workers* [edición de 1892], p. 126:

Dios quiere que recibamos la verdad por sus propios méritos: Porque es verdad. No se debe interpretar la Biblia adaptándola a las ideas humanas, por más tiempo que se hayan estado albergando esas ideas como siendo verdad. [*Traducido del inglés*].

Eso significa que no debo interpretar la Biblia adaptándola a este hombre (señalándose a sí mismo), ni tampoco a vosotros.

> El espíritu con el que nos dispongamos a investigar las Escrituras determinará el carácter del asistente que nos va a acompañar (p. 127).

Hay un asunto importante. Estamos acudiendo aquí cada día para investigar las Escrituras. Tenemos la palabra: "El espíritu con el que nos dispongamos a investigar las Escrituras determinará el carácter del asistente que nos va a acompañar".

> Ángeles del mundo de la luz acompañarán a quienes busquen la dirección divina con humildad de corazón. Pero si se abre la Biblia con irreverencia, con un sentimiento de suficiencia propia, si el corazón está lleno de prejuicio, Satanás está a vuestro lado y colocará las declaraciones claras de la Palabra de Dios en una luz pervertida (*ibíd.*).

No permitamos que Satanás sea nuestro asistente. Asegurémonos de unirnos a Jesús en esa oración antes de acudir, y permanezcamos en ella todo el tiempo que pasemos aquí. "Debiéramos estudiar la verdad por nosotros mismos. No debe confiarse en nadie para que piense por nosotros". Eso no significa que no hayamos de ser dirigidos por hombres, si es que Dios los está dirigiendo a ellos; o incluso por una mujer, si Dios la está dirigiendo a ella. Sabéis también que en una ocasión cierto hombre habría hecho bien en permitir que un asno lo guiara. Pero él se propuso ser dirigido sólo por el Señor; no se propuso tener algún otro que lo dirigiera, pero se metió en problemas. No escojamos quién nos va a dirigir, excepto que sea el Señor quien nos guiará.

Cierto día alguien estaba hablando contra el Espíritu de profecía, y comentaba cuán fácilmente se dejaban engañar los adventistas del séptimo día, cuán engañados estaban; que sus maestros les decían ciertas cosas y ellos se las tragaban enteras. Yo me decía a mí mismo, que cómo me gustaría que hiciera el intento él mismo, que intentara imponer las cosas de esa manera. Es un hecho que los adventistas del séptimo día son difíciles de dirigir. En cierto sentido me alegra que sea así. Quiero que cada adventista del séptimo día sea tan difícil de dirigir, que nadie en el universo los pueda hacer, sino Jesucristo. Hermanos, vayamos a donde casi no le sea difícil a Él dirigirnos. Pero me alegra que sea difícil que nos dirija cualquiera distinto de Jesucristo. Alcancemos tan pronto como sea posible esa situación en la que el Cordero de Dios nos pueda dirigir como a corderos.

> No debemos ser obstinados en nuestras ideas, y pensar que nadie debe interferir nuestras opiniones. Cuando un punto de doctrina que no entendáis llegue a vuestra consideración, id a Dios sobre vuestras rodillas, para que podáis comprender cuál es la verdad y no ser hallados luchando contra Dios, como lo fueron los judíos... Es imposible que una mente, cualquiera que sea, comprenda toda la riqueza y grandeza de una sola promesa de Dios. Una capta la gloria desde un punto de vista; otra la hermosura y la gracia desde otro punto de vista, y el alma se llena de la luz del cielo.

> Si viéramos toda la gloria, el espíritu desmayaría. Pero podemos tener revelaciones de las abundantes promesas de Dios muchas mayores que aquellas de las que ahora gozamos. Me entristece pensar cómo perdemos de vista la plenitud de la bendición destinada a nosotros. Nos contentamos con fulgores momentáneos de iluminación espiritual, cuando podríamos andar día tras día a la luz de la presencia divina... Aquel cuya misión es recordarle al pueblo de Dios todas las cosas, y guiarlo a toda verdad, esté con nosotros en la investigación de su santa Palabra (*ibíd.*, pp. 129-131).

¡Qué gran promesa es la de que conoceremos la verdad! Él nos da el Espíritu de verdad para guiarnos a la verdad. Y el Espíritu es un guía tan perfecto, tan infalible, que silenciará toda otra voz cuando todo viento de doctrina esté soplando. Silenciará cualquier otra voz que no provenga de Aquel que es verdad y vida. Por lo tanto, hermanos, vengamos al estudio con ese espíritu, permanezcamos en Él, y Dios nos instruirá. Y como dijo alguien en los días de Job, y está escrito en el libro que lleva su nombre. Esto nos dice:

> ¿Qué maestro es semejante a Él? (Job 36:22).

Capítulo 2

Identificando la marca de la bestia

Esta noche voy a tomar un texto que perdurará al menos una semana. Creo que todos estáis familiarizados con él:

> El pueblo que comprenda ahora lo que está por sobrevenirnos –mediante lo que está sucediendo ante nuestros ojos– dejará de confiar en la inventiva humana y sentirá que el Espíritu Santo debe ser reconocido, recibido y presentado ante el pueblo [*HM*, 1 de noviembre, 1893, Art. A, par. 1].

Esta noche, a fin de poner el fundamento de lo que viene, miraremos ante nosotros la situación actual en el gobierno de los Estados Unidos. Y por esta razón relataré las experiencias de la audiencia que tuvo lugar recientemente en Washington, comenzando con ello, y simplemente exponer los hechos tal como son ante nosotros, y luego más tarde podemos descubrir la relación de los hechos que ya existen.

Cuando el congreso de los Estados Unidos hizo el primer movimiento encaminado a legislar en materia de religión, recordaréis cómo hicimos circular una petición que en realidad era una protesta contra cualquier proceder de ese tipo. Estaba redactado en estos términos:

> Al honorable Senado de los Estados Unidos:
>
> Nosotros, los abajo firmantes, adultos residentes en los Estados Unidos, de veintiún o más años de edad, mediante la presente pedimos con respeto pero con firmeza a su honorable corporación, que no admita ningún proyecto de ley relativo a la observancia del Sabbath, o del día del Señor, o de cualquier otro rito o institución ya sea religioso o eclesiástico; no para favorecer de alguna manera la adopción de alguna resolución para la enmienda de la Constitución Nacional, que de alguna manera tendería, directa o indirectamente, a dar preferencia a los principios de cualquier religión o cuerpo religioso por encima de los otros, o que de alguna manera les permita legislar en materia de religión; sino que la separación total entre religión y Estado, garantizada por la Constitución Nacional tal y como está ahora, pueda permanecer por siempre tal como nuestros padres la establecieron.

Y acerca del cierre dominical de la Feria Mundial, cuando este tuvo lugar, eso fue igualmente llevado ante el Congreso bajo esta protesta:

> Nosotros, los abajo firmantes, ciudadanos de los Estados Unidos, por la presente, de forma respetuosa pero decidida, protestamos en contra del Congreso de los Estados Unidos que compromete al Gobierno de los Estados Unidos a una unión entre la religión y el Estado, mediante la aprobación de cualquier proyecto de ley o resolución para cerrar la Exposición Mundial Colombina los domingos, o en cualquier otra manera comprometer al Gobierno a un rumbo de legislación religiosa.

Protestamos en contra, de forma similar del proyecto de ley Breckinridge; el proyecto de ley para detener la entrega de hielo los domingos fue protestado en contra de la misma manera el año pasado en el Congreso. Por consiguiente, nuestra protesta, con respecto a esto, ha sido en contra de que el Congreso aborde la legislación religiosa de la forma que sea. Pero el Congreso lo hizo, como siempre por supuesto esperábamos que sería.

Mientras estuvimos haciendo circular esas peticiones, la gente no creía que el asunto fuera suficientemente importante como para poner su nombre y firmarlas, incluso cuando reconocían que las peticiones eran justas. Decían: "Creo todo eso; pero no tiene la importancia suficiente como para prestarle mayor atención; no me tomaría el tiempo para firmarlas, aunque estoy a favor de todo lo que están diciendo. Eso nunca va a ocurrir". Y debido a que había tantos que pensaban que nunca pasaría, acabó pasando. Y al enterarse que había sucedido, intentaron que se derogara. Empezaron a despertar para ver que estaban equivocados, y que había sido hecho; y entonces viendo su error, empezaron a intentar recuperarse del mismo al pedir que la Feria Mundial se reabriera los domingos. Pero las razones que aducían para que se reabriera la Feria eran precisamente las mismas que se habían presentado para cerrarla.

Ese movimiento en favor de la reapertura se inició en Chicago. Lo puso en marcha el *Herald* de Chicago y el ayuntamiento lo asumió, redactando un sumario para el Congreso, que el ayuntamiento –encabezado por su alcalde como representante de la ciudad de Chicago– remitió a Washington, presentándolo el primero de los cuatro días de la audiencia. Leeré algunas de las razones presentadas para solicitar que la Feria se abriera los domingos:

> El deseo del ayuntamiento es:
>
> Que no se cierren en domingo las puertas de la Exposición Mundial Colombina.
>
> Que se detengan todas las máquinas y se elimine el ruido en ese día a fin de que prevalezca la quietud, como corresponde al Sabbath.

Lo anterior reconoce al domingo como siendo el Sabbath, y por supuesto hay cierta quietud que corresponde al Sabbath; y ellos querían que se reabra la Feria con la maquinaria detenida "a fin de que prevalezca la quietud". Ahora bien, esa fue precisamente la misma razón por la que los otros quieren cerrarla en domingo. Ellos quieren lo mismo.

> Que se provean los alojamientos adecuados en los terrenos de la Exposición a fin de tener los servicios religiosos del Sabbath, con el objeto de que todas las denominaciones puedan adorar según sus diferentes costumbres sin obstáculo o impedimento.

Esa es la misma razón por la que los otros la quisieron cerrar: a fin de poder tener servicios religiosos en sus iglesias.

> Reconocemos y nos alegramos por el hecho de que nuestro país es, y siempre ha sido una nación cristiana…

La razón principal impulsada por las iglesias para el cierre de la Feria los domingos, es que "esta es una nación cristiana".

> En nuestra opinión se va a conseguir un mayor bien permitiendo que esa gente y todos los que lo deseen puedan visitar el interior de los recintos, del que se conseguiría impidiéndoles la entrada… Creemos que los Estados Unidos, como país cristiano que es, debiera abrir las puertas los domingos como un reconocimiento del hecho de que en ninguna rama del interés o pensamiento humano ha habido más progreso durante aquellos cuatrocientos años, que en la Iglesia cristiana.

Esa fue exactamente la razón que dieron los otros para cerrarla: que los Estados Unidos, como nación cristiana, debiera cerrar la Feria los domingos como reconocimiento de los avances conseguidos por las ideas cristianas.

> ¿No sería bueno introducir la adoración religiosa santificante en el gran templo [la Feria] dedicado a lo útil y a lo bello?

Y la razón dada para cerrar la Feria [los domingos] fue que sería bueno proyectar la santificación de la religión sobre la Feria entera. Así que podéis ver que las razones que fueron dadas para abrir la Feria son precisamente las que se dieron para cerrarla.

El *Tribune* de Chicago, mencionando la carta que el cardenal Gibbons escribió con respecto a esto, la presentó en esta forma, escribiendo en su publicación del 3 de diciembre de 1892:

> Hay un fuerte y creciente sentimiento en ciertos círculos religiosos, en favor de rechazar el cierre dominical de la Feria Mundial. Un distinguido personaje divino tras otro está surgiendo en favor de este movimiento liberal. Las posibilidades para una serie de demostraciones religiosas en el Parque llegan a ser más y más manifiestas. Con el líder religioso y los instructores morales de Europa y América dirigiendo los servicios cada domingo, y con la música sacra producida por coros que impliquen quizá a miles de voces entrenadas. El domingo, en la Feria Mundial, será uno de los más grandiosos reconocimientos del Sabbath en la historia moderna.

Así, la otra gente dijo que, si la Feria se cerraba en domingo, y la solemnidad del Sabbath cubría este, y esta nación establecía el gran ejemplo del reconocimiento del Sabbath, eso sería "una de las mayores exhibiciones del Sabbath que haya conocido la historia moderna".

Más que eso: aquellos, quienes trabajaron para la reapertura de la Feria se complacieron con los intereses de la iglesia, precisamente como los otros lo hicieron al trabajar para el cierre de la misma.

Tan pronto como aparecieron estas cosas en la prensa, escribí una carta al hermano A. Moon enviándole esos párrafos marcados, y le dije: "Puede ver fácilmente que las razones que son dadas por estas personas para abrir la Feria, son precisamente las que fueron dadas para cerrarla. Siendo así, el unirnos con ellos sería reconocer la legitimidad de la legislación y las razones que la sustentan, mientras cada una de esas razones va frontalmente en contra de todo aquello por lo que hemos estado luchando por todos estos años en el Congreso. Eso indica claramente que no podemos poner ni una sola de nuestras peticiones juntamente con las de ellos. No podemos dar ni un solo paso con ellos; no podemos en modo alguno trabajar con ellos o conectarnos con ellos debido a la forma en que están trabajando o por las razones que ellos dan para abrir la Feria. Habremos de mantener la posición de que la legislación no es y nunca fue justa en absoluto. Por consiguiente, lo único que podemos hacer es mantener que la decisión se debería revocar. La única posición que podemos tomar es que la parte del domingo de esa legislación debiera ser incondicionalmente derogada".

El hermano Moon respondió inmediatamente que había visto esas declaraciones y había tomado la posición de la que le hablé en mi carta. Recordaréis que por aquel mismo tiempo escribí un artículo que apareció en *Sentinel*, exponiendo los mismos hechos y tomando la misma posición; diciendo que no nos preocupaba demasiado si la Feria se abría o se cerraba en domingo, pero que si nos preocupaba más que podría ser dicho si el asunto debiera ser se tratado con todos por el Congreso. El hermano Moon dijo entonces al presidente del Comité, y al encargado de ese aspecto del tema en Washington, que ni nosotros ni nuestras peticiones podrían ser contadas en absoluto en conexión con aquel movimiento. El presidente del comité preguntó entonces al hermano Moon cuál era nuestra posición. Este respondió al comité cuál era nuestra posición, y cuántas peticiones presentábamos.

Por supuesto, todas las firmas que pudimos reunir para aquella primera petición, cerca de cuatrocientas mil, son hoy tan buenas como lo eran entonces, todas las veces que cualquier hombre del congreso elige llamarles y plantearles la situación. Están eternamente en contra de todo el asunto. Entonces, el presidente, una vez que el hermano Moon le hizo saber cuál era nuestra posición y las razones que la sustentaban, le dijo: "Escriba su posición referente a esa legislación, y la elevaré a la Cámara como un proyecto de ley, a fin de proveerle una base sobre la que pueda presentar sus peticiones, y que sus argumentos sean escuchados". En aquella misma habitación el hermano Moon dictó al Sr. Thompson de Chicago lo que deseábamos, y el presidente Durborow la presentó con su propio nombre en ella.

Esta es la propuesta de ley:

> QUINCUAGÉSIMO SEGUNDO CONGRESO,
> SEGUNDA SESIÓN. H. Res.t 177.
>
> *Cámara de representantes, 20 diciembre, 1892. Remitido al Comité de Selección, sobre la Exposición Colombina, dispuesto para su impresión.*
>
> El Sr. Durborow presentó la siguiente resolución conjunta:
>
> Resolución conjunta para derogar la legislación religiosa respecto a la Exposición Mundial Colombina.
>
> Dado que la Constitución de los Estados Unidos declara específicamente que "el Congreso no hará leyes respecto a un establecimiento de religión, o prohibiendo el libre ejercicio de ella", por consiguiente,
>
> *Resuélvase por parte del Senado y de la Cámara de Representantes de los Estados Unidos de América reunidos en Congreso*, que el acta del Congreso aprobada el cinco de agosto de mil ochocientos noventa y dos, asignando dos millones y medio de dólares colombinos a celebrar el cuarto centenario del descubrimiento de América por Cristóbal Colón mediante una Exposición internacional de arte, industria, manufactura, productos del suelo, minería y productos marinos en la ciudad de Chicago, Estado de Illinois, bajo la condición de que dicha exposición no se abra al público el primer día de la semana, comúnmente llamado domingo; y también que la sección cuatro de "la ley para ayudar a desarrollar el acta del Congreso aprobada el veinticinco de abril de mil ochocientos noventa, que lleva por título: 'Una ley provista para la celebración del cuarto centenario del descubrimiento de América por parte de Cristóbal Colón, mediante una Exposición internacional de arte, industria, manufactura, productos del suelo, minería y productos marinos en la ciudad de Chicago, Estado de Illinois', sea, y la misma es mediante la presente, enmendada al efecto de dejar el asunto de la observancia del domingo enteramente en manos de las autoridades constituidas regularmente en la Exposición Mundial Colombina".

Entonces, en la comprensión de que eso se preparó con el propósito expreso de allanar el camino para que presentáramos nuestras peticiones y se nos oyera acerca de la cuestión, comenzamos a trabajar sobre esa idea. Se dispuso la audiencia. Me dijo el hermano Moon que estaría perfectamente satisfecho de que se nos diera audiencia si esta se hubiera podido tener antes de Navidad, pero la audiencia no se programó sino hasta después de las fiestas, durante las cuales el Congreso se tomó un receso. Pero cuando el Congreso se volvió a convocar, se descubrió que el presidente de aquel Comité parecía una persona distinta. Se me informó que el presidente tuvo una cena con Elliott F. Shepard en el tiempo de receso. Ignoro si eso tuvo algún efecto en su digestión o en alguna otra parte de su cuerpo. En cualquier caso, eso o alguna otra circunstancia le hizo repudiar todo lo que había hecho, y rechazó el principio que había incorporado en a aquella resolución y presentado para que pudiéramos ser escuchados.

El Dr. Lewis, bautista del séptimo día, acudió al Congreso para que se le diera audiencia. Me contó que él fue al Sr. Durborow, presidente del comité, a pedir que se le diera un tiempo para hablar. Este le preguntó a quién representaba y cuál iba a ser su argumentación. El Sr. Lewis le respondió que se referiría a la inconstitucionalidad de la legislación que ya había asumido el Congreso. El Sr. Durborow le dijo que el Comité había decidido no atender argumentación alguna sobre el principio de la legislación, sino sólo sobre a la política de su aplicación; habían decidido no considerar alguna cuestión en cuanto a si era o no constitucional, dado que el Congreso la había aprobado y se presumía que el Congreso tenía derecho a hacerlo. Se descartaría enteramente cualquier cuestionamiento a la legalidad de la legislación, considerándose ahora únicamente si sería preferible para el país abrir la Feria o cerrarla los domingos tal y como había adoptado el Congreso.

Siendo así, el Dr. Lewis no tenía absolutamente nada que decir, y no se dispuso a decir nada. Pero al acercarse el final del tercer día el Dr. Durborow le llamó para que hablara, concediéndole cinco minutos. El Dr. Lewis le respondió que nada tenía que decir, que no había traído sus documentos y que no tenía la intención de hablar en aquellas circunstancias. Pero el Sr. Durborow insistió en que debía hacerlo y que disponía de cinco minutos para ello, de forma que finalmente accedió, hablando de forma más bien superficial.

Samuel P. Putnam estaba allí con el mismo propósito, trayendo en su bolsillo varios miles de peticiones. Él es el presidente de Free Thought Federation of América [federación de libre-pensadores de América]. Fue a solicitar una audiencia al Sr. Durborow, y recibió la misma información: que algún argumento en cuanto a la constitucionalidad de la cuestión o al principio implicado, no debía ser considerado en absoluto, sino sólo la política de dicha legislación. Siendo así, el Sr. Putnam retiró su solicitud. Pero él igualmente fue llamado para hablar, dándole tan solo unos pocos minutos, los cuales empleó lo mejor que pudo.

Yo no llegué allí con la antelación necesaria para conocer todo lo que acabo de explicar. El hermano Moon lo sabía, pero no tuve la oportunidad de hablar con él. Mi tren venía con retraso, y dándome prisa, llegué a tiempo para dirigirme al despacho del comité justo cuando empezaba el alegato. Así que definitivamente, no tuve ocasión de conocer nada sobre la situación. Después de la [primera] audiencia, el Sr. Thomson, de Chicago, vino a preguntarme si quería tomar a cargo el tiempo restante aquel día, la última media hora. Había escrito al hermano Moon diciéndole que cualquiera que fuera el arreglo al que llegasen, me ajustaría al mismo una vez estuviera allí. Supuse que ese era el arreglo. Dije al Sr. Thomson que, si a él le parecía mejor, hablaría aquel día; no obstante, mi preferencia era hacerlo hasta después de que American Sabbath Union lo hubiese hecho; pero si ellos lo preferían, tomaría la palabra en ese momento. Así, cuando comencé, lo hice en base a lo único que sabía. Era cuestionar la legislación; pero eso era precisamente lo que habían decidido que no se discutiría. Percibí inmediatamente que estaban inquietos. El presidente estaba muy intranquilo, pero yo ignoraba el porqué.

Ahora voy a exponer la cuestión. Es cierto que el presidente hizo una declaración en la apertura de la audiencia que ahora comprendo, pero que no comprendí entonces.

Él dijo:

> La sesión de hoy tiene por objeto dar audiencia a quienes favorecen la legislación que se ha presentado a este Comité. Creo apropiado comunicar al Comité que el caso actual es algo diferente del caso como se presentó hace un año; ya que la propuesta ante el Comité es para *modificar la ley existente*, y no para *crear* una ley, tal como fue la propuesta hace un año. Por consiguiente, en esta ocasión se espera que el debate ante el Comité se *mantendrá* muy estrictamente dentro de los cauces de la *modificación* de la resolución presentada ante el Comité, de la que se pueden encontrar copias disponibles en la mesa del escritorio. En dicha resolución se prevén *las modificaciones* del cierre de las puertas de la Exposición Colombina en domingo, en el sentido de permitir que se abran bajo restricciones tal y como se establece en estas resoluciones.

La expresión: "no para crear una ley", fue una declaración que no entendí entonces, aunque sí ahora. En cierto sentido fue afortunado que hablara en aquella última media hora, ya que posteriormente no podría haber tenido un tiempo como aquel. La audiencia más larga, después de la mía, fue de unos veinticinco minutos, y la mayoría de los cincuenta y siete oradores dispusieron en promedio de solo diez minutos.

Si bien el presidente excluyó la argumentación que estaba presentando respecto a la constitucionalidad, otros miembros del Comité hicieron preguntas hasta que se agotó la media hora de tiempo, y cada una de ellas fue presentada de tal forma que al responder a las cuestiones me vi compelido a referirme a la Constitución y a la inconstitucionalidad de lo que habían hecho. De esa forma, el argumento que procuraban excluir se presentó muy a pesar de los esfuerzos del presidente por impedirlo. Y aquellas mismas cosas que él rehusaba oír de nuestra parte, fueron presentadas por otros, en términos mucho más enérgicos de lo que nosotros debíamos o podíamos haber establecido.

Esta fue mi argumentación ante el Comité:

> *Sr. Durborow*: Sr. Jones, tiene exactamente treinta minutos.
>
> *Sr. Jones*: Sr. presidente, me propongo hablar en favor de esta legislación que está ahora ante el Comité por más razones de las que pueden enumerarse en la media hora de la que

dispongo; pero me esforzaré en referirme a ellas ya que no han sido enfatizadas hasta ahora. Comenzaré por una que ha considerado en cierta extensión el alcalde Washburne, pero que cabe tratar en mayor profundidad, y a partir de ella pasaré a considerar otros puntos.

Mi primer punto es que este tema, de si se deben o no abrir las puertas de la Feria Mundial en domingo, es un asunto en el que el gobierno nacional no tiene absolutamente nada que ver. Está enteramente fuera de su jurisdicción en cualquier aspecto que se contemple. Hay tres consideraciones distintas.

Sr. Robinson: ¿A qué iglesia pertenece?

Sr. Jones: No veo qué relación tiene eso con la cuestión.

Sr. Durborow: El caballero tiene ciertamente derecho a preguntárselo.

Sr. Jones: ¿Es miembro del Comité?

Sr. Durborow: Así es, señor.

Sr. Jones: Muy bien; ruego me perdone; no sabía que el caballero fuese miembro del Comité. Estoy perfectamente dispuesto a responder a su pregunta, aunque no puedo ver qué importancia tiene en la discusión. Soy miembro de la Iglesia Adventista del Séptimo Día. Pero hoy hablo aquí como ciudadano de los Estados Unidos y bajo los principios del gobierno de los Estados Unidos. Y puedo decir además que, en la manera que el Congreso ha abordado esta cuestión, podría probablemente hablar de ésta como adventista del séptimo día; puesto que el Congreso ha entrado ya en el terreno de la religión, tenemos el derecho a seguir esto ahí, si la necesidad lo requiere.

Lo que iba a decir es que hay tres diferentes consideraciones en la Constitución de los Estados Unidos que prohíben al Congreso tocar esta cuestión. La primera es bien definida por George Bancroft en una carta que escribió al Dr. Philip Schaff el 30 de agosto de 1887, en la que se lee:

Muy querido Sr. Schaff:

Tengo su carta del día 12. De acuerdo a la Constitución, el Congreso no tiene poder, con excepción de aquel que le ha sido delegado. Por consiguiente, el Congreso carecía desde el principio del poder para hacer una ley respecto al establecimiento de una religión, tal y como está ahora tras haberse aprobado una Enmienda. El poder no había sido concedido, y por lo tanto no existía, ya que el congreso no tiene poder excepto el concedido; pero Se extendió un sentimiento creciente de que debiera haber habido una Declaración de Derechos, y en consecuencia para satisfacer el anhelo, se redactaron una serie de artículos en el carácter de una Declaración de Derechos; no porque fuera necesaria tal declaración, sino porque la gente deseaba ver ciertos principios claramente presentados como parte de la Constitución. La primera Enmienda, hasta ahora, se relaciona con el establecimiento de una religión, fue propuesta sin apasionamiento, aceptada en varios Estados sin apasionamiento, y de esa forma encontró su lugar como el preámbulo de las enmiendas de la forma más sosegada posible…

George Bancroft

Así lo muestra la Décima Enmienda de la Constitución, que dice que "los poderes no delegados a los Estados Unidos por la Constitución, ni prohibidos por ella a los Estados, quedan reservados a los respectivos Estados, o al pueblo". Dado que al Congreso no se le ha delegado poder alguno en materia de religión, el mismo queda reservado a los Estados o al pueblo. Ahí es donde reclamamos que se debe dejar: exactamente donde lo ha dejado la Constitución. Es un asunto reservado a los Estados. Sólo al Estado de Illinois corresponde, en la medida que algún Estado pueda tener algo que decir en el tema, decidir si la Feria debe estar abierta o cerrada en domingo. Si el Estado de Illinois no debiera pronunciarse al respecto, todavía correspondería al pueblo. Es privilegio del pueblo en su propia capacidad como tal, decidir como mejor le parezca en el asunto, libre de cualquier dictado o interferencia del Congreso.

Eso no es sólo así en aquel tema: aunque la Constitución no hubiera dicho alguna palabra respecto a la religión, no habría habido poder en el Congreso para tocar esta cuestión. Pero el pueblo ha hablado; la Constitución ha hablado, negando el derecho del gobierno de los Estados Unidos para abordar esa cuestión, reservando ese derecho a los Estados o al pueblo. No sólo hizo eso, sino que [la Constitución] ha ido más allá, prohibiendo al gobierno de los Estados Unidos tocar esa cuestión. Esa carencia de potestad habría sido completa y total, incluso sin la prohibición [enmienda], puesto que las potestades no delegadas quedan reservadas. Pero [la Constitución] fue incluso más lejos, no sólo reservando, sino prohibiendo expresamente al Congreso que las ejerciera. Es flagrantemente inconstitucional que el Congreso aborde esa cuestión. Fue así al principio del gobierno, y es por ello que insisto en que esa legislación se debe derogar, dejándola allí donde la sitúa la Constitución: en los Estados o en el pueblo.

Sr. Houk: El lenguaje de la Constitución, según creo, es que el Congreso no hará leyes respecto al establecimiento de religión.

Sr. Jones: Abordaré esa cuestión un poco más adelante al destacar esa enmienda. La enmienda no dice, tal como se suele citar erróneamente: "el Congreso no hará leyes respecto al establecimiento de religión", sino "el Congreso no hará leyes respecto a un establecimiento de religión, o prohibiendo el libre ejercicio de la misma". Hay dos significados en esta cláusula. Cuando se escribió la Constitución, todo lo que decía al respecto es que "nunca se requerirá un test religioso como calificación para un cargo o puesto de confianza en los Estados Unidos". Por aquel tiempo, en algunos de los Estados había [varias] religiones establecidas; creo que en todos excepto Virginia. Virginia se había liberado a sí misma en una campaña que tocaba expresamente esa cuestión. La primera parte de la cláusula tenía por objeto el prohibir al Congreso que legislara respecto a cualquiera de esas religiones que ya estaban establecidas en los Estados, y la segunda parte de la cláusula prohíbe al Congreso abordar el asunto de la religión en la forma que sea por él mismo. En el Estado de Virginia, desde el 1776 –con excepción de un intervalo en el que la guerra estuvo en su punto álgido– hasta el 26 de diciembre de 1787, hubo una campaña dedicada al mismo tema que está hoy implicado en esta legislación.

La Iglesia de Inglaterra era la iglesia establecida en Virginia, y los presbiterianos, cuáqueros y bautistas enviaron un memorándum a la Asamblea General de Virginia pidiéndole que, puesto que las Colonias se habían autoproclamado libres e independientes del gobierno de Inglaterra en materia civil, también se debían autoproclamar libres en aspectos religiosos, y que ellos no deberían ser objeto de impuestos para sostener una religión en la que no creían, ni aún en alguna que si creyeran. En respuesta, la Iglesia de Inglaterra fue separada del Estado.

Por entonces surgió un movimiento para establecer la "religión cristiana" y para legislar en favor de la "religión cristiana" mediante un proyecto de ley que establecía una asignación para instructores en dicha religión. [James] Madison y [Thomas] Jefferson se opusieron a ese proyecto de ley y la derrotaron mediante esfuerzos vigorosos, asegurando en su lugar la aprobación de una ley que "establecía la libertad religiosa en Virginia", que es el modelo para la Constitución de todos los Estados aquellos días hasta los nuestros, en el tema de religión y Estado.

Así, aquella campaña que tuvo lugar en Virginia contra el establecimiento de una religión cristiana, encarnaba el mismo principio que está involucrado en esta legislación ante nosotros, y de igual forma en que en aquel caso se rechazó totalmente [la legislación religiosa o anti– religiosa], así que pedimos que esto también lo sea, y que el Congreso y el gobierno den marcha atrás al lugar en que antes estuvieron, a donde corresponden. Madison fue directamente de aquella campaña a la convención donde se fraguó la Constitución de los Estados Unidos, llevando con él los principios que había defendido en la campaña e incorporándolos en la Constitución de los Estados Unidos; y la intención en ello era –y es– que el Congreso no tenga absolutamente nada que ver con el tema de las prácticas religiosas.

En 1797 Washington hizo un tratado con Trípoli que declaraba explícitamente que "el gobierno de los Estados Unidos no está, en sentido alguno, fundado en la religión cristiana". Y cuando el Congreso ha legislado sobre esta cuestión en referencia directa a la religión cristiana, en ello nuevamente han ido en contra de la intención expresa de aquellos quienes redactaron la Constitución y establecieron la ley suprema tal, como está escrito en sus propias palabras. Y por esa razón pedimos que la enmienda se derogue, y el Congreso ponga al gobierno allí donde previamente estaba antes de establecer esta legislación, dejando la cuestión en el lugar que le corresponde.

Sr. Durborow: Sus objeciones, ¿son solamente constitucionales?

Sr. Jones: Hay algunas otras, pero el fundamento de todo es su inconstitucionalidad. Los que trajeron aquí las peticiones y los que trabajaron para ese movimiento en este Capitolio, sabían que era inconstitucional cuando lo solicitaron. Un caballero que invirtió seis meses en este Capitolio a causa de esta legislación, ha argumentado por más de veinticinco años, por escrito y en discurso, que cualquier legislación dominical por parte del Congreso, o legislación en favor del Sabbath cristiano, sería inconstitucional. Y a pesar de todo, él trabajó aquí seis meses para conseguir que el Congreso hiciera eso mismo sin cambio alguno en la Constitución. Por veinticinco años, él con y la Asociación a la que pertenece, ha estado trabajando para conseguir una enmienda a la Constitución que reconozca la religión cristiana y que haga de la nuestra una "nación cristiana", de forma que habría una base constitucional para la legislación dominical. Pero ahora, encarando esos veinticinco años de historia y labor, confrontando sus propios argumentos, han ido más adelante, conseguido que el Congreso lo apruebe, aun sabiendo que era inconstitucional.

Otra razón por la que pedimos su derogación es que ésta se afianzó en declaraciones falsas. Las declaraciones que hicieron al Congreso a fin de consolidar esta legislación, fueron todas falsas. Declararon ante el Congreso que la mayoría del pueblo de los Estados Unidos estaban a favor de su causa, lo que se ha demostrado una y otra vez que es falso. Esto fue enérgicamente demostrado en la ciudad de Chicago hace menos de un mes. Allí, el American Sabbath Union sostuvo una convención, una convención nacional. Tuvieron cuatro mítines populares la primera noche de la convención. Asistí personalmente a uno de ellos. Esto se comunicó en los noticieros impresos de Chicago, de los cuales he traído copia. Leeré la noticia directamente, de tal forma que evite poner alguna de mis emociones en ello. El *Tribune* de Chicago, del 14 de diciembre de 1892 contenía este informe:

FUE RECHAZADO

American Sabbath Union sufrió anoche una derrota en uno de sus mítines, tan sorpresiva para líderes presentes, que el incidente causó verdadera sensación. Fue un golpe inesperado, y el más doloroso porque fue propinado por una de las denominaciones cristianas más sabatistas.

Sr. Jones: Esa no fue la primera vez, tal como algunos de los aquí presentes recordarán.

Reverendo W. F. Crafts: Eso es un buen chiste.

La Unión inauguró una convención nacional aquí ayer por la tarde, y en favor del movimiento hizo preparativos para sostener cuatro mítines populares por la noche a lo largo de la ciudad. Uno de esos mítines tuvo lugar en la Iglesia M. E., avenida South Park y calle 33d. Fue un mitin popular con discreta asistencia, todo transcurría con fluidez, tal como "American Sabbath" esperaba. El Dr. H. H. George, un líder del movimiento, el Sr. Locke y otros, defendían el cierre de la Feria Mundial en domingo y denunciaban enérgicamente los esfuerzos de los directores, así como del alcalde y del ayuntamiento para que el Congreso derogara el acta de dicho cierre. Esos discursos fueron calurosamente, si no es que unánimemente, aprobados con frecuentes amenes y aplausos. Nadie observó oposición alguna, y así las siguientes resoluciones fueron elaboradas de una manera confiada y enfática:

En vista de que somos informados por la prensa de Chicago de que nuestro ayuntamiento, dirigido por el alcalde Washburne ha dispuesto un comité entre sus miembros para acudir a Washington con el propósito de influir en el Congreso para revertir sus acciones con respecto al cierre de la Feria Mundial en domingo; y

En vista de que los directores de la feria de Chicago han abierto oficinas en Washington con el mismo propósito, a pesar de haber aceptado una asignación de dos millones y medio de dólares del Congreso, bajo la condición expresa de que las puertas no deberían ser abiertas al público los domingos; y

En vista de que hay siete mil salas de juego abiertas cada domingo, contrariamente a la ley del Estado, por lo tanto,

Resuélvase, primeramente, que nos impliquemos en la más enérgica protesta contra tal acción oficial de parte del alcalde y el ayuntamiento al adoptar tales medidas opuestas a la acción del Congreso, y al gastar el dinero del pueblo en procurar revertir las condiciones mismas bajo las que recibió la asignación del Congreso.

Resuélvase, que desaprobamos y condenamos la acción de los directores, quienes recibieron el dinero de parte del Congreso a condición de que la Feria no se abriría en domingo (según contrato *bona fide*), y están ahora ejerciendo todo esfuerzo posible para influenciar al Congreso a dejar de lado dicha condición.

Resuélvase, que a nuestro juicio sería más apropiado para el alcalde y el ayuntamiento, que cerrara los salones de juego en domingo de acuerdo con la ley del Estado, que esforzarse en influir al Congreso para que se abra la Exposición los domingos, contrariamente a la ley.

Al final hubo aplausos. Entonces el presidente del mitin, el reverendo H. H. Axrel, sometió a voto la resolución. Para sorpresa propia y ajena, los "síes" y "noes" parecían estar igualados, con un volumen de voz aparentemente en favor de los últimos. Entonces el presidente dijo que lo adecuado sería votar poniéndose en pie, y solicitó que se levantaran los que estuvieran a favor. El secretario contó treinta personas de pie.

Ahora levántense los que se oponen.

El resto de la audiencia, a excepción de cuatro que parecían no tener opinión al respecto, se puso de pie, y el secretario estupefacto ante la evidente mayoría, puso poca atención en contar cabezas y declaró que había al menos treinta y cinco en contra de la resolución, y lo que le parecía extraño es que en su mayoría se trataba de mujeres.

Superado el desconcierto, el presidente dijo que le gustaría escuchar alguna explicación de parte de la mayoría en contra [del no].

Sr. Jones: Yo estuve allí y expuse la razón por la que nos oponíamos a las resoluciones. El día siguiente fue evocado este tema en su convención, y fue tratado en cierta profundidad. Así, doy lectura al informe del *Times* de Chicago del día siguiente:

La penumbra impregnó el mitin de American Sabbath Union del día de ayer por la mañana. El revés inesperado sufrido en la iglesia metodista de South Park del sur la tarde anterior frenó el ímpetu de los delegados, y cuando el oficial que presidía, el Dr. H. H. George, de Beaver Falls, Pensilvania, inició el programa, sólo una docena de personas ocupaba las sillas en la audiencia. La causa de aquella atmósfera depresiva era el resultado del mitin de la noche anterior. Hubo cuatro mítines populares la noche del martes. En los tres primeros se adoptaron resoluciones a favor del cierre dominical de la Feria Mundial. En el último mitin la resolución fue derrotada, estando compuesta la audiencia, según dicen ahora, principalmente por adventistas. Esa fue la razón de la penumbra que impregnó ayer a la iglesia de South Park.

El comité determinó enviar un telegrama al Congreso informando lo siguiente:

> La convención nacional de American Sabbath Union, reunida en esta ciudad, pide respetuosamente a nuestro Congreso, en especial al Comité de la Feria Mundial, que no se emprendan acciones para derogar la ley de cierre dominical. Anoche se celebraron cuatro mítines populares en diversas zonas de la ciudad, en protesta contra tal derogación, por ser un acto deshonroso para el Congreso y la nación.

El Dr. Mandeville se puso de pie al instante:

"No se debería leer cuatro mítines populares, dado que uno de ellos se opuso a la resolución", alegó. "Debiera decir tres mítines populares".

"Sí", replicó el responsable del comité, "pero nuestra resolución abarca ese punto. Dice que hubo cuatro mítines de protesta, pero sin especificar lo que decidieron".

Pero el Dr. Mandeville no se dejó engañar por un doble lenguaje como aquel, y se cambió la resolución para que dijera que tuvieron lugar tres mítines populares que protestaron enérgicamente contra la derogación de la ley de cierre dominical.

El secretario de American Sabbath Union del Estado de Illinois escribió una rectificación al periódico Chicago Evening Post, en la que denunciaba a quienes votaron en contra de sus resoluciones como siendo "intrusos impostados", por haber "concentrado sus fuerzas para frustrar el propósito de este mitin popular". Eso me abrió el camino para replicar de la forma en que os voy a leer ahora, como parte de mi argumentación, y que explicaba este punto un poco más claro ante aquel Comité:

> Chicago, 17 diciembre. Editor de *Evening Post*: No es mi intención añadir penas innecesarias a American Sabbath Union, pero en justicia hacia aquellos que denuncia el reverendo Sr. Mc Lean en su carta del jueves a Evening Post, así como para situar esa carta dentro de la frontera de los hechos, la rectificación enviada por el Sr. Mc Lean necesita ser corregida. Es comprensible que él no tenga una visión clara de lo sucedido en aquel mitin popular la noche del martes en la iglesia de South Park, dado que no estuvo allí. Yo sí estuve, motivo por el que ruego este pequeño espacio para corregir su rectificación. Afirma que los adventistas del séptimo día, "evidentemente suponiendo que sería un fino golpe político, a fin de frustrar el propósito del mitin, concentraron sus fuerzas" en la región cercana, "con el resultado que se ha publicado". Es un juicio enteramente erróneo. No hubo ni una partícula de política en ello; no hubo ninguna intención previa de frustrar el propósito del mitin, y nuestras fuerzas no se concentraron. Esto último resultará evidente para todos ante el hecho de que, si bien hay ciento noventa y cuatro adventistas en ese barrio de la ciudad, sólo había unos cuarenta en el mitin popular. Y habiendo más de trescientos adventistas del séptimo día en los restantes tres cuartos de la ciudad —en la parte oeste, en la parte norte y en Englewood— ni uno solo de ellos asistió a los mítines populares de Sunday Union en esos tres cuartos de la ciudad. Si hubiéramos procedido tal como se nos acusa, al menos en tres de sus mítines populares se habría rechazado la

resolución propuesta. El Sr. Mc Lean debiera estar agradecido porque no seamos tal como nos ha descrito, pudiendo así escapar a un resultado aún peor.

Pero, ¿por qué deberían denunciarnos?

¿Acaso no se anunció y se condujo como un mitin popular? ¿No teníamos perfecto derecho a asistir a él? ¿Y no teníamos perfecto derecho a votar en contra de cualquier resolución presentada? Habiendo acudido al mitin, tal como se esperaba que hicieran las masas, ¿teníamos que inhibirnos al llegar el momento del voto? ¿Debíamos permanecer inmóviles cuando el que presentaba las resoluciones nos llamó directamente a votar y cuando el presidente pidió que explicáramos nuestro voto? A la vista de esos hechos, ¿es justo que nos denuncien como "ateos", "anarquistas religiosos", "intrusos impostados", etc., tal como han hecho? ¿Qué tipo de mitin popular es el que buscaban? Y aún más: ¿qué tipo de mitin popular es aquel en el que una fuerza "concentrada" de cuarenta personas es capaz de revertir el voto que se pretendía aprobar en el mitin? En todos sus mítines no perdieron la oportunidad de pregonar vez tras vez que cuarenta millones de americanos les apoyan en el asunto del domingo. En la reunión de aquella noche el Dr. George afirmaba con vehemencia que tenían a su lado a cuarenta millones de americanos, mientras que sólo había unos veinticinco mil adventistas del séptimo día en los Estados Unidos. "Cuarenta millones de nosotros", voceaba, "y no estamos atemorizados". "Cuarenta millones de nosotros y tenemos al gobierno de nuestro lado, y no tememos nada de lo que puedan hacer los adventistas". Si la gente estuviera tan abrumadoramente a favor de la obra de American Sabbath Union, ¿cómo es posible que unos pocos –en una proporción de uno por cada mil seiscientos– pudieran malograrles un mitin o frustrar sus resoluciones? Si sus propias declaraciones fueran verdad, habrían llenado el recinto, y las galerías estarían atestadas de gente en favor de la obra de Sunday Union, siendo literalmente imposible para cualquier oponente el "concentrarse" hasta el punto de derrotar el propósito de aquel mitin. Pero cuando los hechos demostraron que sus mítines populares contaban con una asistencia tan mínima como para que cuarenta personas pudieran revertir el voto por un amplio margen, anulando sus resoluciones y de esa forma "frustrar el propósito del mitin", eso demuestra por sí mismo que su pretensión de mayoría abrumadora favorable al cierre dominical de la Feria Mundial es un completo fraude. Eso es lo que les hiere. Estarán felices por tanto tiempo como puedan seguir sin que nadie les moleste ni contradiga su tergiversación de los hechos, pero cuando tiene lugar un incidente que expone el fraude de sus pretensiones, eso les solivianta.

El presidente (Sr. Durborow): No quiero nada más de ese tipo de cosas. No veo qué relevancia tiene en este asunto. Por favor, limítese a líneas apropiadas de argumentación.

Sr. Jones: Lo referido demuestra esto: que su declaración de contar con el apoyo de cuarenta millones de personas –la masa del país– no es cierta. Si cuarenta personas acudiendo a un mitin pueden frustrar el voto que se esperaba, eso significa que las masas no están con ellos.

Sr. Durborow: Estamos aquí a fin de modificar cierta legislación. Creo que bien podríamos dejar ese tema. Sin duda los responsables del Congreso sabían lo que estaban haciendo cuando aprobaron ese proyecto de ley.

Sr. Jones: En este momento no estoy haciendo ninguna reflexión en relación con el Congreso. No estoy diciendo que el Congreso supiera que eran falsas las declaraciones presentadas. Pero, ¿no es imposible que se haya engañado a los responsables del Congreso, y seriamente, para considerar declaraciones que eran falsas?

Sr. Durborow: No me parece que su argumentación sea muy respetuosa con el Congreso de los Estados Unidos.

Podéis ver cómo me impidió continuar con la demostración de que aquellas pretensiones eran falsas, y dijo: "No quiero nada más de ese tipo". Pero lo tuvo: el reverendo H. W. Cross, un pastor presbiteriano de Ohio, acudió a Washington para hablar cinco minutos, y el tercer día de la audiencia presentó este asunto con mayor fuerza de lo que yo habría podido hacer. Creo que será bueno que reproduzca aquí su discurso. Es este:

DISCURSO DEL REVERENDO H. W. CROSS ANTE EL COMITÉ:

Sr. Durborow: El reverendo H. W. Cross, de Ohio, hablará durante cinco minutos.

H. W. Cross: Sr. presidente y miembros del comité: el auténtico motivo por el que estoy aquí hablando, es en favor de una cuestión de honestidad intelectual de parte de las iglesias ortodoxas. Soy pastor de una iglesia ortodoxa. En mi territorio observo que las peticiones de esta iglesia son extremadamente engañosas en cuanto al número de los firmantes, o de quienes votan a favor.

Por ejemplo: en una ocasión los presbiterianos aprobaron una resolución en nuestro Estado, diciendo que representamos a muchos, agregando cierta membresía; y entonces la Christian Endeavor Society, compuesta de muchos de los mismos miembros de iglesia a los que hacía alusión aquella iglesia presbiteriana, aprobó una resolución similar, afirmando que era en representación de cincuenta, setenta o cien miembros. A continuación, sería llevada a la escuela dominical, y muchos de los que se habían contado como votantes en favor de las resoluciones, habrían sido contados en realidad tres, cuatro o cinco veces; y eso suele ocurrir bajo el principio de votar con premura y en repetidas ocasiones: eso que está tan perseguido en la política secular. Soy testigo del hecho. Hubo una petición que afirmaba representar a ochenta miembros de iglesia que firmaron la petición al Congreso, pero no estaban para nada presentes. Ocurrió en una escuela dominical, y fue el supervisor de la escuela quien tomó el voto. Había niños que votaron en favor de la resolución, que no tenían la edad suficiente para saber si la expresión "Feria Mundial" significa la Exposición Colombina en Chicago o si las niñas que estaban sentadas en el banco de atrás eran simpáticas.

> He creído que era mi deber informar a este Comité acerca de esos hechos. La intención real de tales peticiones es religiosa, pero es imposible discernirlo a partir de la redacción del texto de las peticiones; es el espíritu que hay tras ellas el que lo revela. Las columnas de la prensa religiosa, las exhortaciones de los responsables de las clases y supervisores en las escuelas dominicales; esto es lo que decían a los pocos que votaban, que dicen lo que significan estas peticiones. Considero que nuestros legisladores son enteramente competentes, intelectual y moralmente, para decidir esta cuestión, al margen de cualquier dictado impositivo por parte de ninguna secta o asociación de sectas sobre si la apertura de esta gran exposición educativa es consistente con el Sabbath civil. Observo una tendencia en los documentos de mi propia iglesia y en los de otras iglesias ortodoxas a jactarse por el hecho de que "nosotros (este grupo de denominaciones que sostiene esa idea común) hemos tenido por nosotros mismos la fuerza para llegar al Congreso; hemos indispuesto el Congreso contra los adventistas del séptimo día, contra los bautistas del séptimo día y contra ciudadanos católico–romanos, así como contra otros varios ciudadanos nuestros". Dedicarse a esa práctica en este país me parece ahora menos que deseable y más que cuestionable.
>
> No les puedo hablar, caballeros del Comité, en los términos y en la extensión en que había previsto hacerlo, debido a tener asignados solamente cinco o seis minutos; en consecuencia, he presentado simplemente estos dos puntos: que esas peticiones son extremadamente engañosas por lo que respecta al número de sus firmantes, teniendo en cuenta que exactamente los mismos han hablado muchas veces, y en una gran variedad de acontecimientos, sea en convenciones como en conciertos vocales, escuelas dominicales, como miembros de Society of Christian Endeavor, etc.; las mismas personas han votado una y otra vez. Y cuando llegas a descubrir el vasto agregado, es extremadamente engañoso, y si los intereses del sábado civil.
>
> *Sr. Durborow*: Sr. Cross, se ha terminado su tiempo.
>
> *Sr. Cross*: De acuerdo; dejaré mi frase inconclusa. Me inclino a la decisión.

Otro discurso más poderoso que el que el Comité rehusó escuchar de mi parte, fue el del Sr. Thomas J. Morgan, un obrero de Chicago. Traía su discurso escrito para ser leído. Pero tras oír a algunos de los representantes de las iglesias, estaba tan indignado por las tergiversaciones de estos, que al llegarle el turno para hablar olvidó totalmente su discurso escrito, el transcurso del tiempo y todo lo demás, hasta que el presidente le hizo saber que habían expirado los veinticinco minutos de que disponía. También reproduciré aquí su discurso. Tras declarar a quién representaba, y afirmar que había recibido palabra de "375 asociaciones laborales, procedentes de cada pueblo y ciudad de los Estados Unidos, con la suficiente industria como para que se promueva o fomente la creación de un sindicato de trabajadores", que hasta la fecha cubren "treinta y tres Estados de la Unión", dijo:

DISCURSO DEL SR. THOMAS J. MORGAN

> Ahora, Sr. presidente, tras notificar la autoridad que se me ha conferido, quisiera decir que comparezco ante este Comité sintiéndome en una posición muy embarazosa. Hasta

dos horas antes de tomar el tren no sabía que podría asistir a este Comité. Llegué ayer a las once de la noche, y estando en un lugar nuevo, en condiciones no acostumbradas, se me fue el sueño. Además, vengo del banco de trabajo, [levantando sus manos] como se puede apreciar por los callos y cicatrices en mis manos: lo propio de un obrero manual. Comparezco carente de la formación necesaria para hacer frente a las argumentaciones que aquí se presentan, o para defender mi caso con la fuerza y la fluidez con que lo hacen en la oposición, por haberme visto obligado a trabajar manualmente toda mi vida desde los nueve años de edad sin saber lo que son las vacaciones, y sin oportunidad alguna para educarme, excepto por las horas arrebatadas al sueño.

Me abruma también el hecho de encontrarme, por vez primera en mi vida, entre tantos compañeros sindicalistas de cuya existencia nunca antes supe; y estoy absolutamente asombrado, así como apenado por sus declaraciones. No sólo reclaman hablar en nombre del sindicato, tal como lo tenemos aquí en los Estados Unidos; he aquí, que hablan con la voz de la autoridad de mis compañeros de trabajo en Gran Bretaña, país del que provengo. No sólo eso, sino que toman el nombre de alguien a quien yo honro posiblemente más que ningún otro de quienes lo evocan como fuente de autoridad ante este Comité. Se trata de Karl Marx. Hablan también en nombre de la socialdemocracia alemana; y yo, siendo un socialdemócrata, siendo inglés, estando tan íntimamente asociado con el movimiento de reforma de ese país y tras vivir en Estados Unidos por veintitrés años como reformador sindical activo... pueden imaginar mi asombro y emoción al encontrarme en presencia de esos defensores y amigos de Karl Marx, de los socialdemócratas de Inglaterra y de los compañeros del sindicato reformado aquí en los Estados unidos [volviéndose hacia los clérigos]. Lamento en lo profundo no poder estrechar sus manos en amistad fraternal. Lamento tener que decir: ¡Seamos salvos de nuestros amigos! Me incomoda sentirme en la obligación de decir que comparezco aquí con la autoridad necesaria para repudiarlos absolutamente, y acusarlos de falsear los hechos.

Al escuchar las declaraciones que han hecho, he pensado en abordar el asunto con amabilidad y gentileza. Me he dicho: tengo la esperanza de que voy a ser capaz de tratar esta cuestión en el mismo espíritu; pero temo haber traspasado ya los límites. El asunto me concierne tan de cerca, que la debida compostura se viene abajo al percibir cómo se nos ataca, cómo se tergiversan nuestras intenciones, cómo se distorsionan nuestros deseos y necesidades, por parte de esos hombres que pretenden hablar con autoridad.

[Dirigiéndose al clérigo]. Ustedes evocan nombres de personalidades de Inglaterra que absolutamente nadie conoce. ¿A qué viene nombrar a Joseph Arch, a Tom Mann o a Ben Tillott? ¿Pueden hablar en nombre de ellos? –No; están ustedes trayendo aquí a desconocidos con la intención de dar una apariencia de credibilidad a su tergiversación. Ustedes no han sido nunca amigos de los sindicatos de trabajadores, y ahora no tienen derecho alguno a hablar en ese sentido.

Al escuchar aquí esos nombres, mi mente ha retrocedido a tiempos pasados en la Inglaterra de Joseph Arch, un miembro laico de iglesia cuyo celo por la religión cristiana era demasiado grande como para quedar oculto. Como laico, enseñó en los caminos, las verdades morales que Cristo enuncio, y descubrió en sus esfuerzos por elevar a su clase que toda la gama de clérigos de Gran Bretaña estaba en su contra, como nosotros encontramos a toda la gama de El clero de los Estados Unidos, excepto la Iglesia Católica, en contra nuestra.

[Voces del clero expresando disconformidad].

Quizá la declaración que acabo de hacer de que *todo* el clero está en contra nuestra, no sea estrictamente cierta. Quiero evitar cualquier declaración que no esté basada estrictamente en los hechos. Posiblemente sería correcto afirmar que las iglesias evangélicas de los Estados Unidos, tal como están aquí representadas, están en total oposición a nosotros y a nuestros intereses. Quizá debiera exceptuar a la Iglesia católica. Quizá deba admitir eso. Les repito que me siento abrumado; quizá puedan hacerme alguna consideración respecto a ese punto. Quiero deshacer lo que ustedes han estado haciendo aquí, y lo voy a procurar según mi mejor capacidad.

Joseph Arch, a quien antes me he referido –vive aún– y a quién no han dado voz, partiendo de las clases populares llegó hasta la sede del Parlamento; fue puesto allí por el pueblo, a quienes prometió hacer posible el vivir dignamente y con respetabilidad. Tras haberlo conseguido, el clero de Gran Bretaña lo convocó a un gran encuentro en Exeter Hall, en el que estaban presentes doscientos clérigos. Le pidieron que explicara los propósitos de su organización, cosa que hizo. Consistía en elevar a la gente desde su absoluta ignorancia hasta las comodidades y la dignidad del hombre; consistía deshacerse de las cantinas, y vaciar las cárceles a fin de dar al agricultor la oportunidad de vivir decentemente como seres humanos. Había logrado mucho al respecto, y dijo a los pastores: "No sólo lo logramos sin su ayuda, sino que lo hicimos en contra de su decidido esfuerzo antagonista". Y añadió: "¡Ya que hemos logrado este trabajo, nos llaman para informarlo!". Les traemos los resultados de nuestro esfuerzo. Lo realizamos sin su ayuda. Seguiremos de ese modo. Todo cuanto les pedimos es que, si son incapaces de ver cómo pueden ayudarnos, al menos quítense del camino y dejen hacer nuestro trabajo".

Esa es también mi respuesta a su discurso inglés.

Se han referido ustedes a los socialdemócratas de Alemania. ¿Con qué derecho? Carecen absolutamente de autoridad para ello. Toman del trabajo de Karl Marx un poco de aquí y un poco de allá, de los social-demócratas, y de las conclusiones de sus convenciones, y lo presentan aquí como si poseyera autoridad. Yo soy un social-demócrata. Pertenezco a esa organización, y desde mi humilde capacidad he hecho todo cuanto estuvo en mi mano para ganar las mentes de los obreros de los Estados Unidos a los principios de esa organización. Les quiero decir, hombres del clero, que los principios sostenidos por los social-demócratas alemanes son los que Jesucristo enunció, los cuales ustedes no entienden.

[Voces: "¡Bien dicho!"].

Sr. presidente, no sólo hablo con esta autoridad a la que me he expresado, sino que quiero llamar la atención a la postura que sostenemos sobre el asunto de esta Feria Mundial, en contraste con la que sostiene este cuerpo clerical organizado como una máquina [girándose hacia los pastores]: Quiero llamar a cada uno de ustedes a que hagan la porción de su trabajo.

Sr. Durborow: Sr. Morgan, el Comité está de este lado de la mesa.

Sr. Morgan: Espero que se me excusé por mi falta de preparación para estos menesteres, tal como dije al principio. Si los amigos de la iglesia hubiesen sido considerados conmigo en la infancia, si me hubiesen enseñado a leer y escribir, probablemente ahora sería capaz de ajustarme a todos los protocolos al uso en la sociedad educada. Gracias a ellos quizá cometa alguna torpeza, por la que pido que se me disculpe.

Iba a decir, Sr. presidente, que además de la autoridad que aquí he expuesto, deseo expresar que nosotros, los obreros de Chicago, de una forma especial y particular reclamamos el derecho a ser oídos con mayor consideración que nuestros oponentes. Tan pronto como se habló de hacer una exposición mundial, las organizaciones sindicales en todas partes de los Estados Unidos respondieron con entusiasmo a la propuesta; y al decidirse que la Feria mundial tendría lugar en algún lugar de Estados Unidos, los obreros de Chicago presentaron su demanda para que se estableciera en Chicago como localización geográfica más apropiada para la Exposición mundial. Respaldaron su solicitud de que tuviera lugar en Chicago con peticiones de organizaciones sindicales en todo Estados Unidos; hasta tal punto, que el diputado Hawley pudo ponerse en pie en el Congreso de los Estados Unidos y decir: "Tengo en mi mano peticiones de sindicatos laborales de todos los Estados de la Unión, con excepción de Nueva York, para que la Feria se localice en Chicago". Y se localizó allí. Pero incluso antes de que eso ocurriera, el Congreso pidió a Chicago que demostrara su solvencia para organizar el evento mediante el aporte de diez millones de sus fondos. Los obreros buscaron en sus bolsillos, y a base de monedas de diez y cincuenta centavos, así como de billetes, suplieron medio millón de sus fondos.

¿Qué hizo la iglesia? ¿Solicitó que hubiera una exposición de los productos mundiales y del ingenio humano? Si acaso lo hicieron, fue de forma silenciosa. Los obreros respondieron consistentemente, y desde entonces han construido la Feria y la han consagrado con su sangre. Centenares de obreros han perdido la vida o se han lesionado en la construcción de esa gran obra. Y creo que, debido a ello, lo que nosotros hemos de decir conlleva un peso adicional.

No sólo eso: sino dando todo el crédito debido a las mentes maestras que diseñaron y planearon esa maravillosa exposición, los productos allí exhibidos vienen de manos como estas [exhibiendo sus palmas callosas]. Y tras haber edificado la Feria, sacrificando nuestras vidas en ello, tras haber contribuido con nuestro ingenio y labor para exponer allí esos productos; estos hombres que no han tenido parte en el asunto, ni en su diseño, ni construcción o en cualquier otro aspecto relacionado; han venido aquí y cerrado la puerta y le han puesto candado para nosotros los obreros. ¡Y entonces vienen aquí con la miserable pretensión de poseer la instrucción, de estar justificados para hablar en favor de los obreros! ¡La insolencia de tal pretensión es increíble! No puedo entender cómo hacen esas declaraciones en las que arriesgan su reputación de sinceridad, honestidad y veracidad, y esos son los valores que constituyen el capital de un clérigo: si los pierden, no queda nada, como pueden arriesgar su veracidad y honestidad al hacer estas declaraciones. Uno de ellos ha venido aquí esta mañana y ha dicho: "Traigo una petición de una unión sindical de la ciudad de Nueva York". ¿Qué unión sindical?

Reverendo Sr. W. F. Crafts: Los ingenieros de los Estados Unidos.

Sr. Morgan: ¿Quiénes?

Sr. Crafts: La Hermandad de los Ingenieros Ferroviarios.

Sr. Morgan: ¡No! Vean aquí: esa demanda, la declaración hecha de que ellos no duplican las cosas es maliciosamente y vilmente falsa. Si las duplican. Traen una sola petición de uno de los sindicatos locales del Estado de Nueva York y hacen creer a la gente que han conseguido la adherencia de toda la organización.

Sr. Crafts: No es así.

Sr. Morgan: Desde luego, mis facultades no alcanzan a comprender la manera en que ustedes manejan estas cosas. Otra declaración que han hecho consiste en que, "puesto que han hablado los ingenieros de los Estados Unidos, eso resuelve la cuestión: ellos son los más inteligentes de la fuerza laboral en Estados Unidos". Repudio totalmente esa declaración.

> [En este punto el Sr. Morgan dedicó unas palabras a asuntos más bien personales entre la organización que él representaba y la de los ingenieros, tema en que preferimos no tomar parte imprimiéndolo y difundiéndolo con la amplitud en que lo va a hacer este documento –LOS PUBLICADORES ORIGINALES–].

Se ha dicho que abrir la Feria requeriría un trabajo extra de parte de los ingenieros. Permítanme llamar su atención a estos hechos, que, si la Feria Mundial cierra los domingos, se estará impidiendo a la gente que goce de sus privilegios en ese día, que entonces quedará dedicado a viajar. La gente saldrá el domingo, llegarán a Chicago la noche del domingo o bien el lunes. Pasarán la semana en la feria y tomarán el tren de regreso la tarde del sábado, o muy temprano el domingo.

Sr. Durborow: Sr. Morgan, ha estado hablando veinticinco minutos, agotando así el tiempo que tenía asignado. Entiendo que desea que el Sr. Askew sea el siguiente; y a no ser que le ceda el turno, puede tomar el tiempo de este.

Sr. Morgan: Mis disculpas, Sr. presidente; no pensé que había hablado tanto rato, pero quisiera realmente disponer de algo más de tiempo. He traído un documento que quisiera presentar.

Sr. Durborow: No hay problema, si tiene el consentimiento del resto de ponentes.

Dr. W. H. Thomas: Le cedo mi tiempo.

Sr. Durborow: Presente un resumen del documento si le es posible, y hágalo en la mayor brevedad que pueda.

Sr. Morgan: Lo leeré tan rápidamente como me sea posible, y estará a disposición para su posterior lectura.

(Leyendo): En relación con el aspecto religioso de este asunto quisiera decir que los obreros atribuyen el acta de cierre dominical de la Feria Mundial por parte del Congreso a la actividad e influencia de la iglesia protestante evangélica, y que en el cumplimiento de su propósito los representantes de esas iglesias se autoproclaman los guardianes de los intereses económicos y morales de los trabajadores, y en nombre de estos y para su beneficio urgen al Congreso a que cierre las puertas de la Feria Mundial en domingo.

Estamos aquí debidamente autorizados como el único movimiento organizado y oficial de trabajadores en relación con el cierre de la Feria en domingo, para negar rotundamente el derecho de esas iglesias o de sus representantes a que hablen o actúen en nuestro nombre en este asunto y para probarles mediante la evidencia documental que todas esas representaciones hechas ante el Congreso por parte de esas iglesias fueron fraudulentas, sea de forma voluntaria, o por ignorancia.

Al respecto queremos llamar la atención de los diputados que puedan haber resultado influenciados por la acción de esas iglesias y que están sinceramente interesados en el aspecto religioso de la cuestión, el hecho de que la indiferencia e incluso el antagonismo beligerante de las clases trabajadoras hacia la iglesia es actualmente –y ha venido siendo por años– un tema de seria consideración para el clero. Afirmamos respetuosamente que una de las principales causas de esa hostilidad –latente o activa– hacia la iglesia es que sus representantes están tan alejados económica y socialmente de las clases obreras asalariadas como para fracasar totalmente en comprender sus necesidades, deseos y aspiraciones, y, en consecuencia, cuando hablan en nuestro nombre nos representan falsamente, tal como ha ocurrido en este caso. Eso ha venido siendo un hecho tan frecuente y universal, que el respeto y reverencia que las clases trabajadoras tuvieron hacia la iglesia en años pasados han quedado destruidos hasta el extremo de despertar la alarma en la propia iglesia. Con pocas excepciones, y raras ocasiones, la sugerencia de que un clérigo inaugure o participe en nuestras convenciones o mítines populares es recibida con desdeñoso ridículo. Decenas de miles de asalariados que como yo han vivido desde la infancia a la madurez en la iglesia, y que al verse forzados a salir de ella han retenido un amor ferviente por los principios morales que enseñó el Carpintero de Nazaret, perciben, no sólo la maldad contenida en las acciones del clero al echar a los obreros de la Feria, sino que comprenden también el efecto que va a tener para ahondar aún más la hostilidad hacia la iglesia por la clase trabajadora.

Hablando tal como lo hacemos, desde ese conocimiento íntimo y personal, urgimos respetuosa pero enérgicamente a los diputados que hayan sido influenciados por consideraciones religiosas, a que abroguen ese malintencionado e injurioso acto de la iglesia.

El reverendo Sr. Martyn, defendiendo el cierre dominical de la Feria, declaró que ni la literatura ni el arte tienen efecto alguno en el estado moral de la gente. Nuestra respuesta es que tal afirmación es una difamación a todos los maestros de la literatura y el arte, y un insulto monstruoso a todos los intelectuales y artistas, así como una negación total de las ventajas de la educación secular. Insistimos en que todo avance en el conocimiento general significa un avance en la moral pública, y que el conocimiento de los individuos, y por ende su estado moral, resulta afectado en gran medida por su entorno.

Permítase que el trabajador traspase la puerta de la Feria Mundial, póngasele en contacto con los prodigios de la naturaleza tal como están allí expuestos, y con las maravillas de la manufactura humana recopiladas de todo el mundo; en actitud de admiración se elevará entonces por encima de su yo ordinario, quedarán subyugados sus hábitos e instintos más bajos, y en lo profundo de su mente y corazón surgirá como nunca antes una comprensión de los múltiples recursos de la naturaleza y del ingenio y poder ilimitado de la mente humana. Eso quedará a partir de entonces como fuente provechosa de reflexión y tema de conversación, tan útil para el propio obrero como para sus asociados; hará de él un hombre mejor, más habilidoso y por consiguiente un obrero de mayor valor y un ciudadano más útil.

No he llegado a esas conclusiones mediante un razonamiento abstracto, sino por la experiencia personal práctica, y si yo fuera un clérigo o un miembro activo de la iglesia y tuviera en mi corazón el bienestar moral de la gente, tendría como un deber imperativo, no sólo abrir las puertas de la Feria en domingo, sino implementar medios especiales para promocionar en ese día el contacto de las multitudes con la influencia intelectual y moral de ella.

Al considerar el aspecto moral he afirmado que visitar la Feria Mundial tendrá el efecto de potenciar la habilidad del trabajador incrementando así su valor. Para el gran ejército de los inventores anónimos, un día en la Feria Mundial significará inspiración de inestimable valor, no sólo para ellos, sino para sus naciones y para la raza humana. Una vez más, hablo desde la experiencia real, habiendo resultado personalmente beneficiado por las visitas a exposiciones conceptualmente similares a esta Feria Mundial, si bien comparativamente insignificantes en tamaño y alcance.

Quienes velan por los intereses industriales y comerciales de Gran Bretaña y Francia sostienen idéntico punto de vista. En Birmingham, Inglaterra, lugar del que procedo –una de las ciudades con mayor producción en el mundo– las exposiciones son instituciones permanentes similares [a la Feria] a pequeña escala. Se han enviado de forma regular delegaciones especiales de obreros a las Exposiciones mundiales de Londres y París, y mediante una conversación personal con uno de los obreros franceses, delegados para visitar el centenario y la exposición en Viena, me enteré de que el pueblo francés estaba igualmente alerta a la importancia de este asunto en particular.

Sé también por uno de mis asociados activamente interesado en promocionar la apertura de las puertas de la Feria Mundial en domingo, que en Alemania, en las ciudades industriales situadas en los márgenes del Rin, las asociaciones de obreros enviaban con regularidad delegaciones tanto a Londres como a París, a fin de informar sobre los productos expuestos en relación con sus oficios respectivos, y que por razones económicas dichas visitas estaban programadas de tal forma que los delegados llegaban a Viena o a París la noche del sábado o la mañana del domingo, visitaban la exposición durante el domingo y regresaban a casa la noche del domingo o la mañana del lunes.

Comparativamente, pocos entre los trabajadores de Estados Unidos se han beneficiado de esos estímulos al ingenio y el invento, y tampoco los departamentos de producción y comercio han valorado adecuadamente su importancia. Es por ello que presento esta perspectiva del tema en la esperanza de que pueda contribuir a la reapertura dominical de las puertas de la Feria Mundial a los cientos de miles de obreros de Chicago y de las ciudades cercanas, y a animar mediante este privilegio las visitas de tantos obreros asalariados procedentes de toda la nación como hayan podido, mediante meses de privación y sacrificio, ahorrar lo necesario para visitar la Feria mundial, visita que estará necesariamente limitada a unos pocos días.

Regreso ahora a mi propio discurso, donde fue interrumpido por el presidente del comité.

Sr. Jones: Muy bien. Asumiré que el Congreso sabía lo que estaba haciendo. Aquí está el registro de esto en el Senado; es allí donde se inició esta parte de la legislación, ya que en la Cámara [de representantes] dicha legislación se refería sólo al cierre de la exposición gubernamental, y es eso lo que se aprobó, sin un solo comentario sobre el cierre de la Feria en domingo. Fue cuando al llegar al Senado donde tuvo su origen esta parte de la legislación.

Leeré del *Registro del Congreso* del 10, 12 y 13 de julio.

Sr. Durborow: Bien, no es necesario leerlo aquí. Estamos más familiarizados con él que usted mismo. El asunto objeto de discusión son las modificaciones de la ley existente.

Sr. Jones: Ciertamente.

Sr. Durborow: Si puede referir sus argumentos al asunto de la modificación de la ley, a las ventajas que justificarían el cambio o modificación de dicha ley de acuerdo con las resoluciones presentadas ante este Comité; ese es el motivo por el que el Comité ha concedido estas audiencias.

Sr. Jones: Efectivamente; eso es lo que estoy haciendo. He demostrado que la Constitución prohíbe esta legislación; siendo así, ¿no se debiera derogar?

Sr. Durborow: Este no es el lugar para debatir esa cuestión.

Sr. Little: Pienso que quizá no ha comprendido bien la legislación aprobada. Estoy de acuerdo con usted en lo de la Constitución. Pero esta legislación hace una asignación [de dinero], y acompaña dicha asignación con la condición de que la Feria cierre en domingo. Por ejemplo: uno no tiene derecho a decir a un transeúnte: "Usted no debería entrar a la cantina". Pero si usted le ha dado cinco dólares, entonces tiene el derecho a imponerle la condición de que no los gaste en la cantina.

Eso es inadmisible. No tenemos derecho a sobornar a nadie, ni siquiera con el objeto de que se abstenga de beber. Y si es que el Congreso aprobó la ley bajo ese principio, tal como se sugiere, entonces añadió a otras maldades de esta legislación la del soborno. De hecho, esa es precisamente la posición que American Sabbath Union ha sostenido al respecto. Su presidente ha publicado que esta acta del Congreso "otorga un premio de $2.500.000 a condición de obrar bien". Demuestra de una forma tangible que "gran ganancia es la piedad". Repudiamos enteramente esa idea, junto con el resto de ese asunto malvado.

Sr. Jones: Entiendo su observación. Se presentó la argumentación, y se hizo cuando la legislación estaba ante el Senado, mientras el Congreso estaba en proceso de asignar el dinero; entonces tenía el derecho a establecer las restricciones que considerara oportuno en el uso del dinero.

Sr. Little: Pero no se les forzó a aceptar el dinero.

Sr. Jones: No, ciertamente. Pero repudio esa proposición. El Congreso tenía derecho a imponer cualquier restricción *civil* que quisiera en relación al uso del dinero. Pero no tiene en absoluto derecho, bajo la Constitución, a imponer ninguna restricción *religiosa* al uso del dinero.

Sr. Little: ¿Es una restricción religiosa?

Sr. Jones: Así es. Es una legislación enteramente religiosa.

Sr. Houk: ¿Consideraría correcto que el Congreso estableciera que la Feria cerrara un día de cada siete?

Sr. Jones: No. No sería apropiado, dado que todo descansa en un fundamento religioso, y es el único fundamento sobre el que descansa la observancia del domingo o el reconocimiento de descansar en domingo. La pretensión de que esa legislación tiene por fin los intereses de los trabajadores no concuerda con el proceder del Senado. El senador Hawley afirmó con rotundidad: "Todos saben en qué fundamento descansa: está cimentado en una creencia religiosa". El senador Peffer dijo: "Hoy estamos implicados en una discusión teológica relativa a la observancia del primer día de la semana". Así pues, lo consideraron un asunto religioso, y solamente religioso. Repito que, según la Constitución, [el Congreso] no tiene derecho para establecer ninguna restricción religiosa. Cuando pusieron ahí esa restricción y dijeron que los directores deberían tenían que firmar un acuerdo para cerrar la Feria Mundial en domingo: el "Sabbath cristiano" –tal como el Congreso afirmó que es el domingo–, antes de recibir cualquier dinero. Tenían el mismo derecho a decir que la dirección de la Feria Mundial tenía que firmar un acuerdo para que se sometieran al bautismo cristiano como condición para recibir la asignación.

Voz: O pregunten al Dr. Briggs.

Sr. Jones: Sí. Cuando el Congreso puso esa asignación a la condición de que la dirección firmara un acuerdo para cerrar la Feria en "el día del Señor", tal como definió el Congreso que es el domingo, antes de que ellos pudieran recibir cualquier dinero, el Congreso tenía todo el derecho a requerir que el Comité de la Feria Mundial observara la Cena del Señor como condición antes de poder recibir los fondos. Por lo tanto, si el Congreso puede definir en qué consiste el Sabbath cristiano, puede igualmente requerir cualquier otra cosa en la religión cristiana.

Voz: Así es.

Voz: ¿No es esta una nación cristiana?

Sr. Jones: No, por supuesto que no.

Si van más allá de la Constitución en algún punto en materia religiosa, pueden igualmente excederse en cualquier otro aspecto. Lo que ha hecho el Congreso al respecto en favor del domingo, abre el camino para hacer a cualquier otra cosa que sea demanda por aquellos la han afianzado. Y será demandado, ya que el *Christian Statesman*, cuyo editor está en la sala, ha declarado que "la gran mayoría cristiana ha aprendido, en respuesta a su gran petición y a su aluvión de cartas en referencia a la Feria Mundial, que puede conseguir del gobierno de los estados y de la nación cualquier legislación en contra de la inmoralidad que pida con unidad y energía". Y un predicador en Pittsburg, tan pronto como el proyecto de ley tuvo la aprobación del Congreso, afirmó en un sermón: "Que la iglesia tiene un peso en los grandes cuerpos de política o gobierno, ha quedado demostrado de la forma más evidente en el último acontecimiento de la Feria Mundial, cuando el Senado de los Estados Unidos, el organismo de rango más elevado en el país, dio oído a la voz de la religión y pasó a la Feria Mundial la asignación aprobada de cinco millones de dólares, con la condición instituida por la iglesia, de que las puertas de la Exposición no se debían abrir en domingo. Ese hecho magno y bueno sugiere a la mente cristiana que, si se ha podido lograr eso, lo mismo ha de ser cierto con otras medidas igualmente necesarias. La iglesia está ganando poder continuamente, y su voz se hará oír en el futuro mucho más asiduamente que en el pasado".

Voz: Es la opinión de un individuo.

Sr. Jones: No; no es la declaración de un individuo solamente; Es representativa, puesto que quienes afianzaron esa legislación, quienes presentaron la petición, lo hicieron como una gran confederación: no como individuos, sino como una corporación. National Reform Association, American Sabbath Union y toda la confederación, aunaron esfuerzos por motivos religiosos; basaron su demanda exclusivamente en un fundamento religioso, y lo hicieron como religiosos. El cuarto mandamiento se presentó como base para la demanda, cuando el senador Quay hizo llegar su Biblia al secretario del Senado para que se le diera lectura. Así lo refleja el *Registro*. ¿Alguien negará que el cuarto mandamiento es religioso? ¿Quién negara que el cuarto mandamiento, tal cual está en la Biblia, es religioso, y que la propia Biblia es religiosa? Apelo a este Comité: ¿Tiene el Congreso de los Estados Unidos derecho a introducir la Biblia en su legislación, y a hacer de eso la base de la legislación de este gobierno? –No, señores. La *Constitución* es la base sobre la que el Congreso puede legislar, y no la Biblia. Y la Constitución ha excluido toda cuestión religiosa de la consideración del Congreso, por consiguiente, ha excluido la Biblia de la legislación del Congreso. Sin embargo, ese día la Biblia fue alzada y así lo demuestra el registro:

Sr. Quay: En la página 122, línea 13, tras la palabra "acta", procedo a insertar:

"Y la autoridad competente ha hecho esta provisión para el cierre de la Exposición en el día de Sabbath".

Enviaré a la oficina las razones para la enmienda, a fin de que se les dé lectura. El secretario tendrá la amabilidad de leer del *Libro de la Ley* que envío a la oficina, la parte contenida entre corchetes.

Vicepresidente: Se leerá la parte indicada.

El secretario lee lo siguiente:

"Acuérdate del día de Sabbath para santificarlo".

Sr. Jones: Ustedes conocen el cuarto mandamiento. No es necesario que se lo lea.

Voz: Léalo completo.

Sr. Jones: "Seis días trabajarás y harás toda tu obra, pero el séptimo día es Sabbath para Jehová, tu Dios; no hagas en él obra alguna, tú, ni tu hijo, ni tu hija, ni tu siervo, ni tu criada, ni tu bestia, ni el extranjero que está dentro de tus puertas, porque en seis días hizo Jehová los cielos y la tierra, el mar y todas las cosas que en ellos hay, y reposó en el séptimo día; por tanto, Jehová bendijo el día de Sabbath y lo santificó".

Voz: ¿Es el séptimo día, o el primer día?

Sr. Jones: El mandamiento dice el séptimo día; pero teniendo delante esta declaración inconfundible de que el séptimo día es el Sabbath del Señor, el Senado ha colocado su particular interpretación sobre el mandamiento, y ha establecido que la afirmación "el séptimo día es Sabbath", significa "el primer día de la semana, llamado comúnmente domingo". Por lo tanto, el Congreso de los Estados Unidos ha tomado el cuarto mandamiento de la Biblia y lo ha incluido en su legislación, añadiendo además su particular interpretación sobre ese estatuto. Si el Congreso tiene la competencia para interpretar la Biblia en un punto, puede interpretarla igualmente en cualquier otro punto. Así pues, cuando en este país se excedió yendo más allá de la Constitución en ese punto, se ha puesto a sí mismo y al gobierno en la misma línea que todos los gobiernos del tipo iglesia-estado que jamás haya habido, y ha asumido la prerrogativa de interpretar la Biblia para todo el pueblo en el país, y para todos los que vengan a esta tierra. Eso es lo que se ha hecho.

Sr. Houk: ¿Consiste su argumentación en que la cita del cuarto mandamiento hecha por el senador Quay, y su inserción, incorpora el cuarto mandamiento y toda la Biblia en la legislación de este país?

Sr. Jones: En principio lo es (risas). ¿Por qué no? ¿Quién va a impedirlo? Cuando pueden incorporar una parte de la Biblia en esta ocasión, ¿qué podrá impedir que incorporen cualquier otra parte de ella cuando les convenga? Por lo tanto, es cierto que la incorporación de esta parte de la Biblia, en principio la incorpora a toda ella.

Por lo tanto, es cierto que la incorporación aquí de esta parte de la Biblia significa incorporarla toda ella en principio.

Sr. Houk: Eso significa incorporar a Dios de una forma general en la Constitución.

Sr. Jones: Exactamente. Y esa es la razón por la que se alegran tanto los que han estado todos estos años intentando poner a Dios en la Constitución. Esa es la razón por la que ahora dicen: "Podemos conseguir todos nuestros deseos, cuando unidos los pedimos". Y tienen razón. Ese proceder les da todo lo que quieren, ya que, si el Congreso puede actuar así en un punto, ¿quién va a impedirle que haga lo mismo en cualquier otro particular? Una vez establecido el principio, se ha conseguido todo. Entiéndase bien que ha puesto allí el cuarto mandamiento aportando las razones por las que la Feria debiera cerrar en domingo, y como formando las bases para esa legislación.

Sr. Durborow: ¿Fue la lectura de ese mandamiento un acto orgánico del Senado, del Congreso, al proceder de esa manera?

Sr. Jones: Fue un acto orgánico del Congreso, puesto que fue una parte inseparable de la propia legislación: fue aportado como la base para la legislación, por contener las razones para la misma.

Sr. Houk: Según eso, todo lo que diga un miembro, ¿queda incorporado en el acta?

Sr. Jones: Por supuesto que no. No necesariamente. Pero consideremos cómo se manejó el asunto. El senador Quay propuso una enmienda. La Cámara aprobó un proyecto de ley para cerrar la exposición gubernamental, dejando la Feria aparte. Al llegar al Senado, el senador Quay introdujo una enmienda para cerrar toda la Feria. Su enmienda consistía en que, "Esa provisión ha sido hecha por la autoridad competente para cerrar la Exposición en el día de Sabbath". Ese fue el primer paso dado en el Congreso sobre el asunto de cerrar la Feria: no la exposición gubernamental, sino la Feria. El Senado dio ese paso, y al darlo, el que había propuesto la enmienda citó el cuarto mandamiento. El Senado aceptó eso como la base y razón para la enmienda. Cuando él aportó ese mandamiento y cuando el secretario lo leyó subsecuentemente como fundamento para esa enmienda, por contener las razones para la legislación en la que consistía la enmienda, cuando el Senado adoptó esa enmienda trasladándola al primer día de la semana al que llamó domingo, y entonces la Cámara confirmó esa decisión; resulta evidente que el cuarto mandamiento se ha traído e incorporado a la legislación del país por una acción definida del Congreso.

[El reloj marcó entonces las 12, el tiempo expiró].

El Sr. Durborow anunció que había terminado el tiempo, y anunció: "Eso pone fin a la discusión por hoy".

La audiencia terminó por aquel día. El presidente había rechazado la argumentación constitucional rehusando que el Comité la tomara en cuenta, pero las preguntas que se hicieron dieron pie a que se tratara todo eso hasta agotarse el tiempo. American Sabbath Union supo que su causa estaba asegurada: y después que la audiencia termino se limitaron a salir de la sala y convocaron a una reunión interna en el vestíbulo, en la que aprobaron un voto de agradecimiento al Señor por haber preservado el Sabbath americano. Sabían que cuando el argumento constitucional fuera descartado, obtendrían todo lo que querían. El día siguiente Elliot F. Shepard tuvo a su cargo la charla inaugural. Observad cómo la comenzó:

Lo único que establece a un diputado es la Constitución de los Estados Unidos. Él no tiene autoridad alguna en este mundo, excepto la que le da la Constitución, y no tiene derecho a prestar oído a argumentación alguna que la Constitución no apruebe.

Pero ellos desecharon eso, y véase a qué si prestaron el oído en la primera audiencia que hubo a continuación:

OBSERVACIONES PRELIMINARES DE COL. E. F. SHEPARD

Abordo este tema con gran reverencia. Al tratar asuntos celestiales, debiéramos dejar de lado los terrenales, y debiéramos hacer tal como solían hacer los judíos en el templo de Jerusalén: antes de presentar sus ofrendas, antes de iniciar ese servicio, se preparaban mediante abluciones y oraciones para el desempeño adecuado de sus deberes. Ahora cuando venimos ahora a considerar el Sabbath, que descansa sobre la ley de Dios, la cual es una revelación a la raza humana en la que nadie hubiera podido pensar, y que debemos enteramente a nuestro Padre celestial, debiéramos aproximarnos con el mismo espíritu reverente…

Hemos resuelto no pronunciar una sola palabra relativa a la constitucionalidad o inconstitucionalidad de esta ley presentada ante este Comité, ya que pretender aquí que

> es inconstitucional sería poner en entredicho al Comité, a ambas Cámaras del Congreso y al presidente de los Estados Unidos quien aprobó esta ley. Y a usted mismo [presidente Durborow] que muy sabiamente descartó por completo este último argumento de delante de la consideración del Comité, al declarar que este no era el lugar para argumentar al respecto. En consecuencia, lo desechamos sin añadir palabra.

En su charla, el Sr. T. A. Fernley dijo al Comité que no existía autoridad para reconsiderar la cuestión, dado que no se había presentado nueva evidencia; afirmó que no había ni una sola razón nueva en favor de abrir la Feria en domingo. Y dijo que el único terreno posible sobre el que se pudiera reconsiderar el asunto es su inconstitucionalidad. Confirmó con ello la posición que había rechazado escuchar de nosotros; y así, todo lo que objetaron de nuestra parte lo obtuvieron de alguien más. Continuaron, no con argumentos celestiales de ninguna manera, pero propusieron considerar las cosas celestiales, y refrenaron el Comité frente a la muerte y el Juicio, afirmando que cuando vinieran a morir sería de gran consuelo para ellos saber que habían actuado correctamente al preservar el Sabbath.

Otros evocaron y amenazaron con la ira de Dios sobre la nación, en el caso de no mantener el Sabbath. Había allí un hombre de Asia menor, que defendía el cierre dominical de la Feria Mundial como un estímulo para las misiones: abrirla en domingo significaría el mayor retraso a la causa misionera que jamás le hubiera acontecido. De esa forma evocaron la muerte y el juicio ante el Comité, amenazando con la ira y los juicios de Dios si no se procedía de una determinada manera. En un artículo editorial reciente en la *Review* había una cita referida a este punto, que esos hombres irían al Congreso, hablarían en nombre de Dios y proferirían amenazas si el Congreso no se aviniera a sus dictados (ver *Review*, 25 octubre 1892). Eso ha sido hecho.

Esta es la argumentación de un jurista: el juez S. B. Davis, de Terre Haute, Indiana, que se envió allí y se distribuyó por centenares mediante grandes pilas de papeles puestos sobre la mesa del Comité. Decía así:

> La Corte Suprema de los Estados Unidos dice: "Esta es una nación cristiana".

Y continúa argumentando en favor del reconocimiento nacional y estatal del domingo. "Sí: esta es una nación cristiana", es su argumento concluyente. "Esta es una nación cristiana; la Corte Suprema de los Estados Unidos lo ha dicho. Si hay alguno de los hermanos aquí que dudara que la decisión de la Corte Suprema signifique algo, me gustaría que hubiera estado y visto el significado que tuvo".

¿Cuál es ahora la situación, tal como está la legislación esta noche? ¿Similar a la de entonces? ¿Cómo ha evolucionado desde entonces?

Tengo aquí un artículo de *Herald* de Chicago del 14 de enero de 1893 que expone la situación, así que lo voy a leer:

> Es todo menos una perspectiva alentadora la que los amigos de la apertura del domingo de la Feria Mundial tienen ante sí... Las audiencias de los últimos cuatro días han dejado maltrecha la causa de la apertura dominical. No es debido a que los defensores del cierre hayan presentado las mejores argumentaciones; tal no ha sido el caso. Pero la publicidad dada al asunto a través de todo el país mediante esa agitación, ha llevado ante el Congreso una avalancha de protestas y llamados por parte de gente religiosa y organizaciones eclesiásticas en todo el país.
>
> Las iglesias y los pastores se han puesto de nuevo a la labor con tanta intensidad como hace un año, y con igual efectividad...
>
> El General Cogswell, con quien contaban hasta ahora, últimamente está dudando. La Iglesia metodista episcopal ha procurado influirle de una forma en que él encuentra difícil resistirse... El problema es que una gran cantidad de miembros defensores de la apertura dominical por principio y como una cuestión de derechos, son demasiado tímidos como para votar por su posición cuando se encuentran ante la oposición organizada de iglesias y pastores. Estos estadistas argumentan que los que son favorables a abrir la Feria en domingo son gente razonable, que no va a permitir que su juicio o su voto resulten influenciados por fallas para obtener lo que ellos quieren. En contraste, los de la iglesia que abogan por el cierre dominical, si ven malogrados sus propósitos, se radicalizan y en la siguiente elección causan problemas a quienes votan en su contra.
>
> Ese tipo de cobardía o precaución, sumada al hecho de que los pastores que están convirtiendo el cierre dominical en una especie de marca de la casa no dudan en apabullar a sus representantes en el Congreso, o a cualquiera sobre el que puedan ejercer presión, ofrece una explicación al cambio de tendencia sobre esta cuestión.

Leo ahora la declaración de clausura del reverendo Joseph Cook en su discurso ante el Comité:

> El domingo es el mayor de todos los ángeles buenos al que se está dando la bienvenida en tierras extranjeras. ¿Vamos a permitir en nuestro país que Chicago le clave un cuchillo a ese ángel por la espalda? ¿Llamaremos a la diosa de la libertad desde el Capitolio para que asista a ese asesinato? Dios no lo permita.

¿En manos de quién está el gobierno de los Estados Unidos? –En manos de las iglesias. ¿Quién tiene el control del Congreso? –Las iglesias. ¿Quién lo está utilizando? Como dijo el representante de Ohio: "Mediante nuestra fuerza hemos sido capaces de manejar el Congreso a nuestra voluntad". –Las iglesias. Estos son los hechos.

Estas son algunas de las cosas que están sucediendo ante nuestros ojos. El estudio versará ahora en lo que está por sobrevenirnos. Cuando veamos eso, como los testimonios ha dicho, veremos y reconoceremos la necesidad de recibir y acoger al Espíritu Santo, y de presentarlo ante la gente. Hermanos, es ahí donde estamos, tal como ha dicho el hermano Prescott. La única cuestión es: ¿buscaremos a Dios en procura del poder de su Espíritu Santo? El país está vendido a manos de la jerarquía religiosa, y dicha jerarquía está vendida en las manos del diablo.

Capítulo 3

La imagen de la bestia es formada

Voy a retomar el tema donde nos detuvimos anoche, leyendo simplemente dos declaraciones de los que teníamos *en mente* al final de la presentación. Esta es una de ellas.

> Sr. presidente y señorías del Comité, así como defensores y opositores a esta medida: Permítaseme llamar la atención a un hecho en el que todos estamos de acuerdo; ninguno de nosotros va a estar aquí en 1993. Para ese tiempo todos compartiremos una misma opinión en respecto a la importancia y santidad del día del Señor, porque la sentencia ha salido, en contra de cada hombre: "Ordena tu casa".
> ¡Qué rápido caen! Los que hemos conocido. Tal como las hojas crecen en las ramas y caen en el otoño y son rápidamente secas.
> Pero mientras los hombres mueren, la nación vive. Que el Dios de las naciones nos guíe a nosotros y a nuestra posteridad, para que "América" pueda cantar hasta el final del tiempo [*Del discurso de C. B. Botsford ante la Cámara de representantes de la Exposición Mundial*].

Otra más.

> Hay sólo una razón general Sr. presidente y señores del Comité, y me gustaría dar precisamente esa razón por la cual esta Feria debe mantenerse cerrada en el día el Sabbath. Si estas puertas se abren en el día del Sabbath, será peligroso para nosotros como nación, y también para Chicago, tanto como para los intereses de la Feria. Hay una cosa que debemos recordar, y esta es que: Dios reina todavía y está sentado en su trono. Dios no ha abdicado, y ha declarado que la nación o el país que no le servirá, perecerá. Y más aún: hemos de recordar que los diez mandamientos son la base misma de nuestras leyes; nacionales y estatales, que permiten nuestras libertades y derechos. Consideren el quinto mandamiento; consideren el sexto que condena el asesinato y protege la vida. La protección a las personas está basada en ese sexto mandamiento. Consideren el séptimo: todas nuestras leyes –nacionales o estatales– que tratan de la pureza en la sociedad, del vínculo matrimonial y de la poligamia, están basadas en ese mandamiento. Ahora aquí está el cuarto mandamiento en el centro mismo de estos mandamientos, y nunca ha sido objeto de repudio más que lo haya sido el quinto, sexto, séptimo u octavo. Por lo tanto, hemos de recordar que si tocamos ese mandamiento de Dios que está en el corazón mismo de los diez, tocamos el honor de Dios y tocamos la ley de Dios, ya que Cristo enfatizó el cuarto mandamiento. Dijo: "El Sabbath fue hecho por causa del hombre".

> ¿Qué quería decir con eso? Quería decir que no fue hecho solamente para los judíos, sino para el hombre en todo lugar, en todo tiempo y condición. Él dijo que el Sabbath fue hecho para el hombre; en cualquier época y edad. Dijo que el Sabbath fue hecho para el hombre, para el supremo bien del hombre en cualquier período de la historia del mundo, para su bien moral y físico.
>
> Por consiguiente, queridos amigos, si tocamos ese cuarto mandamiento que está en la raíz misma de todos los demás, estamos tocando el honor de Dios y sus mandamientos. Nunca ha sido abrogado, y *si lo tocamos, Dios traerá una maldición sobre nosotros como nación*, ya que Él declaró específicamente a su pueblo en lo antiguo que los castigaría por la profanación de su día de Sabbath. Por consiguiente, amigos, como nación no podemos permitirnos tocar este mandamiento. Lo que en consecuencia nos corresponde es sentar un buen ejemplo del Sabbath americano ante las naciones del mundo; darles un ejemplo del Sabbath cristiano, del Sabbath tal como Dios lo ha ordenado.
>
> Un príncipe pagano visitó en cierta ocasión a la reina Victoria, deseando que ella le revelara el secreto de la grandeza del gobierno. La reina Victoria pidió que le trajeran un Biblia, y entregándosela al príncipe le dijo: "Aquí está el secreto de la grandeza de una nación". El secreto de nuestra grandeza como nación es la Biblia, que está entronizada en todas las leyes en la línea del Sabbath. Ese es el fundamento de nuestras leyes. (*Del discurso del reverendo F. A. McCarrel ante la Cámara de representantes a propósito de la Feria Mundial,* 11 de enero, 1893).

Os he leído lo anterior a modo de ejemplo de las argumentaciones presentadas al Comité con el propósito de persuadir al Congreso a que permaneciera firme en la posición adoptada por el gobierno.

Ahora, hermanos recordarán que anoche cité un texto que iba durar una semana. Hoy quisiera leer otro pasaje en la misma línea. Es este:

> Hermanos y hermanas, ojalá pudiera decir algo que os despertara a la importancia de este tiempo, y al significado de los acontecimientos que están sucediendo ante nosotros. Os señalo los agresivos movimientos actuales encaminados a restringir la libertad religiosa (*GCDB*, 28 de enero, 1893 [6*T*, p. 18]).

Eso es lo que queremos estudiar esta noche. Y a medida que –con la ayuda del Señor– vaya presentando ante vuestras mentes las cosas que están *sucediendo*, quisiera que tuvierais un deseo tan grande por recibirlas como el que tiene el Señor de que las recibamos, a fin de poder ver y comprender cuál es su mente al respecto.

Sin duda hay aquí algunos que estuvieron hace unos tres años, cuando se me encomendó un tema que se titulaba, si recuerdo bien, "La crisis actual". Quienes asistieron recordarán que, en relación con nuestra obra para aquel tiempo, que consistía en hacer llegar peticiones al Congreso y protestar contra toda esta legislación, llamé la atención al hecho de que aquella era nuestra labor para aquel entonces. Se trataba de hacer circular aquellas peticiones por todo el país, a fin de poder despertar de ese modo las mentes de los habitantes de Estados Unidos en contra de ese asunto, haciendo llegar sus peticiones al Congreso en una cantidad tan numerosa, que permitiera al Congreso ver en qué consistía el principio, y ver si podíamos quizá demorar esa legislación. La idea consistía en proceder de manera que la gente conociera la verdad. Y recordaran que llamé la atención a este pensamiento: que esa obra continuaría hasta el momento en que se hubiera adoptado el domingo, hasta que se hubiera aprobado alguna ley dominical; al llegar a ese punto, todas nuestras peticiones vendrían a ser cosa del pasado: y nuestra al respecto habría terminado, porque no tendría caso protestar para que el Congreso hiciera algo que en realidad ya había hecho.

Pues bien, ahí es donde estamos ahora: en el lugar al que me referí aquella noche, hace unos tres años. A partir de las evidencias proporcionadas anoche se puede ver claramente que el gobierno de los Estados Unidos está ahora en las manos de una jerarquía, y no más en las manos de los representantes del pueblo. El gobierno que nuestros padres establecieron ha desaparecido; ahora, desapareció de forma irreversible. Se acabó el gobierno del pueblo, por el pueblo y para el pueblo. La autoridad del gobierno emanada del pueblo –tal como prescribe la Constitución– y un gobierno regulado por la Constitución, se fue, ya no existe. La Constitución ha sido anulada, y ahora se la ignora. Fue ignorada por el Comité el otro día; de hecho, desechada totalmente, para prestar oído en su lugar a una jerarquía, adoptando posiciones jerárquicas y atendiendo solamente a argumentaciones jerárquicas. Cuando eso sucede, cuando hasta la propia Constitución es denigrada y anulada de las deliberaciones de un comité del Congreso cuya única autoridad emana de la Constitución, para recibir a cambio esa otra cosa, entonces, ¿en dónde se ha ido el gobierno?, ¿a qué punto ha llegado?, ¿en manos de quién está?

[Algunos en la audiencia: "En las manos de las iglesias"].

Bien, anoche leí de los extractos, resulta evidente que el Congreso no va a tener valentía para proceder según su criterio, de acuerdo con los principios que ellos mismos sostienen, por temor a lo que puedan hacer las iglesias; y que no se atreven a actuar de una manera que los hombres de mente justa desean que actúen, por miedo a que las iglesias puedan crear más conflictos y daño que si actúan de la otra forma. Esa es precisamente la razón que dio el juez Hammond para justificar su decisión, en un artículo que se imprimió posteriormente en el mismo periódico que publicó su conclusión consistente en que, cuando las iglesias demandan una legislación como esa, es una concesión correcta para concederlo, ya que los protestantes son gente luchadora, y si no se les concede lo que piden, causarían tales problemas en la nación que el Estado perecería. Así es como piensan. ¿Acaso no es eso indicativo de que las iglesias protestantes de Estados Unidos se han identificado de principio a fin con los principios papales? Y la razón que dieron para la legislación en el principio son simplemente principios papales. Esa resolución que las iglesias enviaron al Congreso que exige esta legislación, es el siguiente:

> Se toma la resolución de que, mediante la presente, nos comprometemos todos y mutuamente ante cada uno, a que a partir de este día y de ahora en adelante nos negaremos a dar nuestro voto o apoyo a cualquier funcionario o puesto de confianza, a cualquier miembro del Congreso, sea senador o representante, que vote favorablemente a proporcionar más ayuda del tipo que sea a la Feria Mundial, excepto bajo las condiciones especificadas en estas resoluciones.

Richard W. Thompson, de Indiana, quien fue secretario de Marina en la administración del presidente Hayes, ha afirmado acertadamente: "Permitir a una iglesia que dicte de antemano, qué leyes deben o no ser aprobadas, significa privar al pueblo de la autoridad gubernamental que este le otorgó, transfiriéndola así a esa iglesia". Y esto es cierto. Ha ocurrido así, y a partir de las palabras que han pronunciado, así como de las declaraciones que leímos anoche, permanece ante el mundo como un hecho cierto, esta noche, que el gobierno de los Estados Unidos no es más "el gobierno del pueblo, por el pueblo y para el pueblo" –tal como dispusieron nuestros padres– para pasar a ser el *sometimiento* del pueblo mediante las iglesias y para las iglesias.

La iglesia manda al gobierno; lo tiene en sus manos, lo tiene sujeto ahí y se propone seguir teniéndolo.

Ahora, cuando eso ha sido hecho, es perfectamente apropiado para nosotros o para cualquier otro, de hecho, para todos, es que exijamos que eso revierta. Incluso habiéndose hecho por las razones aducidas. El Congreso lo habría podido derogar, habría podido abrir los ojos y haber retrocedido hasta el punto en el que antes estaba. El Congreso habría podido deshacer ese asunto, dejándolo allí donde siempre debió mantenerse, en cuyo caso las iglesias habrían hecho otro esfuerzo por obtener posesión del gobierno. Pero en lugar de dar oído a esa demanda fundamentada en la única base sobre la que pueden considerar la cuestión que sea –la base de la Constitución–, lo que ha hecho es anular la Constitución y a toda argumentación relativa a la misma; ha rehusado abiertamente oír al respecto y se ha puesto en las manos de las iglesias que ya habían asegurado su particular interés, plasmando así de forma indeleble aquel proceder en la legislación del país.

Ese es virtualmente el segundo paso. Tras haber dado el primer paso, se pudo haber desandado, lo que habría significado su anulación. Pero en lugar de tomar ese paso, simplemente se confirmó lo hecho anteriormente, de forma que ahora ya no tiene marcha atrás.

Ahora, ¿qué más tenemos que decir en Washington? ¿Qué lugar tenemos más en Washington con peticiones o audiencias protestando contra la legislación religiosa? Ninguno en absoluto. No tenemos más recados a Washington. Ya no hay lugar para ninguna de nuestras peticiones. Esa es la situación tal como está ahora.

Algunos han preguntado: "Supongamos que se aprueba nueva legislación; ¿No podemos protestar en contra de ella solicitando una audiencia a ese respecto?". ¿Cuál sería la base de nuestra argumentación? ¿Que eso es inconstitucional? Pero la Constitución ha sido anulada en este respecto, por lo tanto, se nos replicaría que ya se ha efectuado, y que es constitucional. Eso ha sido declarado. Y una vez que se lo considera constitucional, sigue todo lo demás. Cuando presenté la idea de que podrían haberse equivocado en las representaciones que se les hicieron, se me hizo la réplica: "Su argumento no es respetuoso con el Congreso".

Pastor Fifield: Supongamos que se suscita otra ley dominical nacional ante otro comité. ¿No podría dicho comité dar oído a una argumentación constitucional?

Pastor Jones: Bien; supongamos que la atendiera. ¿Qué fuerza tendría? La Constitución ha sido ya anulada. El asunto actual es anticonstitucional. Toda la legislación dominical es anticonstitucional. Pero todo esto ha sido aprobado. ¿Y cuál sería la fuerza de cualquier argumento contra cualquier otro proyecto de ley dominical, es decir, por su inconstitucionalidad? ¿Dónde está la fuerza? Simplemente no habría ninguno.

Así pueden ver que todo se ha ido, hermanos. Eso es lo que quiero que vean; que la cosa se ha ido; pertenece al pasado. Y se nos ha quitado el fundamento, el único fundamento sobre el que jamás pudimos basarnos: la Constitución. Teníamos el derecho a recurrir a ese fundamento, ya que la Constitución es idea de Dios en el gobierno. El principio que rige en el gobierno de Estados Unidos refleja la idea de Dios para todos los gobiernos. Y cuando evocábamos la Constitución y la exaltábamos por reflejar la idea de Dios –la idea correcta– tal como hicimos todo el tiempo, estábamos cumpliendo con nuestro deber. Dios la había dado como un ejemplo para todo el mundo, como luz para todo el mundo, como la idea correcta para gobernar, y teníamos derecho a apelar a ella.

El otro día pretendían que argumentáramos en contra del cierre dominical de la Feria. Podéis ver que no podíamos hacer tal cosa. Y aún más: no podemos argumentar en contra del cierre dominical por la razón de que el domingo no es el sábado del cuarto mandamiento; porque argumentar de esa manera sería simplemente permitir y admitir que el Congreso ha incorporado apropiadamente el cuarto mandamiento en la legislación, y si ellos reconocieran solamente el *día* del cuarto mandamiento –en lugar del domingo–, no tendríamos nada más que decir. Pero tenemos todo el derecho de hablar en contra de eso. Lo contrario habría significado una completa claudicación. En consecuencia, no podíamos abandonar nuestra posición sobre la Constitución. Pero cuando nos echaron fuera, ellos echan fuera la Constitución. Siempre digo que estamos en espléndida compañía, ya que cuando aquel comité nos excluyó por toda argumentación constitucional, gozamos de la espléndida compañía de la Constitución de los Estados

Unidos; a fin de poder deshacerse de nosotros, primero tienen que deshacer de la Constitución. Esa es la compañía a la que pertenecemos.

Entonces el resumen de todo el asunto es, que, no tenemos más encargo para Washington, de la forma en que anteriormente lo tuvimos. Por supuesto, siempre que se susciten cuestiones como la precedente, será una buena ocasión para exponer ante los diputados nuestros principios, tal como hacemos al presentar la verdad ante cualquiera. Pero no tenemos ninguna otra tarea que desempeñar allí con más peticiones o protestas en contra de la legislación religiosa. Eso pasó ya. Bien, en esa obra que ya paso, ¿en contra de quien estábamos luchando? ¿En contra algo que ya se había *hecho*, o contra de algo que se estaba *haciendo*? –Contra algo que se estaba haciendo. ¿Por qué protestamos contra lo que se hacía? ¿Qué dijimos que sería el proceder de aquello? –Formación de la unión de la iglesia y el Estado: haciendo la imagen de la bestia.

Ahora, eso ya *está* hecho. Y ya no hay más protesta en contra de lo *hecho*. Ahora bien: ¿ha terminado toda nuestra labor? ¿Toda nuestra obra se ha terminado ahora, y no tenemos nada más que hacer en el mundo? –Mucho, ciertamente–. Nuestra labor *no* ha cesado. Tenemos una tarea por delante, pero no se puede ya desarrollar de la forma en que anteriormente lo hicimos. Entonces, ¿en qué consiste nuestra labor ahora? –En advertir contra lo que ya se ha hecho: la formación de la imagen de la bestia. Entonces, ¿eso no nos lleva cara a cara con el mensaje del tercer ángel en toda su literalidad? ¿Acaso esto no nos lleva a usted y a mí, y nos mantiene ahí, tal como se lee el mensaje del tercer ángel? No queda otro camino que no sea presentar el mensaje del tercer ángel tal como está escrito, en contra de lo que se ha hecho. Así dice el mensaje del tercer ángel: "Si alguno adora a la bestia y a su imagen y recibe la marca en su frente o en su mano". Entonces, ¿no muestra eso, en sí mismo, que la imagen está allí, y la marca está configurada para ser recibida?

Repito otra vez que no podemos ya protestar en contra de lo que se *ha hecho*, puesto que ya está hecho. No podemos acudir al Congreso y presentar argumentos constitucionales en contra de la legislación religiosa; no podemos protestar a fin de prevenir que se forme la imagen de la bestia. No podemos protestar en contra de que el gobierno reconozca un falso Sabbath. Eso está establecido ya: y se ha puesto un falso sábado en lugar del sábado del cuarto mandamiento mediante una acción decidida del propio Congreso, poniendo así el gobierno de los Estados Unidos en las manos de las iglesias. Eso ha establecido la marca de la bestia como Sabbath de la nación y para todo el mundo, colocándolo en lugar del Sabbath del cuarto mandamiento en términos inequívocos en la legislación.

¿En qué consistió el papado? No fue simplemente la unión de religión y Estado: eso existía ya en el paganismo. El papado es la iglesia dictando al Estado, es la iglesia en posesión del Estado y los poderes del Estado, usándolo para imponer decretos eclesiásticos. Es un hecho literal que el gobierno de los Estados Unidos está en manos de las profesas iglesias protestantes, y que lo están usando a fin de imponer un decreto eclesiástico por encima de cualquier otro decreto. Ese era el fin que buscaban, y eso es lo que están haciendo ahora. ¿Es eso similar al papado? ¿Se parece al papado? –Ciertamente. Así que repito, por lo tanto, estamos aprisionados al mensaje del tercer ángel. Los hechos están ante nuestras caras y estamos aprehendidos a eso como nuestro único trabajo.

Si es que nos hemos de implicar en lo más mínimo en los asuntos públicos, lo habremos de hacer de una forma diferente a como lo hemos hecho hasta ahora, y la única forma en que podemos estar relacionados con ellos es simplemente advirtiéndoles en contra de lo que ya ha sido hecho, en contra de asentir o admitir que se trate de algo legítimo.

Estamos aprehendidos a eso, y no hay otro camino. Desde este día, todo el que profese trabajar en el mensaje del tercer ángel, no podrá presentarlo o darlo de otra forma que no sea en los términos en que el propio mensaje se expresa: "Si alguno adora a la bestia y a su imagen".

Pero nunca, anteriormente a 1892, teníamos derecho a proclamar eso y a advertir a la gente contra la adoración de la imagen, puesto que todavía no se había formado dicha imagen. Le hemos dicho a la gente que venía, y que cuando llegaran ciertas cosas, se haría la imagen, y la advertencia entonces sería, "No la adoréis". Tal ha venido siendo nuestro mensaje, pero ya no lo es más. Ahora no podemos decirles eso. No podemos protestar en contra de que se forme la imagen. No más. Ahora la imagen se ha formado ya, y sólo hay un camino ante nosotros. Permitidme que lo repita: No hay otra salida que predicar el mensaje del tercer ángel tal como está escrito: "Si alguno adora a la bestia y a su imagen". Pero antes de eso, hay una palabra que le precede: "Un tercer ángel los siguió, diciendo *a gran voz*". ¿De qué puede tratarse, si no es del fuerte pregón del mensaje del tercer ángel que está ahora mismo viniendo? ¿No nos muestra eso que al llegar el momento de tener que dar el mensaje directamente, en las mismas palabras en que está expresado, se trata del fuerte pregón que viene en este tiempo? Disponemos de la suficiente evidencia, en las cosas que hemos visto anteriormente, para saber que es así, pero ¿acaso no muestran las propias palabras del mensaje, que cuando se da al mundo tal como está expresado, se trata del fuerte pregón? Porque así es como avanza: con un fuerte pregón.

Ahora, otro pensamiento: Aparte de la nuestra, ¿cuántas naciones ha habido en la tierra hasta este tiempo, en las que no estuvieran unidas la religión y es Estado? –Ninguna. ¿Cuántas naciones hay ahora en las que no exista tal unión? –Ninguna. Pero una unión de religión y Estado, de iglesia y Estado, representa el curso de acción de Satanás; en eso consistió el papado. Tanto el paganismo como el papado representan el modo de operar de Satanás. ¿Y qué tenemos ahora en nuestra propia nación? –La imagen del papado.

¿A través de qué instrumento Satanás guerreó contra la iglesia de Dios cuando Cristo nació? –A través del paganismo. ¿A través de qué instrumento hizo la guerra contra la iglesia en el desierto? –A través del papado. ¿A través de qué instrumento hace la guerra contra el remanente? –A través de la imagen del papado. Ved Apocalipsis 12. Pero hasta ahora la imagen no se había formado. Ahora es formada. Hasta ahora él no tenía el gobierno de los Estados Unidos en sus manos para pelear contra la verdad de Dios. Ahora lo tiene. Entonces, ¿cuánto poder del mundo tiene Satanás en sus manos para pelear contra la iglesia y contra el sábado de Dios? –Lo tiene todo, ¿no es así?

Ahora tú y yo estamos comprometidos por años de profesión para defender el día de Sábado del Señor. Pero ahora, bajo el mando de Satanás, está en oposición cada partícula de poder que esta tierra conoce. Entonces, ¿no nos lleva a enfrentarnos con este hecho, que tan ciertamente como nos mantengamos fieles al sábado del Señor, lo habremos de hacer enfrentándonos a todo el poder que este mundo conoce? Y, ¿no se deduce que para hacer eso debemos tener con nosotros un poder que es mucho mayor que todo el poder que esta tierra conoce? ¿Puede alguien, *por sí mismo*, enfrentarse exitosamente a todo el poder de la tierra? –No puede. Así pues, ¿no es claro que en nosotros tendrá que obrar un poder mayor que todo el poder concitado de esta tierra? ¿No es, pues, el tiempo de que *descienda* ese "ángel del cielo con gran poder"? (Apoc. 18:1).

Ese ángel que desciende del cielo añadiendo su voz al precedente, constituye el fuerte pregón. Por lo tanto, estamos, precisamente ahora, en el momento en el que dicho ángel *ha* descendido del cielo con gran poder, y no necesitamos temer. Aunque todo el poder de la tierra esté dispuesto contra el sábado del Señor y contra nosotros por permanecer por él, ese poder de Dios se dará a todo aquel que se mantenga fiel a Él.

¿No es acaso el mensaje que el Salvador dio a sus discípulos precisamente el mismo que nos ha encargado a nosotros? Se esperaba que sus discípulos fueran a todo el mundo y predicaran el evangelio a toda criatura. Aquí está nuestro mensaje: "El evangelio eterno para predicarlo a los habitantes de la tierra, a toda nación, tribu, lengua y pueblo" (Apoc. 14:6). Se trata de lo mismo. Jesús les dijo: "Toda potestad me es dada en el cielo y en la tierra". Jesucristo nos habla aquí de su poder *en la tierra*, que es mayor que todos los poderes que esta tierra acumula. Por lo tanto, incluso si Cristo viviese solamente en esta tierra tal como hizo en su día, Él dispondría de todas maneras de mayor poder que el que pueda reunir toda la tierra. "Toda potestad me es dada en el cielo y *en la tierra*. Por tanto, *id*". ¿Por qué ir? –Porque Él tiene el poder.

"Por tanto, id, y enseñad a todas las gentes estas cosas; y he aquí, *yo estoy con vosotros*". ¿Está con nosotros, hermanos? Dejemos de decir que *estará* con nosotros. Porque no es eso lo que Él dice. Dejemos de decir eso, ya que en eso no hay fe. Solemos afirmar que Él dijo: "Estaré con vosotros". Entonces le pedimos que esté, y luego nos preguntamos si está realmente o no. Pero lo que Él dice es: "Id. Yo *estoy* con vosotros". ¿Es así? Entonces, dadle gracias porque sea así. Si os encontráis en dificultades, permitidle que os ayude a salir. El oficio de Satanás es encargarse de que haya dificultades, obstaculizar el camino; pero sean dadas gracias al Señor: que cuando Él está con nosotros, Satanás no puede cerrar el camino. Puede colocar un Mar Rojo ante nosotros, pero lo cruzaremos, ya que Dios puede abrir el mar. El Señor *está* con nosotros, y ciertamente queremos algo más personal que un simple "*estará* con nosotros". Queremos tener ese poder con nosotros a cada instante, obrando en nosotros y en favor nuestro, y queremos estar seguros de que realmente sea así. ¿Cómo podemos de que es así? –Porque Él lo dice. Entonces digamos eso también.

Hay dos puntos que hemos destacado hasta aquí: Una es que estamos aprehendidos para dar el mensaje del tercer ángel tal como está escrito; el otro es que –lo mismo que al permanecer en nuestra fidelidad a los mandamientos de Dios– tenemos que dar ese mensaje del tercer ángel en contra de todo el poder que esta tierra conoce, comandado por Satanás. Y eso nos lleva a una sola cosa, que necesitamos, a fin de permanecer por un minuto, necesitamos un poder que es mayor que todo el poder que este mundo pueda tener junto. Y la gran bendición consiste en que Cristo se tiene en pie y declara: "*Estoy* con vosotros". Gracias sean dadas al Señor.

Veamos ahora un último punto que junto a los dos anteriores creo que agotará nuestro tiempo asignado para hoy. El Congreso ha incorporado el cuarto mandamiento, poniéndolo como base y razón para una legislación dominical. Pero ha ido más lejos: no permitió que el mandamiento permaneciera ahí tal como se lee. No lo ha dejado como Dios lo dio, tal cual está en la Biblia y tal como se guardó en el *Registro*. No lo dejó allí para que la dirección de la Feria Mundial pueda interpretarlo; de forma que cada uno sepa por sí mismo lo que significa. El Congreso ha ido más allá de todo eso, interpretando el cuarto mandamiento de forma que signifique concretamente "el primer día de la semana, comúnmente llamado domingo", pretendiendo que ese es el "Sabbath cristiano", el "Sabbath de la nación", como el que debe observar y honrar esta nación y el mundo, cerrando así la Feria los domingos. Pregunto entonces: ¿no se trata de un acto concreto y definido del gobierno de los Estados Unidos, que pone el domingo en lugar del sábado del cuarto mandamiento?

Veamos algo del pasado: el misterio de iniquidad estaba obrando en los días de Pablo; comenzaba la apostasía, que después progresó. La iglesia adoptó el domingo. Pero, ¿podía por entonces obligar a alguien a observarlo? –No. ¿Podía ella imponer restricciones, ejercer fuerza sobre quienes guardaban el sábado del Señor, obligándolos a incorporar el domingo en lugar del sábado del Señor, por tanto tiempo mientras la iglesia estuviera separada del estado? –No podía, pero ella quería imponer la observancia del domingo en lugar de la del sábado del Señor. Aquella iglesia apóstata quería que la gente reconociera y guardara el domingo en lugar del sábado, aunque sola no podía conseguirlo.

¿Entonces qué fue lo que hizo para lograr su objetivo? –Echó mano del poder terrenal. Se aprovechó del poder del Estado. ¿Cuánto poder ostentaba por entonces aquel gobierno en el mundo? El Imperio romano era entonces el gran poder mundial, por lo tanto, la iglesia se aseguró de disponer de todo el poder del mundo, y de esa forma impuso a la gente la observancia del domingo en lugar del sábado del Señor. Entonces, ¿no fue mediante esa acción como logró el éxito definitivo al instituir el domingo en lugar del sábado del Señor? ¿Acaso no fue eso invalidar la ley de Dios? Tomó el sello de Su ley, el corazón de Su ley, aquello que revela quien es Él: el sello que demuestra que Él es, y que es Dios; ella por medio de la fuerza lo quitó y en su lugar puso su propia marca. ¿Qué fue eso sino suplantar a Dios en la mente de la gente del mundo? Y fue mediante ese proceder como cumplió su propósito de invalidar la ley de Dios. Esa fue la "bestia". Aquello constituyó la bestia. Todos estos años hemos predicado que el papado ha invalidado la ley de Dios. Y eso es correcto.

Regresemos ahora a nuestro tiempo y al asunto que nos ocupa. ¿No han venido guardando el domingo por largos años las iglesias protestantes? ¿No se han venido oponiendo durante todo ese tiempo en guardar el sábado del Señor? –Sí, pero no podían obligar a nadie a guardar el domingo en lugar del sábado del cuarto mandamiento. Es verdad que en cierto sentido podían imponer la observancia del domingo en los Estados. Pero sabemos, y así lo han reconocido todos, que cualquier esfuerzo hecho en ese sentido mediante leyes estatales, fueron casi anulado completamente debido a que el gobierno nacional se oponía a ellas, y todos sabemos que una de las grandes razones de sus esfuerzos extenuantes para que el Gobierno Nacional se comprometiera con el domingo, era hacer efectivas las leyes estatales.

Por lo tanto, a fin de lograr su propósito de exaltar el domingo en contra del sábado del Señor, esas iglesias que hacen profesión de protestantismo tenían que apoderarse del gobierno de los Estados Unidos, del poder de este gobierno, de igual forma en que la primera apostasía se apoderó del poder del gobierno romano. Y ahora lo han logrado. En el acto definido que ha marcado su logro, ella tenía como objetivo el sábado del cuarto mandamiento, ponerlo fuera del camino y poner el domingo en su lugar. ¿No ha sido ese acto una invalidación de la ley de Dios en toda regla? Cuando se procedió de ese modo en el pasado, resultó en la formación de la bestia. ¿Qué se ha formado ahora? –La imagen de la bestia. ¿No ha llegado, por lo tanto, el tiempo de dar el mensaje del tercer ángel al pie de la letra? "Si alguno adora a la bestia y a su imagen y recibe la marca en su frente o en su mano".

Ah, y el Señor nos envía esta palabra precisamente ahora: "Tiempo es de actuar, oh Jehová" ¿Por qué? "Porque han invalidado tu ley" (Salm. 119:126). ¿No es acaso esa palabra la oración que el Señor ha puesto en nuestros labios en este tiempo? ¿La estas ofreciendo? ¿Estáis viviendo día tras día y hora tras hora en la conciencia de ese hecho terrible de que es tiempo de que el propio Dios actúe, si es que su integridad ha de quedar preservada ante todo el mundo? Esto *es* un hecho terrible, solemne. Nos lleva al punto de una consagración tal como la que ningún alma entre nosotros soñó jamás anteriormente; nos llama a una norma de consagración, a una devoción tal, que permita que estemos ante la presencia de Dios con ese pensamiento sobrecogedor de que "Tiempo es de actuar, oh Jehová; porque han invalidado tu ley".

Qué es eso, sino una confesión, y una confesión apropiada, también: "Señor, ¿qué podemos hacer? Todo el poder de la tierra está dispuesto contra nosotros. ¿Qué podemos hacer frente a esa gran compañía?". ¿No es la oración de Josafat nuestra hoy?:

> ¡Oh Dios nuestro! ¿No los juzgarás tú? Porque en nosotros no hay fuerza contra tan grande multitud que viene contra nosotros y no sabemos qué hacer, más a ti volvemos nuestros ojos. Y todo Judá estaba en pie delante de Jehová, con sus niños, sus esposas y sus hijos (2° Cro. 20:12-13).

¿Qué nos dice ahora Joel que debemos hacer?:

> ¡Tocad trompeta en Sión, proclamad ayuno, convocad asamblea, reunid al pueblo, santificad la reunión, juntad a los ancianos, congregad a los niños, aun a los que maman, y salga de su alcoba el novio y de su lecho nupcial la novia! Entre la entrada y el altar lloren los sacerdotes ministros de Jehová, y digan: Perdona, Jehová, a tu pueblo, y no entregues al oprobio tu heredad para que no la dominen las naciones. ¿Por qué han de decir entre los pueblos: "Dónde está su Dios"? (Joel 2:15-17).

Estamos comprometidos ante el Señor y ante el mundo, que dependemos de Dios, quien ama a su pueblo, que se manifiesta en favor de aquellos cuyos corazones se vuelven hacia Él. Hermanos, a ese mismo respecto tenemos también la palabra sobrecogedora que nos viene desde Australia. Está en el *Testimonio* titulado: "La crisis inminente". ¿Qué es lo que dice?:

> Ha de tener lugar algo grande y decisivo, y ha de suceder pronto. Si se produce una demora, quedarán comprometidos el carácter de Dios y de su trono [*SpTA01b* 38.3].

Hermanos, por nuestro descuido o actitud indiferente estamos poniendo en peligro el trono de Dios. ¿Por qué no puede Él obrar? Dios está listo, pero, ¿están listos los obreros de Él? "Si se produce una demora, quedarán comprometidos el carácter de Dios y de su trono". ¿Sería posible que estuviéramos poniendo en riesgo el honor del trono de Dios? Hermanos, por el amor de Cristo y por el honor de su trono, dejemos de interponernos en el camino. Quitémonos de ahí. Y la única forma de despejar el camino a Dios es precisamente yendo a Él. Es la única manera de dejarle vía libre, y es ahí donde nos llama ahora.

Estamos en este punto. El Señor nos ha dado esa oración. Y habiéndonosla dado, ¡con cuánto entusiasmo y confianza podemos ofrecérsela, y ofrecernos a Él junto con ella! Él nos ha dado la oración, nos ha dado la palabra: "Tiempo es de actuar, oh Jehová; porque han invalidado tu ley" (Salm. 119:126). Aún una cosa más —si es que necesitáramos algo más para estar seguros de que todo lo comentado es así— aquí tenemos esa palabra que se leyó el pasado sábado, y que es parte de lo último que nos ha llegado de Australia, nos dice:

> Hermanos y hermanas, ojalá pudiera decir algo que os despertara a la importancia de este tiempo, la importancia de los acontecimientos que están teniendo lugar ahora sobre nosotros. Os señalo los agresivos movimientos actuales encaminados a restringir la libertad religiosa. *Se ha derribado* el monumento recordativo de Dios, y en su lugar *se ha destacado ante el mundo un falso sábado* [6T, p. 18].

No dice que vaya a ser derribado, sino que lo "ha sido" ya.

El *Testimonio* que nos llegó el pasado invierno —ahora, hace un año— decía que iba a haber un gran movimiento para "*exaltar* el falso sábado". ¿Qué dice ahora? "Se ha derribado el monumento recordativo de Dios, y en su lugar se ha *destacado* ante el mundo *un falso sábado*".

¡Con cuánta rapidez se está cumpliendo la palabra de Dios en estos días! Un correo trae un testimonio de que tales y tales cosas "serán"; el siguiente correo viene, y dice: "ya se hizo".

Hermanos, ¿no debemos ser hombres prestos a la acción, listos para responder a la palabra de Dios en el instante? En este tiempo es inadmisible de cualquier demora. Hermanos, busquemos a Dios de todo corazón. Estos testimonios que el hermano Prescott leyó en la última hora, llevándonos directamente con este pensamiento de invocar a Dios por su Espíritu Santo, ¿no es esa evidencia misma de toda la obra, de todo el mensaje y todo lo demás ante nosotros? Entonces, ¿no os parece que se aplica el texto que citamos anoche?:

> El pueblo que comprenda ahora lo que está por sobrevenirnos —mediante lo que está sucediendo ante nuestros ojos— dejará de confiar en la inventiva humana y sentirá que el Espíritu Santo debe ser reconocido, recibido y presentado ante el pueblo [HM, 1 de noviembre, 1893, Art. A, par. 1].

Leeré ahora el párrafo completo:

> Se ha derribado el monumento recordativo de Dios, y en su lugar se ha destacado ante el mundo un falso sábado. Mientras las potestades de las tinieblas están agitando los elementos de abajo, el Señor del cielo está enviando poder de lo alto para hacer frente a la emergencia, animando a sus agentes vivientes para que exalten la ley del cielo. Ahora, justo ahora, es el momento de trabajar en los países extranjeros, mientras que América, el país de la libertad religiosa, *se una con el papado* para forzar la conciencia de los hombres a fin de que *honren el falso sábado*.

No se unen precisamente ahora para *establecer* el falso sábado, sino para honrar el falso sábado que se ha establecido ya, y que está delante del mundo.

Con fecha de 30 de agosto de 1882 nos llegó lo que sigue. Tras citar de Apocalipsis 3, dice:

> Recuerda, por tanto, de dónde has caído, y arrepiéntete, y haz las primeras obras; pues si no, vendré pronto a ti, y quitaré tu candelero de su lugar, si no te hubieres arrepentido (Apoc. 2:5). El pueblo escogido de Dios ha perdido su primer amor. Sin él [el amor], toda su profesión de fe no salvará ni a una sola alma de la muerte. Imaginad que se dejara de prestar atención a toda diferencia de opinión y oyéramos el consejo del Testigo fiel. Cuando el pueblo de Dios humille sus almas ante Él y *busque individualmente al Espíritu Santo* de todo corazón, de los labios humanos se escucharán testimonios como está registrado en las Escrituras: "Después de esto vi a otro ángel descender del cielo con gran poder; y la tierra fue alumbrada con su gloria" (Apoc. 18:1). Entonces se verán rostros radiantes con el amor de Dios, y habrá labios tocados por el fuego santo que dirán: "la sangre de Jesucristo su Hijo nos limpia de todo pecado" (1ª Juan 1:7). [*GCDB*, 31 de enero, 1893, Art.B].

Hermanos, sean esas las palabras que pronuncie todo labio en esta casa, en este instituto, en esta iglesia, antes que termine esta reunión ministerial y asamblea. ¿Acaso no ha trazado Dios claramente el camino? ¿No lo ha puesto de manifiesto mediante los eventos que están sucediendo ante nosotros, ante los que no podemos cerrar los ojos? Por lo tanto, abramos nuestros ojos y nuestros corazones, y permitamos que el Señor venga y tome plena posesión, empleándolos como a Él le plazca.

Capítulo 4

Proclamando el fuerte pregón del mensaje del tercer ángel

Se ha planteado la siguiente pregunta: ¿Pueden lógicamente los Estados negarse a estar en consonancia con la decisión de la Corte Suprema, definiendo así la Constitución nacional en su relación con la religión?

Pastor Jones: –No, señor. De hecho, los Estados no necesitan hacerlo. La Corte Suprema de los Estados Unidos ha caído en consonancia con los Estados. Así es como ya se ha hecho la cosa. Ahí está la perversidad del asunto. Hoy comenzaremos leyendo Apocalipsis 14:9:

> Un tercer ángel los siguió, diciendo a gran voz: "Si alguno adora a la bestia y a su imagen y recibe la marca en su frente o en su mano…".

No es preciso añadir hoy mayor evidencia de que estamos viviendo en el tiempo del cumplimiento de ese versículo; al propósito, basta simplemente recordar los puntos que presentamos anoche. Tres evidencias que analizamos ayer nos llevan ineludiblemente a esa conclusión. Esa es ahora la advertencia que debemos dar al mundo. Y ningún hombre puede dar el mensaje del tercer ángel a menos que lo presente precisamente tal como está redactado. Pero, ¿cuál es la consecuencia de desoír el mensaje de ese versículo? –La ira de Dios sin mezcla de misericordia. Entonces, ¿qué es lo siguiente que viene al respecto? (me refiero a lo siguiente en consecuencia al cumplimiento de esta profecía) –[Audiencia: "La ira de Dios"]. Así es.

Ahora, hemos llegado al fuerte pregón, ¿no es así? Hemos alcanzado esa parte de la profecía. Ahora, estamos en la imagen de la bestia; y *esa* parte se ha cumplido ya. La profecía ya se cumplió. Por supuesto, en el asunto de la imagen de la bestia quedan aún muchas cosas por venir en su cumplimiento pleno, pero todo lo que resta –persecuciones, milagros seductores, etc.–, no es más que la consecuencia de lo que se ha materializado ya: es simplemente el hablar y el obrar de la imagen que ya se ha constituido. No tenemos ahora que esperar ningún acontecimiento espectacular legislativo o gubernamental que cumpla esa parte de la profecía, puesto que la imagen ha sido ya establecida. Eso se ha cumplido. Lo que venga en el futuro, en la legislación y en conflictos, luchas, revueltas y disturbios, junto a todo el mal que los acompaña, no es sino el resultado y consecuencia inevitable de lo anterior. Entonces, ¿qué es lo siguiente en la línea del cumplimiento de la profecía que está ante nosotros? –[Audiencia: "La ira de Dios" (Apocalipsis 14:9-10)]. –Efectivamente.

Intentaré plantear la cuestión de otra manera, a fin de que se la comprenda mejor. ¿Hay algún tipo de legislación, alguna acción especial de este gobierno, que ahora debamos esperar como siendo el previsto cumplimiento de la profecía respecto a la formación de la imagen de la bestia? ¿Qué es lo que hemos estado esperando todo este tiempo? Hemos estado esperando alguna legislación, algún movimiento o alguna acción del gobierno que haría la imagen de la bestia. En eso hemos venido fijando nuestra atención todo el tiempo. Pero ahora, ¿seguimos esperando eso mismo? –[Audiencia: "Ya no más"]. Cierto. Ahora bien; tras haberse cumplido ya, ¿acaso no está incluido *en ello* todo lo que pertenece a la imagen de la bestia? Todo lo que ha de seguir después respecto a la imagen de la bestia y a su obra, ¿qué es, sino la consecuencia de lo que tenemos ya ante nosotros? ¿No están incluidas desde el principio en la propia imagen las acciones que va a emprender dicha imagen? Por lo tanto, estando contenido en la propia imagen todo lo que ha de realizar en lo sucesivo, ¿cuál es el siguiente punto según el mensaje? –[Audiencia: "Las siete últimas plagas"]. Exacto. Según la profecía, lo que sigue a la obra de la imagen de la bestia son las siete últimas plagas.

Reunamos ahora las tres cosas juntas: *estuvimos* esperando que se formara la imagen de la bestia, *posteriormente* caerán las siete últimas plagas, y *después* la venida del Señor. La imagen de la bestia ya se ha formado, ¿no es cierto? La venida del Señor está en el futuro, pero las siete últimas plagas están entre ambos eventos. Por lo tanto, ¿cuál es el siguiente gran acontecimiento en la historia de este mundo, de la humanidad y de la salvación? Las siete últimas plagas. Siendo así, se impone que recapacitemos seriamente acerca del *tiempo* en el que estamos viviendo, ¿no os parece? También nos hacemos pensar seriamente *cómo* estamos viviendo.

Alguien en la audiencia: ¿Es necesario enmendar la Constitución?

Pastor Jones: ¡Para nada! No tenemos ya Constitución. Ha sido desechada. Se la ha apartado del camino. No podemos recurrir a ella más. ¿Qué podría conseguir una enmienda, en vista de lo sucedido? ¿No ves que han anulado la Constitución? ¿Qué podría lograr una enmienda de la misma?

Pero ahora el pensamiento que quisiera presentar ante vosotros, es que el próximo gran evento en la historia de este mundo y en la obra de la salvación, es lo que expone claramente el texto. Esto lo muestra muy claro. Veámoslo de nuevo. Se espera que demos esta advertencia al mundo, diciendo:

| Si alguno adora a la bestia y a su imagen y recibe la marca en su frente o en su mano.

Esa es la advertencia que hemos de dar. ¿En razón de qué se da la advertencia? –[Audiencia: "Del vino de la ira de Dios"]. ¿Qué es el vino de la ira de Dios? –[Audiencia: "Las siete últimas plagas"]. Apocalipsis 15:1. ¿No resulta claro que las siete últimas plagas es lo siguiente tras la advertencia, y que dicha advertencia terminará en las siete últimas plagas? Y ahora nos encontramos en el punto en el que comienza la advertencia con un fuerte pregón en las mismas palabras del texto. Por lo tanto, ¿acaso no va a terminar en las siete últimas plagas lo que ya comenzó, la obra que está ahora en nuestras manos? –[Audiencia: "Sí"]. Cuando haya concluido la obra de advertencia, ¿dónde nos encontraremos? –[Audiencia: "En el derramamiento de las plagas"].

¿Os satisface que sea así? ¿Os alegra saber que sean las siete últimas plagas lo siguiente en venir, tras haber dado al mundo la advertencia? –[Audiencia: "Sí"]. Entonces al ir a dar la última advertencia, ¿no os parece que debiéramos hacerlo teniendo presentes las plagas que están a punto de caer sobre aquellos a quienes hablamos? ¿No debiéramos nosotros mismos ser fieles a ese mensaje que estamos dando, si es que queremos ser resguardados cuando caigan las plagas a las que hace referencia dicho mensaje? Pero, ¿quién va a gozar entonces de la protección? –Los que lleven sobre sí el manto del Altísimo. Y ese manto es aquel del que habla el profeta Isaías, diciendo:

> En gran manera me gozaré en Jehová, mi alma se alegrará en mi Dios, *porque me vistió con vestiduras de salvación*, me rodeó de manto de justicia, como a novio me atavió y como a novia adornada con sus joyas (Isa 61:10).

Ese es el manto con el que Dios viste a su pueblo, que protege a cada uno de la ira de Dios, ahora y por siempre. ¿Ya te vistes con ese manto de justicia?

Ahora, otra cosa justo aquí. Estamos viviendo en vista de otro hecho tremendo, si el mensaje que ahora estamos dando, no es recibido, está apegado a una terrible consecuencia; que la ira de Dios será recibida. Así que cuando se termine de dar ese mensaje, la ira de Dios será lo siguiente. Yo digo que estamos viviendo en presencia misma de eso. Ya ha comenzado la obra que va a llevar a todos cara a cara con el hecho, tal cual está registrado. Por lo tanto, ¿*no dará eso un poder a la reforma de salud que aún no ha tenido*? Cuando la reforma de salud fue dada al pueblo de Dios, se definió como lo que debe adaptarse al pueblo para la traslación. Ese es el significado de la reforma pro-salud. El asunto principal, el gran objetivo que Dios busca mediante la reforma pro-salud es la preparación de su pueblo para la traslación. Pero hemos de atravesar el tiempo de las siete últimas plagas antes de ser trasladados, y si nuestra sangre fuese impura y estuviera cargada de elementos nocivos, ¿prevaleceremos en aquel tiempo en que hasta el propio aire estará lleno de pestilencia? –No, ciertamente.

Lo anterior nos lleva cara a cara con la más solemne de las experiencias, ¿no os parece? Y con la más solemne de las verdades. Ya se nos han presentado muchas preguntas solemnes. Y hermanos, hay muchos más que aún están por venir a nosotros.

Estamos viviendo en el momento más solemne que jamás hayamos conocido, tomémoslo en consideración.

Retengamos ahora, los puntos que han sido presentados en las diferentes lecciones que fueron dadas, los pensamientos profundos y las experiencias solemnes en las que nos hemos encontrado en nuestra profesión religiosa. Me gustaría saber, ¿cómo podríamos cada uno de nosotros hacer frente a esas experiencias si carecemos de la plenitud de Jesucristo? Me gustaría que alguien me lo pudiera explicar. –[Audiencia: "Es imposible, no podemos"]–. –Desde luego, que no podemos–. Por lo tanto, hermanos permitámosle que Él venga a nosotros en toda su plenitud, tan pronto como sea posible. Lo necesitamos a Él en todo momento, y cada lección sucesiva hace más patente nuestra necesidad de Él.

Ahora bien, como hay otros dos puntos que quiero presentar esta noche, para el propósito actual sólo vamos a ver en líneas generales lo que es la lección adicional de las plagas. Cuando la primera plaga es derramada, cae "sobre los hombres que tenían la marca de la bestia y que adoraban su imagen" (Apoc. 16:1-2), – las mismas personas a las que se da la advertencia de este mensaje. Sigue a continuación el resto de plagas cayendo, una tras otra en sucesión hasta la sexta, bajo la cual los espíritus de demonios reúnen "a los reyes de la tierra en todo el mundo… para la batalla de aquel gran día del Dios Todopoderoso" (Apoc. 16:14-16). Esta batalla se pelea cuando el Salvador viene, el registro dice:

> Y vi a la bestia, a los reyes de la tierra y a sus ejércitos, reunidos para hacer guerra contra el que estaba sentado sobre el caballo, y contra su ejército. Y la bestia fue apresada, y con ella el falso profeta que había hecho los milagros delante de ella, con los cuales había engañado a los que recibieron la marca de la bestia, y habían adorado su imagen (Apoc. 19:11 y 19-20).

Y por ese tiempo el séptimo ángel derrama su copa por el aire y sale una gran voz del santuario del cielo –desde el trono– diciendo: "*¡Consumado es!*". Entonces hay relámpagos, voces, truenos y un gran temblor de tierra: un terremoto tan grande cual no lo hubo jamás desde que los hombres existen sobre la tierra. Toda isla huye y las montañas no se encuentran. El cielo se repliega como un pergamino que se enrolla, y todo monte y toda isla son quitados de sus lugares (Apoc. 16:17-18 y 20; 6:14). Entonces "el Señor matará con el espíritu de su boca y destruirá con el resplandor de su venida" a la bestia y a su imagen (2ª Tes. 2:8). Y el resto de los malvados que no lucharon en la batalla de Armagedón "fueron muertos con la espada que salía de la boca del que montaba el caballo" (Apoc. 19:21). Esa espada que salía de la boca del que monta a caballo es el resplandor de la venida del Señor.

Así, pues los eventos que están directa e inseparablemente relacionados con el fin del mundo son precisamente los que seguirán a esa obra que no podemos dejar de hacer. Esa es hoy la realidad.

Hermanos, ¿creen que vendrá las siete últimas plagas, tal como ha venido la imagen de la bestia? –[Audiencia: "Sí"]. Honestamente, ¡¿ahora?! –[Audiencia: "Sí"]. Estuvimos esperando que *viniera* la imagen de la bestia. Y *ya ha venido*. Ahora, ¿qué es lo que debemos esperar? –Las siete últimas plagas. ¿Ustedes creen que se acerca el fin del mundo con sus siete últimas plagas, tan ciertamente como se ha formado la imagen de la bestia? –[Audiencia: "Sí"]. ¿Ustedes creen que al caer las siete últimas plagas viene el fin del mundo? –[Audiencia: "Sí"]. Siendo así hermanos, esas cosas significan mucho para nosotros en el tiempo presente.

Dejemos aquí este punto por ahora, y dirijamos nuestra atención a otro asunto en relación con el gobierno y con las consecuencias inevitables de lo que ha hecho. Me refiero a las consecuencias para el propio gobierno. Comencemos por Hechos 17:26-27. Pablo está llamando la atención de las personas a Dios, y declara:

> Y de una sangre ha hecho todo el linaje de los hombres, para que habiten sobre toda la faz de la tierra; y les ha prefijado el orden de los tiempos, y los términos de su habitación.

Entonces Dios hizo que esta nación de hombres morara en la tierra, y determinó los límites de las moradas del pueblo que componía esa nación y señalándoles el espacio que ocuparían. Y les concedió un tiempo. ¿Con qué propósito lo hizo?

> *Para que busquen a Dios*, si en alguna manera, palpando, puedan hallarlo, aunque ciertamente no está lejos de cada uno de nosotros (vers. 27).

¿Para que busquen a Dios, *en cuyo caso quizá lo pudieran encontrar*? –No. No hay "quizá" al respecto. Si lo buscan, ¿qué sucederá? –Que lo encontrarán. Quien lo busca, lo halla.

Del cuarto capítulo de Daniel aprendemos que Dios está por encima de los reinos de los hombres, y los da a quien Él quiere. El propósito de Dios respecto a las naciones es que lo busquen a Él. Por consiguiente, cuando una nación rechaza al Señor, ¿qué utilidad tiene? –Ninguna. Ahora, ¿rechazará el Señor a una nación por tanto tiempo mientras esta lo busque? –No, no lo hará. ¿Cortará a una nación mientras en ella haya gente que busque al Señor? –No. No lo hizo antes del diluvio. Tampoco en Sodoma y Gomorra. De haber hallado a diez personas que buscaran al Señor en Sodoma y Gomorra, no las habría destruido. Pero Él no pudo encontrar ni siquiera a diez. Cuando hizo la promesa a Abraham, le dijo:

> Ten por cierto que tu simiente habitará en tierra ajena, será esclava allí y será oprimida cuatrocientos años. Pero también a la nación a la cual servirán juzgaré yo; y después de esto saldrán con gran riqueza. Tú, en tanto, te reunirás en paz con tus padres y serás sepultado en buena vejez. Y tus descendientes volverán acá en la cuarta generación, *porque hasta entonces no habrá llegado a su colmo la maldad del amorreo* (Gén. 15:13-16).

¿Había dispuesto Dios límites para sus habitaciones? –Ciertamente, sí. ¿Con qué propósito? –Para que buscaran al Señor. Por tanto, tiempo como buscaran al Señor, conservarían ese lugar que Él les había asignado. Y Dios no daría esa tierra a Abraham, su amigo, ni a la simiente de Abraham, siempre y cuando hubiera personas allí que buscaran al Señor. El pueblo de Dios no podría ocupar aquel territorio hasta que hubiera llegado a su colmo la maldad del amorreo. Pero cuando la maldad del amorreo hubiera llegado a su colmo, no tendría más sentido que los amorreos siguieran ocupando la tierra.

Cuando Dios establece un pueblo en la tierra a fin de que busque al Señor, y ese pueblo se niega a buscarlo, ¿de qué sirve que siga allí? Dejar que se quedaran en la tierra después de no buscar a Dios, sería sólo perpetuar la iniquidad, algo que no tiene ningún uso posible. Así que el Señor trajo a su pueblo allí en ese momento, y expulsó a los amorreos. Le dijo a su pueblo que no hiciera lo que los amorreos hacían para que la tierra no los expulsara, como a los amorreos. Pero su pueblo hizo exactamente lo que les dijo que no hicieran. Y la tierra los expulso y los entrego en las manos del rey de Babilonia.

[Dios] había establecido Babilonia con un propósito, señalando los límites de su habitación. ¿Qué esperaba con ello? –Que buscara al Señor. Nabucodonosor buscó al Señor en sus días y proclamó la gloria, su honor, y la existencia del Señor, ante todas las naciones de la tierra. Recuerdan que esa proclamación se hace en Daniel capítulo 4: "Conviene que yo declare las señales y milagros que el Dios Altísimo ha hecho conmigo". Y a continuación relató su experiencia. Veamos los términos de su proclamación:

> Nabucodonosor, rey, a todos los pueblos, naciones y lenguas que moran en toda la tierra: Paz os sea multiplicada. Conviene que yo declare las señales y milagros que el Dios Altísimo ha hecho conmigo. ¡Cuán grandes son sus señales y cuán potentes sus maravillas! Su reino, reino sempiterno; su señorío, de generación en generación.

El Señor había dicho a Nabucodonosor que le había dado todas estas tierras alrededor y todas las naciones, y que debían servirle, y su hijo y el hijo de su hijo hasta que llegara el tiempo de su habitación. Entonces, ¿qué sucedería? Que muchas naciones se servirían de él. Dios había determinado el tiempo y la extensión de su habitación, de forma que al llegar ese tiempo muchas naciones se servirían de Babilonia.

A Nabucodonosor lo sucedió su hijo, y después su nieto Belsasar, quien, en lugar de buscar y honrar al Señor, tomó los vasos de la casa del Señor y los empleó en sus fiestas lascivas, dando así completamente la espalda a Dios. Entonces, ¿qué utilidad tenía para el Señor aquella nación o él? –Ninguna. En aquella misma hora aparecieron en presencia del rey los dedos de una mano humana escribiendo en la pared. Este era el significado de las palabras escitas:

"Contó Dios tu reino y le ha puesto fin". "Pesado has sido en balanza y hallado falto". "Tu reino ha sido roto y dado a los Medos y a los Persas".

Dios suscitó entonces a los Medos y a los Persas. ¿Buscaron ellos a Dios? Dios había llamado a Ciro por su nombre antes de que este apareciera en escena. Para ese entonces Ciro no conocía al Señor. Dios había dicho:

> Te he llamado por tu nombre; te puse sobrenombre, aunque tú no me has conocido (Isa. 45:4).

Ciro encontró al Señor y proclamó su nombre a todas las naciones. El profeta de Dios en Babilonia dio a conocer a Ciro esa palabra de Dios relativa él. Ved en Esdras 1:1-3 con qué resultado, dice:

> En el primer año de Ciro, rey de Persia, para que se cumpliera la palabra de Jehová anunciada por boca de Jeremías, despertó Jehová el espíritu de Ciro, rey de Persia, el cual hizo pregonar este decreto de palabra y también por escrito en todo su reino, diciendo:
> *Así ha dicho Ciro*, rey de Persia: *Jehová, el Dios de los cielos*, me ha dado todos los reinos de la tierra y me ha mandado que le edifique una casa en Jerusalén, que está en Judá. Quien de entre vosotros pertenezca a su pueblo, Dios sea con él, suba a Jerusalén, que está en Judá y edifique la casa a Jehová, Dios de Israel (*Él es el Dios*), la cual está en Jerusalén.

Ciro encontró al Señor y lo proclamó a todas las naciones de la tierra. Se había hecho ya antes que Ciro llegara. Darío fue quien sucedió a Belsasar. Leamos en Daniel 6:26-27, lo que hizo Darío:

> De parte mía es promulgada esta ordenanza: "Que, en todo el dominio de mi reino, todos teman y tiemblen ante la presencia del Dios de Daniel. *Porque Él es el Dios viviente* y permanece por todos los siglos, su reino no será jamás destruido y su dominio perdurará hasta el fin. Él salva y libra, y hace señales y maravillas en el cielo y en la tierra; Él ha librado a Daniel del poder de los leones".

Esto es una espléndida proclamación del poder y la gloria de Dios. ¡Se diría que son las propias palabras del profeta Daniel! Así, los Medos y los Persas buscaron y encontraron al Señor.

Pero ahora vayamos al capítulo 11 de Daniel y leamos:

> También yo [el ángel Gabriel] en el primer año de Darío, el medo, estuve para animarlo y fortalecerlo. Ahora yo te mostraré la verdad. Aún habrá tres reyes en Persia, y el cuarto se hará de grandes riquezas, más que todos ellos. Este, al hacerse fuerte con sus riquezas, levantará a todos contra el reino de Grecia. Se levantará luego un rey valiente, que dominará con gran poder y hará de acuerdo a su voluntad. Pero cuando se haya levantado, su reino será quebrantado y repartido hacia los cuatro vientos del cielo.

Se trata de Grecia. En Daniel 10:20 leemos:

> Y dijo [Gabriel]: ¿Sabes por qué he venido a ti? Porque luego tengo que volver para pelear con el príncipe de Persia; y saliendo yo, he aquí, el príncipe de Grecia vendrá.

El ángel permanecería allí por tanto tiempo como fuera bienvenido. Y cuando llegara el tiempo en que no quisieran buscar más al Señor, el ángel partiría. Pero al irse el ángel también Persia se acabaría. Y vendría Grecia. ¿Con qué propósito estableció el Señor a Grecia? –Para que buscara al Señor.

Ahora, leamos en Daniel 8:21-23:

> El macho cabrío es el rey de Grecia, y el cuerno grande que tenía entre sus ojos es el rey primero. Y en cuanto al cuerno que fue quebrado y sucedieron cuatro en su lugar, significa que cuatro reinos se levantarán de esa nación, aunque no con la fuerza de él. Al fin del reinado de estos, *cuando los transgresores hayan llegado a su colmo*, se levantará un rey altivo de rostro y entendido en enigmas.

Así que podemos ver que cada vez, por causa de la rebosante transgresión, que una nación cae; y cuando lo trasgresores se oponen definidamente en contra del Señor que llegar a ese colmo. Es porque llenan la medida de su iniquidad que un reino es suscitado y viene otro. Así, podéis ver que en ese versículo está contenida toda la filosofía del asunto: que Dios establece naciones a fin de que lo busquen, y cuando estas rehúsan buscar al Señor y deciden darle la espalda, lo siguiente que sucede es que esas naciones dejan el mundo. No hay nada más para ello.

La nación que siguió a Grecia fue Roma. Y Cristo vino en los días de Roma, y el evangelio de Cristo fue predicado a los romanos, por más corrompida que esta estuviera. Y entonces ese evangelio de Cristo fue profesado por Roma sólo en manera externa, por una iglesia apostata. Haciendo así se apodero del gobierno Romano para obligar a la gente a aceptar la religión romana, forzando así a los hombres a desobedecer a Dios. ¿Qué sucedió entonces al gobierno de Roma? –Que fue barrido de la tierra.

Tan malo como era el gobierno en los días de Tiberio, de Claudio y de Nerón, aun así, Dios predicó el evangelio a Roma y llevó a multitudes de almas a la luz y el conocimiento de su evangelio. El apóstol Pablo predicó el evangelio al propio Nerón en dos ocasiones. Le fueron presentadas las glorias del cielo. Pero cuando el evangelio resultó pervertido de la forma en que lo fue, viniendo a ser una tapadera para justificar la iniquidad, y en lugar de buscar al Señor verdaderamente, pervirtieron los mismos medios por los que Dios estaba ofreciendo la salvación, ¿qué podía hacer el Señor por un pueblo como aquel? El evangelio es el único medio por el que Dios puede salvar a una persona. Pero cuando se tergiversa el evangelio y se lo emplea solo como un manto para la iniquidad, ¿cómo puede el Señor salvar a la persona que así lo utiliza? Entonces no hay nada más que pueda impresionarlo. Nada en absoluto.

Cuando eso fue hecho en el imperio romano por el poder de una iglesia apostata, ¿podía entonces esta permanecer por más tiempo? Tenía que ser barrida de la tierra. Y ahora esta nación [Estados Unidos] ha incurrido en el mismo tipo de iniquidad. Se trata de apostasía. Las iglesias han dejado a Dios y han recurrido al poder de este gobierno, quien se ha vendido a ellas y ahora compele a las personas a que deshonren a Dios. ¿Qué es, entonces, lo que espera a esta nación? –[Audiencia: "La destrucción"]. –Sí, pero antes de que Dios la derribe, enviará un mensaje a todo el que quiera ser salvo. ¿Cuál es ese mensaje? –[Audiencia: "El mensaje del tercer ángel"]. Así es. Entonces, ¿no nos confronta eso cara a cara esta noche con el hecho de que el mensaje del tercer ángel, tal como está escrito, es todo cuanto tenemos que dar bajo el sol, y se debe de dar a ese pueblo que será salvo de la ruina que se cierne sobre esta nación devota que ha terminado siendo seducida y secuestrada por una iglesia apostata que hace profesión de protestantismo?

Bueno, entonces el fin del mundo es lo que sigue. Si es así, ¿no debemos ahora, centrarnos en las cosas que predicamos, en que nos involucramos, a que dedicamos cada día, cada hora, con los acontecimientos que traen el fin del mundo? ¿Es difícil, hermanos, hacer que la gente del mundo vea eso? ¿Es difícil señalarles lo que sucedió a las naciones que nos precedieron? ¿Será difícil hacer ver a los propios mundanos que aquí existe una unión de Iglesia y Estado: que la iglesia ha tomado cautivo al gobierno de Estados Unidos? ¿Ha de resultar difícil hacerles ver eso? Les digo, hermanos, cuando vayamos con el poder de Dios, y digamos los hechos positivos tal como están ante sus rostros, explicándoles a continuación a dónde nos llevaran estos hechos, eso les hará pensar.

Hermanos, hay más poder, más poder convincente y motivador en la simple declaración –por la fe en Dios– de las consecuencias de esos asuntos como un hecho literal ante la gente, que en toneladas de argumentación. Señalemos esas cosas que están a la vista de todos y llamémosles la atención a ellas, mostrándoles cuál será el futuro. Y digámosles en el temor de Dios –mediante la gracia y poder que nos los otorga– las cosas que están por venir. Hagámoselas saber mediante los hechos objetivos, con fervor y devoción por Dios. Que quienes nos oigan estén seguros de que nosotros mismos creemos firmemente en ello, y eso traerá mayor convicción que cualquier tonelada la argumentación doctrinal. Prediquemos el mensaje tal cual es hoy.

Veamos ahora otro pensamiento: Dios tenía una iglesia en el mundo y una nación en la antigüedad, ¿no es así? Cristo vino a esa iglesia y a esa nación. Él predicó el evangelio de Dios, revelado en sus principios vivientes; el misterio de Dios; Dios con los hombres; Dios en carne; Dios en el hombre, la esperanza de gloria. Les reveló eso, pero no quisieron recibirlo; le rechazaron. Decidieron matarlo; lo persiguieron ante Pilato por blasfemia, pero este no podía condenarlo judicialmente a cuenta de una blasfemia, puesto que esa era una ofensa solamente para la ley judía. En consecuencia,

Pilato les dijo: "Tomadlo vosotros y juzgadlo según vuestra ley", a lo que ellos replicaron: "Nosotros tenemos una ley y, según nuestra ley, debe morir". Sin embargo, no podían ejecutarlo en ausencia de una orden del imperio romano. Pilato preguntó: "¿Qué, pues, queréis que haga del que llamáis Rey de los judíos?". Ellos respondieron: "¡Crucifícale!". Pilato les preguntó entonces: "¿A vuestro Rey he de crucificar?", a lo que respondieron: "¡No tenemos más rey que César!".

Al hacer esta declaración, ¿no estaban rechazando al Señor en forma absoluta para unirse a César? Tuvieron que asociarse a César para poder luchar contra la verdad de Dios; de lo contrario les habría sido imposible. Cuando le dieron la espalda a Dios y lo rechazaron de forma deliberada, acogiéndose en su lugar a César por rey, se estaban aliando con un poder terrenal ante la presencia del poder de Dios. ¿Qué más podía hacer el Señor por ellos como pueblo, como iglesia, como nación? –Nada. Había personas en la nación, en la iglesia, que temían a Dios y no se implicaron en eso, pero éstos, los representantes de la nación, los hombres que representaban la iglesia, eran responsables e hicieron eso. Se alistaron con César, y unieron a la nación e iglesia con César, dando así la espalda a Dios. Siendo así, el Señor no podía hacer nada más en favor de ellos como nación e iglesia. Todo cuanto podía hacer, antes que la ruina absoluta e inevitable la barriera del mundo, era llamar a que salieran de ella todos los que quisieran recibirlo. En consecuencia, envió su mensaje, su evangelio, a esa gente en su día, y hubo muchos que salieron de esa iglesia apóstata para aceptar el conocimiento de Dios. De entre ellos llamó a un pueblo para [representar] su nombre. Mediante el evangelio que Cristo hizo llegar a aquella iglesia apóstata, los que habían de ser salvos se separaron para reunirse; entonces el Señor les dio una advertencia instruyéndoles acerca de cómo debían huir cuando todo el sistema resultara destruido.

Así la predicación del evangelio se extendió de ese modo, pero estas profecías afirman: "ya está en acción el misterio de la iniquidad"; "de entre vosotros mismos se levantarán hombres que hablarán cosas perversas para arrastrar tras sí discípulos".

En Romanos 1:8, leemos que la fe genuina de la iglesia en Roma se divulgó "por todo el mundo", lo que permitió que más tarde, cuando tomó el camino de la apostasía, su fama se conociera igualmente por todo el mundo.

La iglesia apóstata se opuso al sábado del Señor y se determinó a destruirlo, poniendo en su lugar un sábado falso, pero no pudo hacerlo por ella misma. ¿Qué tuvo que hacer? –A fin de lograrlo tenía que unirse a César. Tal como la iglesia apóstata, a fin de deshacerse del sábado del Señor, tenía que proceder de la misma forma en que lo había hecho la nación judía para desechar a Cristo, el Señor del sábado. Entonces eso la convirtió en el *misterio*: Babilonia la grande. Esto es lo siguiente que se dice de ella: "En su frente tenía un nombre escrito, un misterio: 'BABILONIA LA GRANDE, LA MADRE DE LAS RAMERAS Y DE LAS ABOMINACIONES DE LA TIERRA'". Tal es la iglesia de Roma.

Más tarde vino la Reforma. Mediante Lutero y otros después de él, Dios llamó a la gente a salir de Roma. Pero siguiendo el ejemplo de su madre, cada una de esas iglesias acabó juntándose con César toda vez que tenía la ocasión de hacerlo, con excepción de la Iglesia Bautista en Rhode Island. Todo el resto se unieron con César según el ejemplo de su madre, constituyéndose así en sus hijas. Después se levantó entonces la nueva república, y mediante su total separación entre la iglesia y el Estado estableció un nuevo orden de cosas, que es precisamente el orden que el Señor prescribe para el gobierno. Así, mediante sus principios fundacionales y gubernamentales, esta nación repudió cualquier tipo de unión entre las iglesias y el Estado. Se mantuvo así hasta 1892. Pero en ese año las profesas iglesias protestantes en los Estados Unidos siguieron el ejemplo de la apostasía original de la iglesia de Roma, y a fin de deshacerse del sábado del Señor y exaltar en su lugar el falso sábado, esas iglesias su unieron al poder terrenal, al reino de los hombres: a César. Volvieron sus espaldas al Señor; lo abandonaron y se juntaron con otro. Dejaron el poder de Dios y pusieron su confianza en el poder de los hombres y en el gobierno terrenal. Estas profesas iglesias protestantes de Estados Unidos han dado la espalda al Señor y se han unido con César, tan ciertamente como lo hizo antes que ellas la iglesia judía y la iglesia romana, y por las mismas razones y con el mismo propósito. ¿Qué viene después? Eso las hace hijas de Babilonia, tan ciertamente como la primera gran apostasía convirtió a Roma en Babilonia la madre. Incluso lo han llegado a reconocer explícitamente. "La Iglesia Católica, la madre de todas nosotras", y "La Iglesia Protestante Episcopal, la hija bella de una bella madre", es lo que publicó una importante revista presbiteriana, según un artículo escrito por un "Doctor of Divinity" hace ya algún tiempo; y nadie entre ellos lo ha negado jamás, hasta donde he sido capaz de leer u oír.

Ellos lo afirman, y es cierto. Hasta ahora esas iglesias no se habían unido con los poderes de la tierra. Transitaban multitud de malos caminos; estaban haciendo muchas cosas que no armonizaban con el evangelio; se habían separado de Cristo; pero una esposa puede abandonar a su marido sin juntarse con otro hombre, en cuyo caso cabe aún la esperanza de que regrese. Pero una vez que se ha juntado con otro hombre, ¿qué esperanza queda? –Se fue para siempre. Es ciertamente adúltera. No se la puede recuperar. Aunque se habían separado de Cristo, no obstante, no se habían juntado con otro hasta 1892. Entonces lo hicieron deliberadamente al unirse con el gobierno de los Estados Unidos y al echar mano del poder de esta nación. Ellas [iglesias] lo convirtieron en su esposo; dependieron de él como fuente de auxilio en lugar del Señor. ¿No son acaso esas iglesias tan ciertamente apóstatas como la propia iglesia papal cuando hizo lo mismo? ¿Acaso no se ha completado Babilonia la madre y las hijas? ¿De quién es madre? "Madre de las rameras y de las abominaciones de la tierra" (Apoc. 17:4-5). Por lo tanto, son sus hijas, tal como ellas mismas han afirmado y ninguna de ellas ha negado. ¿Qué puede venir a continuación?

> Después de esto vi otro ángel que descendía del cielo con gran poder, y la tierra fue alumbrada con su gloria. Clamó con voz potente, diciendo: "¡Ha caído, ha caído la gran Babilonia! Se ha convertido en habitación de demonios, en guarida de todo espíritu inmundo y en albergue de toda ave inmunda y aborrecible, porque todas las naciones han bebido del vino del furor de su fornicación. Los reyes de la tierra han fornicado con ella y los mercaderes de la tierra se han enriquecido con el poder de sus lujos sensuales". Y oí otra voz del cielo que decía: "¡*Salid de ella, pueblo mío*, para que no seáis partícipes de sus pecados *ni recibáis parte de sus plagas*!, porque sus pecados han llegado hasta el cielo y Dios se ha acordado de sus maldades" (Apoc. 18:1-5).

Observad la séptima plaga:

> El séptimo ángel derramó su copa por el aire. Y salió una gran voz del santuario del cielo, desde el trono, que decía: '¡Ya está hecho!' Entonces hubo relámpagos, voces, truenos y un gran temblor de tierra: un terremoto tan grande cual no lo hubo jamás desde que los hombres existen sobre la tierra. La gran ciudad se dividió en tres partes y las ciudades de las naciones cayeron; y *la gran Babilonia vino en memoria delante de Dios, para darle el cáliz del vino del ardor de su ira.*

Por lo tanto, ¿dónde estamos en el tiempo?, ¿qué ha de sobrevenir a Babilonia? –Los juicios de Dios. Luego según las propias palabras del mensaje, lo siguiente son las siete últimas plagas, una vez cumplida nuestra obra asignada.

En consistencia con el devenir de la historia y según la forma en que Dios actúa con las naciones, la nuestra está hoy exactamente allí donde estuvieron las naciones precedentes en el mundo cuando dieron la espalda a Dios y se determinaron a no buscarlo ya más. Sabemos qué les sucedió. Y tan ciertamente como la ruina sobrevino a todas aquellas naciones, también la ruina se espera a está. Y la influencia de esta nación se extiende a todo el mundo.

Por lo tanto, al venir la ruina sobre esta nación, lo hará igualmente sobre todo el mundo. Siendo que esas iglesias que debían invitar a la gente y a las naciones a que buscaran al Señor han seguido el ejemplo de la apostasía, abandonando al Señor y enseñando a las personas a que dependan del poder terrenal, ¿qué utilidad tienen ellas más en el mundo? –Ninguna. ¿A qué están abocadas, entonces, esas iglesias? –Únicamente a la destrucción mediante los juicios de Dios. Pero en ellas hay personas del pueblo de Dios, y antes de la caída y ruina finales Dios los llamará a que salgan de ellas. Pero lo que los llama fuera es el mensaje tercer ángel, o *fuerte pregón* del mensaje del tercer ángel. ¿En qué punto estamos entonces, hermanos? –En el fuerte pregón. Por lo tanto, que se oiga esa voz poderosa.

Así, esta noche aparecen marcadas tres líneas distintas ante nosotros, tan nítidas como las de anoche, que nos llevan inevitablemente –y al pie de la letra– al mensaje del tercer ángel.

Leeré un pasaje que se corresponde perfectamente con el que leímos anoche:

> Cuando el pueblo de Dios humillé su alma ante Él, buscando individualmente el Espíritu Santo de todo corazón, se oirá de labios humanos un testimonio como el que presentan las Escrituras: "Después de esto vi otro ángel que descendía del cielo con gran poder, y la tierra fue alumbrada con su gloria" [*GCDB*, 31 de enero, 1893].

Leeré ahora el otro pasaje, el que se corresponde con este:

> Jesús desea conceder la dotación celestial a su pueblo en gran abundancia. Están ascendiendo a Dios continuamente oraciones pidiendo el cumplimiento de la promesa, y no se pierde ni una de las peticiones elevada con fe. [Oraciones ascendiendo continuamente: ¿están las vuestras entre ellas?] Cristo ascendió a lo alto. Llevó cautiva la cautividad y dio dones a los hombres. Cuando, tras la ascensión de Cristo, descendió el Espíritu según estaba prometido, como viento poderoso que llenó totalmente el sitio donde se encontraban reunidos los discípulos, ¿cuál fue su efecto? Miles se convirtieron en un día. Ha sido nuestra enseñanza y anhelo que descienda un ángel del cielo a fin de que la tierra sea alumbrada por su gloria. Entonces veremos una cosecha de almas similar a la que hubo en el día de Pentecostés.
>
> Pero ese ángel no trae un mensaje dulce y suave, sino palabras calculadas para remover los corazones hasta lo profundo. Se representa a ese ángel clamando con poder y a gran voz, diciendo: "¡Ha caído, ha caído la gran Babilonia! Se ha convertido en habitación de demonios, en guarida de todo espíritu inmundo y en albergue de toda ave inmunda y aborrecible". "¡Salid de ella, pueblo mío, para que no seáis partícipes de sus pecados ni recibáis parte de sus plagas!". Como agentes humanos, ¿estamos dispuestos a cooperar con los instrumentos divinos en la proclamación del mensaje de ese ángel poderoso que ilumina la tierra con su gloria? [*GCDB*, 1 de febrero, 1893].

¿En qué punto estamos? –En el fuerte pregón del mensaje del tercer ángel. Ese mensaje ha de llamar a los que son pueblo de Dios a que salgan de Babilonia. Lo da un ángel que desciende con gran poder. ¿No nos emplaza eso cara a cara frente a la necesidad que tenemos de ser revestidos del poder celestial que trae el Espíritu Santo? ¿No es ese el punto en el que estamos? –[Audiencia: "Sí"]. Bien, pues mantengámonos en él, hermanos. Perseveremos, pidiendo por ese poder y dependiendo sólo de él cuando venga.

Capítulo 5

La reorganización eclesiástica del papado en América desde 1892

ME parece que algunos están empezando a estar un poco perplejos al no hacer lo que acordamos la primera noche. Como sabes, acordamos estar de acuerdo con ese texto de la Escritura, y decir que es así, que dice:

> Y si alguno piensa que sabe algo, aún no sabe nada como debe saber (1ª Cor 8:2).

Algunos que quizá comenzaron a asistir después del inicio de esta serie, así como otros que no recuerdan claramente nuestro compromiso de atenernos a ese texto, han comenzado a razonar así: "Todo lo que ha presentado hasta aquí es claro y es consistente, pero no sé cómo va a encajar" con tales y tales conceptos que hemos venido sosteniendo hasta aquí.

No tengas temor. Si ves claramente lo que se ha presentado –y así lo has reconocido–, entonces fija tus ojos en ello. Si es nuevo, no procuréis poner vino nuevo en odres viejos. A todos los que piensan que esas cosas son nuevas, digo: no tratéis de poner vino nuevo en odres viejos. No es posible hacer tal cosa. No os preocupe lo que hayáis pensado antes. No estoy hablando al azar sobre estas cosas en absoluto. Sé lo que estoy diciendo, y sé algunas otras cosas que están viniendo, además. Si teníais ya la idea correcta con anterioridad, todo encajará; en caso contrario no es de esperar que lo haga. Estudiemos esas cosas juntos. ¿He presentado algo que no sea un hecho demostrable? –[Audiencia: "No"].

Todo cuanto estamos estudiando esta semana gira en torno a aquel texto con el que comenzamos. Han de venir muchas otras cosas para las que no hemos dado un texto, pero en lo que concierne a esta semana, la escritura es:

> El pueblo que comprenda ahora lo que está por sobrevenirnos –*mediante lo que está sucediendo ante nuestros ojos*– dejará de confiar en la inventiva humana y sentirá que el Espíritu Santo debe ser reconocido, recibido y presentado ante el pueblo [*HM*, 1 de noviembre, 1893, Art. A, par. 1].

Hasta aquí ha resultado fácil reconocer lo que está sucediendo ante nuestros ojos, así como prever lo que ha de suceder pronto. Aprovechemos al máximo lo que tenemos ante nosotros, y el resto se explicará a sí mismo cuando llegue.

Esta noche voy a iniciar otro estudio en esa misma línea de lo que está sucediendo ante nosotros. Simplemente llamaré la atención a los hechos – cosas que se pueden ver, y cosas que todo el mundo puede ver, se leen los eventos diarios comunes tal como aparecen en los diarios del mundo. Puedes verlos, y todos los demás pueden verlos. ¿Hemos presentado hasta aquí, en estas lecciones, alguna cosa que no sea evidente para todos, a propósito de lo que está sucediendo ante nosotros? –[Audiencia: "No"]. Respecto a lo que está por sobrevenirnos, es nuestro privilegio hacerlo saber a los demás. Desde luego, es posible que no crean lo que está pronto por venir, pero no podrán negar lo que está sucediendo ya ante sus ojos.

Hace cuatro años, el otoño pasado me nombraron para escribir una lectura para la semana de oración, acerca de "nuestra obra y posición actual". Allí mencioné algunos de los pensamientos presentados anoche, pero para nuestro estudio de hoy quiero llamar la atención a uno en particular. Aquí está, y dice:

> Bajo el paraguas de nuestra Constitución tal cual es, la separación total entre Iglesia y Estado, así como la perfecta libertad de conciencia que propicia, se han erigido ante el resto de naciones durante un siglo como faro indicador de progreso. El principio americano de las libertades y derechos humanos tiene una influencia irresistible en otras naciones a lo ancho de la tierra. Se trata del principio genuino del protestantismo, que es en esencia el principio que Cristo anunció, consistente en que el hombre debe dar a César solamente lo que es de César y a Dios lo que es de Dios.
>
> Contrariamente a ese principio, el papado ha sostenido siempre que no puede existir ningún Estado a menos que esté aliado con la iglesia; de hecho, según su filosofía, los Estados existen solamente por causa de la iglesia, para darle soporte. Es cierto que ninguna otra nación ha adoptado el principio americano *en su plenitud*; no obstante, se ha dejado sentir su influencia en apartar las mentes del postulado papal. Pero justo ahora que el resto de naciones está cortejando el apoyo de Roma, el papado se aprovecha de eso para reforzar su teoría, aseverando que esos acontecimientos significan un reconocimiento por parte de gobernadores y mandatarios, de que su teoría es correcta.
>
> Teniendo en cuenta todo lo anterior, y precisamente ahora, de hecho, este mismo año –1888... [en este punto mencioné la proposición de enmienda constitucional y el proyecto de ley dominical que por entonces se presentaban al país, según propuesta del senador Blair. En ellas se reconocía al cristianismo como siendo la religión de la nación, y al domingo como siendo el Sabbath. Entonces continué así]. Una vez que eso se haya logrado, el papado quedará muy reforzado. En ese punto se dirá que esta nación, que ha hecho tales pretensiones de libertad religiosa y que se ha erigido como modelo para los gobiernos terrenales, se ha visto obligada a renegar de lo que se suponía un orden superior, para doblegarse a los principios que la iglesia ha sostenido todo el tiempo.

> Entonces esta nación que ha sido el modelo de libertad, ilustración y progreso para todas las demás, una vez revocados sus principios y negadas las libertades y derechos, una vez que la nación haya retrocedido hasta adoptar los principios del papado en la Edad Media y se reavive la persecución por causa de la conciencia, la reacción de las otras naciones será del tipo que confirme y magnifique hasta el infinito las pretensiones y el poder papal.
>
> Así se cumplirá la escritura que dice: "Todos los que moran en la tierra le adoraron, cuyos nombres no están escritos en el libro de la vida del Cordero". De esta forma se volverá a otorgar poder al papado para que guerree contra los santos de Dios tal como afirma la Escritura: "Este cuerno hacía guerra contra los santos y los vencía, *hasta que vino el Anciano de días, y se dio el juicio* a los santos del Altísimo; y *vino el tiempo, y los santos poseyeron el reino*" (Dan. 7:21-22).

En aquella ocasión no encontré el pasaje que ahora os voy a leer acerca de *La Iglesia y el Estado*, de Schaff. El Dr. Philip Schaff, habiendo estado en Europa, siendo él mismo europeo por nacimiento y habiendo vivido allí hasta una edad madura; habiéndose graduado en universidades europeas y comprendiendo los asuntos europeos mejor que cualquier otro en los Estados Unidos, para instalarse más tarde aquí y comprender los asuntos de los Estados Unidos de forma remarcable, escribe esto en la página 98 de su escrito. *La Iglesia y el Estado en los Estados Unidos*, dice:

> A modo de resumen, analicemos brevemente la influencia del sistema americano en los países e iglesias del extranjero.
>
> Para la generación actual, el *principio de la libertad religiosa* y el de la igualdad, junto al correspondiente debilitamiento del nexo de unión entre Iglesia y Estado que deriva de ellos, *ha conocido un progreso irresistible y consistente entre las naciones punteras de Europa*, que ha quedado plasmado con mayor o menor claridad en el texto de sus respectivas constituciones…
>
> El exitoso avance del principio de la libertad religiosa en los Estados Unidos ha permitido ese progreso, libre de toda interferencia oficial. *Todos los defensores* del principio voluntario [en apoyo de las iglesias y la religión] y de la *separación entre iglesia y estado en Europa* señalan *el ejemplo de este país* como su *mejor argumento práctico*.

Pastor Lewis Johnson: Sabemos que sucede así en Escandinavia.

[Jones] Sí; es conocido en toda Europa. Pero lo que queremos saber es si es cierto en este país; queremos saber si esa es la influencia que hasta ahora ha tenido nuestro país; y eso a fin de saber si se ha vuelto atrás para tomar el camino contrario.

Aquí esta es la declaración del Dr. Schaff relativa a los principios papales en el contexto del Imperio germánico en 1871 (pp. 91-92), y dice esto:

> El tratado de Westphalia de 1648 confirmó la igualdad de derechos de ambas iglesias contendientes. Pero el papa jamás consintió ni siquiera con esa tolerancia limitada, y protestará siempre contra ella. El syllabus papal de 1864 condena la tolerancia religiosa

> citándola entre las 80 herejías de la época. La Iglesia de Roma no reconoce a ninguna otra, y no lo puede hacer de forma consistente. No reconoce fronteras geográficas o nacionales, y se atiene al mando común encarnado por el "vice-gerente de Dios en la tierra" que habita el Vaticano. Evidentemente, se somete cuando no le queda otro remedio, pero no sin protestar.

Veis que, según lo expuesto, los principios del papado están en directa oposición con los de la Constitución de Estados Unidos.

Leeré algunos pasajes más, en relación con los principios papales. Leo ahora de un libro de Gladstone y Schaff, titulado: *Roma y las nuevas tendencias en religión*, página 113. Se califica como un error –que el papa condena– afirmar que…

> Todo ser humano es libre de abrazar y profesar la religión que crea ser la verdadera, guiado por la luz de la razón.

Eso es un error condenado por la iglesia de Roma; pero ese "error" es la doctrina del gobierno de los Estados Unidos; esa es la doctrina de la Constitución de los Estados Unidos.

Otro error que Roma condena es afirmar que…

> La iglesia no tiene potestad para recurrir al uso de la fuerza, ni al empleo directo o indirecto del poder temporal (p. 115).

También ese es un "error" condenado por la iglesia católica. Sin embargo, es precisamente la doctrina de la Constitución de Estados Unidos. El que las iglesias no tengan nada que ver con los asuntos de gobierno es un principio fundamental del gobierno de los Estados Unidos.

Otro "error" que el papado condena es la afirmación de que:

> La Iglesia ha de estar separada del Estado, y el Estado de la Iglesia (p. 123).

Todos estos son condenados como errores por la iglesia católica. Sin embargo, todos ellos expresan la doctrina misma de la Constitución de los Estados Unidos, tal como sus creadores la establecieron y pretendían que fuera. Y nada podría mostrar más claramente cuán directamente antagónicos son los principios del papado y los principios de la Constitución del gobierno de los Estados Unidos.

Hay otra cosa que quisiera leer. Es la declaración de León XIII en 1891, relativa a cuál es la autoridad de la iglesia, qué derecho le asiste. Está en la página 868 de *Las dos repúblicas*. León XIII está dirigiéndose a todo el mundo en lo relativo a la condición de los trabajadores y a los conflictos entre estos y el capital, entre los gobiernos y los obreros, etc. y dice así:

> Es la iglesia quien proclama –a partir del evangelio– esas enseñanzas que permiten poner fin al conflicto, o al menos hacer que sea mucho menos amargo. *La iglesia* enfoca sus esfuerzos, no sólo a iluminar la mente, sino a dirigir la vida y conducta de los hombres mediante sus preceptos ... y *actúa según su firme convicción* de que a tales efectos *se debe recurrir*, en el grado y mesura debidos, *a la ayuda de la ley y de la autoridad del Estado*.

Esta es la ultimísima doctrina de la iglesia papal, promulgada oficialmente, y lo mismo que las demás, guarda un antagonismo directo con la doctrina de la Constitución de los Estados Unidos *tal como está redactada y tal como fue su sentido y propósito en el inicio*; no según el significado que le ha dado la Corte Suprema de los Estados Unidos el 29 de febrero del 1892.

Es así como la influencia que este gobierno ha tenido sobre el resto de naciones, las ha resguardado del papado, de la doctrina del papado. Y tal como asevera el Dr. Schaff, dicha influencia ha sido "irresistible y consistente". Bueno, ahora, en la decisión del Tribunal Supremo del 29 de febrero del 1892 y en la legislación del Congreso reconociendo y estableciendo el domingo como Sabbath cristiano, el gobierno de los Estados Unidos ha subvertido esa orden. Se ha invalidado y desdeñado totalmente la Constitución. El gobierno de los Estados Unidos está ahora aquí en las manos de una jerarquía [protestante] que a fin de lograr sus propósitos ha unido específicamente sus fuerzas con las del papado.

Bueno, ahora en respecto a la influencia que va a ejercer sobre las otras naciones, permitidme que os lea del *Testimonio* que aparece en el nº 1 del *Boletín*, en el encabezado de la página 16. Toca esta pregunta que está refiriéndose ante nosotros esta noche, y el Señor declara cuál es la consecuencia de esta subversión del orden original de las cosas que este gobierno ha protagonizado. Nos dice:

> Cuando los Estados Unidos, el país de la libertad religiosa, se una con el papado para forzar la conciencia y obligar a los hombres a honrar el falso sábado, *los habitantes de todos los países en el mundo serán inducidos a seguir su ejemplo* [Ellen G. White, *GCDB*, 28 de enero, 1893].

Por consiguiente, hermanos, ¿cuál sería el alcance de la influencia de esta nación en su nuevo rumbo contrario al seguido hasta aquí? –A toda nación en el mundo. ¿En qué se ha materializado el cambio de rumbo de esta nación? En la formación de la imagen de la bestia. Bueno, en vista de ese hecho y tal como hemos expuesto en otras lecciones, quedamos emplazados directamente ante la proclamación de ese mensaje en cada uno de sus términos. Entonces, ¿hasta dónde ha de llegar este mensaje? –A toda nación, tribu, lengua y pueblo. Dado que esta nación, tras haberse desviado, arrastrará por el camino equivocado a todas las otras naciones en el mundo de regreso a los principios del papado. Así, pues, es tiempo de hacer llegar el mensaje del tercer ángel a toda nación de la tierra.

Ese es ahora el mensaje. Entonces ¿estáis listos para llevarlo? Siendo ese el mensaje, ¿no corresponde a todo quien lo profese apercibirse para ir hasta los últimos confines de la tierra, cuando Dios lo llame a ir? Según lo que hemos analizado, la influencia de esto es para llevar a todas las naciones de la tierra de vuelta al papado. La obra del mensaje del tercer ángel consiste en advertir a todas las naciones de la tierra en contra de la adoración al papado, y de la adoración a esa imagen de él que nos lleva de nuevo al papado. Esa advertencia ha de llegar a toda nación de la tierra, tan ciertamente como lo hace aquella influencia. Por consiguiente, todo el que se retraiga del llamado de Dios a llevar ese mensaje del tercer ángel hasta lo último de la tierra, es infiel al legado que Dios nos ha confiado, ¿no os parece? Eso nos emplaza ante un grado de consagración como el que no se ha dado jamás entre los Adventistas del Séptimo Día. Eso nos lleva a una consagración tal, que la casa, la familia, la propiedad –todo– queda sometido a las manos de Dios a fin de que Él nos llame y nos envíe –a nosotros o a nuestros recursos– allá donde Él decida y para lo que Él decida. ¿Estáis dispuestos? ¿Acaso no es tiempo de que lo estemos?

Pastor C. L. Boyd: Sí, estamos dispuestos, hermano Jones.

Pastor Jones: ¡Bien!, pero es algo en lo que debemos reflexionar.

Me sentí obligado a decir hoy a un hermano, mientras hablaba con él, que estas cosas tal como están ahora, pone severamente a prueba la autenticidad y realidad de la fe que jamás hayamos tenido. Ya que significa detenernos a reflexionar y aceptar como un hecho la proximidad de las siete últimas plagas; que estamos trabajando en vista de este hecho; significa asumir que tenemos ante nosotros esa realidad, y que tras las siete últimas plagas vendrá el Señor, lo que significa el fin del mundo. Y personalmente os aseguro que verse ante eso y reflexionar de ese modo lo concierne a uno hasta lo profundo. Bien: todo cuanto puedo deciros, hermanos, es que ojalá nos concierna de verdad. Yo no lo puedo evitar; me resulta imposible sí lo intentara. No lo haría, si pudiera. No reincidiría en ello si pudiera evitarlo. Sin duda afecta a la vitalidad misma de la fe humana, eso es un hecho. Bien, hermanos, permitamos que lo haga, hasta que nos lleve a vaciarnos completamente del yo y llenarnos solamente de Jesucristo.

> Cuando los Estados Unidos, el país de la libertad religiosa, se una con el papado para forzar la conciencia y obligar a los hombres a honrar el falso sábado, los habitantes de todos los países en el mundo serán inducidos a seguir su ejemplo. Nuestro pueblo, con las dotaciones de que dispone, no está ni siquiera medio despierto para hacer todo lo que puede en la proclamación mundial del mensaje de amonestación. Se deben plantar nuevas iglesias y organizar nuevas congregaciones. Que la luz brille en todos los territorios y para todas las gentes [Ellen G. White, *GCDB*, 28 de enero, 1893].

Espero que el hermano Robinson pueda conseguir todo lo que pidió para construir la obra en Londres; y espero que la hermana White reciba todo lo necesario para construir esa iglesia en Australia; y lo mismo con el hermano Chadwick y con todo el que necesite medios al respecto. De todas formas, ¿por cuánto más tiempo van a servir de algo nuestras propiedades siendo que están a punto de caer las siete últimas plagas? ¿Qué valor tendrán?

Este es el punto: cuando afirmemos con auténtica convicción y aceptemos como un hecho real, que las siete últimas plagas están realmente próximas y que el Señor va a regresará pronto al final de estas, eso pondrá a prueba la vitalidad de nuestra fe. Va a sacar a la vista lo que hay en nosotros. Si una persona tiene confianza real en el mensaje esto va a revelarlo.

Y habrá abundancia de recursos. No tengo la menor inquietud al respecto. Si los adventistas del séptimo día que tienen recursos no se consagran al Señor permitiéndole que haga uso de ellos, el Señor los obtendrá los recursos de algún otro sitio. Él llamará a otros a participar. Hermanos, lo peor que pudiera acontecer a un adventista del séptimo día que tenga recursos es que el Señor tenga que pasarlo por alto y encuentre a algún otro que dé lo que se necesita. Un adventista del séptimo día abandonado a sí mismo es el caso más desventurado en este mundo. Hemos llegado a un punto en el que Dios nos pide que usemos todo lo que tenemos. Y cuando creamos en esto, nuestros recursos y nosotros mismos nos pondremos a su servicio. Y su obra quedará pronto concluida y no necesitaremos ya más recursos. Tal es el cuadro que se perfila ante nosotros ahora.

Este gobierno, en la situación en la que estuvo *antes*, arrastró a las naciones alejándolas *del* papado. En la situación en la que *ahora* está, arrastra a todas las naciones de vuelta *al* papado. *Y éste lo sabe.* Y sabiéndolo, se está esforzando a tal fin y se ha puesto… (iba a decir dedos a la obra), pero no ha puesto sus brazos enteros a la obra, y está comenzando a emplear el gobierno en favor de sus intereses. Todo lo que representa hoy el protestantismo en los Estados Unidos y todo lo que han hecho esas iglesias en favor de la ley dominical, no es más que una herramienta en manos del papado.

¿Cuántos de vosotros habéis visto un show de Punch y Judy? –[Muchos en el auditorio levantaron las manos]. Esas marionetas que se mueven de un lado a otro ante la cortina, son manipuladas por alguien que no se exhibe, que está detrás de las cortinas. A ese no lo veis. En dichas marionetas está representado exactamente lo que son hoy las iglesias protestantes en las manos del papado, quien está detrás de todo ello, sentado tras la cortina. Es él quien mueve los hilos y activa las palancas. En su ceguera, esos protestantes creen que están haciendo grandes cosas en beneficio propio, pero en realidad son sólo marionetas en manos del papado. Están siguiendo sus dictados, dictados que el papado impone a este gobierno y mediante él a todo el mundo.

Y es tiempo de que les hagamos saber que es así. Pero el mensaje que les advierte al respecto, dice: "Ha caído Babilonia", y les invita a salir de ella si es que quieren librarse de las plagas. ¿Dónde tienen que acudir cuando se les llame a salir de ella? Si todo el mundo está bajo el control del papado, con excepción del mensaje del tercer ángel. ¡Gracias al Señor! ¡Este no va a estar nunca bajo el control del papado! Alabado sea Dios por ello. Todo el mundo está bajo el control del papado y sus principios. Pero cuando oigan el llamado a salir de ella, ¿cuál es el único sitio al que podrán ir? –Al mensaje del tercer ángel tal como Dios lo ha dado.

Hermanos, estamos en el tiempo más portentoso que este mundo haya conocido. ¡Ojalá nos consagremos a Dios como debiéramos, a la vista del tiempo en el que estamos viviendo!

En otro momento os leeré una declaración del Vol. IV [precursor de *El conflicto de los siglos*] a propósito del gran número de pastores que se convertirán a la verdad del mensaje del tercer ángel bajo el "fuerte pregón". Muchos de los pastores que ahora piensan que este asunto de la ley dominical y lo que va con él es algo bueno –dado que no disciernen lo que hay detrás–, cuando el papado comience a hacer movimientos algo más descarados, se retractarán de todo el asunto; se desvincularán totalmente de él. Pero ¿dónde pueden ir entonces? –Al mensaje del tercer ángel. ¡Gracias sean dadas al Señor! Os digo, hermanos, que el poder de Dios va a efectuar algo muy pronto. ¡Ojalá lo sometamos todo a Él, a fin de permitírselo!

Quisiera leerles aquí los propósitos del papado expresados en sus propias palabras, tal como están reproducidas en *Sun* de Nueva York del 11 de julio de 1892; y si hay un periódico oficial católico en los Estados Unidos, ese es el *Sun* de Nueva York, no olvides eso. No digo que *Sun* profese explícitamente ser una publicación católica, pero es exactamente eso. Y *El Sun* tiene un corresponsal en Roma, en el Vaticano, un sacerdote cuyo nombre desconozco. Ya que él no firma con su nombre, sino con un *seudónimo*. Y puedes estar seguros de que la conexión entre *Sun* y Roma es bien directa. Por lo tanto, afirmo que *Sun* es virtualmente más representativa del papado –de la iglesia católica en este país– que los propios órganos católicos, con la posible excepción del cardenal Gibbons. La que sigue es la carta que escribió el pasado verano el corresponsal de *Sun* en Roma. De ella voy a leer. Se titula: *El papado y la nacionalidad, el papa León y los Estados Unidos*. Tras haberse referido a ciertas jerarquías dentro de la iglesia católica: obispos, arzobispos, etc., y a sus propósitos en los Estados Unidos, dice:

> Pero León XIII tiene una aspiración todavía más elevada. Su llamado a la unificación nacional se fundamenta en una concepción tradicional de la Santa Sede.
>
> En su opinión, Estados Unidos ha alcanzado el período en el que es necesario fusionar los elementos heterogéneos en una nación homogénea e indisoluble. Los estadistas están preocupados y con razón, debido a la multiplicidad de fuerzas centrífugas que amenazan con desintegrar la República. Los enemigos se valen de esa amenaza latente para acusar a los católicos foráneos de exhibir una tendencia a crear un Estado dentro del Estado. Es por esa razón que el papa quiere que los católicos demuestren ser los más ilustrados y devotos defensores de la unidad nacional y de la integración política. Ciertos incidentes

han puesto en duda la lealtad de algunos grupos foráneos. Al respecto debiera despejarse toda duda. La iglesia ha sido siempre el más hábil colaborador en el esfuerzo por la unidad nacional. Fue ella la que constituyó, mediante el esfuerzo de papas y obispos, las grandes corporaciones políticas y las grandes organizaciones nacionales. Las razas más unidas y los pueblos más consistentes, tanto en el aspecto político como en el nacional, son aquellos que han sentido en mayor profundidad la acción saludable del papado y de la iglesia. Francia es el ejemplo típico de esa ley en la historia. Si Italia no se aprovechó en la Edad Media de ese beneficio incomparable, ¿no fue acaso debido a que los Estados celosos interferían con la obra de unificación de la iglesia y de los pontífices romanos?

América siente la necesidad urgente de esa obra de fusión interna. Formada por un mosaico de razas y nacionalidades, quiere ser una nación, un ente colectivo fuerte y unido. Lo que la iglesia ha hecho por otros en el pasado, lo va a hacer ahora por los Estados Unidos...

Esa es la razón por la que la Santa Sede alienta al clérigo americano a que salvaguarde celosamente la solidaridad, y a que procure la fusión de todos los elementos heterogéneos de nuestra vasta familia nacional. La iglesia americana provee, y debe proveer en el tiempo actual la prueba de que el cristianismo es la escuela del patriotismo y del sentimiento nacional. El esfuerzo persistente por favorecer esa unificación tendrá por resultado la grandeza de los Estados Unidos y demostrará hasta qué punto la religión y la iglesia son los generadores de la independencia política y patriótica.

Dado que la amenaza radica para los Estados Unidos en la fragmentación de la república en partidos centrífugos y hostiles, los católicos aparecerán, mediante su cooperación en favor de la concentración nacional, como los mejores hijos de la tierra y defensores de la unidad política. El papa impondrá sobre todo el lema americano: *E pluribus unum* [de muchos, uno], aplicado a lo que venimos considerando.

Por último, León XIII anhela ver fortaleza en esa unidad. Como toda alma intuitiva, anticipa en los Estados Unidos y en su joven y floreciente iglesia *el surgimiento de una nueva vida para los europeos*. Quiere que América sea poderosa, a fin de que Europa recupere la fuerza, al tomarla prestada de un modelo rejuvenecido.

Permitidme que os diga algo aquí, hermanos: cuando las cosas en el gobierno de los Estados Unidos han llegado al punto en que el papado se puede permitir exponer sus propósitos e intenciones con esa claridad, os aseguro que es porque han llegado muy lejos. El papado no habla con claridad hasta no estar seguro de poder hacerlo, que tiene la ventaja adelantada. Trabaja siempre bajo mano y de forma secreta, hasta que llega el tiempo de dar la cara, y no la da hasta saber que puede hacerlo. Cuando los asuntos en Estados Unidos están de tal forma bajo el control del papado como para que pueda expresarse tan abiertamente ante el pueblo de Estados Unidos, eso significa que ha logrado moldearlo todo a su agrado.

Europa está observando atentamente a Estados Unidos. Hay en él ciertas cosas que pueden atemorizar a algunos, pero en general la atracción resulta invencible. Bryee, Claudio, Fanet, Carles y todos los historiadores y periodistas dan fe de ello. En adelante vamos a

> necesitar a autores que adopten esta actitud: "¿Qué podemos, y qué debiéramos copiar de Estados Unidos para nuestra reorganización social, política y eclesiástica?".

Hasta 1892, ¿qué podía copiar de este gobierno cualquier nación europea a efectos de reorganización eclesiástica? –Nada. ¿Qué tenía hasta entonces que ver este gobierno con los asuntos eclesiásticos? La Constitución prohibía terminantemente tal relación. Pero ahora que se ha invalidado la Constitución, el papado puede empezar a preguntarse: "¿Qué podemos pedir prestado de los Estados Unidos para nuestra reorganización eclesiástica?". Pero el ejemplo ha sido establecido, se ha fraguado el cambio; la cual ha puesto a los Estados Unidos dentro de un lugar a donde el papado *puede* tomar su ejemplo e influencia la reorganización eclesiástica en Europa y todas las otras naciones; y lo está logrando. El papado está pidiendo prestado y usándolo para sus propósitos ahora.

> Y desde el punto de vista particular del papa, "¿cuáles son los ejemplos que estos católicos americanos nos están dando?". El problema es complejo, pero en su devenir y en su inmensa variedad cautiva toda mente profunda y trascendente.
>
> La respuesta depende en gran medida de cómo se desarrollen los destinos de América. Si Estados Unidos tiene éxito en resolver los muchos problemas que nos desconciertan, Europa seguirá su ejemplo, y *ese despliegue de luz marcará un hito en la historia, no sólo de los Estados Unidos, sino de la humanidad entera. Res vestra agitur* [es un asunto que os concierne] es lo que podríamos entonces decir a los americanos. "Ese es el motivo por el que el santo padre, ávido de paz y fortaleza, colabora con pasión en la obra de consolidación y desarrollo de los asuntos americanos. Según él, la iglesia debiera ser el crisol señalado para lograr el moldeo de integración de las razas en una familia unida. Esa es la razón principal por la que se ocupa de la codificación de los asuntos eclesiásticos con el fin de que este miembro distante de la cristiandad pueda trasfundir sangre fresca al viejo organismo…"

Hermanos, ¿hay alguien en el mundo que pueda cerrar los ojos a eso que está sucediendo ante nosotros y ante el mundo? ¿Discernirá cada uno lo que se está desplegando ante su vista? ¿Comprendemos lo que está a punto de sobrevenirnos, a la vista de lo que está sucediendo ante nosotros? Pero no es sólo que el papado *proclame* sus propósitos; los está *implementando* con rapidez y decisión a fin de llevarlos hasta el final. ¿Qué significa ese representante especial del papa, esa "delegación apostólica" permanente que se ha establecido en este país hace sólo unos días? Monseñor Satolli vino a este país como el nuncio papal, como representante personal del papa para asistir a los procedimientos inaugurales de la Feria Mundial: una buena excusa. Aparentó venir tal como lo habría hecho cualquier otro en misión especial. Pero una vez aquí resultó que debía quedarse un tiempo como delegado temporal del papa. No obstante, hubo una facción dentro de la iglesia católica que comenzó a decir: "No lo queremos". En respuesta, el papa simplemente lo estableció para siempre. Así lo informa el número del 15 de enero de 1892 de la revista *Sun* de Nueva York:

Roma, 14 enero. El papa ha decidido establecer una delegación apostólica permanente en los Estados Unidos y ha nombrado a monseñor Satolli como primer nuncio papal. El Vaticano considera que esa decisión es una réplica suficiente a la oposición ejercida contra monseñor Satolli y su misión.

La agencia de Propaganda enviará mediante el reverendo F. Z. Rooker los documentos que acreditan el nuevo poder conferido a monseñor Satolli como primer nuncio.

Es sabido que el papa León tiene un vivo interés en la situación de América, y está deseoso de poner fin a las divergencias eclesiásticas existentes. Con ese propósito el papa está preparando una encíclica dirigida al episcopado americano, recomendando armonía y unión.

Washington, 14 enero. Monseñor Satolli, el ablegado papal, recibió hoy en la Universidad Católica la siguiente comunicación del Dr. O'Connell, el secretario americano de la agencia de Propaganda, quien acompañó a monseñor Satolli en su venida a este país y que en fecha reciente regresó a Roma:

Roma, 14 enero 1893

Monseñor Satolli:

La delegación apostólica queda establecida de forma permanente en los Estados Unidos y usted queda confirmado como primer delegado.

O'Connell

Aquí hemos recibido asimismo información que confirma el anuncio de que el reverendo F. Z. Rooker de Albania ha sido elegido oficialmente como secretario de la delegación apostólica, afirmando además que se ha trasladado de Roma a Nueva York y que sin duda es el portador de la bula papal que crea la delegación y confirma todos los poderes de monseñor Satolli.

San Pablo, 14 enero. Al preguntarle esta tarde a propósito del establecimiento de una delegación apostólica en los Estados Unidos, el arzobispo Ireland ha declarado: "Efectivamente, se ha establecido una delegación apostólica permanente en los Estados Unidos y monseñor Satolli ha sido nombrado como su primer delegado apostólico. El decreto salió de Roma ayer tarde. A tal efecto he recibido personalmente un cablegrama procedente de la Ciudad Eterna. Me alegra de todo corazón. Terminaron las controversias que en el pasado han agitado a los americanos católicos desde hace algún tiempo; ahora reinará la paz.

Monseñor Satolli vino a este país como ablegado papal – término que conlleva temporalidad en la misión y poderes en cierta manera limitados. En ciertos barrios surgieron objeciones en su contra, se cuestionó o negó su autoridad, se pidió que regresara y su misión se declaró fracasada. El papa da una respuesta rápida y efectiva a todo ese clamor. Afirma que vamos a tener una delegación apostólica permanente en los Estados Unidos. Está tan satisfecho con la obra realizada por el ablegado, que en pleno reconocimiento de los derechos de monseñor Satolli lo nombra primer delegado apostólico.

León XIII es un hombre de carácter firme; su determinación se fortalece ante la oposición. Todo lo acontecido desde la llegada de monseñor Satolli demuestra de la forma más evidente la necesidad de tener un representante del papa dotado de poderes amplios y bien definidos. Roma es el tribunal supremo para los católicos; ahora bien, Roma está más bien lejos. Hay necesidad de una mano cercana que en cualquier momento pueda ordenar que se calme el mar. Quienes han estado procurando con determinación hacer evidente para cualquier observador la necesidad de un delegado en América, no habrían podido esgrimir argumentos más poderosos en favor de su tesis que precisamente los que han empleado. A Dios sean dadas gracias por todo lo conseguido.

La Iglesia Católica en América está ahora minuciosamente organizada y ha alcanzado su perfecta estatura. Ahora dispone de un tribunal supremo en su territorio: una rama del tribunal de apelación de Roma que deriva su vida de ella, pero que es capaz de emprender acción inmediata por ella misma. Para los católicos de América eso significa autonomía hasta el límite en que cualquier católico fuera de Roma pueda tenerla. Junto con nuestra propia energía e inspiración, en todo cuanto emprendamos dispondremos de la dirección y el ímpetu del jefe soberano de la iglesia de una forma tan directa como nunca antes. Los católicos van a tener una constatación más tangible de lo que significa la unidad de la iglesia y la supremacía papal. En ocasiones la autoridad remota se diluye en una teoría especulativa o en un bello ideal; en contraste, la autoridad ejercida de forma presencial provee una demostración inequívoca. Pone a prueba la obediencia de uno, mientras al mismo tiempo añade nuevo poder para hacer el bien.

En lo que respecta al país en general, el pueblo americano, reconocerá que ese elemento religioso tan importante como es el católico, añade esta nueva gloria a su registro, infunde esta nueva fuerza a su vida.

Será además interesante y saludable disponer de un conocimiento más próximo de los procedimientos del papado. Se disiparán muchos prejuicios de antaño. El papado aparecerá ante todos nosotros en su verdadera luz, armonizando magníficamente con las aspiraciones de la democracia moderna y acelerando el paso de todo lo que es útil, bueno y elevador en el moderno progreso. Las sombras del antiguo nublado que supuestamente se cernían sobre el trono de Pedro existen solamente en el oscuro río del prejuicio religioso o en los recesos tenebrosos de las mentes estrechas y privadas de visión.

No existen en el Vaticano. La mente más perspicaz y liberal en el mundo actual es la de León XIII; suyo es el corazón más amable y generoso. Ni los católicos ni los protestantes de América lo conocen suficientemente. Estudiarlo es deber de todos; es deber de los católicos en particular acercarse a él y seguir más de cerca su conducción espiritual.

Hay otras cosas que han sucedido en relación con el asunto del dinero público asignado a las iglesias. La Iglesia Católica está casi recibiendo ahora la práctica totalidad del mismo, debido a que los metodistas, bautistas y episcopales han rehusado recibir ningún fondo más del gobierno. Y pastores dirigentes de la iglesia presbiteriana están procurando que también su iglesia deje de recibir dinero gubernamental. Por consiguiente, la Iglesia Católica estará recibiendo pronto recursos –la casi totalidad de estos– del tesoro público: cerca de 400.000 dólares anuales. ¿Es previsible que los protestantes acepten esa situación, permitiendo que los católicos reciban tal cantidad sin oponerse a ello? Ciertamente no les conviene protestar al respecto. Si argumentan en contra, aduciendo que esa práctica es inconstitucional, la iglesia católica puede fácilmente replicar:

> Esta es una nación cristiana: El tribunal supremo lo ha decidido así, y para demostrarlo el tribunal ha citado el decreto de Isabel y Fernando, que no eran sino católicos, y que enviaron a Colón –quien también era católico– para que descubriera nuevos mundos a fin de que pudiera llevarlos a Dios y a la religión cristiana. Y la única religión que Isabel, Fernando o Colón conocieron, o con la que tuvieron que ver, es la *religión católica*. Cuando el tribunal supremo cita ese decreto para demostrar que esta es una nación cristiana, está demostrando en realidad que es una nación cristiana *católica*.

Ese es el argumento que puede presentar la iglesia católica, *y los protestantes no pueden hacerle frente con éxito*. No pueden negar la *constitucionalidad* del argumento, puesto que han empleado esa decisión del tribunal supremo para sus propios intereses, para sus propios propósitos en la legislación dominical. Han dado su apoyo a esa decisión como todo muy bien, y cuando han utilizado la decisión para sus propios propósitos, no pueden regresar a ella, cuando el papado la emplea para los suyos. Están atrapados en la trampa como nunca nadie lo haya sido anteriormente, y la única forma en que pudieran zafarse de ella es permitiendo que el Señor Jesús los libre de la iniquidad que conlleva mediante el mensaje del tercer ángel. ¿No es acaso tiempo de que ellos escuchen este mensaje?

Los católicos basaron su última campaña en ese mismo tema. El presidente Harrison procuró durante toda su administración poner fin a esa apropiación de dinero por parte de las iglesias. La iglesia católica se opuso a sus esfuerzos todo el tiempo de su mandato. Procuró sin éxito evitar que fuera nominado en Minneapolis; más tarde, cuando Cleveland fue también nominado, pusieron toda su influencia del lado de este último, quien resultó elegido finalmente [ver más sobre el particular en *Sentinel Library*, n° 53, pp. 48-54].

El presidente Harrison procuró poner fin a esa asignación, pero no pudo, y tuvo que confesar ante el Congreso –mediante el senador Dawes– que tal cosa le había resultado imposible. Pues bien: si a una administración que era totalmente contraria a esa medida le fue imposible retirarla, ¿cómo podría lograrlo la administración que la inició y que es favorable a ella, y que contó con el apoyo de la Iglesia Católica en ese asunto?

Así, ¿en manos de quién está hoy el gobierno de Estados Unidos? –En manos de la Iglesia Católica. Y ella lo sostiene allí, y ella lo retendrá allí a pesar de todo lo que los protestantes puedan hacer. Ahora bien, si estos hubieran sido realmente protestantes y no se hubieran prestado al juego de la Iglesia Católica, esta nunca habría llegado ahí. El protestantismo falso ha traicionado al gobierno de los Estados Unidos –que estaba establecido sobre principios divinos–, entregándolo en manos del papado, y ahí va a seguir, aunque les pese. El hermano Conradi ha traído hoy cierta información procedente de un periódico alemán. Se trata del alarde que ahora hace la Iglesia Católica respecto a Alemania. Como sabéis bien, Alemania es la gran nación modelo del protestantismo en Europa. Lo que sigue se ha extraído de un periódico católico; es la voz del catolicismo al respecto. Nos dice lo siguiente:

> Los periódicos católicos en Alemania declaran abiertamente que el poder va a estar pronto en sus manos y que Alemania va a regresar a la fe católica. Cuando se asignaron dos millones y medio de dólares a una catedral protestante en Berlín, ellos dijeron que les parecía bien, puesto que de todas formas acabará siendo católica.

Y esas cosas están sucediendo a la vista del mundo, quien las contempla y las lee. Hermanos, ¿no nos ha dado Dios algo que decir al respecto? Aquí tenemos unas palabras acerca de eso. Refiriéndose al papado, en el volumen IV de la serie *El conflicto de los siglos*, en el capítulo que lleva por título: "El carácter y propósitos del papado", p. 579, dice: "Es capaz de leer el porvenir". Alumbrado solamente por la luz de la sabiduría que Satanás es capaz de dar –sabiduría adquirida en la propia historia malvada del papado–, dado que mediante esa sabiduría es capaz de prever el porvenir, ¿no debiera prever también el porvenir el pueblo al que Dios habla?

Tenemos los hechos y tenemos la palabra de Dios a propósito de que, puesto que ahora esta nación ha vuelto la espalda a los principios dados por Dios, la influencia con la que salvó de forma irresistible a otras naciones del control del papado, [ella misma] va a llevarlas ahora de regreso a él [papado], lo que elevará a este a la posición más exaltada que jamás haya ostentado en esta tierra. Y en esa situación, cumple y se cumplirá lo dicho en Apocalipsis 18:7:

> Dice en su corazón: "Yo estoy sentada como una reina, no soy viuda y no veré llanto".

Todas las naciones con las que estuvo casada en el pasado desde el tiempo de Napoleón han ido cayendo una tras otra hasta no quedar ninguna, de forma que la han dejado desolada, "viuda"; no le queda un solo marido de los varios que tuvo en tiempos precedentes. ¿Qué sucede ahora? Hay una nación: la más grande de las naciones, la más joven, la que está de pie ante el mundo con el vigor de los principios que Dios ha establecido para los gobiernos, la que había atraído a otras naciones hacia esa misma senda, dejando [a Babilonia] cada vez más desolada. Entonces [Babilonia] le presenta sus encantos a fin de seducir a esta nación para que vaya con ella, para que fornique y adultere con ella. Y lo logra gracias a un protestantismo falso y apóstata. Y ahora, al traer hacia ella misma esta nación, ha recuperado también a todas las demás, lo que hace que se alegre, que se jacte y que viva en delicias, que se congratule así misma y presuma, proclamando: "Estoy sentada como una reina, no soy viuda y no veré llanto". ¿Qué sigue a continuación?

> *Por lo cual, en un solo día vendrán sus plagas*: muerte, llanto y hambre, y será quemada con fuego, porque poderoso es Dios el Señor, que la juzga (Apoc. 18:8).

Estos acontecimientos, estas acciones del papado en la actualidad, nos emplazan cara a cara ante los juicios de Dios sobre las naciones de la tierra. Y vemos lo que está por sobrevenirnos, basados en lo que está sucediendo ante nuestros ojos. ¿No es tiempo de que comencemos a decir a la gente que nada sabe acerca de estas cosas, que estas son como son? Algunos han pensado: "Creo que nunca más podré dar una predicación o una disertación bíblica sobre los Estados Unidos en la profecía de la forma en que solía hacerlo". ¡Gracias al Señor! Gracias al Señor porque no podáis hacerlo. A Él sean dadas gracias porque sabéis dónde está ahora Estados Unidos en la profecía, de manera que no podéis emplear ningún material preparado con anterioridad. Queremos a unos Estados Unidos tal como los describe ahora la profecía: eso es lo que esperábamos, ¿no os parece? –[Audiencia: "Sí"]. ¿Acaso la gente será incapaz de ver la realidad del hecho? La cuestión no es si van a creer en lo que está por venir. Tendrán que renegar de sus dotes de raciocinio y de su experiencia en la vida diaria para negarse a reconocerlo como un hecho.

"Por lo cual, en un solo día vendrán sus plagas: muerte, llanto y hambre, y será quemada con fuego, porque poderoso es Dios el Señor, que la juzga". Ahora, ¿cuál es el fuego que la quema? "Entonces se manifestará aquel Impío, a quien el Señor matará con el espíritu de su boca y destruirá con el resplandor de su venida". "Nuestro Dios es fuego consumidor" para la maldad. Gracias al Señor porque así lo sea. Pero hermanos, Él es salvación gloriosa para quienes están libres de iniquidad. Permitámosle que nos limpie ahora de esa iniquidad, de forma que al aparecer su gloria no seamos consumidos, sino cambiados a semejanza de su gloria. Eso es lo que Él quiere. "Los reyes de la tierra que han fornicado con ella y con ella han vivido en deleites, llorarán y harán lamentación sobre ella cuando vean el humo de su incendio. Poniéndose lejos por el temor de su tormento, dirán: ¡Ay, ay de la gran ciudad, de Babilonia, la ciudad fuerte!, porque *en una sola hora* vino tu juicio".

Si es que esa hora se puede considerar tiempo profético –quince días–, o bien si se trata simplemente de un corto período de tiempo no definido, poco importa en el contexto del tema de esta noche, de cualquier manera, demuestra que el *tiempo es extremadamente corto* desde el momento en que ella [Babilonia] se congratula así misma de que todas las naciones han regresado a ella, –el tiempo es extremadamente corto– hasta el momento en que los juicios de Dios caen sobre ella y sobre todas las naciones. Y al suceder eso, el pueblo de Dios es liberado.

Bien hermanos: ¿dónde estamos nosotros? –Ante la presencia misma de los juicios inminentes de Dios. Bien, pues comportémonos en correspondencia a eso. Actuemos como si estuviéramos ya allí.

Capítulo 6

De pie en lealtad al mensaje del tercer ángel

Es mi propósito en esta noche hacer una especie de resumen de lo presentado a lo largo de la semana, y entonces una lección superior a partir de ello. La primera noche después de que se dio el informe de la audiencia, que sentó las bases para todo nuestro siguiente estudio, es decir, el martes por la noche, retomamos y notamos tres puntos particulares; el miércoles por la noche tres más y anoche uno más. Recordaréis que los tres puntos de la primera noche centraron nuestra atención en la proclamación actual del mensaje del tercer ángel, según lo presenta el pasaje:

> Si alguno adora a la bestia y a su imagen y recibe la marca en su frente o en su mano, él también beberá del vino de la ira de Dios (Apoc. 14:9).

Y eso en sí mismo muestra que ha llegado el tiempo cuando la imagen está allí, y que la marca está para ser recibida, porque la advertencia es en contra de adorar a la bestia y a su imagen, y de recibir su marca en la frente o en la mano.

El primero de los tres puntos fue que ahora estamos desconectados de la obra, tal y como la hemos estado llevando a cabo hasta ahora, y en la obra del mensaje, estamos obstruidos en su predicación tal y como éste es en palabras. El segundo, que esto muestra que la imagen se ha formado, y que eso trae todo el poder terrenal a las manos del enemigo del mensaje del tercer ángel y la causa de Dios, para ser ejercido en contra del pueblo y la obra de Dios. Por consiguiente, cualquiera que se ponga de parte de Dios, tiene que depender de un poder superior al de todo el mundo junto. Luego, el tercer punto fue que, al citar el cuarto mandamiento en la legislación, e interpretar que el mandamiento se refiere al primer día de la semana comúnmente llamado domingo, poniendo así el domingo en el lugar del sábado del cuarto mandamiento, es tan literalmente cierto que las iglesias protestantes de este país, por el poder de este gobierno, han anulado la ley de Dios, tan lejos como el poder terrenal puede, tal y como fue la acción del papado en la apostasía original, al unirse al gobierno para hacer la misma cosa. Y cuando esto es hecho, Dios ha puesto en nuestros labios las palabras: "Tiempo es de actuar, Jehová, porque han invalidado tu ley" (Salm. 119:126). Y eso trae a la vista el pensamiento adicional, que a medida que todo el poder de la tierra se pone contra Dios, contra su sábado y contra su pueblo que lo guarda; que su pueblo, para mantenerse firme, debe tener un poder que es mayor que todo el poder de la tierra, y eso nos trae al siguiente versículo: "Tiempo es de actuar, Jehová, porque han invalidado tu ley". Por consiguiente, necesitamos el poder de Dios. Nuestra oración diaria es: "Señor, ha llegado el momento de que tú actúes; nada hay que nosotros podamos hacer".

Entonces, el primer punto en la siguiente lección fue que este mensaje se da en vista del hecho de que las plagas deben venir sobre aquellos que rechazan el mensaje, "Si alguno adora a la bestia y a su imagen y recibe la marca en su frente o en su mano, él también beberá del vino de la ira de Dios" (Apoc. 14:9,10).

La primera plaga se derrama sobre aquellos que reciben la marca de la bestia, y bajo la sexta plaga los reyes de la tierra se reúnen para la batalla del gran día del Dios Todopoderoso. En el tiempo de esa batalla regresa el Señor, y tiene lugar el fin del mundo.

> El séptimo ángel derramó su copa por el aire. Y salió una gran voz del santuario del cielo, desde el trono, que decía: "¡Ya está hecho!". Entonces hubo relámpagos, voces, truenos y un gran temblor de tierra, un terremoto tan grande cual no lo hubo jamás desde que los hombres existen sobre la tierra (Apoc. 16:17 y 18).

Entonces, lo siguiente fue que en la historia de las naciones que se han ido antes, cuando una nación ya no buscaba al Señor, sino que le daba la espalda a Dios y se ponían en contra de Él, entonces no había más lugar para ellos en el mundo. La ruina era lo único que seguía. Tal como este gobierno ha hecho eso, la ruina es lo único que sigue aquí.

Por cierto, esta tarde he estado leyendo *Special Testimonies*, y hay un pasaje tan expresivo al respecto de este punto, que os lo leeré aquí. Está en la página 16 de *Special Testimony to Ministers and Conference Committees*. Se lee:

> El mundo cristiano ha aceptado el hijo del papado, y lo ha acunado y alimentado, desafiando así a Dios al quitar Su monumento conmemorativo y estableciendo un sábado rival [*Mensajes Selectos*, Vol. III, p. 463. *Traducción revisada*].

¿Cuándo ocurrió eso? –Eso se hizo cuando quitaron su monumento conmemorativo; desafiando a Dios quitando su memorial y estableciendo un falso sábado. Ahora aquí está la palabra que leímos el otro día:

> El memorial de Dios ha sido derribado, y en su lugar se destaca ante el mundo un sábado falso. [*EV*. p.168].

Pero eso fue hecho por las iglesias asegurando el poder de este gobierno para hacer su trabajo efectivo. Entonces, ¿qué ha sido arrastrado a hacer esta nación por las iglesias protestantes apóstatas de este país? –En desafío a Dios. Cuando Belsasar desafió a Dios tomando las vasijas sagradas de la casa de Dios, y las prostituyó para su culto lascivo, entonces ese gobierno ya no tuvo lugar más en este mundo. Entonces este gobierno ha sido llevado al mismo lugar, y la ruina es lo siguiente que viene aquí. Pero la ruina de esta nación es la ruina del mundo, porque la influencia de la nación afecta al mundo, y esa ruina se alcanza en la venida del Señor, y la venida del Señor es cuando se libra esa gran batalla. Y nos encontramos a las puertas de esos acontecimientos.

Y entonces, lo siguiente fue que la iglesia judía apóstata se unió al César para deshacerse del Señor. La iglesia romana apóstata se unió al César para deshacerse del sábado del Señor; y las iglesias apóstatas ahora se han unido al César para deshacerse del sábado del Señor. Y lo único que Dios pudo hacer por la iglesia judía apóstata cuando se unió al César fue destruirla. Pero antes de destruirla llamó de ella a todos los que serían suyos. La iglesia judía era iglesia y nación en una, de modo que cuando fue destruida, la lección se estableció ante el mundo, tanto para las iglesias como para las naciones. Se trataba de la nación e iglesia judía, que había dado la espalda a Dios. Cuando la iglesia judía desechó a Dios, la nación judía estaba haciendo eso mismo. Una vez haciendo eso, la nación había de ser entonces destruida, pero la iglesia también. Así, el resultado de esa apostasía, tanto para la iglesia como para la nación, había de ser sólo uno: la ruina. Fueron la nación judía y la iglesia judía ambas, dándole la espalda a Dios. Cuando la iglesia judía puso a Dios fuera del camino, esa era la nación judía haciendo lo mismo. Ahora, cuando eso fue hecho, la nación debía ser destruida; pero la iglesia también debía ser destruida; y entonces el efecto de esto sobre la iglesia y la nación fue el mismo; Fue una ruina.

Cuando la Iglesia Romana siguió el mismo camino, eso arruinó el Imperio Romano; y cuando esta nación ha ido en la misma dirección, lo único que queda es la ruina, y la ruina para la nación es la ruina para la iglesia también. Pero antes de esta ruina inminente, el mensaje dice:

> ¡Salid de ella, pueblo mío, para que no seáis partícipes de sus pecados ni recibáis parte de sus plagas! (Apoc. 18:4).

Entonces, anoche analizamos el papado, que su trabajo es lograr que todas las naciones vuelvan a estar bajo su influencia; y cuando tiene a todas las naciones allí, se felicita diciendo:

> Estoy sentada como una reina, no soy viuda y no veré llanto (vers. 7).

¿Qué viene después? –Las plagas. Entonces, a esta nación le sucederá lo mismo que a las otras naciones cuando se apartaron de Dios; y estamos justo en el torbellino de los eventos que traen todo esto. Lo mismo está por venir pronto, aquí, lo que vino sobre las otras naciones cuando olvidaron a Dios.

Hay siete puntos distintos, cada uno de los cuales nos lleva a los eventos del mensaje del tercer ángel, que es para salvar a las personas que serán salvadas antes de que el mundo termine. No son puntos fabricados; ni uno solo de ellos es fabricado; cada uno de ellos es simplemente la consecuencia de las cosas que están ante los ojos de todos en este mundo. Ese fue el texto para empezar, ya sabes:

> El pueblo que comprenda ahora lo que está pronto a sobrevenirnos, en vista de lo que está ocurriendo ante nuestros ojos, no confiará ya más en invenciones humanas, y sentirá que es necesario reconocer, recibir y presentar a la gente el Espíritu Santo (E.G.W., *The Home Misionary*, 1 de noviembre, 1893).

Así que todo lo que he intentado hacer en estas lecciones que hemos tenido, es tomar lo que está ante nosotros en el mundo, y ver lo que pronto vendrá sobre nosotros; no simplemente lo que vendrá sobre nosotros, sino lo que pronto vendrá sobre nosotros, y está obligado a hacerse. No hay escapatoria de las cosas que todos en el mundo pueden ver y deben ver, ya sea que sus ojos están abiertos, o no; si creen lo que viene, esa no es la pregunta; no pueden evitar ver lo que ven, no hay escapatoria para ellos sino por el mensaje del tercer ángel.

Ahora sigamos un poco más allá, en cuanto a lo que significa para nosotros. Hemos descubierto que todo el poder de esta tierra está ahora bajo la influencia del papado. Ya ves que es así. ¿Pero quién dirige el papado? ¿Quién está obrando contra la iglesia de Dios? Satanás. ¿Por medio de quién obró cuando Cristo estuvo en la tierra? –El dragón. ¿Por medio de quién obró cuando la iglesia estuvo en el desierto? –La bestia. ¿Por medio de quién obra contra la iglesia remanente? –Por la imagen. Estos son los tres instrumentos a través de los cuales él hace la guerra contra la iglesia de Dios, desde el nacimiento de Cristo hasta el fin del mundo: el dragón, la bestia y el falso profeta (la imagen).

Vimos que todos los poderes de esta tierra están en manos de Satanás para ejercerlos contra la iglesia; entonces, ¿cuánto tiempo suponéis que pasará antes de que el versículo se cumpla, en el que se dice que Satanás obra con todo el poder? Lo tiene ya, ¿no es así? Todo el poder que la tierra conoce, todo el poder que está en el reino donde está Satanás, todo el poder que está en esta tierra, ahora está en sus manos; obrará con todo el poder.

> La aparición de ese inicuo es *obra de Satanás, con gran poder,* señales y prodigios mentirosos (2ª Tes. 2:9).

¿Para qué tiene ese poder? ¿No es para usarlo? Entonces, ¿crees que va a estar inactivo por mucho tiempo, especialmente cuando el pueblo de Dios está invocando a Dios y consagrándose a Él? Eso es lo que enloquece a Satanás; que los mandamientos de Dios se guarden, y que se manifieste el testimonio de Jesucristo.

Entonces, ahí está ese poder en su mano para ejercerlo en contra de la iglesia de Dios, en contra de Dios, de su sábado y de aquellos quienes respetan al Señor y su sábado, porque ese es el signo de lealtad al Señor.

Bien entonces, cualquiera que vaya a ser fiel a Dios, lo digo nuevamente, tiene que hacer eso encarando todo el poder que hay en el mundo, todo el poder que el mundo conoce de todo tipo posible.

Así pues, hermanos, lo que ustedes y yo debemos decidir ahora es: si vamos avanzar, o no. Tenemos que decidir si vamos más lejos o paramos justo aquí. Tan ciertamente como decidimos atenernos a la profesión que hemos hecho, tan ciertamente como decidimos atenernos a la ley de Dios y a la fidelidad a nuestra profesión, tenemos que decidirlo encarando todo el poder que este mundo conoce, con Satanás en posesión del mismo y utilizándolo.

Entonces, debemos mantener nuestra lealtad a Dios y su ley, contra toda consideración de cualquier apoyo o protección terrenal. ¿No llegan a ser el pueblo que debe atenerse a la ley de Dios, que dependen solo de Dios, porque no hay nada más bajo el sol de que depender?

Debemos advertir a la gente del mundo contra este poder, y contra su funcionamiento, y apartarlos del mismo llevándolos a Dios. Ahora, ¿puedo hacer eso con alguna fuerza, si tengo alguna conexión con el mundo o la mundanalidad? –[Congregación, "No"]. Si participara de un espíritu mundano, y de una disposición e inclinación mundanas, ¿quiero saber cómo voy a advertir a la gente que se separe totalmente del mundo? ¿Cómo va a haber suficiente fuerza en mis palabras para que alguien lo haga? ¿Podréis decírmelo? ¿Podéis decir cómo puedes hacerlo? No me interesa si es un ministro, o no, si solo eres un adventista del séptimo día, o incluso si solo eres un *profeso* adventista del séptimo día; no necesitas ser un ministro; tan solo un *profeso* adventista del séptimo día para responder esta pregunta; ¿Quiero saber cómo vas a hacer que esa profesión valga algo, o tenga algún poder sobre las personas de este mundo, si estáis conectado de alguna manera con este mundo en espíritu, en mente, en pensamiento, en deseos, en inclinaciones? No podréis ciertamente. El espesor de un cabello, una conexión con el mundo del espesor de un cabello te robará el poder que debe haber en esta llamada que advertirá al mundo contra este poder maligno del mundo, para que estén completamente separados de él.

Por lo tanto, hermanos, si va a haber algún poder en nuestro mensaje a partir de ahora, ¿qué debemos hacer? Debemos liberarnos de todo lo que este mundo conoce. ¿Estáis *listos*? ¿Tampoco es suficiente preguntar si estás listo? pero quiero preguntar, ¿está hecho? ¿Está hecho? –[Congregación, "Sí"].

Esa es una imagen espléndida la que el hermano Porter leyó hace un tiempo atrás; que el profeta buscó a aquellos que dan este mensaje, pero miraba *demasiado bajo*. Dijo el ángel: "Mira más arriba". Gracias al Señor, que ellos están por encima del mundo. Ahí es donde pertenecen. Por arriba del mundo, sobre un fundamento que Dios ha establecido para que caminen. Y cada uno de los cuales esté tan bajo que cualquiera tenga que mirar al mundo para verlo; esos no pueden dar el mensaje del tercer ángel. Debemos estar por encima del mundo. Entonces, hermanos, libérense del mundo.

Entonces, hermanos, ha llegado el momento como nunca antes en este mundo cuando debe haber una separación del mundo. "Yo os elegí del mundo", dice Jesús (Juan 15:19). Él nos ha elegido, ahora busquémoslo día a día para que nos ordene. Cristo dijo a sus discípulos: "Yo os elegí a vosotros y os he puesto [comisionado u ordenado] para que..." (Juan 15:16). Ahora que nos ha elegido; veamos que nos ha ordenado para el trabajo que tiene para nosotros; y el trabajo es llevar la palabra de Dios contra todo el poder que este mundo conoce, y separar a un pueblo del mundo, separado para Dios tan completamente, que ignorarán absolutamente el poder de este mundo y todas sus conexiones.

Eso nos lleva de nuevo a la consagración, ¿no es así? Gracias al Señor porque así es. Y podemos aferrarnos al mensaje del tercer ángel. Sin esa consagración no podemos cumplir, no podemos tener el espíritu o hacer el trabajo.

Ahora hay otra cosa. Las personas que se atienen a la ley de Dios no serán consideradas muy bien en todo momento. No señor. No van a ser elogiados, mimados y cortejados, sino todo lo contrario. No señor. Quizás sea mejor que lea un pasaje aquí sobre eso, leeré del libro *The Great Controversy*, Vol 4, p. 590 inglés, 574 español:

> Y luego el gran engañador persuadirá a los hombres de que son los que sirven a Dios los que causan esos males. La parte de la humanidad que haya provocado el desagrado de Dios lo cargará a la cuenta de aquellos cuya obediencia a los mandamientos divinos es una reconvención perpetua para los transgresores. Se declarará que los hombres ofenden a Dios al violar el descanso del domingo; que este pecado ha atraído calamidades que no concluirán hasta que la observancia del domingo no sea estrictamente obligatoria; y que los que proclaman la vigencia del cuarto mandamiento, haciendo con ello que se pierda el respeto debido al domingo y rechazando el favor divino, turban al pueblo y alejan la prosperidad temporal. Y así se repetirá la acusación hecha antiguamente al siervo de Dios y por motivos de la misma índole: "Y sucedió, luego que Acab vio a Elías, que le dijo Acab: ¿Estás tú aquí, perturbador de Israel? A lo que respondió: No he perturbado yo a Israel, sino tú y la casa de tu padre, por haber dejado los mandamientos de Jehová, y haber seguido a los Baales" (1° Rey. 18:17 y 18). Cuando con falsos cargos se haya despertado la ira del pueblo, éste seguirá con los embajadores de Dios una conducta muy parecida a la que siguió el apóstata Israel con Elías [*El conflicto de los siglos*, p. 576.2].

Y en la página 578, leemos:

> Los que honren el sábado de la Biblia serán denunciados como enemigos de la ley y del orden, como quebrantadores de las restricciones morales de la sociedad, y por lo tanto causantes de anarquía y corrupción que atraen sobre la tierra los altos juicios de Dios. Sus escrúpulos de conciencia serán presentados como obstinación, terquedad y rebeldía contra la autoridad. Serán acusados de deslealtad hacia el gobierno. Los ministros que niegan la obligación de observar la ley divina predicarán desde el

> púlpito que hay que obedecer a las autoridades civiles porque fueron instituidas por Dios. En las asambleas legislativas y en los tribunales se calumniará y condenará a los que guardan los mandamientos. Se falsearán sus palabras, y se atribuirán a sus móviles las peores intenciones [p. 578].

En *Testimony* nº 32, p. 208, leo un testimonio dado en 1885, hace ya siete años:

> Mientras los hombres están durmiendo, Satanás arregla activamente los asuntos de tal manera que el pueblo de Dios no obtenga ni misericordia ni justicia [*Joyas de los Testimonios*, Vol. II, p. 152].

¿Cómo podría esperarse que tengamos misericordia o justicia cuando todo el poder de los gobiernos en la tierra está en manos del papado, y bajo la dirección de Satanás? ¿Cómo podrías esperar justicia? ¿Y cómo podrías esperar justicia cuando todo el poder de este mundo es puesto en contra del pueblo de Dios por el mismo Satanás? Eso no es justicia. No podríamos esperarla. Eso nos lleva al punto de que debemos estar tan completamente liberados de este mundo, que ninguna protección esperaremos, ninguna justicia, ninguna misericordia. Si ésta llega, será solamente la misericordia de Dios la que se manifieste a pesar del mundo mismo. Cuando estamos en una posición en la que la única misericordia que podemos esperar de la tierra es la que Dios arranque de ellos, entonces, ¿dónde está nuestra única dependencia? –Solo en Dios.

No nos van a tratar bien, ni gozaremos de una alta consideración. Entonces, siendo esto así, todo tipo de reproche se fabricará y propagará contra nosotros. ¿Quiero saber cómo alguien se mantendrá fiel al mensaje del tercer ángel y hará la obra de ese mensaje, a quién le importa particularmente lo que la gente dice de él, y tiene mucho respeto por la reputación, o pone su dependencia sobre la reputación? él no puede hacerlo. Pero gracias al Señor, Dios tiene *algo mucho mejor* para nosotros en lo que podemos depender, y eso es un *carácter*. No olvidemos que Jesús, nuestro ejemplo en este mundo, menospreció el oprobio y se despojó de su reputación (Heb. 12:2; Fil. 2:7).

Ahora bien, eso establece el hecho de que el pueblo que haya de dar el mensaje del tercer ángel ha de permanecer fiel a Dios en el mundo, deben hacerlo solo con respecto al *carácter*, y ninguna cuestión de reputación puede entrar en el cálculo. No es cuestión de reputación, en cuanto a cómo o qué pueden pensar o decir los hombres, ya no puede entrar en nuestros cálculos. Nunca. Porque la reputación no salvará a un hombre. Si va a tener algún respeto por la reputación, si eso le va a venir a la mente, será mejor que renuncie a todo, porque no puede tenerla si se atiene al mensaje del tercer ángel.

Entonces, ahora mismo, esta noche, hermanos, es el momento de abandonar todas esas profesiones, porque al hacerlo, serás un alivio para tus hermanos. Si vas a comprometerte con todo esto, es mejor que lo hagas ahora, porque cuanto más lejos vayas y luego te comprometas, lo harás más difícil para tus hermanos. Por lo tanto, a menos que estés yendo bien, simplemente detente esta noche, y ve por el otro camino y termina con esto; y deje que los otros que están yendo en línea recta sean libres. Hemos llegado a la separación de los caminos, y dejemos que cada uno decida en vista de no depender de nada de lo que está en este mundo; que ninguna consideración que este mundo puede presentar, pueda entrar en el cálculo. Ninguna cuestión de reputación o de lo que pensarán los hombres entra en el cálculo. Cuando todo el poder del mundo permanece contra aquellos que mantendrán su lealtad a Dios, entonces *el carácter de Jesucristo* vale diez mil veces diez mil *reputaciones* que cualquiera pueda fabricar de cualquier manera.

Pero la reputación es algo muy importante a los ojos del mundo: para Dios no significa nada. Una reputación es todo lo que Satanás tiene para ofrecer. Es todo lo que tiene como base. Y esa declaración que a menudo se cita, es lo suficientemente correcta del hombre en cuya boca es puesta por el escritor que la predicó: "El tesoro más preciado que la mortalidad puede conceder es una reputación inmaculada". Era adecuada para él, pues la reputación era todo lo que él tenía. Eso fue lo suficientemente bueno para él, porque la reputación era todo lo que él tenía. Luego continuó diciendo que la había perdido, y estaba muy afligido, diciendo: "¡Oh, mi reputación, mi reputación! He perdido mi reputación", y cuando había perdido eso, por supuesto que nada tenía para sostenerlo. Estaba fuera por completo. No tenía un *carácter* visible, sino solamente una reputación de la que depender. Ese sentimiento procede de él muy apropiadamente, a partir del "carácter" en cuya boca fue puesta por el autor de la cita; pero esto es una mentira, una vil mentira. El tesoro más preciado que la mortalidad puede conceder no es la *reputación* inmaculada: el tesoro más preciado que tanto la mortalidad como la inmortalidad conceden es un *carácter* inmaculado; y el único carácter inmaculado que alguna este mundo ha conocido es el carácter de Jesucristo. Y ese, su carácter, nos lo da a ti y a mí, como un regalo bendito y gratuito de Aquel que lo hizo

Por lo tanto, hermanos, dejad que el viento se lleve toda cuestión relativa a la reputación, pues ahí es donde pertenece. Pues la reputación es tan inestable como el viento, mientras que el carácter es tan permanente como la eternidad. Entonces, dejemos ir todas las cuestiones de reputación. Tengamos un carácter; tengamos ese carácter que resistirá el juicio. Entonces, aunque Satanás, con todo su poder, pudiera ser exitoso al imponernos la peor reputación que pueda inventar, gracias al Señor, por haber obtenido un carácter que resistirá en el juicio. Entonces, podemos permitirnos prescindir del mundo y de la reputación: en Jesucristo tenemos algo muchísimo mejor.

Eso no es todo. Hay otra fase de esto. Se acerca el momento en que cualquiera que se atenga al mensaje del tercer ángel, el sábado del Señor, y mantenga su lealtad a eso, no puede comprar ni vender nada en este mundo. Entonces, cada uno de quienes profesan ser un adventista del séptimo día, que tiene una profesión del mensaje del tercer ángel, necesita decidir ahora en cuanto a si va a atenerse a ese mensaje contra todas las cuestiones y consideraciones de propiedad o posesiones en este mundo.

Ni cuestionamientos o cálculos en cuanto a las propiedades, o intereses de negocios en este mundo, pueden entrar en nuestros cálculos o en nuestro trabajo, ahora. Ninguna cuestión de ese tipo puede entrar en los cálculos de ningún Adventista del Séptimo Día a partir de ahora. Si lo hace, es mejor detenerse aquí mismo; si voy a permitir cuestiones en cuanto a si yo puedo tener tanto, o cómo va a salir este asunto de negocios, y si voy a perder por ese medio o ganar por este otro, si me mantengo fiel al sábado; si voy a dejar que tales cuestiones entren en mis cálculos, entonces sería mejor permitir que los intereses en la propiedad tengan un lugar pleno e ir con ello, y terminar con esto. Ahora bien, ¿cuál ha de ser el final de esas ganancias, de esas propiedades que me hacen cuestionar y dudar? Todo se va a la completa destrucción. Por lo tanto, si hay alguna cuerda de simpatía que me ata con lo terreno, cuando llegue el momento de su destrucción, ¿cuál será mi suerte? Evidentemente, la misma. Supongamos que ese lazo es de tan solo el grosor de un cabello de seda, ¿me llevará con ella? –Si. Por lo tanto, hermanos, ha llegado el momento de cortar toda atadura. Y una vez más hemos llegado al momento decisivo.

De aquí en adelante, el que permanezca en lealtad al mensaje del tercer ángel, debe hacerlo, y lo *hará* sin calcular en absoluto que cualquier cuestión de ganancias, dinero o propiedad, o algo por el estilo. Nada de eso tendrá el peso de una pluma o el peso de un cabello en cuanto a cómo él va a actuar con respecto al mensaje del tercer ángel. Eso es así. Ahí está la declaración:

> "... y que ninguno pudiera comprar ni vender, sino el que tuviera la marca o el nombre de la bestia o el número de su nombre" (Apoc. 13:17). "*Si alguno* adora a la bestia y a su imagen y recibe la marca en su *frente* o en su *mano*" (Apoc. 14:9).

Él no necesita creer en eso en absoluto. Pero la ley dice: "Guarda el domingo", y si lo hace, ¿entonces qué? –Se ha comprometido con Satanás y ha aceptado la marca de Satanás, en lugar de la de Cristo–. Ha puesto a Satanás por encima de Cristo, y está obedeciendo al poder del mundo y no a las palabras de Cristo. ¿Y de cuanto poder sobre el mundo está aquel hombre requiriendo para salvarse?

El hombre que se compromete con las leyes dominicales al grado de que dejará de trabajar y observará el domingo porque la ley así lo dice, mientras todavía piensa que está guardando el sábado, ha puesto a Satanás por encima de Cristo. Está poniendo dependencia sobre el poder terrenal; pero ¿en manos de quién está ese poder? –En las manos de Satanás. Entonces, ¿no está él, de acuerdo a su propia profesión y acciones, dependiendo de Satanás tanto como de Cristo? ¿Acaso, Satanás y Cristo con socios? –De ninguna manera.

Bien, pues no permitamos a Satanás que entre en la sociedad, hermanos. Ningún hombre que mantenga su lealtad al mensaje del tercer ángel permitirá a Satanás entrar en una sociedad como esa.

¿No es el sábado la señal de lo que Dios es para el hombre? ¿No es la señal del Dios verdadero, y de lo que Dios *realmente es*? Entonces, ¿no es una señal de *lo que* Dios es, así como que Él *es*? Entonces el sábado siendo una señal de lo que Dios es y de que Él es, ¿qué es Él? Oh, Él es el Señor, el Señor Dios, misericordioso y clemente, sufriente y abundante en bondad y verdad, guardando misericordia para miles, perdonando la iniquidad, la transgresión y el pecado. Él es nuestra vida.

Muy bien. Entonces, el sábado es, pues, la señal de lo que Dios es para aquel que cree en Él. Pero ¿dónde encontramos a Dios? ¿Únicamente donde puede alguien encontrar a Dios? –En Jesucristo.

> Nadie conoce... quién es el Padre, sino el Hijo y *aquel a quien el Hijo lo quiera revelar*" (Luc. 10:22).

Entonces para nosotros Cristo es Dios. Para este mundo y para todas las criaturas inteligentes, Cristo es Dios. Entonces, ¿no es el sábado la señal de lo que Cristo es para el hombre? Entonces, cuando lo observamos, es la señal de lo que Cristo es para nosotros. Entonces, para mí, guardar el domingo porque la ley lo dice así, es decir que el domingo es tan importante para mí como lo es el sábado: Oh, bueno, eso es solamente decir que Satanás es tanto para mí como Cristo. Y cuando eso es así, Cristo no significa mucho para mí. Cuando Cristo es tan poco para mí que me pondré la señal del poder del papado, que es solo la señal del poder de Satanás, en un mismo nivel con la señal de lo que Cristo es para mí, entonces *Cristo no es nada para mí*. Si Cristo no es todo, ¿qué es Él? –"Cristo es el todo y en todos" (Col. 3:11). Si Él no es todo para mí, entonces ¿qué es Él para mí? –Él es nada. Eso nos lleva nuevamente al hecho de que ahora, hermanos, tenemos que enfrentarnos a esta señal contra toda consideración que la tierra pueda mencionar. Eso no es todo todavía. Hay otro pensamiento en ese verso:

> Se le permitió infundir aliento a la imagen de la bestia, para que la imagen hablara e *hiciera matar* a todo el que no la adorara.

Entonces, llegará el momento cuando el que este de pie en lealtad al mensaje del tercer ángel tendrá la pena de muerte pronunciada sobre él; perderá el derecho a la vida, así lo declararán los poderes de esta tierra en cuyo alcance él se encuentra. Por lo tanto, ¿puede alguna cuestión de la vida venir a nuestros cálculos ahora? ¿Puede, hermanos? ¿Deberá un hombre sopesar lo que vale su vida ahora, y tener que sopesar cualquier cosa de sus cálculos en el mensaje del tercer ángel, en cuanto a si va a atenerse a este, o no? Vale la pena pensar en estas cosas. Eso es lo que quieren decir. Si voy a permitir que mi vida pese algo en mis cálculos de lealtad al mensaje del tercer ángel, entonces, ¿de qué sirve ir más lejos con este mensaje? ¿Por qué no parar aquí esta noche? El hecho es como se declara allí, que se perderá el derecho de vivir si me atengo al mensaje. Así que, si vamos a permitir que esa cuestión pese algo para nosotros, será mejor detenernos justo aquí y terminar con esto.

¿Y no sabes que la pena de muerte es, en sí misma, en cada paso, incluso el primer paso, la que se acepta en la persecución? Ciertamente está ahí. No está allí en palabras, no está allí en una pena pronunciada, pero está allí: porque cuando el gobierno se compromete a hacer cumplir las leyes religiosas, siempre es para salvar al gobierno, siempre para la salvación del gobierno, este hecho dominical del Congreso ya ha sido declarado para que sea para ese propósito. Ahora, las personas que no obedecen las leyes dominicales, reciben una multa por supuesto, y no pagan su multa. Los observadores del sábado no, por supuesto. Ellos tienen que ir a prisión para satisfacer la multa, cumplen el tiempo y se les libera. Entonces van a trabajar en domingo otra vez. Y entonces son multados nuevamente; y son encarcelados para satisfacer la multa, y entonces puestos en libertad nuevamente. Van a trabajar el domingo otra vez, por supuesto, cuando llega; entonces la multa se hace más pesada, y eso hace que el encarcelamiento sea más largo. Pero nada de esto detiene el trabajo del domingo, que es la cosa a la que se apunta. Por lo tanto, ¿no ven que a medida que se imponen sanciones más severas sin alcanzar lo que el gobierno busca, este simplemente tendrá que alcanzar la pena más dura al final, y esa es la pena de muerte. Entonces la pena de muerte está en cada ley dominical que se haya hecho en esta tierra, en sí misma, tan ciertamente como la ley se debe hacer cumplir y llevar a efecto. Por esta razón, el historiador Gibbon le dijo al mundo hace más de cien años, que:

> Corresponde a los autores de la persecución el decidir previamente si están determinados a sustentarla hasta su última consecuencia. Obrando así excitan la llama que se esfuerzan por asfixiar, y pronto se hace necesario castigar la contumacia y crimen del ofensor. La multa impuesta, que no quiere o no puede satisfacer, expone a esa persona a la severidad de la ley, y la ineficacia de las sanciones menores sugiere el recurso a la pena capital.

Por lo tanto, el historiador llamó la atención de las naciones y gobernantes en todas partes, que antes de entrar en la línea de persecución deberían considerar si estaban listos para apoyar esto con la pena capital. Si no lo estaban, mejor no comenzar con eso. Eso es así en la naturaleza de las cosas, y ahí permanece el registro de que eso va a ser así en la práctica de las cosas.

Entonces, ¿no es claro a partir de estas palabras que las personas que se mantendrán fieles al mensaje del tercer ángel, fieles en lealtad a la ley de Dios y su sábado, tendrán que hacerlo sin ningún cálculo de la vida en sí? ¿No es eso así? –[Congregación: "Sí"].

Otro punto: Cuando son retirados todo el apoyo y protección terrenal; cuando son eliminadas todas las cuestiones de reputación, las cuales el mundo tiene en mucha estima; cuando se eliminan todas las cuestiones de propiedad o negocio de cualquier tipo; y cuando se eliminan todas las cuestiones de la vida; ¿Cuánto más queda? ¿Cuántas cosas mundanas o intereses mundanos hay conectados con ese hombre? Cuando ha calculado la cuenta y ha dejado de lado todas las consideraciones de apoyo terrenal o de protección terrenal, incluso de misericordia o justicia; cuando ha calculado la cuenta y hace a un lado todas las cuestiones en cuanto a lo que los hombres piensan o dicen sobre el tema; calculó la cuenta e hizo a un lado todas las cuestiones en cuanto a si puede tener una propiedad o si él puede comprar o vender, o hacer esto, aquello o lo otro; calculó la cuenta e hizo a un lado todas las cuestiones de cálculo sobre si su vida será querida por él, o si entrará en cuentas de alguna manera; – cuando todas estas cosas son expulsadas de la cuenta, entonces ¿qué parte del mundo está en los cálculos de ese hombre? –[Congregación: "Ninguno"].

¿Entonces la Biblia, la palabra de Dios, no ha confrontado a cada Adventistas del Séptimo Día con ese ajuste de cuentas, y le ha llamado que haga ese cálculo y esa decisión? –[Congregación: "Sí"]. Entonces es tiempo de que cada uno de nosotros comience a pensar muy seriamente. En verdad es hora en pensar seriamente. Pero gracias al Señor, no necesitamos estar un poco atemorizados de nuestro enemigo. El Señor nunca permitirá que usted o yo estemos encerrados en un lugar donde Él no espera sacarnos mucho más gloriosamente que si nunca hubiéramos entrado allí. El Señor no nos llama a usted ni a mí a entrar en un curso que exige la pérdida de algo, sino que, en lugar de aquello que es perdido, Él nos dará lo que vale infinitamente más. Cuando nos llama a permanecer en lealtad a su verdad, que nos aparta de todas las consideraciones de apoyo o protección terrenales, entonces Él simplemente dice: –"Aquí está todo el poder del cielo y de la tierra para ti"–. "Toda potestad me es dada en el cielo y en la tierra" (Mat. 28:18) y "Yo estoy con vosotros"; aquí está la protección del Todopoderoso sobre ti; ven conmigo; "El eterno Dios es tu refugio y sus brazos eternos son tu apoyo" (Deut. 33:27). "*No temas*" (Jos. 1:9). Esa es su palabra, ¿no es así?

Leamos un poco más a fondo para obtener la referencia directa sobre él. En Isaías 51 encontramos una oración que el Señor nos dice que le hablemos:

> ¡Despiértate, despiértate, vístete de poder, brazo de Jehová! ¡Despiértate como en el tiempo antiguo, en los siglos pasados! ¿No eres tú el que despedazó a Rahab, el que hirió al dragón? ¿No eres tú el que secó el mar, las aguas del gran abismo, el que transformó en camino las profundidades del mar para que pasaran los redimidos? Ciertamente volverán los redimidos de Jehová; volverán a Sión cantando y gozo perpetuo habrá sobre sus cabezas. Tendrán gozo y alegría y huirán el dolor y el gemido (vers. 9-11).

¿Cómo van a ir a Sion? –Cantando. Entonces comencemos ahora.

Porque el Señor no quiere que vayamos con la cabeza agachada y merodeando como si temiéramos ser vistos, y no tuviéramos lugar en el mundo. "Erguíos y levantad vuestra cabeza, porque vuestra redención está cerca", dice Jesús (Luc. 21:28). *Pertenecemos* a este mundo, cada uno de nosotros, hasta que Dios haya terminado con nosotros, y Satanás mismo no puede hacernos algún daño hasta que el Señor haya terminado con nosotros, e incluso entonces no puede hacernos algún daño. Sigamos entonces nuestro camino cantando. Alegrémonos de ello.

> Yo, Yo soy vuestro consolador. ¿Quién eres tú para que tengas temor de los mortales y de los hijos de los hombres, que son como el heno? (Isa. 51:12).

¡Y profesamos creer en Dios! Nos estamos ateniendo a la ley de Dios, y tenemos el sábado del Señor, y eso nos revela quién es Dios, que Él es el Dios verdadero, Él es el Dios viviente y el Rey eterno, a su ira la tierra temblará, y por su palabra Él puede crear mundos, y por su palabra hacerlos pedazos: y aquí hay algunos *hombres* que son como la hierba, y desaparecerán en un momento, y *dicen* que si haces eso irás a prisión, y que, si persistes en ello hasta el final, serás ejecutado ¡Y nos espantamos de eso! ¿Por qué? ¿No es el Señor correcto al preguntarnos una cuestión como esa? "¿Quién eres tú para que tengas miedo de un hombre que va a morir?". Eso es lo que Él quiere saber. ¿Acaso no es una pregunta justa? "Yo, incluso Yo, Soy el que te consuela; ¿Quién eres tú para que tengas temor de los mortales y de los hijos de los hombres, que son como el heno?". ¿No ves el insulto mismo en la idea de que alguien que profesa creer en el Señor deba actuar de esa manera? El Señor dice que no está dependiendo en Él.

Leamos un poco más.

> ¿Ya te has olvidado de Jehová, tu Hacedor, que extendió los cielos y fundó la tierra? Todo el día, sin cesar, has temido el furor del que aflige, cuando se dispone a destruir. ¿Pero dónde está el furor del que aflige? (vers. 13).

Gracias al Señor. Justo ahora es así que la furia del opresor está a punto de estallar. Bueno, ¿por qué deberíamos temer ante él como si fuera capaz de destruir? ¿No fue Elías atacado y expulsado, y tuvo que huir por su vida? Pero cuando había hecho un largo viaje y estaba cansado y se acostó a descansar, y se quedó dormido por el cansancio, he aquí un ángel del Señor estaba junto a él y lo tocó y le dijo: Levántate Elías y come. Y encontró un pan horneado sobre las brasas y un jarro de agua junto a su cabeza. Gracias al Señor.

¿No estaba Elías perfectamente a salvo? Hermanos, ¿no vale la pena ser expulsados para que un ángel haga eso? ¿Preferirías no ser expulsado, o no tener un ángel que venga y te apoye así? No tengamos miedo, entonces. Elías se acostó y volvió a dormirse, al igual que Pedro cuando fue condenado a muerte. ¿Bueno, por qué no? ¿De qué servía preocuparse? Elías se acostó y se fue a dormir, y el ángel vino y lo despertó por segunda vez, y le ministró. De nuevo dijo: ¡Levántate Elías, y come, porque el viaje es demasiado grande para ti! Hermanos, Dios nos dará pan para el viaje. Si el viaje es demasiado grande, nos dará pan dos veces antes de comenzar. Les digo, hermanos, es hora de comenzar a confiar en el Señor. Hagámoslo ahora. Él lo dice. En otro lugar dice: "Se le dará su pan y sus aguas tendrá seguras" (Isa. 33:16). Esto es así.

> El preso agobiado será libertado pronto; no morirá en la mazmorra ni le faltará su pan. Yo Jehová, que agito el mar y hago rugir sus olas, soy tu Dios, y mi nombre es Jehová de los ejércitos. En tu boca he puesto mis palabras y con la sombra de mi mano te cubrí, extendiendo los cielos, echando los cimientos de la tierra y diciendo a Sión: "Pueblo mío eres tú" (Isa. 51:14-16).

Entonces hermanos, recibámoslo. Y luego necesitamos no temer la opresión o las dificultades, o si podemos comprar o vender algo, porque el Señor tiene algo mucho mejor. Entonces, acerca de la reputación. Déjala ir. Él da un carácter, un carácter que Él mismo tejió desde la infancia hasta la tumba, que es completo en todos los detalles; y Él dice: "Tómalo y póntelo, y vendrás a mi cena de bodas". Ese es el carácter, y ese es el manto que Él pone sobre su pueblo de tal forma que las plagas no puedan tocarlos, y ningún poder del enemigo pueda vencerlo o contaminarlo.

> En gran manera me gozaré en Jehová, mi alma se alegrará en mi Dios, porque me vistió con vestiduras de salvación, me rodeó de manto de justicia, como a novio me atavió y como a novia adornada con sus joyas (Isa. 61:10).

Gracias al Señor. Con respecto a la vida: Cuando el Señor nos llama a ti y a mí a tomar posición de lealtad hacia su ley, eso implicará la amenaza de la pérdida de nuestras vidas. ¿Qué sucede entonces? Bueno, Él simplemente nos dice: "No os preocupéis por esta vida: va a desvanecerse de todas formas dentro de muy poco tiempo; aquí está esta otra vida que perdurará por la eternidad". Cuando Él nos pide a usted y a mí tomar un curso de lealtad a su ley que pondrá en peligro y perderá esta vida mortal, desvanecida y de vapor, Él dice: "Aquí está la vida eterna para empezar".

> "El que cree en el Hijo tiene vida eterna" (Juan 3:36). "Este es el testimonio: que Dios nos ha dado vida eterna y esta vida está en su Hijo" (1ª Juan 5:11).

¿Nos lo ha dado? El que tiene al Hijo, ¿*va a tener* vida eterna en algún momento en el futuro? –[Congregación: –"No"].

> El que tiene al Hijo *tiene* la vida (vers. 12).

¿Cómo podríamos tener al Hijo sin tener la vida? ¿Está acaso Cristo muerto? ¡No! ¡Vive! Entonces, cuando lo tenemos a Él, tenemos la vida que está en Él. Solo vean a qué nos lleva, cuando un hombre que profesa tener a Cristo, no cree que tiene la vida que está en Cristo, que es vida eterna; ¿Qué clase de Cristo es él? ¿Un Cristo sin vida en él? No. Cristo no está muerto. ¿No es ese el sonido que ha vibrado en nuestros oídos una y otra vez durante años por la voz que ha estado hablando tanto por el Señor? "Hermanos, Cristo no está en la tumba nueva de José con una gran piedra sellando la entrada. No; ¡Él ha resucitado! ¡Él Vive! ¡Él Vive! Proclamadlo con la voz y con la pluma".

Puesto que vive, y vive para siempre, cuando lo tengo a Él, tengo a un Salvador vivo. "El que tiene al Hijo tiene la vida". ¿Qué tipo de vida es la que hay en Él? Sólo vida eterna. Entonces, cuando lo tengo a Él, tengo la vida que es suya, y esa es vida eterna, tal como Él dice. Pero, como el hermano Haskell nos ha presentado en sus lecciones, no podemos tener esa vida sin ceder esta. Al hacer eso, nos encontramos con Jesucristo. Esa fue la lección hoy; ¿podéis verla? Renuncia a esta vida y obtendrás una que es mucho mejor. Ahora es el momento. Pero si me aferro a esta vida, cuando se vaya, ¿qué me queda? –[Congregación: "Nada"].

Por lo tanto, el hombre o la mujer que solo tiene esta vida para comenzar, necesita no comenzar con el mensaje del tercer ángel, porque cuando llegue la prueba de que esta vida este en juego, se aferrará a ella. Ese es el peligro. Un hombre no puede sufrir lo que el mensaje del tercer ángel debe sufrir, con solamente esa vida que él tiene. Él no puede hacerlo. Porque es todo lo que tiene, y se aferrará a ella cuando sea puesta en peligro. Pero aquel que deje ir esta vida, dándole un valor nulo, y tome esa vida que se mide con la vida de Dios, esa vida que es la vida de Dios, tendrá una vida que nunca puede ponerse en peligro. Ese hombre está a salvo. Él puede ir a donde quiera el mensaje lo llame. Porque Aquel que es la vida del mensaje, es la vida del que mantendrá su lealtad a este mensaje. Por lo tanto, dice:

> Dondequiera que vamos, llevamos siempre en el cuerpo la muerte de Jesús, para que también la vida de Jesús se manifieste en nuestros cuerpos, pues nosotros, que vivimos, siempre estamos entregados a muerte (2ª Cor. 4:10 y 11).

¿No es eso así a partir de ahora? ¿No es una verdad viva de ahora en adelante, aquellos que se atienen al mensaje del tercer ángel están siempre "entregados a la muerte", tan ciertamente como lo estuvieron los mismos apóstoles? Siempre "entregado a la muerte", y eso está en todos nuestros cálculos. Vivimos cara a cara con esto todo el tiempo.

Por lo tanto, hermanos, en lugar del poder de la tierra del que no podemos depender, y que está decididamente en contra de nosotros, Dios nos da *el poder de Dios*.

En lugar de reputación, Dios nos da un *carácter*. En lugar de cosas terrenales: riquezas terrenales, casas, tierras, propiedades, consideraciones comerciales o cualquier cosa por el estilo; Dios nos da a Jesucristo, en quien están escondidos todos los tesoros de la sabiduría y el conocimiento, y "vosotros estáis completos en Él" (Col. 2:10). Dios lo ha designado para ser el heredero de todas las cosas, y nosotros somos herederos de Dios y coherederos con Jesucristo si es que sufrimos con Él, a fin de que también seamos glorificados juntamente con Él. Él es el heredero de todas las cosas, y nosotros somos coherederos. Entonces, ¿cuánto nos pertenece? –[Congregación: –"Todas las cosas"]. Entonces, ¿qué tenemos? –Todo lo que Dios tiene. ¿Entonces no somos ricos?

En lugar de esta vida que los poderes de la tierra quitarían, Dios nos da su vida. Cuando Dios nos pide tomar una posición de lealtad hacia Él y a su causa, el Señor simplemente dice: "Aquí está la vida eterna".

Entonces, hermanos, ¿no nos ha armado el Señor por completo? Oh, entonces pongámonos la armadura de Dios ahora. Eso es lo que se quiere: ser fuerte en el Señor y en el poder de su fortaleza.

> Porque no tenemos lucha contra sangre y carne, sino contra principados, contra potestades, contra los gobernadores de las tinieblas de este mundo, contra huestes espirituales de maldad en las regiones celestes. Por lo tanto, tomad toda la armadura de Dios, para que podáis resistir en el día malo y, habiendo acabado todo, estar firmes (Efe. 6:12 y 13).

Ahí es donde el Señor quiere que nos paremos, y eso es lo que quiere que hagamos. Y Él dice:

> No te desampararé ni te dejaré (Heb. 13:5).

Ahí es donde estamos. Ahora, ¿qué curso vas a seguir?

> Escogeos hoy a quién sirváis (Jos. 24:15).

¿Qué curso tomarás?

Capítulo 7

El misterio de piedad: Cristo en mí la esperanza de gloria

Algunas de las personas se preguntaron el viernes pasado por la noche si no estaba exagerando las cosas; pero creo, después de lo que el hermano Porter leyó de los *Testimonios* hace un momento, que todos estaremos de acuerdo que esto fue directo y sin rodeos. No quiero que piensen, hermanos, que estoy inventando cosas que decir aquí solo porque están ustedes. Si hubiera estado predicando desde el lunes por la noche a un pueblo que nunca hubiera escuchado hablar sobre los adventistas del séptimo día, ni sobre el mensaje del tercer ángel, les hubiera predicado exactamente de la misma forma que a ustedes; porque ahora no sé qué más ofrecer, además del mensaje del tercer ángel. No sé qué más hacer con las personas dondequiera que predico, sino confrontarlas con su necesidad del poder de Dios. Así que todavía no les estoy diciendo nada que no hubiera dicho a alguien más. Es posible, que después de un tiempo, les diré algo que no diría a las otras personas, porque puede ser que algunos de nosotros hayamos estado haciendo cosas que otras personas no harían; pero esa es la única razón.

Ahora echemos un vistazo nuevamente a un resumen de las lecciones que hemos tenido. Hemos descubierto que nada nos puede sostener en este tiempo, excepto el *poder* de Dios. Hemos descubierto que nada nos satisfará, nada lo hará, sino el *carácter* de Dios. Hemos descubierto, en lo que respecta a los medios y los asuntos comerciales como a este mundo le preocupa, que ya no podemos depender de ninguno de estos, sino solo de *las cosas que Dios da*. Hemos descubierto que, en cuanto a la vida misma, ya no podemos contar con ella nunca más; lo único que satisfará, lo único de lo que podemos depender, lo único que cumplirá nuestra demanda, la demanda del pueblo que ahora representará al Señor, es *aquella vida* que es mejor que la que tenemos, la vida que es eterna, *la vida de Dios*.

Bueno, entonces, lo primero, nada nos va a sostener sino el poder de Dios. ¿Y dónde encontramos el *poder* de Dios? En Jesucristo "Cristo es poder y sabiduría de Dios" (1ª Cor. 1:24); eso es lo que Él es. ¿Dónde encontramos el *carácter* de Dios? En Cristo. ¿Dónde encontramos todas las cosas, las grandes cosas de Dios? En Cristo. ¿Dónde encontramos una vida mejor que esta? –La vida de Dios, en Cristo.

Bueno, siendo así, ¿qué otra cosa tenemos que predicar al mundo, sino a Cristo? ¿De qué tenemos que depender, sino de Cristo? Entonces, ¿cuál es el mensaje del tercer ángel sino Cristo? Cristo el poder de Dios; Cristo, las riquezas inescrutables de Dios; Cristo la justicia de Dios, Cristo la vida de Dios; ¡Cristo es Dios! Ese es el mensaje que ahora debemos dar al mundo, ¿no es así? Entonces, ¿qué necesita el mundo? Cristo. ¿Necesitan algo más? No. ¿Hay algo más? No.

> En Él habita corporalmente toda la plenitud de la divinidad, y vosotros estáis completos en Él (Col. 2:9 y 10).

Como dije hace unos minutos, si hubiera estado predicando a personas que nunca hubieran escuchado nada sobre el mensaje del tercer ángel, si les hubiera estado predicando desde el lunes por la noche, predicaría tal como lo he hecho, y los confrontaría con Jesucristo tal como lo hemos hecho nosotros. Y, por cierto, hay toda una congregación de infieles que están cerca de este lugar, esperando ahora para invitarme en algún momento a venir y hablar la próxima vez, y pienso predicarles precisamente lo mismo que a vosotros. Toda una congregación, profesando no ser más que infieles, ya me han dado la oportunidad de hablar con ellos tres veces, y he hablado sobre estas cosas tal como están justo delante de los hombres; y ya han preguntado: "¿Qué debemos hacer?", y uno de ellos dijo: "Bueno, nos ha contado todas estas cosas, y todo está claro; pero no nos ha dicho qué hacer". "Bueno", dije yo, "no tuve tiempo esta noche de decirles qué hacer. Denme una oportunidad, y les diré qué hacer". Ellos dijeron: "Muy bien; Así lo haremos".

Cuando llegue ese momento, me propongo decirles qué hacer: plantear ante ellos lo que he planteado delante de ustedes; que, si van a oponerse a este movimiento de la Iglesia y el Estado, deben dejar de lado todas las ideas de dependencia terrenal, deben dejar de lado todos los pensamientos de riquezas o posesiones o cualquier cosa de ese tipo, y todas las ideas o pensamientos de la vida. Y ellos pueden verlo. Y entonces les diré que ellos no pueden darse el lujo de hacer eso a menos que obtengan algo mejor, y ese algo mejor es Jesucristo, y ellos deben tenerlo o de lo contrario no podrán soportar en absoluto. Hermanos, el mundo está listo para escuchar el mensaje, *cuando poseamos el mensaje*; el mundo está listo para escucharlo, y ellos lo oirán.

Bueno, por tanto; Cristo, el poder de Dios; Cristo, la sabiduría de Dios; Cristo, las riquezas inescrutables de Dios; y Cristo, la vida de Dios. Eso es lo que debemos predicar. Bueno, ¿qué es todo eso resumido en una cosa? ¿Qué lo expresa? –El Evangelio. ¿Qué debe predicar el evangelio? –Debe predicar el misterio de Dios, que es Cristo en los hombres, la esperanza de gloria (ver Col. 1:27). ¿Qué nos ha dado Dios para dar al mundo sino "el evangelio eterno para predicarlo a los habitantes de la tierra, a toda nación, tribu, lengua y pueblo"? (Apoc. 14:6). ¿No es así como comienza el mensaje? Y luego, cuando los hombres no reciban el evangelio eterno ni adoren al que hizo el cielo, la tierra, el mar y las fuentes de las aguas, ¿a quién adorarán? –A la bestia y a su imagen. "Babilonia ha caído, ha caído" [dice el segundo ángel], y luego el mensaje del tercer ángel dice que adorarán a la bestia y su imagen. De modo que ahora, los hombres adoran a la bestia y su imagen, o de lo contrario adorarán a Dios. Eso está establecido. De acuerdo al mensaje tal como es, y el tiempo en que estamos, lo único que la gente en este mundo puede adorar es a Aquel que hizo el cielo y la tierra, el mar y las fuentes de agua; o a la bestia y a su imagen; No hay posturas intermedias. Los tres mensajes son simplemente un mensaje con tres dobleces.

En *Special Testimonies*, en uno que se dirige "A los hermanos en posiciones de responsabilidad", leemos en la página 15:

> Mientras os aferráis firmemente a la bandera de la verdad proclamando la ley de Dios, recuerde toda alma que la fe de Jesús está relacionada con los mandamientos de Dios. Se representa al tercer ángel como volando por en medio del cielo, *simbolizando* la obra de quienes proclamaron los mensajes del *primer, segundo* y *tercer* ángeles; *todos están relacionados*.

De modo que lo que inicia, lo único de todo, el cual cubre todos estos mensajes, es el evangelio eterno.

Ahora, nos hemos referido una o dos veces a la Iglesia judía, como una ilustración de la situación en la que nos encontramos. Descubrimos ahí que esa iglesia le dio la espalda a Dios y se unió al "César" [el poder civil], con el propósito de sacar a Cristo del camino y ejecutar sus planes concernientes a Él. Entonces el Señor llamó a salir de esa iglesia y nación a todos los que le obedecerían, a todos los que le servirían, antes de que la nación fuera destruida; y Él hizo esa obra por medio de aquellos pocos discípulos que creyeron en Jesús cuando ascendió al cielo. Habían estado con Jesús tres años y medio; ellos habían predicado. Incluso habían realizado milagros en su nombre. Él los había enviado a predicar, diciendo: "El reino de los cielos se ha acercado" (Mat. 10:7). Y tan importante era su mensaje que, si no los recibía en algún lugar, debían sacudirse el polvo de los pies antes de irse.

Sin embargo, antes de que pudieran predicar el evangelio tal como les había encomendado, Jesús les dijo en ocasión de su ascensión al cielo:

> Quedaos vosotros en la ciudad de Jerusalén hasta que seáis investidos de poder desde lo alto (Luc. 24:49).

¿No habríamos pensado que su estadía con Cristo de tres años y medio, escuchándolo, amándolo, estudiándolo y estudiando con Él, habiendo sido enseñados por Él durante este período de tiempo, e incluso habiendo predicado; se supondría naturalmente que ellos fueron preparados para llevar el evangelio al mundo? Pero no, Él dijo: "Esperad en Jerusalén". "Quedaos vosotros en la ciudad de Jerusalén hasta que seáis investidos de poder desde lo alto".

¿Cuánto poder fue alistado contra ellos y el mensaje que debían predicar? Todo el poder del mundo. Para la iglesia de Dios, la profesa iglesia de Dios, esa nación entera, se había unido al César, cuyo poder abarcaba el mundo. Todo el poder del mundo estaba aliado contra ellos. La profesa iglesia y nación de Dios se habían aliado al poder y lo había puesto en contra de Dios y el nombre de Cristo. Y, sin embargo, este Cristo a quien habían crucificado, y sobre quien habían hecho todo lo posible para quitarlo del mundo y de las mentes de los hombres; sus discípulos debían ir a predicar ese mismo nombre y esa misma persona; y solo esa fe en Él podría salvarlos. Y ellos tuvieron que predicar esto frente a todo el poder que el mundo conocía entonces.

Bueno, no mucho antes de eso, solo unos doce días o dos semanas antes de que Jesús les dijera esto; Pedro se asustó de una joven y negó que conocía a Cristo. Había una joven que le comenzó a decir: "Te vi con el Galileo". Pedro respondió: "No; no me viste; no lo conozco". Pedro se acercó más al fuego y ella lo miró mejor, y le dijo: "¡Eres uno de ellos!". A lo que él respondió: "No; no lo soy. Nunca lo conocí" y entonces para probarlo, maldijo y juró. ¿Estaba Pedro preparado para enfrentar todo el poder del mundo? No. Necesitaba estar familiarizado con un tipo de vida, y apoderarse de algo de lo que una joven no podría asustarlo, antes de poder enfrentar el mundo. ¿No lo hizo? Y Jesús les dijo a todos: "Todos vosotros os escandalizaréis de mí esta noche". Todos respondieron: "No; no lo haremos", y Pedro dijo: "Aunque todos se escandalicen de ti, yo nunca me escandalizaré". Jesús dijo: "De cierto te digo que esta noche, antes que el gallo cante, me negarás tres veces". Pedro replicó: "Aunque tenga que morir contigo, no te negaré". "Y todos los discípulos dijeron lo mismo" pero lo abandonaron, ¿no es así? (Mat. 26:31-35).

Por lo tanto, vemos que en lo que respecta a ellos mismos y su obra, y en lo que respecta al poder que se oponía a su trabajo, nos encontramos exactamente en la situación en la que se encontraban en ese momento cuando Jesús ascendió al cielo. Estamos parados exactamente en ese lugar donde todo el poder de esta tierra está aliado contra el mensaje que debemos dar al mundo, y por lo tanto necesitamos, tal como ellos, ser dotados con poder de lo alto. Así que esto es un hecho literal, nos encontramos parados exactamente en la situación donde estaban los discípulos cuando Jesús ascendió al cielo, y les dijo que esperaran hasta que obtuvieran ese poder. Así, cuando Jesús ascendió, les dijo:

> Recibiréis poder cuando haya venido sobre vosotros el Espíritu Santo (Hech. 1:8).

Entonces, ¿por qué debían esperar? Por el Espíritu Santo. ¿Qué les iba a traer? El poder. ¿Qué iba a dotarlos de poder? El Espíritu Santo. Ahora, no necesito leer las referencias de las publicaciones, "*Special Testimonies*", ni de "*Obreros Evangélicos*", que el hermano Prescott leyó aquí, que tratan sobre las mismas cosas; cómo las palabras del Señor nos dicen que así como los discípulos estaban haciendo eso, ahora nosotros deberíamos estar haciendo lo mismo; cómo deberíamos estar reunidos en compañías orando por el Espíritu Santo; y cómo requirió diez días de buscar a Dios para llevarlos al lugar donde pudieran ofrecer una oración efectiva, y recibir aquello que pidieron, porque pidieron con esa fe permanente que recibiría lo que se pidió.

Tampoco necesito leer de nuevo esos pasajes que leí de los *Testimonios* en manuscrito, que cuando el pueblo de Dios individualmente busca su Espíritu Santo con todo el corazón, se escuchará de labios humanos el testimonio que cumple esa palabra: "Vi otro ángel que descendía del cielo con gran poder, y la tierra fue alumbrada con su gloria" (Apoc. 18:1) y "oraciones están ascendiendo diariamente para el cumplimiento de esta promesa" de ser dotados de poder.

Entonces, tenemos la palabra del Señor de que las oraciones están ascendiendo diariamente. ¿Están las tuyas entre ellas? ¿Están las mías entre ellas? Ahora, el día está viniendo cuando la última oración que será necesaria para traer esa bendición habrá ascendido. ¿Entonces qué pasará? Vendrá. El diluvio reventará y el día de Pentecostés derramará el Espíritu Santo. Ahora, note, la palabra es, como "las oraciones están ascendiendo a Dios diariamente" por esta promesa, "ninguna de esas oraciones puestas en la fe se pierde". Podéis ver que ahí está la bendición de esa promesa. Si; cuando Dios nos dice que oremos por algo, eso nos abre la puerta ampliamente para que oremos por ese algo con la más perfecta confianza de que lo recibiremos. Cuando Él nos dice que oremos por algo, eso abre la puerta de par en par, y no hay ni un simple obstáculo que impida que esa oración encuentre un alojamiento allí. ¿Cuál es su palabra para nosotros? Que ninguna de esas oraciones puestas en la fe se pierde.

Muy bien, uno de estos días la última oración necesaria se alojará allí, y se derramará la bendición. ¿Y quién la recibirá? –Aquellos cuyas oraciones han ascendido a Dios por ello. No me importa si ese hombre está en el centro de África, y si el derramamiento está aquí en Battle Creek, él la recibirá; porque debido a nuestras oraciones por el derramamiento, el canal se abre entre nosotros y la fuente de la bendición, y tan ciertamente como mantenemos ese canal abierto por nuestras oraciones, cuando se derrama el Espíritu, éste llegará al lugar de donde comenzaron las oraciones tan seguro como puede ser, porque el canal está abierto.

Entonces, hermanos, ¿podríamos posiblemente tener más motivación para las oraciones con lo que vemos alrededor? ¿Podría haber posiblemente más motivación para nosotros para ofrecer esas oraciones con todo el corazón y con perfecta confianza?

Hay una palabra en *Gospel Workers*, que quiero leer, que habla claramente sobre la cuestión [Están en las páginas 370 y 371 de la edición de 1892]. Hablando de los apóstoles, dice:

> Estaban esperando en la expectación del cumplimiento de su promesa, y oraban con fervor especial. Ese es el mismo curso que debieran seguir los que participan en la obra de proclamar la venida del Señor en las nubes del cielo; puesto que hay un pueblo que ha de estar preparado para permanecer en pie en el gran día de Dios. Aunque Cristo había dado a sus discípulos la promesa de que recibirían el Espíritu Santo, eso *no eliminó la necesidad de la oración*. [*Traducido del inglés*].

Por supuesto que no. Eso abre el camino a la oración. Cuando Dios no ha prometido algo, ¿soy libre de orar por eso? No; porque debemos pedir de acuerdo a su voluntad. Pero cuando Dios lo ha prometido, ¿debería hacer algo más que orar? Esa es la belleza de esto. Nos dice:

> Oraron con el máximo fervor; continuaron unánimes en oración. Los que están hoy implicados en la obra solemne de preparar un pueblo para la venida del Señor, deben persistir igualmente en la oración. Los primeros discípulos estaban unánimes. No tenían especulaciones ni avanzaban teorías curiosas con respecto a la forma en que vendría la bendición (*ibíd.*).

Ahora, el pensamiento tras el cual estoy es este: "Ellos no tenían especulaciones, ni teorías curiosas para avanzar en cuanto a cómo vendría la bendición prometida".

Eso quiere decir nosotros, ahora. No debemos tener teorías curiosas sobre cómo va a venir. Si alguien comienza a decir: "Oh, está viniendo como en el día de Pentecostés; su sonido como el poderoso viento fuerte, será justo así y así; las lenguas de fuego se verán de tal manera; etcétera, etcétera, etcétera; y así se da por sentado y se dice: "Así será la manera en que vendrá la próxima vez, y así sabré cuándo venga". Quien mide este asunto de esa manera, nunca lo recibirá. Lo que ellos necesitaron fue poner sus corazones correctos delante de Dios, y no fue asunto de ellos el cómo el Señor cumpliría su promesa. Y eso es exactamente lo que necesitamos, y no es asunto nuestro el cómo el Señor cumplirá su promesa. Él no propone que nosotros le dictemos, y digamos: "El Espíritu Santo debe venir de tal manera o de lo contrario no será el Espíritu Santo". Así pues, si has tenido alguna teoría al respecto, tan solo aniquila esa teoría esta noche, y permite que tus teorías siempre permanezcan aniquiladas. No tenemos derecho a darle forma en nuestras mentes a la manera en que el Señor va a hacer las cosas. Esa fue la situación de ellos; esa es nuestra situación; y hermanos, tan ciertamente como la promesa se cumplió con ellos, así de cierto se cumplirá ahora para aquellos que están orando por la misma. Nosotros no sabemos cuánto tiempo llevará.

Otra observación.

¿Qué debían ellos predicar? El Evangelio. Y Pablo define el evangelio una y otra vez como el misterio de Dios que había estado oculto por siglos y generaciones, ahora manifestado a sus santos. Ellos predicaron ese evangelio, ese misterio de Dios; ¿y cuál es este misterio? –"Cristo en vosotros, esperanza de gloria" (Col. 1:26 y 27); "Cristo...

poder y sabiduría de Dios" (1ª Cor. 1:24); "Las insondables riquezas de Cristo" (Efe. 3:8); "Jesucristo, y a Éste crucificado" (1ª Cor. 2:2). Eso es lo que era; nada más que eso.

Y Pablo lo definió en 2ª Cor. 6:10, de la siguiente manera: "Como no teniendo nada, pero poseyéndolo todo". ¿No ves la desventurada condición de pobreza del hombre que se aferra a lo que tiene en sus manos en este mundo? ¿No ves la desventurada condición de pobreza de ese Adventista del Séptimo Día que ahora se aferrará a lo que tiene en este mundo? Debe tener más que eso, o nunca pasará la prueba; el tiempo de angustia. Pero cuando permitimos que todo se vaya, y nos consideramos como no teniendo nada, ¿entonces qué? ¿Entonces que tendremos? "Todas las cosas". Entonces nada pueden apartar de nosotros; las personas que están en esa condición, nada puede ser apartado de ellas. ¿Ahora, es eso así? –[Congregación: "Sí"]. Por supuesto que así es. No puede quitar poder de nosotros, no pueden quitarnos el carácter. No nos pueden desposeer de las riquezas insondables. No pueden quitarnos nuestra vida, pues nuestra vida *es Cristo*, y nadie nos lo puede quitar. Entonces, cuando estamos en esta posición, tenemos la victoria sobre el mundo y todo su poder, para empezar.

Ahora otra frase en ese mismo versículo: "Como pobres, *más enriqueciendo a muchos*; como no teniendo nada, más poseyéndolo todo". Ese es nuestro trabajo en el mundo, enriquecer a las personas. Así como Jesús se hizo pobre para que pudiéramos ser enriquecidos, así nosotros nos hacemos pobres para que muchos otros puedan llegar a ser ricos. Y así, cuando tenemos a Cristo, solo a Cristo, nada más que las inescrutables riquezas de Cristo, podemos enriquecer a todos los que aceptarán el regalo gratuito de las riquezas.

Los apóstoles predicaron el misterio de Dios: "Cristo en vosotros, la esperanza de gloria". Pero ahí surgió otro misterio; comenzó a aparecer mientras ellos predicaban. Este misterio que debían predicar "había estado oculto desde los siglos y edades" (Col. 1:26); ahora se manifestaba como nunca antes en el mundo. Pero mientras ellos estaban predicando aquel misterio, apareció ahí la obra de otro misterio, y ese misterio de iniquidad se levantó y ocultó nuevamente el misterio de Dios; después de que los apóstoles murieron, ese misterio de iniquidad surgió y se extendió por el mundo, y ocultó nuevamente el misterio de Dios de siglos y de generaciones. Pero cuando llegamos al décimo capítulo de Apocalipsis, un ángel está ahí parado con un pie en el mar y el otro en la tierra, clamando a gran voz.

> Y juró por el que vive por los siglos de los siglos, que creó el cielo y las cosas que están en él, y la tierra y las cosas que están en ella, y el mar y las cosas que están en él, que el tiempo no sería más, sino que en los días de la voz del séptimo ángel, cuando él comience a tocar la trompeta, el misterio de Dios se consumará (vers. 6 y 7).

Últimamente me he preguntado si no es intencional que se traduzca en esa manera, que el misterio de Dios *debería ser* consumado, en lugar de *será* consumado. Debería haber sido consumado hace mucho tiempo. Los "Testimonios" nos han dicho eso. Pero por nuestra dilación, nuestra pereza, nuestra lentitud para creer en Dios, no está consumado; sin embargo, dijo que *debería* ser consumado. *Ahora*, gracias al Señor, debe *ser* consumado de verdad. Si Él hablara ahora, diría que "será", por supuesto. Pero el punto es que cuando la voz del séptimo ángel comience a sonar, el misterio de Dios se destaca ante el mundo. ¿Qué es eso? "Cristo en vosotros, la esperanza de gloria" (Col. 1:27). Ese es el evangelio eterno; ese es el mensaje del tercer ángel. Entonces, ¿no ves cómo es que Dios lo ha establecido, que el mensaje del tercer ángel, el misterio de Dios, triunfará sobre el misterio de la iniquidad, y que tan ciertamente como el misterio de la iniquidad ha atraído la atención del mundo, y ha atraído la mirada de las naciones y la admiración de los hombres, también es cierto que el misterio de Dios atraerá la atención de las naciones, y la admiración de los hombres? Lo hará.

Ahora pasemos al libro de Joel y leamos ese segundo capítulo nuevamente. Hay algunas cosas que queremos estudiar. Recordemos la primera parte, hasta el versículo 12 sin incluirlo, es una representación de la venida del Señor. Si recurre al *Testimonio* [*TI*, Vol. I, p. 167] que habla sobre, "El zarandeo", encontrará este capítulo de Joel allí, dado por el Espíritu del Señor como la referencia en la que se basa esa idea. Se aplica al momento del zarandeo, y el zarandeo prepara para el fuerte clamor. Se lee:

> Tocad la trompeta en Sión y dad la alarma en mi santo monte. Tiemblen todos cuantos moran en la tierra, porque viene el día de Jehová, porque está cercano: día de tinieblas y de oscuridad, día de nube y de sombra. Como sobre los montes se extiende el alba, así vendrá un pueblo grande y fuerte; semejante a él no lo hubo jamás, ni después de él lo habrá en los años de muchas generaciones. Delante de él consumirá el fuego; detrás de él abrasará la llama. Como el huerto del Edén será la tierra delante de él, y detrás de él como desierto asolado; nadie habrá que de él escape. Su aspecto, como aspecto de caballos, y como gente de a caballo correrán. Como estruendo de carros saltarán sobre las cumbres de los montes; como sonido de llama de fuego que consume hojarascas, como pueblo fuerte dispuesto para la batalla. Delante de él temerán los pueblos; se pondrán pálidos todos los semblantes. Como valientes correrán, como hombres de guerra escalarán el muro; cada cual marchará por su camino y no torcerá su rumbo. Nadie empujará a su compañero, cada uno irá por su carrera; y aun cayendo sobre la espada no se herirán. Irán por la ciudad, correrán por el muro, subirán por las casas, entrarán por las ventanas a manera de ladrones. Delante de él temblará la tierra y se estremecerán los cielos; el sol y la luna se oscurecerán, y las estrellas perderán su resplandor. Y Jehová dará su orden delante de su ejército, porque muy grande es su campamento y fuerte es el que ejecuta su orden; porque grande es el día de Jehová y muy terrible. ¿Quién podrá soportarlo? (vers. 1-11).

El texto paralelo es Apocalipsis 19:11-18.

> Ahora, pues, dice Jehová: Convertíos a mí con todo vuestro corazón, con ayuno y lloro y lamento. Rasgad vuestro corazón y no vuestros vestidos, y convertíos a Jehová, vuestro

> Dios; porque Él es misericordioso y clemente, tardo para la ira, y grande en misericordia, y se duele del castigo. ¿Quién sabe si volverá y se apiadará y dejará bendición tras sí, es decir, ofrenda y libación para Jehová Dios vuestro? (vers. 12-14).

¿Quién *aquí* sabe que el Señor regresará y dejará una bendición tras Él, cuando una persona lo busque con todo el corazón? Si sabemos que lo hará, entonces vayamos a buscarlo. Hay todo el ánimo en el mundo; tan ciertamente como sabemos que lo hará, nada hay que nos impida buscarlo con todo el corazón, porque sabemos que dará la bendición. Permitámonos tenerla.

> ¡Tocad trompeta en Sión, proclamad ayuno, convocad asamblea, reunid al pueblo, santificad la reunión, juntad a los ancianos, congregad a los niños, aun a los que maman, y salga de la alcoba el novio y de su lecho nupcial la novia! (vers. 15 y 16).

¿A cuántas personas en Sion se incluyen? La gente, la congregación, los niños, los ancianos, los bebés, los novios y las novias. ¿A cuántos hace el llamado? –[Congregación: "Todos"]. Sí, todos. ¿A qué nos llama? –A buscar al Señor con todo el corazón. Entonces hagámoslo. Estamos en el tiempo.

> Entre la entrada y el altar lloren los sacerdotes ministros de Jehová, y digan: "Perdona, Jehová, a tu pueblo, y no entregues al oprobio tu heredad para que no la dominen las naciones". ¿Por qué han de decir entre los pueblos: Dónde está su Dios? (vers. 17).

¿No han hecho cosas los paganos con sus propias manos, de modo que se proponen gobernarnos? Y proponen borrar el sábado del Señor y gobernar el mundo. Creo que tengo una palabra aquí que es mejor que lea, es sobre eso, tal vez. En la página 17 de *Testimonios* que lleva por título "A los hermanos en puestos de responsabilidad", dice:

> Este falso sábado se hará obligatorio por una ley opresiva. Satanás y sus ángeles están plenamente despiertos e intensamente activos, trabajando con energía y perseverancia por medio de instrumentos humanos para llevar a cabo *su propósito de borrar el conocimiento de Dios*.

¿De qué es señal el sábado? –Que Él es el Señor nuestro Dios, y el Señor que santifica a su pueblo. Bueno, entonces, cuando esa señal por la cual es conocido por su pueblo, se quita del camino, lo están apartando *a Él del conocimiento de la gente*. Eso es lo que buscan. Y eso ya está hecho. Leí antes:

> Se ha derribado el memorial de Dios, y en su lugar se destaca ante el mundo un falso sábado.

Todo el poder de la tierra está ahora enlistado en ese negocio. Así se proponen borrar el conocimiento de Dios del mundo. Por lo tanto, *necesitamos* buscar al Señor con todo el corazón, para que los paganos no nos gobiernen. Ahora veamos qué va a hacer:

> Y Jehová, celará su tierra, y perdonará a su pueblo. Responderá Jehová y dirá a su pueblo: Yo os envío pan, mosto y aceite, y seréis saciados de ellos (vers. 18 y 19).

¿Qué es aquello que va a enviar? ¿Qué es el "aceite"? "Aceite de gozo en lugar de luto" (Isa. 61:3), "gozo *en el Espíritu Santo*" (Rom. 14:17). ¿Qué es el "vino"? Como dijo Jotam, el "vino... alegra a Dios y a los hombres" (Jueces 9:13), por lo tanto, Dios dará *alegría*. ¿Qué es el "pan"? El trigo, el grano, del cual viene nuestro pan, para sustentar la vida y dar *fuerza*. Por lo tanto, también nos dará fuerza. Demos, pues, gracias al Señor. Nos dará fuerza, gozo y alegría.

¿Pero a quién se lo enviará? ¿Cuándo lo enviará? –Cuando el pueblo este reunido y la congregación este en asamblea con los niños y los bebés, los ancianos, los novios y las novias, y los ministros–; cuando estemos reunidos juntos como dice el testimonio, "en compañías" buscando a Dios con todo el corazón; *entonces*, Él hará lo que dijo. Vamos a hacerlo como nunca antes. Es algo maravilloso cuando el Señor promete que *seremos satisfechos* con lo que Él va a dar. No es de acuerdo a nuestra medida. ¿Con cuánto se satisface Dios, y con cuanto deberíamos satisfacernos? –Nada menor que todo lo que tiene, porque Él dio justamente eso en Jesucristo; y no quiere que nos detengamos ni por poco de todo lo que tiene. Justo como el hermano Haskell leyó en ese bendecido testimonio esta mañana, recuerda lo maravilloso que fue eso, que cuando venimos como mendigos, sin tener desierto propio, entonces todo es nuestro en un regalo eterno. Nos dice:

> Nunca más os pondré en oprobio entre las naciones. Haré alejar de vosotros al del norte, y lo echaré en tierra seca y desierta: su faz hacia el mar oriental, y su final hacia el mar occidental. Exhalará su hedor y subirá su pudrición, porque hizo grandes cosas (vers. 19 y 20).

La versión marginal de este versículo dice: "Ha magnificado para hacer grandes cosas".

¿Quién es el que "ha magnificado para hacer grandes cosas"? ¿Quién tiene todo el poder del mundo en sus manos? Satán. Es él quien piensa que va a hacer grandes cosas. Ahora veamos qué hará el Señor justo en ese momento.

> Tierra, no temas; alégrate y gózate, *porque Jehová hará grandes cosas* (vers. 20).

Hermanos, debemos ser las personas más felices del mundo a las que Satanás tiene que hacer grandes cosas; porque inevitablemente resulta que cuando Satanás tiene que hacer grandes cosas, Dios está haciendo tales grandes cosas, ya que Satanás tiene que esforzarse para salvar su crédito. Pero incluso entonces, no puede salvar su crédito, a pesar de que se ha jactado ante el mundo y las naciones de que él tiene todo el poder, su caso se vuelve tan desesperado al final que tiene que venir él mismo. Pero podemos estar más felices que nunca, porque entonces el *mismo Jesús* viene.

¿Pero cuándo es que el Señor hará grandes cosas? –Cuando éste, Satanás, se halla magnificado así mismo por hacer grandes cosas.

> Animales del campo, no temáis, porque los pastos del desierto reverdecerán y los árboles llevarán su fruto; la higuera y la vid darán sus frutos. Vosotros también, *hijos de Sión, alegraos y gozaos* en Jehová, vuestro Dios (vers. 22 y 23).

¿Por qué deberíamos estar desanimados? ¿Cuál es el uso de ello? ¿Qué sentido tiene? Jesús dijo: "Erguíos y levantad vuestra cabeza" (Luc. 21:28), y esto dice: "Alegraos y gozaos", y luego lo dice de nuevo. "Alegraos y gozaos en Jehová, vuestro Dios", oh hijos de Sion. Hagámoslo. Hermanos, justo les digo que nada más puedo hacer sino alegrarme; porque el Señor me lo dice. Y esto es justamente la palabra de Dios como cualquier otra parte de la palabra de Dios. Y el poder creador está en estas palabras, justo como en cualquier otra de sus palabras, para poner alegría allí y para poner el regocijo allí, y esto es alegría, es regocijarse en el Señor.

> Porque os ha dado la primera lluvia a su tiempo, y hará descender sobre *vosotros lluvia temprana y tardía*, como al principio (vers. 23).

¿Fue aquello en Pentecostés una cosa moderada de acuerdo a lo que Dios va a hacer? Sí. Él dio a la lluvia anterior moderadamente. Pero habrá una doble porción en esta ocasión. Si aquello fue moderado, ¿qué supone que va a ser ahora? No podemos imaginar lo que fue.

Déjame leerte un pasaje en el Vol. IV, p. 611:

> El movimiento adventista de 1840 a 1844 fue una manifestación gloriosa del poder de Dios; el mensaje del primer ángel fue llevado a todas las estaciones misioneras de la tierra, y en algunos países se distinguió por el mayor interés religioso que se haya visto en país cualquiera desde el tiempo de la Reforma del siglo XVI; pero *todo esto será superado por el poderoso movimiento que ha de desarrollarse bajo la proclamación de la última amonestación del tercer ángel* [*El conflicto de los siglos*, p. 669].

Otro testimonio que nunca ha sido impreso dice, que esto vendrá tan repentinamente como en 1844, y con "diez veces el poder" (*Spalding and Magan Collection*, Washington, N.H., septiembre, 1852). Pero ahora sobre el Pentecostés, leemos de la misma página lo siguiente:

> Las profecías que se cumplieron en tiempo de la efusión de la lluvia temprana, al principio del ministerio evangélico, deben volverse a cumplir en tiempo de la lluvia tardía, al fin de dicho ministerio [*El conflicto de los siglos*, p. 670].

Ahora ves que hay profecías que pertenecen solo a la lluvia tardía; pero las profecías relativas a la lluvia temprana deben cumplirse *también*, en la entrega de la lluvia tardía. Entonces ves que será doble.

> Estos son los "tiempos de refrigerio" en que pensaba el apóstol Pedro cuando dijo: "Así que, arrepentíos y convertíos, para que sean borrados vuestros pecados; pues que vendrán los tiempos del refrigerio de la presencia del Señor, y enviará a Jesucristo" (Hech. 3:19 y 20) [*ibíd*].

¿Eso significa que nos arrepentiremos y seremos convertidos? "Bueno", alguno dirá, "me convertí hace veinte años". Muy bien, conviértase ahora también. Me convertí hace casi diecinueve años; pero esto nada aporta si no estoy convertido justo ahora. No es bueno voltear 'la vista atrás'. Dice alguien: "¿Quieres decir que no fui convertido?". Oh no, no me refiero a eso o a algo por el estilo. Pero quiero decir que, si usted depende de aquella conversión 'que quedó atrás en el camino', ésta nada aporta. Si ya no sabes cómo arrepentirte, solo toma a Jesucristo y lo sabrás. Cualquier hombre que recibe al Señor Jesucristo es una nueva criatura.

> Las eras se llenarán de trigo y los lagares rebosarán de vino y aceite. Yo os restituiré los años que comió la oruga, el saltón, el revoltón y la langosta, mi gran ejército que envié contra vosotros. Comeréis hasta saciaros, y alabaréis el nombre de Jehová, vuestro Dios, el cual hizo maravillas con vosotros; y nunca jamás será mi pueblo avergonzado (vers. 24-26).

Entonces, alabado sea el Señor. Nos reprocharán; nos denigrarán; nos tratarán como a la basura de la tierra, y como a los despreciables de entre los despreciados; pero Dios ha dicho: "Mi pueblo nunca será avergonzado". Y esto significa justamente eso. Pero no se detiene ahí. Lo recalca:

> Conoceréis que en medio de Israel estoy yo, y que yo soy Jehová, vuestro Dios, y no hay otro; y mi pueblo nunca jamás será avergonzado (vers. 27).

Pregunto, hermanos, ¿qué es lo que el Señor no ha puesto en ese capítulo para nosotros? Vemos el aliento, la bendición, las promesas, Y cuando es necesario repite que "nunca seremos avergonzados", eso significa a primera vista que será el propósito de todo en la tierra el avergonzarnos. Pero Dios ha comprometido su palabra de que no se hará, y que nunca seremos avergonzados.

> Y será que después de esto, derramaré mi Espíritu sobre toda carne, y profetizarán vuestros hijos y vuestras hijas; vuestros viejos soñarán sueños, y vuestros jóvenes verán visiones (vers. 28)

¡Gracias al Señor, Él no estará contendiendo por mucho más con un solo profeta! El tendrá más. Ha hecho un trabajo maravilloso con uno. Y habiendo hecho un gran trabajo con uno, ¿qué hará en el mundo cuando Él obtenga muchos de ellos?

> También sobre los siervos y las siervas derramaré mi espíritu en aquellos días. Haré prodigios en el cielo y en la tierra, sangre, fuego y columnas de humo. El sol se

> convertirá en tinieblas y la luna en sangre, antes que venga el día grande y espantoso de Jehová. Y será que cualquiera que invocare el nombre de Jehová, será salvo; porque en el monte de Sión y en Jerusalén habrá salvación, como Jehová ha dicho, *y en el remanente, a los cuales Jehová habrá llamado* (vers. 29-32).

¿Dónde habrá liberación? –"En el remanente a quien el Señor llamará". ¿Pero contra quién está haciendo guerra Satanás? –El remanente. ¿Contra quién ha reunido Satanás todos los poderes de la tierra? –El remanente. ¿A dónde está dirigiendo toda su fuerza y esfuerzos? –Contra el remanente. Y justo ahí está la liberación. Hermanos, el mejor lugar del mundo para estar, es justo donde el diablo está gastando todos sus esfuerzos, porque ahí hay liberación. Ahí es donde están la gracia y el poder de Jesucristo, y Satanás tiene que reunir a todos sus anfitriones para hacer cualquier espectáculo. Ese es el mejor lugar en la tierra para estar, porque Cristo está allí; Dios está ahí; y "mi pueblo nunca será avergonzado".

Hermanos, estoy *mucho* muy contento de estas cosas. Estoy tan contento como puedo estar de lo que el Señor dice en ese capítulo, porque esto que ves es la verdad presente. Cada verso está en este momento, y nos cuenta tan maravillosas cosas. Él va a hacer cosas maravillosas; y todo lo que nos pide es buscarlo con todo el corazón para que podamos tenerlo todo. Si lo buscamos con la mitad del corazón no podemos tenerlo todo. Queremos buscarlo con *todo* el corazón para obtener *todo* lo que tiene. Hagamos lo que el Señor dice, y "Hijos de Sión, alegraos y gozaos en Jehová, vuestro Dios"; "porque Jehová hará grandes cosas"; "y mi pueblo nunca jamás será avergonzado" y hay liberación "en el remanente" contra la cual el diablo está luchando con todas sus fuerzas.

Capítulo 8

Amor fraternal y el derramamiento de la lluvia tardía

Las evidencias se nos han dado mostrando una y otra vez que estamos ante la presencia misma de los eventos que traen el fin del mundo. Una y otra vez se han presentado evidencias de la Biblia y declaraciones directas del Señor, en los *Testimonios*, de que ahora es el momento cuando debemos tener el único poder por el cual el mensaje puede ser dado al mundo, para salvar tal y como serán salvados de la ruina que viene de los eventos que están próximos sobre nosotros. Hermanos, los peligros que nos amenazan en cuanto al fin del mundo, las persecuciones y esas cosas externas; son, y siempre son, muy poco comparados con los peligros que se ciernen sobre cada individuo en su propia experiencia individual. –[Voces en la audiencia: "Así es"].

El más grande peligro que existe sobre esta congregación y con nuestro pueblo en todas partes, es que no verán las cosas que les conciernen individualmente, sino que verán más las cosas que están afuera. Mirarán más las cosas que están afuera, y las evidencias de las mismas, en lugar de que vayan a ver que sus propios corazones estén rectos con Dios. Mirarán más estas cosas como una especie de teoría, más bien que poseer en su interior al Cristo viviente, a fin de que todas esas cosas puedan ser realidades vivientes exteriores, y a fin de que podamos estar preparados para enfrentarlas en el temor y salvación de Dios. Ese es el mayor peligro, como dije, que hay con esta congregación que está aquí, y podemos difundir la congregación para acoger a todos los profesos observadores del sábado en el mundo.

Y ahora hemos llegado, en el estudio de este tema, al estudio de esa parte que justamente nos concierne directamente a usted y a mí como individuos; las cosas que usted y yo necesitamos hacer, y las cosas que necesitamos de Dios; para mirarlas, y actuar sobre ellas, en vista de la salvación de Dios que nos concierne a ti y a mí. Para mí, de lo que conozco, y que conozco que conozco; para mí esta lección y la siguiente son las más tremendas de todas las que he traído hasta ahora. No las he elegido, y les temo; pero, hermanos, como el hermano Prescott llevó ante nosotros la otra noche, no se emplea para ofender a alguien; no la utilizamos para estropear estas cosas; no la utilizamos para ver estas cosas a la ligera; no la utilizamos para caminar en estos días con los ojos cerrados; y no saber cuál es nuestra situación. No la utilizamos para elevar nuestras expectativas por la verdad de Dios; ya que, si aumenta las expectativas de los hombres, y estaremos esperando cosas por venir, y aún las dificultades en nuestros propios corazones y vidas impedirán que esas cosas nos hagan una partícula de bien cuando si vengan. De nada sirve, ¿no os parece?

Insisto, que las lecciones a las cuales he llegado y que tendré que dar, eso está establecido, son para mí las más espantosas en las realidades de aquello que denuncian, por la situación en la que nos colocan a mí y a cualquiera con quien haya tenido relación hasta ahora en mi enseñanza personal. Entonces, puedo decir de nuevo, le temo; Le temo debido a las consecuencias que temo que tendrá, debido a no ser recibida como debería, con la mente y el corazón sometidos a Dios, preguntándole solo a Él si estas cosas son así. Algunas cosas pueden no ser agradables de escuchar para todos, como no son agradables para mí el relatarlas. Aplican tan personalmente a nosotros como individuos. Pero, hermanos, dónde estamos, y en la situación en que nos encontramos, y en el temor de Dios, tiene que hacerse.

Y como se hará; para empezar, les pido, que no me pongan aquí arriba como alguien que está separado de usted, y por encima de usted, y como hablándoles hacía abajo, y excluyéndome de las cosas que pueden ser presentadas. Estoy con ustedes en todas estas cosas. Yo, con ustedes, con la misma certeza, y la misma necesidad de ser preparado para recibir lo que Dios tiene para darnos, como a cualquier otro en la tierra. Así que les ruego no separarme de ustedes en este asunto. Y si ven fallas que han cometido, veré fallas que he cometido, y por favor no me culpen si surgen cosas que exponen fallas que ustedes han cometido; por favor no me culpen como si te estuviese juzgando o encontrando fallas a alguien. Simplemente expondré los hechos, y ustedes quienes tienen parte en estas cosas, cada uno sabrá que es un hecho para el mismo; como cuando esto me concierne a mí mismo, sabré que me concierne como un hecho. Lo que quiero, hermanos, es simplemente buscar a Dios con ustedes, con todo el corazón, –[Congregación: "Amén"] y poner todo fuera del camino, para que Dios nos dé lo que tiene para nosotros.

No intentaré, y no necesitan esperar que lo intente, el ir muy rápido, porque estaré dispuesto a ir justamente tan lento como sea posible, para que podamos considerar todas estas cosas cuidadosamente. Esto hará que estas lecciones expongan lo que está en mi mente, para ser presentado. Así que simplemente estudiemos estas cosas juntos.

Comenzaré con el pensamiento en dónde nos detuvimos anoche. El pensamiento ante nosotros fue que ha llegado el tiempo en que Dios prometió dar la lluvia temprana y la tardía. Ha llegado el tiempo en que debemos pedirla y esperarla. Y podemos mantener *en mente* la lección y el testimonio que el hermano Prescott trajo ante nosotros la otra noche, en el mismo asunto. Este es el pasaje al que me referí anoche, pero no tenía el libro aquí. Está en la página 9 de *El ministerio de Pedro y la conversión de Saulo*. Después de relatar sobre el derramamiento del Espíritu Santo y el día de Pentecostés, y los resultados en la conversión de almas, etc., dice:

> Este testimonio referente al establecimiento de la iglesia cristiana se nos da, no sólo como una parte importante de la historia sagrada, sino también como una lección. Todos los que profesan el nombre de Cristo deben estar esperando, velando y orando *con un solo corazón*. *Debe ser desechada toda diferencia*, y la unidad y el tierno amor de cada uno hacia el otro han de impregnar el todo. Entonces podrán ascender juntas nuestras oraciones a nuestro Padre celestial con poderosa y ferviente fe. Entonces podemos aguardar con paciencia y esperanza el cumplimiento de la promesa.

¿Cuándo llega ese "entonces"? –Cuando estemos esperando, velando y orando con un solo corazón, y todas las diferencias se desechan, la unidad y el tierno amor de unos por los otros impregna todo.

Por lo tanto, hermanos, si hay algunas diferencias entre ustedes y cualquiera de las personas en esta tierra, ya sea que estén en este instituto o no, es hora de que usted y yo las eliminemos del camino. Si la persona no está aquí, para que pueda ir y hablarle, escríbale y dígale todo al respecto, y dígale su posición y lo que está haciendo. No tienes ninguna responsabilidad adicional por él, lo reciba o no. Has actuado en el temor de Dios en lo que Él te dice que hagas. [Pregunta de alguien en la audiencia: "¿Te refieres a la gente del mundo, a todos?"]. Sí, digo a todos, porque si hay pecados entre mí y las personas que están afuera, ellos lo saben, y esas diferencias entorpecerán nuestro acercamiento a ellos cuando vayamos con el mensaje, aunque Dios debería incluso darnos su Espíritu Santo en el derramamiento de la lluvia tardía. Cualquier diferencia, cualquier enemistad, cualquier cosa de ese tipo que esté entre yo y cualquier persona del mundo, ¿no ves que me impedirá acercarme a él con el mensaje?

Si hemos engañado a la gente, y no hemos sido honestos en nuestro trato con ellos, y no hemos sido honestos en nuestras transacciones ante el mundo, por el bien de nuestra alma, hermanos, sed rectos. Y aquí en Battle Creek, tal vez hay personas que tienen que hacer cosas de ese tipo con la gente de esta ciudad; me refiero a nuestra propia gente, con la gente de esta ciudad. Nuestras reuniones continúan en esta ciudad para la gente de esta ciudad; y se nos dijo aquí en el instituto que se espera que cuando la bendición de Dios venga a esta reunión, sea llevada a la gente de esta ciudad, y ellos compartirán con nosotros en estas cosas. Entonces les diría a los adventistas del séptimo día en esta ciudad: enderezaos donde hay cosas torcidas, por el bien de vuestras propias almas; y por el bien de las almas que Dios quiere salvar en esta ciudad, sed rectos. Si ha estado engañando a la gente, vaya y confiéselo, y devuelva lo que robó. Si en sus transacciones comerciales no ha sido recto, si ha conseguido algo en una manera avara, deshaga la maldad. Estén rectos a la vista de Dios.

Aquí está la palabra para nosotros:

> *Debe ser desechada toda diferencia*, y la unidad y el tierno amor de cada uno hacia el otro han de impregnar el todo.

Eso es lo que estaban haciendo los discípulos cuando buscaron al Señor esos diez días. Apartaron todas las diferencias. Ahora, ¿no crees que en esos diez días los otros discípulos que tenían tanta envidia de Santiago y Juan cuando fueron y pidieron, por medio de su madre, al Salvador que los dejara sentarse uno a un lado y el otro al otro lado de Él en el reino de Dios, y que al resto de los discípulos no les gustó?; ¿no crees que ellos apartaron todas esas cosas, las confesaron y las hablaron unos con otros, y por ellos mismos vieron lo vil que era todo eso?

El Salvador tomó a ese niño pequeño y dijo: El que sea el mayor en el reino de los cielos vendrá a ser como este niñito, y vendrá a ser servidor de todos. Estaban desechando todas estas cosas; esas diferencias, y esas envidias por temor a que uno fuera más grande en el reino de Dios que alguno de los otros discípulos, fueron descartadas. Y tenemos la palabra aquí de que esas cosas están entre nosotros; ambición por el lugar, celos de posición y envidia de la situación; esas cosas están entre nosotros. Ahora ha llegado el tiempo de desecharlas; ahora ha llegado el tiempo de que cada uno descubra qué tan bajo puede llegar a los pies de Cristo, y no qué tan alto en la Conferencia, o en la estimación de los hombres, o qué tan alto en el Comité de la Conferencia, o el Comité de la Conferencia General. Esa no es la cuestión en absoluto.

> Debe ser desechada toda diferencia, y la unidad y el tierno amor de cada uno hacia el otro han de impregnar el todo.

Como esto nos concierne particularmente a nosotros, como hermanos y hermanas en la iglesia, se convierte propio si conocemos cualquier diferencia entre nosotros y cualquier otra persona en este mundo, y eso nos corresponde quitarla del camino. No hay diferencia que cueste, eso no es el asunto. No puede costarnos la vida si la quitamos: pero *nos costará* la vida si dejamos de hacerlo, eso es seguro. Y cuando eso esté hecho, "entonces nuestras oraciones podrán ascender juntas a nuestro Padre celestial con una poderosa y fervorosa fe". Sí señor; cuando sabes que estas limpio a la vista de Dios, tan lejos como es posible para ti el quitarte del camino entre tú y tus hermanos, y tienes todo confesado a Dios en cuanto a lo que Él te ha mostrado; y nos mantenemos ante Él como los errantes, desvalidos y perdidos pecadores que somos, y vemos nuestra necesidad de lo que Él tiene para dar, ENTONCES ahí están todas sus promesas, y son para nosotros, y sabemos que son *nuestras* promesas; ENTONCES podemos depender de ellas, y, "ENTONCES nuestras oraciones podrán ascender juntas a nuestro Padre celestial con una poderosa y ferviente fe. ENTONCES podremos esperar con paciencia y esperanza del cumplimiento de la promesa".

Eso es lo que hay que hacer ahora. Cuando eso esté hecho, cuando todas esas diferencias se desechen, y predomine la unidad, y cada uno esté buscando unidad de corazón y mente, entonces Dios ha prometido que nos veremos cara a cara. El tiempo ha llegado; hagámoslo.

Nuevamente leo en la página 9:

> La respuesta puede venir con imprevista celeridad y poder sobrecogedor; o bien ser retardada por días y semanas, poniendo a prueba nuestra fe. Pero Dios sabe cómo y cuándo responder a nuestra oración. Es *nuestra* parte de la obra el conectarnos con el conducto divino. Dios es responsable por su parte de la obra.

Tal como vino el pensamiento ante nosotros la noche pasada; cuando el conducto divino está abierto, y nuestras oraciones están ascendiendo tal como se describe, entonces cuando el Espíritu de Dios sea derramado, este derramamiento abarcará la extensión completa del canal que está abierto.

> Es *nuestra* parte de la obra el conectarnos con el conducto divino. Dios es responsable por *su* parte de la obra. Fiel es el que prometió. El gran e importante asunto para nosotros es ser de una mente y corazón, desechar toda envidia y malicia y, como humildes suplicantes, esperar y velar. Jesús, nuestro Representante y Cabeza, está dispuesto a hacer por nosotros lo que hizo por quienes estaban velando y orando en el día de Pentecostés.

He aquí otro pensamiento digno de nuestra más atenta consideración:

> Jesús está deseoso de impartir ánimo y gracia a sus seguidores hoy, tal como lo hizo con sus discípulos en la iglesia temprana. Nadie debiera invitar intempestivamente la ocasión de contender con los principados y potestades de las tinieblas.

Necesitamos entrar en eso cuidadosamente, con reflexión. Necesitamos estar seguros, y no entrar en esa contienda hasta saber que Dios está con nosotros, con el poder y la gracia de Dios para darnos valor y fortaleza para hacer frente a esos poderes con los que debemos lidiar. Esta contienda que está ante nosotros no es cosa liviana.

> Cuando Dios les ordene entrar en el conflicto, habrá sobrada ocasión para ello; Él dará entonces valentía y vehemencia al débil y dubitativo, más allá de la que se pudiera imaginar o esperar.

Así, lo que el Señor quiere que hagamos es buscarlo, y entonces, cuando Él nos envíe, iremos solamente con su poder y gracia. Leo en la página 11:

> Los discípulos y apóstoles de Cristo tenían un profundo sentido de su propia ineficiencia, y con humillación y oración unieron su debilidad a la fortaleza de Él, su propia ignorancia a la sabiduría de Él, su indignidad a la justicia de Él, su pobreza a las inagotables riquezas de Él. Fortalecidos y equipados de ese modo, no dudaron en el servicio por su Maestro.

¡Qué equipamiento es ese, aunque! ¡Pensemos en ese equipamiento! ¡Fuerza, sabiduría, justicia, riqueza! Esas son las cosas mismas que necesitamos frente a las cosas que están en contra de nosotros: porque no podemos hacer ningún cálculo sobre la base de algún poder de la tierra, ni la reputación que los hombres darán, ni sobre cualquier riqueza que este mundo pueda proveer, o cualquier consideración de este, o de la vida. Así que aquí están enumeradas casi las mismas cosas que consideramos en una lección anterior.

Pero, ¿cómo fue que obtuvieron fuerza? –Al reconocer su debilidad, confesando su debilidad. ¿Cómo obtuvieron sabiduría? –Al confesar su ignorancia. ¿Cómo obtuvieron justicia? –Al confesar su indignidad. ¿Cómo obtuvieron riqueza, riqueza inagotable? –Al confesar su pobreza.

Ahora bien, esa es la situación en la que debemos estar: ineficientes, ignorantes, pobres, indignos y ciegos. ¿No es eso lo que nos dice el mensaje de Laodicea, que somos desventurados, miserables, pobres, ciegos y desnudos, y no lo sabemos? Alguien estaba leyendo esto el otro día, y se refirió a esa palabra "ceguera", e inmediatamente mi mente corrió al noveno capítulo de Juan, al último verso. Vayamos a ese versículo, si lo desean (Juan 9:41). Está al final del relato de la curación de ese hombre de la ceguera y la restauración de la vista del hombre que había nacido ciego. ¿Qué dice ese versículo?

> Jesús les respondió: Si fuerais ciegos, no tendríais pecado, pero ahora, porque decís: "Vemos", vuestro pecado permanece.

Cuando Jesús nos dice a vosotros y a mí que somos ciegos, lo que hemos de hacer es reconocer: "Señor, somos ciegos". A ellos les dijo que *eran* ciegos, y lo *eran*. Ellos sostenían que no era así, pero *era* así. Si hubieran confesado su ceguera [espiritual], habrían visto a Dios en la curación de aquel hombre de su ceguera. Bien, hermanos, lo que debemos hacer es confrontar ese mensaje de Laodicea, y decir que cada palabra que dice es así. Cuando el mensaje dice que tú y yo somos desventurados, miserables, pobres, ciegos, desnudos, responde: "Así es, *soy* desventurado; *soy* miserable; *soy* pobre, un perfecto pordiosero, y nunca seré otra cosa en el mundo; *soy* ciego, y nunca seré otra cosa; estoy desnudo, así es y no me doy cuenta. No lo sé en absoluto, como debería saberlo". Y entonces le diré todos los días y cada hora: "Señor, todo eso es así; pero, oh, en lugar de mi desventura, dame tu propia satisfacción; en lugar de mi miseria, dame tu propio consuelo; en lugar de mi pobreza, suministra todas tus riquezas; en lugar de mi ceguera, sé tú mi vista; en lugar de mi desnudez, oh, vísteme con tu propia justicia; y lo que desconozco, Señor, enséñame". –[Congregación: "Amén"].

Hermanos, cuando venimos con un corazón y una mente a ese lugar, no tendremos ninguna dificultad en arrepentirnos. No será difícil arrepentirse, y no habrá falta de arrepentimiento. El próximo versículo se cumplirá:

> Yo reprendo y castigo a todos los que amo; sé, pues, celoso y arrepiéntete (Apoc. 3:19).

La dificultad de no poder ser capaces de arrepentirnos es que no hemos confesado que lo que el Señor nos ha dicho es la verdad. Cuando sé que soy un miserable, entonces sé que necesito algo que me satisfaga, y sé que nada más que el Señor puede dar eso, y de nada dependo sino de Él para que lo dé; Y si no lo tengo a Él, esto es solo miseria. Cualquier momento que no lo tengo a Él, es solo miseria; y cualquier momento que no tengo su consuelo, es solo miseria; en cualquier momento en que no tengo una dependencia absoluta de sus riquezas inescrutables, las riquezas inescrutables de Cristo, soy absolutamente pobre, un completo mendigo; y cada momento en que no veo y confieso que estoy ciego, y que lo tengo como mi vista, estoy en pecado; Él lo dice así.

Ahora dices que ves; por lo tanto, tu pecado permanece. Y cada momento que no veo mi desnudez y que no dependo solo y absolutamente de Él y de su justicia para vestirme, estoy ciertamente arruinado, completamente arruinado, y cada momento que empiezo a decir: "Ahora sé tanto", no, no lo sé en absoluto. Bueno, entonces, lo que voy a hacer, es decir: "Señor, no lo sé; Yo dependo de ti para que me enseñes todo, incluso para enseñarme que soy un desventurado, miserable, pobre, ciego y desnudo, y que necesito todas estas cosas. Y cuando le diga todo eso, Él dará todo lo que necesito. Él lo hará. Esa es nuestra situación.

Leo un pasaje del volumen I de la edición publicada de los *Testimonios para la iglesia*, Vol. I, p. 315], que expone ante nosotros algo maravilloso:

> En la transfiguración Jesús fue glorificado por su Padre. Lo oímos diciendo: "Ahora es glorificado el Hijo del hombre y Dios es glorificado en Él". Así, antes de su traición y crucifixión fue fortalecido para sus terribles sufrimientos. Cuando los miembros del cuerpo de Cristo se aproximen al período de su último conflicto, al "tiempo de angustia de Jacob", ellos crecerán en Cristo y participarán ampliamente de su espíritu. Cuando el tercer mensaje vaya en aumento hasta el fuerte pregón, y cuando la obra final se vea asistida por grande poder y gloria, el fiel pueblo de Dios participará de esa gloria. *Es la lluvia tardía que los reaviva y fortalece para que atraviesen el tiempo de angustia.* Sus rostros brillarán con la gloria de esa luz que asiste al tercer ángel.

¿Para qué es el fuerte clamor? Para fortalecernos para el tiempo de angustia. ¿Dónde estamos? –[Congregación: "En el fuerte clamor"]. ¿Ha comenzado el fuerte clamor? –[Congregación: "Sí"]. ¿Para qué ha comenzado? Para hacer una obra para nosotros, para habilitarnos para permanecer en el tiempo de angustia.

Ahora un poco más en relación con esa demanda de unidad. Esto que está ante nosotros; esta llamada para el fuerte clamor, la lluvia tardía; esto es lo que nos fortalece para el tiempo de angustia. Y ya ha comenzado. Ahí está la palabra. Esta es la única cosa importante: ser de un solo corazón y mente.

Ahora leeré unos pocos pasajes de este *Testimonio* que no ha sido todavía publicado [dicho en 1893]:

> Es el pecado en alguna de sus formas el que produce combatividad y desunión. Los afectos han de ser transformados, debe obtenerse una experiencia personal del poder renovador de Cristo. "En el cual tenemos redención por su sangre, el perdón de los pecados, según las riquezas de su gracia". El apóstol, hablando a creyentes en Cristo, llamados por la gracia de Dios, dice: "Si andamos en la luz, como Él está en luz, tenemos comunión los unos con los otros, y la sangre de Jesucristo, su Hijo, nos limpia de todo pecado". Hay aquí condiciones llanamente expuestas. Si andamos en la luz, como Él está en luz, seguirá el seguro resultado: tendremos comunión los unos con los otros. Todos los celos, envidias y suposiciones impías serán desechados. Viviremos como a la vista de un Dios santo.

Es decir, viviremos ahora, hoy, cada día, viviremos como a la vista del Dios santo, porque nuestras oraciones van hacia Él para traer su presencia por el derramamiento de su Espíritu Santo. ¿Y podemos seguir descuidadamente de esta manera, sabiendo que hay envidias, celos y suposiciones malvadas?

> Ha venido a resultar demasiado común el ser indulgentes en nuestras tendencias hereditarias e inclinaciones naturales, incluso en nuestra vida religiosa. Tal cosa nunca puede traer paz y amor al alma, pues nos aleja siempre de Dios y de su luz. "El que me sigue no andará en tinieblas, sino que tendrá la luz de vida". Cuando surgen diferencias entre los hermanos en cuanto a la comprensión de cualquier punto de verdad, hay una regla bíblica a seguir. En espíritu de mansedumbre y amor a Dios y a cada semejante, júntense los hermanos, y tras haber orado fervientemente, con sincero deseo de conocer la voluntad de Dios, estudien la Biblia con el espíritu de un niño, a fin de ver cuánto pueden aproximarse, y no sacrificar nada, excepto su dignidad egoísta. Debieran verse a sí mismos como en la presencia de todo el universo de Dios, quien está presenciando con intenso interés cómo el hermano intenta ver las cosas de la misma forma que el hermano, para comprender las palabras de Cristo, a fin de ser hechos hacedores de la palabra, y no solamente oidores.

Hermanos, ¿qué está haciendo el universo de Dios? –Están mirando para vernos a usted y a mí ser hermanos –quieren vernos ser hermanos–, eso es lo que están haciendo. Están mirando para verte ser hermano en la iglesia, ser hermanos y hermanas de verdad. Están mirando para vernos cara a cara. Ahora, hermanos, no los dejemos mirar en vano.

> Al considerar la oración de Cristo, a fin de que sus discípulos puedan ser uno como Él lo era con el Padre, ¿acaso no veis con qué intensidad está todo el cielo observando el espíritu que manifestáis cada uno hacia el otro? ¿Están los que pretenden ser salvos por la justicia de Cristo procurando con todas las capacidades que se les han confiado, responder a la oración del Salvador? ¿Entristecerán al Espíritu de Dios por la indulgencia hacia sus propios sentimientos no consagrados, procurando la supremacía, y manteniéndose tan alejados como sea posible…? Las horas solemnes e importantes que nos separan del juicio no han de ser empleadas contendiendo contra los creyentes.

Hermanos, ¿por qué tenemos que murmurar y luchar entre nosotros? El diablo está haciendo la guerra contra nuestros hermanos. Dejemos eso para él. Amemos a nuestros hermanos; apoyemos a nuestros hermanos. Cuando un adventista del séptimo día, incluso, ataca a uno de nuestros hermanos, defendámoslo. Defendámoslo en el temor de Dios. La reputación de mi hermano es importante para mí, porque si alguien ataca la reputación de mi hermano, él atacará la mía. Si escucho cuentos y todas estas cosas sobre mis hermanos, ¿por qué otras personas no deberían escucharlos sobre mí? No señor, hermanos, debemos cuidar la reputación de nuestros hermanos. Apoyemos a nuestros hermanos, unos a los otros. Tenemos derecho a reprender este relato que nos llega a usted y a mí, y decir esto, aquello, y lo otro, acerca del hermano. Tenemos derecho a reprender esto como el espíritu de Satanás, que esto es. "Las horas solemnes e importante", ¿importante qué? ¿Días o años? –¡No!: "Las importantes *horas* solemnes". Los días se han ido. Estamos en las horas, y no pasará mucho tiempo, –si es que no ha sucedido ya– cuando las *horas* hayan pasado también, y comience la cuenta de los *minutos*.

> Las horas solemnes e importantes que nos separan del juicio no han de ser empleadas contendiendo contra los creyentes; esa es la obra de Satanás; la comenzó en el cielo y la ha continuado con incansable energía desde su caída. "Pero si os mordéis y coméis unos a otros, mirad que no os consumáis los unos a los otros". No permitáis que haya en ninguno de vosotros un corazón impío de incredulidad. Ha llegado el tiempo en el que ha de oírse el clamor del centinela fiel, llamando a sus compañeros centinelas: "¿Qué hay de la noche?", para obtener la respuesta: "La mañana viene y después la noche".

La respuesta no es: "No sé qué pasa en la noche". La respuesta no es: "Bueno, creo que vas demasiado lejos"; "Creo que vas demasiado rápido". "Creo que eres extremista". Esa no es la respuesta. Cuando la llamada es: "Vigilante, ¿qué pasa con la noche?", la única respuesta que Dios aceptará es: "Llega la mañana y también la noche". Entonces preparémonos para ello.

> ¿No sería bueno que examináramos individualmente y con detenimiento nuestra propia posición ante Dios a la luz de su santa palabra, y ver nuestro especial peligro?

No veamos cuán buenos somos, no veamos cuánto mejor somos que nuestros hermanos, sino "ver nuestro *propio* especial peligro". ¿Cuál es *mi* peligro? Eso es suficiente que yo vea, ver mi propia maldad, y no mirar la de los otros.

> Dios no se separa de su pueblo, sino que su pueblo se separa a sí mismo de Dios por su propio curso de acción. Y no conozco pecados mayores a la vista de Dios, que el de acariciar celos y odio hacia hermanos, y volver las armas de combate contra ellos.

¿Cómo podrían existir pecados mayores? ¿No es acaso precisamente esa, la acción misma de Satanás?

> Señalo a mis hermanos al Calvario. Os pregunto: ¿Cuál es el valor del hombre? Es el Unigénito Hijo del Dios infinito. Es el valor de todos los tesoros celestiales.

Ese es el precio del hombre. Entonces, ¿podemos tú y yo fijar a la ligera, a alguien a quien Dios valora así? Uno por quien Dios ha dado todos los tesoros del universo. ¿Puedo poner a alguien a la ligera, dejarlo en cero y considerarlo de poco valor? –No señor; él vale todo lo que Dios pagó por él. Eso es lo que Dios pagó por ti. ¿Te voy a contar por poco, malvado y barato? No, señor, le pido gracia a Dios que me permita contarlo a usted por todo lo que pagó por usted. Y no voy a tener adventistas del séptimo día, incluso, menospreciándolo en mi estimación; No lo voy a hacer. No, señor, no lo voy hacer. ¿Cómo puedo, si amo a Cristo que pagó el precio?

Hermanos, lo que se quiere es el amor de Cristo en nuestros corazones, y luego amaremos a todos los que Él ama como los amó al principio.

> El mal está siempre en guerreando contra el bien. Y puesto que sabemos que el conflicto con el príncipe de las tinieblas es arduo y constante, unámonos en el combate.

Sí señor, necesito el apoyo de todos los que Cristo ha comprado. Lo necesito en la guerra; Lo necesito para tener éxito en la guerra. Lo necesito. Y, hermanos, me comprometo ante Dios, que por su gracia tendrán mi apoyo en su guerra. Si eres vencido, te levantaré. Si fracasas, diré: "Ten buen ánimo, hermano". Si caes, diré: "Ahí está, levántate". Hermanos, lo que Dios quiere es que nos amemos los unos a los otros como Él nos ha amado, y nosotros nos *amaremos* los unos a los otros como Él nos ha amado a nosotros cuando lo tengamos a *Él*, su amor en nuestros corazones, *no podemos* hacer otra cosa, y no lo haríamos si pudiéramos.

> Cesad de guerrear contra los de vuestra propia fe. Que nadie ayude a Satanás en su obra. Todo cuanto hemos de hacer está en otra dirección.

Hermanos, permanezcamos hoy unidos, pues se trata de la obra que Dios quiere hacer en nosotros.

> Una piedad pasiva no es la respuesta adecuada a este tiempo. Manifiéstese la pasividad allí donde es necesaria: en la *paciencia, amabilidad* y *dominio propio*. Pero tenemos un mensaje decidido de advertencia al mundo. El Príncipe de Paz proclamó así su obra: "No he venido a la tierra a traer paz, sino espada". Hay que atacar la maldad. Hay que hacer aparecer la falsedad y el error en su verdadero carácter. Se debe denunciar el pecado, y el testimonio de todo creyente en la verdad *ha de ser uno y el mismo*. Todas las diferencias menores que despiertan en vosotros el espíritu combativo entre hermanos, son estratagemas de Satanás para distraer las mentes del grandioso asunto puesto ante nosotros.

¿Permitiremos que Satanás nos engañe? Hermanos, ustedes saben que en las cosas de este mundo es malo ser engañado; pero cuando un hombre te engaña de la manera más mezquina e infinitesimal, te sientes peor que si lo hubiera hecho de otra manera, ¿no es así? –[Audiencia: "Sí"]. Ahora Satanás agita estas pequeñas diferencias que no tienen una partícula de mérito o principio en ellas, si se llevaran al extremo. Y, sin embargo, él pondrá nuestros ojos en estas cosas, y hará una gran conmoción en la iglesia, y con eso aparta nuestras mentes de estos terribles problemas que se ciernen sobre nuestras cabezas. Ahora, es suficientemente malo ser completamente engañado, pero cuando permitimos ser engañados de una manera tan mezquina, pequeña e insignificante como esa, es peor. Por lo tanto, no lo permitamos.

> La verdadera paz vendrá al pueblo de Dios cuando por medio del celo unido y la oración ferviente, resulte perturbada la falsa paz que en gran medida existe... Los que están bajo la influencia del Espíritu de Dios no serán fanáticos sino serenos, firmes, libres de extravagancia. Pero permítase que todos aquellos quienes han tenido la luz de la verdad brillando en contornos claros en su camino, que *sean cuidadosos* en clamar: Paz y seguridad. Que *sean cuidadosos* en dar el primer paso para suprimir el mensaje de la verdad. *Sed cuidadosos* con la influencia que ejercéis en este tiempo. Aquellos que profesan creer las verdades especiales para este tiempo necesitan estar convertidos y santificados por la verdad. Como cristianos somos hechos depositarios de verdad sagrada, y no hemos de mantener la verdad en el atrio exterior, sino traerla al santuario del alma. Entonces la iglesia poseerá vitalidad divina por doquier. El débil será como David, y David como el ángel del Señor.

Entonces confesemos nuestra debilidad y descubramos lo más rápido posible que somos débiles. "El débil será como David", y su debilidad está unida a la fortaleza de Cristo.

> Una cuestión absorberá todo el interés: ¿Quién se acercará más a la semejanza de Cristo?

Esa es la única cosa, no quién será el más grande en la Conferencia, o quién será el más grande en la iglesia, o quién tendrá esta o aquella posición en la iglesia o en el Comité de la Conferencia. Eso no lo es todo, sino "¿Quién se acercará más a la semejanza de Cristo?".

> ¿Quién hará lo máximo para ganar almas a la justicia? *Cuando sea esta la ambición de los creyentes*, se habrá acabado la contención. *La oración de Cristo es contestada.*

Hermanos, es ahí donde nos encontramos.

> Cuando el Espíritu Santo fue derramado en la iglesia temprana, "Toda la multitud de los que creyeron era de un solo corazón y un alma". *El Espíritu de Cristo los hizo uno*. Ese es el fruto de morar en Cristo. Pero si la disensión, envidia, celos y contienda son el fruto que estamos llevando, no es posible que estemos morando en Cristo.

Y ahora este pasaje que ya he leído una o dos veces:

> Jesús anhela otorgar la dotación celestial en abundante medida a su pueblo... Cuán grande y extenso ha de ser el poder del príncipe del mal, como para poder ser sometido solamente por el gran poder del Espíritu. La deslealtad a Dios, la transgresión en cualquier forma, se han extendido en nuestro mundo. *Aquellos que preserven su lealtad a Dios, los que están activos en su servicio,* se convierten en la diana de cada dardo y arma del infierno.

Esto nos trae de nuevo a las lecciones que hemos considerado en las tardes precedentes: que no podemos de ninguna forma resistir, si no tenemos a Cristo.

> Si aquellos que han tenido gran luz no tienen fe y obediencia correspondientes, pronto resultan leudados con la apostasía prevaleciente; los controla otro espíritu. Mientras que han sido exaltados hasta el cielo en lo relativo a privilegios y oportunidades, están en peor condición que los más celosos abogados del error.

"Los que han tenido una gran luz", si ellos "no tienen la fe y la obediencia correspondiente", "están en peor condición que los más celosos abogados del error". Esos somos tú y yo. El juicio comienza por la casa de Dios. Cuando esos mensajeros atravesaron la ciudad para golpear y matar por completo, fue aconsejado que comenzara con los ancianos que estaban delante del templo (Ezequiel 9:5-7); y si estamos en una posición peor "que los más celosos abogados del error", entonces el juicio *debe* comenzar con nosotros.

> Muchos hay que han estado preparándose de esa forma para la ineficiencia moral en la gran crisis. [*Traducción revisada*].

Nos detendremos aquí, para continuar en este punto en la próxima lección, dado que el tiempo ha terminado.

Capítulo 9

Caleb y Josué: ¡Podemos entrar!

Algunos han dicho que no pueden ver cómo un hombre puede reconocerse a sí mismo como desventurado, miserable, pobre, ciego y desnudo, y no saberlo, y al mismo tiempo regocijarse en el Señor. Bueno, me gustaría saber cómo alguien puede hacer esto último. *Me gustaría* saber cómo un hombre va a regocijarse en el Señor, cuando él piensa que todo ésta bien en él mismo. ¿Pueden explicarlo? No me lo puedo imaginar. Pero cuando un hombre sabe que él es lo que el Señor le dice que es, y lo reconoce, y entonces descubre que el Señor es tan bueno que lo tomará tal como está y que lo capacitará para estar en la presencia de Dios a través de toda la eternidad, entonces, ese hombre tiene algo por lo cual regocijarse. Ninguna otra cosa puede hacer.

Hermanos, el Señor no nos salva porque seamos buenos, sino porque *Él* lo es. No olvides eso. Él no nos salva, ni nos bendice en la obra de Dios en absoluto porque nosotros seamos buenos, sino porque *Él* es bueno y nosotros somos malos. Y la bendición de esto es que Él nos bendecirá muchísimo cuando seamos tan malos. Y el regocijo de todo ello, es que Él nos salva y nos hace reflejar su propia imagen, tan malos como somos. De *ahí* es de donde viene el regocijo.

Bueno, acerca de entender eso; yo no puedo entenderlo, pero sé que es así, y eso es todo lo que importa. Tomará la eternidad explicarlo para que podamos entenderlo; pero siempre y cuando sepa que *esto es así*, no voy a molestarme y preocuparme acerca de *cómo* el Señor puede hacer esto, o si puedo entenderlo. ¿Y ustedes? –[Congregación: "No"].

Hay otro punto aquí que deberíamos tener en cuenta; aquellos quienes no pueden ver que esto es así. Hermanos, le dicen al Señor una y otra vez que esto es así, y entonces lo verán. No lo entenderán entonces, pero lo verán. No pueden *ver cómo* esto puede ser, pero pueden ver que es un hecho: y esa es la única forma en que pueden. ¿Puedo verlo mientras me mantenga alejado de esto? –No. Esto es algo que pertenece al corazón, y no puedes verlo con tus ojos; debes verlo con tu corazón, y es solo el Espíritu de Dios quien da el colirio para que puedas verlo. Aquí hay algo que no lo *explicará*, pero tal vez te ayudará a entender la idea un poco mejor. En el *Testimonio* No. 31, página 44, leí estas palabras:

> ¿Estáis en Cristo? No, si no os reconocéis errantes, desvalidos, condenados pecadores.

Esa es la razón por lo cual algunos hermanos dicen no poder ver, dicen: "No puedo ver cómo, si yo estoy en Cristo, debo reconocerme desvalido, condenado pecador; Pensé que, si estaba en Cristo, podría agradecerle al Señor que yo era bueno, sin pecado, completamente perfecto, santificado y todo eso". ¿Porque no? *Cristo* lo es. Cuando usted está en Cristo, *Él* es perfecto, *Él* es justo, *Él* es santo y nunca se equivoca, y *su santidad es imputada a usted*, le es dada a usted. Su fidelidad, su perfección *es mía*, pero *yo no soy eso*.

Tal vez puedas entender este pensamiento un poco más claramente con esa palabra con la que todos estamos familiarizados, en 1ª Cor. 1:30: "Cristo Jesús, el cual nos ha sido hecho por Dios sabiduría, justificación, santificación y redención". Entonces, ¿dónde está mi justicia? –En Cristo. ¿Dónde está mi sabiduría? –En Cristo. ¿Dónde está mi santificación? –En Cristo. ¿Dónde está mi redención? –En Cristo.

Oh sí, *pero* cuando acudo a Él en busca de sabiduría, y se la pido, y Él me la da, ¿No puedo entonces jactarme y decir: "*Soy* sabio"? No. Justo en el momento en que digo eso, soy un necio aún mayor de lo que alguna vez fui en este mundo. Porque al rendirme al Señor, Él ha condescendido en estar a mi lado, y así darme *su* sabiduría, para que ésta pueda dirigirme y guiarme en caminos sabios, de forma que yo deba caminar por el sendero recto. Habiendo Él hecho eso, ¿puedo entonces enorgullecerme de *mi mismo* de ello y decir: "Ahora *soy* sabio"? No ves, en la naturaleza de las cosas, que eso sería la mayor tontería que jamás me haya impactado. *Él* lo hizo, Él me ayudó, Él me dio *su* sabiduría, *Él fue mi* sabiduría. Cuando no caminé sabiamente, Él me dio su sabiduría; Su sabiduría me guio, tomó posesión de mi mente y corazón, y me guardó en las sendas de sabiduría. Por lo tanto, *Él* es mi sabiduría, y *yo* carezco en absoluto de ella; la *suya* es mi única sabiduría. ¿Lo podéis ver? Ahora justo lo entiendes de esa manera, y entonces sabrás que es un hecho.

> Te haré entender y te enseñaré el camino en que debes andar; sobre ti fijaré *mis* ojos (Salm. 32:8).

Cuando Él dice que me guía con *su* ojo, responderé, es *su* ojo el que nos guía a usted y a mí, y no nuestros propios ojos. Entonces, lo único que hay que hacer es dejarnos llevar, absolutamente, completamente, y permitirnos ser suyos, absoluta y completamente, para que Él pueda ser todo, y en todos nosotros.

Por lo tanto, *Él* es nuestra sabiduría, nuestra santificación, nuestra redención y nuestra justicia. Entonces Él es mi satisfacción donde yo soy desventurado; Él es mi consuelo donde soy miserable; Él es mi vista donde yo estoy ciego; Él es mi riqueza donde yo soy pobre; y Él es mi conocimiento donde yo soy ignorante.

Y ahora sobre ese pensamiento de la noche pasada, algunos pensaron que me estaba yendo demasiado lejos. Podrían decir, que está bien cuando dice "Eres miserable", yo digo que soy miserable. Cuando dice "Tú eres pobre", yo digo que soy pobre. Cuando dice "Estás ciego", yo digo que estoy ciego. Y cuando dice: "No lo sabes, ¿debo decir "*lo sé*"? –No, no. Cuando Él dice "No lo sabes", debo decir "*No lo sé*". No vayas a poner construcciones en su camino. Cuando dice que soy desventurado, miserable, pobre, ciego y desnudo, y encima de esto me dice que no lo sé, le digo: "Señor, no lo sé". Eso nos lleva directamente al texto con que comenzamos esa noche: "*Si alguno piensa que sabe algo, aún no sabe nada* como debería saberlo" (1ª Cor. 8:2). Todavía no lo sé, por más tiempo que haya estado reconociendo eso, aún no sé cuán desventurado, miserable, pobre, ciego y desnudo soy, si Él me mostrara tal como soy. Tan ciertamente como tomemos ese mensaje de Laodicea, así como Él lo habla, recibiremos todo lo que tiene en él. Entonces, hermanos, eso es para lo que está destinado. Eso es exactamente lo que el mensaje de Laodicea está destinado a hacer. Dejémosle hacer su propio trabajo a *su* manera. Miremos aquí. Observemos este *Testimonio* en el vol. 1, páginas 186 y 187. Esto se dio en 1859:

> Se me mostró que el testimonio a los Laodicenses se aplica al pueblo de Dios en el tiempo actual, y la razón por la que no ha cumplido una obra mayor *es por la dureza de los corazones de ellos*. Pero Dios ha dado el mensaje apropiado para hacer su obra. El corazón debe ser purificado de pecados que por tanto tiempo han mantenido fuera a Jesús. *Este temido mensaje hará su obra*. Cuando se lo presentó por primera vez, llevó a un minucioso examen del corazón.

Eso es lo que va a hacer en este tiempo. Permitámosle, pues, que haga su obra. Pero ha habido un lapso de tiempo, desde que fue presentado por primera vez. Sigo leyendo:

> Se confesaron pecados, y el pueblo de Dios fue avivado por doquier. Casi todos creían que este mensaje terminaría en el fuerte clamor del tercer ángel. Pero al no ver cumplida la poderosa obra *en un tiempo breve*, muchos perdieron los efectos del mensaje.

Lo abandonaron, tal como afirma este Testimonio, que aún no ha sido publicado:

> Los pecados de Israel deben ir de antemano al juicio. Se debe confesar cada pecado en el santuario, *entonces avanzará la obra*, debe hacerse *ahora*. La lluvia tardía está viniendo sobre aquellos que son puros –todos–, pues, la recibirán como la lluvia temprana. El que no hace todo lo que puede, no recibe la lluvia tardía. Cristo nos ayudará. Todos pueden ser vencedores por la gracia de Dios, mediante la sangre de Jesús. Todo el cielo está interesado en la obra. Los ángeles están interesados.
>
> Dios los puede hacer una hueste contra sus enemigos. *Os rendís demasiado pronto*. ¡Os soltáis demasiado pronto de ese brazo! El brazo de Dios es poderoso. Satanás obra de diferentes maneras para robar la mente, apartándola de Dios. ¡Victoria, victoria! La debemos obtener sobre todo lo indebido. Un solemne sumergirse en Dios. Preparaos. Poned en orden vuestra casa.

Pero cuando se presentó por primera vez, porque no hizo la obra "en un corto tiempo", dijeron: "No ha llegado el momento", por lo que se dieron por vencidos y se lo perdieron.

Nuevamente, leo de *Testimonios*, Vol. I, página 171:

> Vi que este mensaje no cumpliría su obra en unos pocos meses. Tiene por objeto *despertar* al pueblo de Dios, descubrirles sus rebeldías, y llevar al *celoso arrepentimiento*, *a fin de que* sean favorecidos con *la presencia de Jesús, y sean hechos idóneos para el fuerte clamor* del tercer ángel. Cuando este mensaje afectó al corazón, llevó a una profunda humildad ante Dios. Fueron enviados ángeles en toda dirección para preparar a los corazones incrédulos para la verdad.

Ahí es donde estamos. Mientras ese mensaje nos está preparando para el fuerte clamor, Dios está enviando ángeles a todas partes para preparar a las personas para la verdad. Y cuando salgamos de esta Conferencia con este mensaje tal como es ahora, la gente lo escuchará.

> La causa de Dios comenzó a levantarse, y su pueblo comenzó a conocer su posición. Si el consejo del Testigo Fiel hubiese sido *oído en su totalidad*, Dios habría obrado por su pueblo con gran poder. Sin embargo, los esfuerzos realizados desde que se dio el mensaje, han sido bendecidos por Dios, y muchas almas han sido traídas del error y las tinieblas a gozarse en la verdad. Dios probará a su pueblo.

El punto particular que quería leer es este, que el mensaje es para prepararnos para que "podamos ser favorecidos con la presencia de Jesús, y ser preparados para el fuerte clamor del tercer ángel". Entonces, ¿qué es aquello que nos prepara para el fuerte clamor del tercer ángel? –El mensaje de Laodicea.

Ahora, hermanos, esa parte de donde yo estaba leyendo anoche, nos da la razón por la cual es tan importante que debamos tener esta unción de los ojos con colirio *justo ahora*. Simplemente había leído el pasaje anoche. Lo volveré a leer ahora para un uso más profundo:

> Si aquellos que tuvieron gran luz, no tienen fe y obediencia correspondientes, resultan pronto leudados con la apostasía prevaleciente; los controla otro espíritu. Mientras que han sido exaltados hasta el cielo en lo concerniente a oportunidades y privilegios, están en una peor condición que los más celosos defensores del error. Muchos hay que se han estado preparando de esa forma a sí mismos para la ineficiencia moral en la gran crisis.

¿Has estado preparándote para la "ineficiencia moral" en este tiempo? ¿Lo he hecho *yo*?

> Están dubitativos e indecisos. Otros que no han tenido una luz tan grande, que no se han identificado nunca con la verdad, bajo la influencia del Espíritu responderán a la luz cuando brille sobre ellos. La verdad que ha perdido su poder en aquellos que por largo tiempo han tomado a la ligera su preciosa enseñanza, aparece bella y atractiva para los que están dispuestos a andar en la luz.

Lo que queremos estudiar ahora es el punto en que *muchos* han estado "preparándose para la ineficiencia moral en esta gran crisis". Queremos indagar a cuánto asciende esa "ineficiencia moral", cuál es el peligro y cómo nos metimos en esto, ¿no es así? Si estoy en esa posición, entonces ¿no quiero saber qué significa eso, esa "ineficiencia moral"? ¿cuál es el peligro que conlleva y cómo me metí en él? La dificultad es, llevar a las personas donde vean lo que necesitan. El Señor nos sacará cada vez. Él nos muestra el camino. Pero lo primero que queremos es entender el peligro, y luego cómo nos metimos en eso. Estudiemos eso. Vayamos a ello, y queremos hacerlo con el mismo espíritu con el que estudiamos esta lección anoche, porque todo esto es una sola lección.

En *Special Testimonies*, "Peligro de adoptar una política mundana en la obra de Dios", página 1, leo:

> Ya desde el año 1882 se presentaron a nuestro pueblo testimonios del más profundo interés sobre puntos de importancia vital, en relación con la obra y el espíritu que debiera caracterizar a los obreros. Debido a que se han ignorado esas advertencias, muchos han acariciado los mismos males que ahí se señalaban, estorbando el progreso de la obra y poniendo en peligro a muchas almas. Aquellos que albergan suficiencia propia, que no sienten la necesidad de velar y orar constantemente, *serán entrampados*. Mediante una fe viviente y ferviente oración los centinelas de Dios deben ser hechos *participantes de la naturaleza divina*, o se encontrarán profesamente trabajando para Dios, pero en realidad dando su servicio al príncipe de las tinieblas.

Ahora, esa es una posición terrible en la cual estar. ¡Una persona que piensa que está "trabajando para Dios" y, sin embargo, todo su servicio es para el enemigo! ¿Quién estará en esa posición? –Los que no tienen fe sincera; que no han rendido todo y no tienen a Cristo: en otras palabras, aquellos que no han prestado atención al mensaje de Laodicea. Continúa diciendo:

> Debido a que sus ojos no están ungidos con colirio celestial, su comprensión resultará cegada y serán ignorantes en cuanto a las muy engañosas estratagemas del enemigo.

Hermanos, estamos en el tiempo, y lo estaremos desde este momento hasta el fin del mundo, cuando podamos ser llevados a cualquier hora o cualquier día a un lugar donde, si esperamos a razonar, estamos perdidos. Tomaremos el lado equivocado; Tan ciertamente como esperamos a razonar, tomaremos el lado equivocado. Podemos discernirlo solo por ese colirio celestial por el cual "conocerán la verdad", y tan pronto como se sugiera la cosa, podrán ver todo el camino ante ustedes. Estaremos en posiciones donde la causa de Dios, donde el honor de la causa de Dios dependerá de lo que tú o yo diremos; y las ventajas que el enemigo pueda tener sobre nosotros dependerán de lo que usted o yo digamos. Y en estos tiempos que son todo el tiempo, si usted y yo no vemos y no tenemos el Espíritu celestial para darnos la palabra correcta a responder, diremos la palabra incorrecta, y pondrá a la defensiva a todos nuestros hermanos, y cada alma de nosotros estará en desventaja, porque el enemigo está llegando a ese lugar donde está examinando cada posición que tomamos.

El enemigo ahora está observando cada posición que tomamos, con el único propósito de pervertirla y ponernos en desventaja. Usted y yo necesitamos algo más que sabiduría humana, o nuestro propio razonamiento, para saber cómo tomar la posición correcta. Estaremos en lugares donde el honor de la causa dependerá de nosotros. Se le harán preguntas que nunca antes había escuchado en su vida. Ante un comité, legislatura o algo por el estilo, en algún lugar donde Dios nos ha llamado y nos ha dado la oportunidad de difundir la luz y la verdad, se puede hacer una pregunta que nunca escuchó en su vida. Tendrás que saber en ese *instante* qué respuesta dar, no tendrás tiempo para pensar o razonar al respecto. Se harán preguntas que, si se toma tiempo y hace una pausa para razonar al respecto, las probabilidades son de que la sensatez de la cosa aparezca directamente lo opuesto a lo que el Espíritu de Dios diría al respecto; porque sus caminos no son nuestros caminos.

Y, hermanos, no estoy hablando al azar: algunas de estas cosas realmente se han hecho, y hoy ustedes y yo estamos en desventaja, y hay cargas que se les han impuesto a ustedes y a mí que tendremos que soportar, debido a esta misma ceguera de algunos adventistas del séptimo día. Ahí es donde estamos. Y cuando nuestros enemigos se apoderen de estas cosas, si desafortunadamente lo hacen, y las traigan en contra de usted y en contra de mí para comprometer nuestra posición cuando representemos la verdad tal como es en Cristo, simplemente tendremos que repudiar todo, y declarar que no es la verdad, aunque venga de un adventista del séptimo día. Es una posición terrible en la cual ser puesto. No quiero ubicarte allí, y no quiero que me ubiques allí, y sé que no quieres ubicarme allí. Bueno, entonces tú y yo necesitamos la unción celestial para que podamos saber qué decir y qué hacer en cualquier momento. "Unge tus ojos con colirio, para que veas". En la página 7, leemos:

> Los que creen la verdad han de ser como fieles centinelas en el puesto de vigilancia, o de lo contrario Satanás les sugerirá razonamientos engañosos, y darán expresión a opiniones que traicionarán los legados sagrados.

¿Pero qué sagrados y santos deberes tenemos? ¿No es la causa de Dios, la obra del mensaje del tercer ángel, no es esa el único deber que tenemos? Entonces, cuando tú y yo traicionamos sagrados y santos deberes, ¿qué estamos traicionando? –Estamos traicionando el mensaje del tercer ángel. Y estamos traicionando a cada hermano que tenemos, poniéndolo en desventaja, vendiéndolo en manos del enemigo. Me gustaría saber porque usted y yo no necesitamos caminar en línea recta. –[Una voz: ¿No hay un pasaje que dice que el Espíritu de Dios nos dirá lo que hemos de hablar?]. Exactamente, y ese es el punto mismo. Esta exhortación es que debemos depender del Espíritu de Dios, y asegurarnos de tenerlo; no desairar las enseñanzas del Espíritu de Dios, ni su camino. En la página 13 se hace referencia a Elías, nos dice:

> ¿Se debilitó Elías ante el rey? ¿Se doblegó o acobardó, recurriendo a la adulación a fin de ablandar los sentimientos del airado soberano? Israel había pervertido su camino, y olvidado la senda de fidelidad a Dios. ¿Traicionaría ahora el profeta los legados sagrados, a fin de preservar su vida? ¿Profetizó cosas agradables para complacer al rey y obtener su favor? ¿Evadió el asunto? ¿Ocultaría al rey la verdadera razón por la que los juicios de Dios estaban cayendo sobre la tierra de Israel?

¿Qué significa eso para nosotros? ¿No estamos en el tiempo de Elías? ¿No debemos ser expulsados como Elías? ¿No debe descender fuego del cielo *contra* la verdad como vino allí por la verdad de Dios? ¿No debemos ser expulsados y protegidos por los ángeles como él lo fue? ¿y ser trasladados como lo fue él? ¿No permaneces como él lo hizo? Entonces, ¿no necesitamos tener la *fe* que él tenía? Hay una palabra muy importante para nosotros sobre este tema en el *Testimonio* No. 32, p.139:

> ¿Ha de triunfar Satanás siempre de esa forma? ¡Oh, no! La luz que se refleja de la cruz del Calvario indica que se ha de realizar una obra mayor de la que nuestros ojos han visto hasta ahora.
>
> El tercer ángel, volando por en medio del cielo, y enarbolando los mandamientos de Dios y el testimonio de Jesús, representa nuestra obra. El mensaje no pierde nada de su fuerza en el vuelo en el que avanza el ángel, ya que Juan lo contempla aumentando en poder y fuerza hasta que toda la tierra resulta alumbrada con su gloria. La marcha del pueblo de Dios guardador de los mandamientos es hacia delante, siempre adelante. El mensaje de verdad que llevamos ha de ir a naciones, lenguas y pueblos. Pronto avanzará con potente voz, y la tierra será iluminada con su gloria.

Ahora nos llega la palabra, no de que haya de suceder pronto, sino que "ha comenzado" y "avanza" con voz poderosa.

> ¿Nos estamos preparando para ese gran derramamiento del Espíritu de Dios? Las agencias humanas se han de emplear en esta obra. Hay que intensificar el celo y la energía. Talentos oxidados por el desuso han de ser puestos al servicio. La voz que diría, "Alto; no permitas que se te impongan cargas", es la voz de los espías cobardes. Queremos ahora Calebs que se pongan al frente, jefes en Israel que con palabras de ánimo presenten un informe positivo en favor de la *acción inmediata*.

¿Quién entró a la tierra de Canaán? –[Audiencia: Caleb y Josué]. Los hombres que dijeron que podían entrar. Y como Dios estaba con ellos, entraron en la tierra mientras que todo el resto cayó en el desierto. Fueron con sus hermanos que perecían debido a su incredulidad, mientras vagaban durante treinta y ocho años. Pero Dios había prometido: "Entrarás". ¿Quién irá a la tierra ahora? ¿No se nos han leído el Testimonio de que, así como Israel estaba en las fronteras de Canaán, así nosotros estamos? ¿Quién entrará? Aquellos que "presenten un informe positivo en favor de la acción inmediata". Ellos entrarán; Dios lo dice así. Puede ser que los dudosos y temerosos se retrasen y causen que la causa de Dios se retrase; pero no tengas miedo; Dios ha prometido que entraremos; los Calebs entrarán. Eso está establecido.

Cuando los egoístas, los amantes de la vida fácil, los afectados por el pánico, que temen a los gigantes y las murallas inaccesibles, claman en favor de una retirada, permítase que se oiga la voz de los Calebs, aún si los cobardes están con piedras en sus manos, dispuestos a abatirlos por su testimonio.

¿Para qué estamos aquí? Hasta ahora hemos tenido en nuestras lecciones que no debemos temer a todos los poderes en este mundo y de los poderes de los enemigos que permanecerán en contra de nosotros y en contra de la causa de Dios. Lo hemos visto aquí, en las lecciones. Ahora, esto nos lleva al punto donde debemos permanecer fieles al mensaje de Dios, e incluso, no tener miedo de los adventistas cobardes del Séptimo Día. Ahí es donde Dios quiere que nos paremos. Él quiere que sepamos cuál es el mensaje de ahora. Él quiere que ahora demos el mensaje tal como es, y si hay quienes te abatirían con piedras y palos en sus manos, y te injurian o algo por el estilo, da gracias a Dios que ahora es el momento de la "acción inmediata". Aún un par más de pensamientos de este *Special Testimonies*, página 6. Nos dice:

> Se me mostró que las locuras de Israel en los días de Samuel, se repetirán en el pueblo de Dios de hoy, a menos que haya una mayor humildad, menos confianza en el yo, y más confianza en el Señor Dios de Israel, el dirigente del pueblo.

Continuando en el mismo capítulo:

> Han de ser cincelados por los profetas con reproche, advertencia, admonición, y consejo, que deben ser modelados según el Patrón divino.

Otra vez leo en la página 4:

> El mundo no ha de ser nuestro criterio. Permítase que sea el Señor quien obre y que su voz sea escuchada. Los que están empleados en cualquier departamento de la obra, mediante la cual el mundo puede ser transformado, no deben entrar en alianza con los que no conocen la verdad. El mundo no conoce al Padre ni al Hijo, y carece de discernimiento espiritual en cuanto al carácter de nuestra obra, en cuanto a lo que debemos o no hacer. Hemos de obedecer las órdenes que nos vienen de lo alto. No hemos de oír el consejo, ni seguir los planes sugeridos por los incrédulos. Las sugerencias hechas por aquellos que no conocen la obra que Dios está haciendo en este tiempo tendrán por efecto el debilitar el poder de los medios de Dios. Al aceptar tales sugerencias resulta anulado el consejo de Cristo.

¿Para qué es esa advertencia? ¿Existe algún peligro de que sigamos nuestros caminos mundanos? Si no hubiera peligro, Dios no nos hubiera dicho que lo hay. ¿Existe algún peligro de que nos aliemos con organizaciones mundanas o adoptemos sus patrones? Una persona pone en pie a una organización mundana y se pone *a sí misma* a la cabeza de ella, y entonces, debido a que ellos tienen un pequeño espectáculo de éxito con motivo de la "temperancia" o "moralidad" o algo por el estilo, creemos que tenemos que copiar a la manera de ellos y emprender sus planes.

Dios tiene algo mejor que eso. Él quiere que escuchemos los planes que vienen de arriba. Él nos ha dicho desde hace mucho tiempo que, aunque algunas de estas organizaciones podrían tener cosas que eran lo suficientemente buenas en sí mismas (la templanza la ha mencionado como una de ellas), pero mientras estén aliadas a la marca de la bestia, las instituciones dominicales, trabajando para ello, y para las leyes que obliguen a las personas y fuercen la conciencia, no podemos unirnos a ellas. Ese testimonio ha estado allí todos estos ocho años que yo sepa; ya casi nueve años ahora. Lo que el Señor quiere, *somos nosotros*, y la pregunta ahora es, en este momento, ¿Nos tendrá Él, a nosotros? ¿Nos tendrá para que nos pueda usar? ¿Seremos completamente sumisos a su voluntad? ¿Y escucharemos las órdenes de arriba y las obedeceremos? A ese respecto hay un escrito en el Vol. 1 de *Testimonios para la Iglesia*, página 170. Se refiere a la causa, al dar comienzo el fuerte clamor. Nos dice:

> Todos parecían tener un profundo sentido de su indignidad, y manifestaban total sumisión a la voluntad de Dios.

En la página 2, del *Testimonio* titulado "Peligro de adoptar una política mundana en la obra de Dios", leo estas palabras:

> Tengo algo contra ti, porque has abandonado tu primer amor. "Recuerda por tanto de dónde has caído, y arrepiéntete, y haz las primeras obras; de lo contrario vendré presto a ti y quitaré de su lugar el candelero, si no te arrepintieres". Aquel que lloró sobre el impenitente Israel, en vista de su ignorancia de Dios, y de Cristo su Redentor, ha mirado el corazón de la obra en Battle Creek. [Pero hermanos, ahora *estamos* en Battle Creek, y eso se dirige a nosotros. Ese mismo Redentor está ahora mirándonos a nosotros]. El gran peligro era sobre la gente, pero algunos no lo sabían. La incredulidad e impenitencia cegaron sus ojos, y confiaron en la sabiduría humana para la conducción de los intereses más importantes de la causa de Dios.

Y del Testimonio que lleva por título "A los hermanos en posiciones de responsabilidad", página 10, leo estas palabras:

> La apostasía original comenzó con la incredulidad y negación de la verdad. Debemos afianzar el ojo de la fe firmemente en Jesús. Cuando lleguen los días, como sucederá ciertamente, en que la ley de Dios sea anulada, el celo de los fieles y verdaderos debe levantarse ante la emergencia, y ha de tener el carácter más cálido y decidido, y su testimonio debe ser el más inquebrantable y positivo.

Y en la página 12 leemos:

> Hay aquellos quienes se han jactado de su gran cautela en recibir "nueva luz", como ellos la llaman; pero están cegados por el enemigo, y no pueden discernir las obras y caminos de Dios. Luz, preciosa luz; viene del cielo, y ellos mismos se oponen en contra de ella. ¿Qué sigue después? Esos mismos aceptarán mensajes que Dios no ha enviado, y *vendrán así a ser incluso peligrosos para la causa de Dios*, debido a las falsas normas que establecen.

Dice más:

> Necesitan el ungimiento celestial a fin de que comprendan lo que es luz y verdad.

Eso significa vosotros y yo. Yo especialmente. Os digo, una buena cosa por hacer, si no la habéis hecho ya, es leer la primera página de la *Review* del 7 de febrero. Habla de pleno sobre el tema en cuestión. Leeré unas pocas frases:

> Colocarnos en una posición en la que tenemos la apariencia de sumisión, es una posición nueva para este pueblo. Es una experiencia nueva, un apartarse de los principios a los que nos hemos adherido, que han hecho de nosotros lo que hoy somos, un pueblo al que Dios ha prosperado, un pueblo que tiene al Señor de los ejércitos con él... Vosotros que estáis relacionados con las cosas sagradas, Dios os manda que seáis cuidadosos dónde ponéis vuestros pies. Él os tiene por responsables de la luz de la verdad, de que brille en nítidos y claros rayos al mundo. El mundo nunca os ayudará con sus dispositivos a hacer brillar vuestra luz... Todos los que abrazan la verdad deben hacerlo en justicia, y apreciar su valor y carácter sagrado... Necesitamos sabiduría divina y destreza a fin de aprovechar toda oportunidad que disponga la providencia de Dios para la presentación de la verdad.

Mejore la oportunidad, no la traicione ni falle cuando se le ofrezca la oportunidad porque no está preparado. ¿Para qué estamos aquí si no estamos preparados? ¿Qué somos tú y yo como ministros, como ministros adventistas del séptimo día, ministros para llevar el mensaje del tercer ángel? ¿para qué estamos aquí, si no estamos preparados, cuando Dios nos llama y nos da una oportunidad?

> No se permita que el temor a los hombres y el deseo de promoción oscurezcan un solo rayo de la luz celestial. Si ahora fallaran los centinelas de la verdad en hacer sonar la advertencia, serían indignos de su posición como portaluces al mundo. Ahora bien, si el estandarte cayera de sus manos, el Señor suscitaría a otros que serían fieles y leales.
>
> Se requerirá coraje moral para hacer el trabajo de Dios sin vacilaciones. Aquellos que hacen esto no pueden dar lugar al amor propio, a las consideraciones egoístas, la ambición, el amor a la comodidad o el deseo de evitar la cruz... Algunos aparentemente no se involucran en el conflicto de ningún lado. Puede que no parezcan tomar partido contra la verdad, pero no saldrán audazmente por Cristo, por miedo a perder la propiedad o sufrir reproches. *Todos ellos son enumerados con los enemigos de Cristo*.

Ha llegado el momento en que los amigos de Cristo deben ser conocidos. Y si es un Séptimo Día Adventista que se pone en cuestión por su posición en Cristo y el mensaje, deje que su amistad en Cristo sea conocida al estar en pie por Él.

Ahora tenemos unos minutos para hablar sobre cómo llegamos a esta posición, cómo nos llegaron estos peligros. Recuerdan la otra tarde cuando estaba leyendo ese segundo capítulo de Joel, que uno de los hermanos, cuando había leído el versículo 23, el hermano Corliss, llamó la atención a la nota marginal. ¿Lo recordáis?

Y dije que haríamos uso de esa nota en otro momento. Ahora, todos vayamos y leámosla. El versículo 23 dice:

> Vosotros también, hijos de Sión, alegraos y gozaos en Jehová, vuestro Dios; porque os ha dado la *primera lluvia* [Maestro de justicia] a su tiempo.

¿Cuál es la nota marginal derivada del hebreo? *"Un Maestro de justicia". Él te ha dado "un Maestro de justicia". ¿Cómo? "De acuerdo a la justicia". "Y Él hará descender la lluvia por ti". Entonces, ¿qué será eso? Cuando dio la primera lluvia, ¿qué fue eso? "Un Maestro de justicia". Y cuando Él dé la lluvia tardía, ¿qué será eso? "Un Maestro de justicia". ¿Cómo? "De acuerdo a la justicia". Entonces, ¿no es eso justamente lo que el testimonio nos ha dicho en ese artículo que ha sido leído varias veces? "El fuerte clamor del tercer ángel", la lluvia tardía ya ha comenzado, "*en el mensaje de la justicia de Cristo*". ¿No es eso lo que nos dijo Joel hace mucho tiempo? ¿No fue nuestra vista desviada, a fin de que no pudiéramos ver? ¿No necesitábamos la unción? Hermanos, ¿qué más en el mundo necesitamos tanto como eso? ¡Qué contentos deberíamos estar de que Dios envíe su propio Espíritu en los profetas para mostrarnos, cuando no lo vimos! ¡Qué infinitamente contentos deberíamos estar por eso!

Bueno, entonces la lluvia tardía, el fuerte clamor, de acuerdo al testimonio, y de acuerdo a la Escritura, es la "enseñanza de justicia" y "de acuerdo a la justicia". Ahora hermanos, ¿cuándo comenzó ese mensaje de la justicia de Cristo con nosotros como pueblo? –[Uno o dos en la audiencia: "Hace tres o cuatro años"]. ¿Hace tres, o cuatro? –[Congregación: "Cuatro"]. Sí, cuatro. *¿Dónde* fue? –[Congregación: "Minneapolis"]. ¿Qué rechazaron entonces los hermanos en Minneapolis? –[Algunos en la Congregación: "El fuerte clamor"]. ¿Qué es ese mensaje de justicia? El *Testimonio* nos ha dicho qué es; el fuerte clamor, la lluvia tardía. Entonces, ¿qué rechazaron los hermanos en esa terrible posición en la que se encontraban en Minneapolis? Ellos rechazaron la lluvia tardía, el fuerte clamor del mensaje del tercer ángel.

Hermanos, ¿no es esto muy grave?, por supuesto los hermanos no sabían que estaban haciendo esto, pero el Espíritu del Señor estuvo allí para decirles lo que estaban haciendo, ¿no es así? Pero cuando estaban rechazando el fuerte clamor, "la enseñanza de la justicia", entonces el Espíritu del Señor, por su profeta, se paró allí y nos dijo lo que estaban haciendo; ¿Qué sucedió entonces? Ah, entonces simplemente dejaron de lado al profeta junto con todo el resto. Eso fue lo siguiente. Hermanos, es hora de pensar en estas cosas. Es tiempo de pensar con sensatez, para pensar cuidadosamente.

---

*Versión marginal: Hijos de Sión, alegraos y regocijaos, en Jehová vuestro Dios, porque os ha dado el Maestro de justicia de acuerdo a la justicia, y hará que vengan sobre vosotros lluvia, rociando y reuniendo, como en el principio (Joel 2:23).

En la página 8 de "Peligro en adoptar una política mundana en la obra de Dios" leo esto:

> Como Intercesor y Abogado del hombre, Jesús guiará a todos los que estén dispuestos a dejarse guiar, diciéndoles: "Seguidme arriba, paso a paso, *donde brilla la clara luz del Sol de justicia*". Pero no todos están siguiendo la luz. Algunos están saliendo del camino seguro, que a cada paso es un camino de humildad. Dios ha encomendado a sus siervos un mensaje para este tiempo; pero ese mensaje no coincide en todo particular con las ideas de todos los dirigentes, y algunos critican el mensaje y los mensajeros. *Se atreven incluso a rechazar las palabras de reproche enviadas a ellos por Dios mediante su Espíritu Santo.*

Sabes quien fue. No me refiero a que busques a alguien más. Tú sabes si tú mismo fuiste, o no. Y, hermanos, ha llegado el momento de tomar esta noche lo que rechazamos allí. Ni un alma de nosotros ha podido alguna vez soñar la maravillosa bendición que Dios tenía para nosotros en Minneapolis, y de la cual hubiéramos estado disfrutando estos cuatro años, si los corazones hubieran estado listos para recibir el mensaje que Dios envió. Habríamos estado cuatro años adelante, habríamos estado en medio de las maravillas del mismo fuerte clamor esta noche. ¿No nos dijo el Espíritu de profecía allí en ese momento que la bendición estaba sobre nuestras cabezas? Bueno, hermanos, ya saben. Cada uno por sí mismo: no vamos a empezar a examinarnos unos a otros, examinémonos a nosotros mismos. Cada uno por sí mismo sabe qué parte tuvo en esa ocasión; y ha llegado el momento de erradicar todo el negocio. Hermanos, ha llegado el momento de erradicar todo el asunto. Leeré otro pasaje sobre eso en el presente.

Leeré otro pasaje relativo a lo mismo:

> ¿Qué poder tiene el Señor en reserva para alcanzar a aquellos que han desechado sus advertencias y reproches, y han *reputado los Testimonios del Espíritu de Dios como de un origen no superior a la sabiduría humana*? En el juicio, los que así habéis hecho ¿qué ofreceréis al Señor como excusa por haber dado la espalda a la evidencia que Él os ha dado de que Dios estaba en la obra? "Por sus frutos los conoceréis". No voy a repetir ahora ante vosotros las evidencias dadas en los *dos años pasados* acerca del trato de Dios con sus siervos escogidos.

Este testimonio fue dado en el otoño de 1890, el 3 de noviembre. Dos años atrás nos lleva de regreso al otoño de 1888 en el mes de noviembre, y eso fue en Minneapolis, en el mismo momento en que esto ocurrió. Hay una media docena de hermanos en esta casa, sí, tal vez una docena de ellos, quienes, en otro momento, después de Minneapolis, en un instituto, escucharon al Espíritu de Dios reprobar y reprender en palabras abiertas que el espíritu de Minneapolis que estaba en aquel instituto donde estábamos, era "el espíritu de Satanás". Eso fue la siguiente primavera después de que Minneapolis había pasado

Pero, continúo:

> Pero se os revela la evidencia de su obra en el presente, y *estáis ahora bajo la obligación de creer*. No podéis ser negligentes en oír el mensaje de advertencia de Dios, no podéis rechazarlos o tratarlos a la ligera sin peligro de una pérdida infinita. Sólo es posible ceder a las objeciones capciosas, el ridiculizar y los falsos informes, a expensas del envilecimiento de vuestra propia alma. El uso de armas tales, no gana en vuestro favor ninguna preciosa victoria, sino que rebaja la mente, y separa el alma de Dios. Las cosas sagradas son llevadas al nivel de lo común y se crea una condición de cosas que complace al príncipe de las tinieblas, y que contrista al Espíritu de Dios. Las objeciones capciosas y la crítica dejan el alma privada del rocío de la gracia, de igual forma en que las colinas de Gilboa estaban destituidas de la lluvia. No se puede depositar la confianza en el juicio de aquellos que son indulgentes en ridiculizar y presentar falsamente a otros. No se puede conceder ningún peso a sus consejos o decisiones. Debéis llevar las credenciales divinas antes de efectuar movimientos decididos, o dar forma a la obra de la causa de Dios.
>
> Acusar y criticar a aquellos a quienes Dios está usando es acusar y criticar al Señor que los ha enviado. Todos necesitan cultivar sus facultades religiosas a fin de que puedan tener un correcto discernimiento de los asuntos religiosos. Algunos han fallado en distinguir entre el oro puro y el vulgar metal, entre la sustancia y la sombra.

Antes de continuar con el párrafo siguiente quiero leer dos párrafos de este *Testimonio* que aún no ha sido publicado:

> Las falsas ideas que fueron ampliamente desarrolladas en Minneapolis no han sido enteramente desenraizadas de algunas mentes. Aquellos que no han hecho una obra concienzuda de arrepentimiento, bajo la luz que Dios ha tenido a bien dar a su pueblo desde aquel momento, no verán claramente las cosas, y estarán dispuestos a calificar los mensajes que Dios envía como un engaño.

Hermanos, ¿qué mayor peligro podría haber ante nosotros que aquel al que hemos sido llevados por el curso aquí señalado y contra el cual advierte; el peligro de traicionar a los sagrados y santos deberes, el peligro de traicionar a nuestros hermanos, y traerlos a lugares y posiciones donde tendrán que soportar cargas terribles que el enemigo nos impondrá y nos perseguirá?

Insistiendo en el mismo tema, leeré algo más:

> Debiéramos ser el último pueblo en la tierra en ser indulgente en el más mínimo grado con el espíritu de persecución contra aquellos que están llevando el mensaje de Dios al mundo. Ese es el rasgo anticristiano más terrible que se ha manifestado entre nosotros desde el encuentro de Minneapolis. Algún día se lo verá en su verdadero significado, con todo el horror que ha resultado del mismo.

Hermanos, Dios se está tomando en serio esa cosa. Es tiempo de que tú y yo busquemos al Señor ahora, mientras la misericordia aún permanece, a fin de que podamos ser capaces de ver la carga de aflicción en toda su enormidad, mientras aún hay misericordia para librarnos de ella. Dios nos llama a sí mismo.

Ahora, este párrafo adicional en *Special Testimonies*:

> Los prejuicios y opiniones que prevalecieron en Minneapolis no están de ninguna forma muertos. Las semillas que fueron allí sembradas en algunos corazones están listas a brotar a la vida y a rendir una cosecha similar. Se han cortado las puntas, pero las raíces nunca han sido arrancadas, y siguen llevando su fruto impío para envenenar el juicio, pervertir las percepciones y cegar el entendimiento de aquellos con quienes tratáis, en relación con el mensaje y los mensajeros. Cuando, mediante concienzuda confesión, destruyas la raíz de amargura, verás luz en la luz de Dios. *Sin esa obra concienzuda nunca limpiaréis vuestras almas.*

Hermanos, ¿limpiaréis así vuestras almas y abriréis el camino del Señor para que envíe su Espíritu en el derramamiento de la lluvia tardía?

> Necesitáis estudiar la palabra de Dios con un propósito, no para confirmar vuestras propias ideas, sino para corregirlas, para que sean condenadas o aprobadas, si es que están o no en armonía con la palabra de Dios. La Biblia ha de ser vuestra compañía constante. Debéis estudiar los Testimonios, no para entresacar ciertas frases que podáis emplear como os plazca, para fortalecer vuestras aserciones, mientras que despreciáis las claras declaraciones dadas para corregir vuestro curso de acción.
>
> Ha habido un alejamiento de Dios entre nosotros, y está aún pendiente de realizar la celosa obra del arrepentimiento y volver a nuestro primer amor, tan esencial para la restauración a Dios y la regeneración del corazón. La infidelidad ha irrumpido en nuestras filas, ya que es la moda alejarse de Cristo y dar lugar al escepticismo. El clamor del *corazón* de muchos ha sido: "No queremos que este hombre reine sobre nosotros". Baal, Baal, es la elección. La religión de muchos entre nosotros será *la religión del apóstata Israel*, puesto que aman su propio camino, y olvidan el camino del Señor. La *verdadera religión*, la *única religión de la Biblia*, que enseña el perdón solamente mediante los méritos de un Salvador crucificado y resucitado, que *defiende la justicia por la fe del Hijo de Dios*, ha sido tomada a la ligera, se ha hablado contra ella, se la ha ridiculizado y se la ha rechazado. Se la ha denunciado como conduciendo al entusiasmo y fanatismo. *Pero es la vida de Jesucristo en el alma, es el principio activo del amor impartido por el Espíritu Santo*, el único que logrará que el alma sea fructífera en buenas obras. El amor de Cristo es la fuerza y el poder de todo mensaje de Dios que jamás haya salido de labios humanos. ¿Cuál es el futuro que nos espera, si fallamos en venir a la unidad de la fe?

Esa fue la pregunta que se nos planteó anoche, "la unidad de la fe". Cuando los primeros discípulos se unieron y oraron como uno solo, y se vieron cara a cara, entonces el Espíritu Santo vino sobre ellos y eso es lo que se nos presenta ahora.

Hermanos, no digo estas cosas para encontrar fallas o condenar; pero las digo en el temor de Dios, para que cada uno de nosotros pueda saber dónde estamos parados. Y si hay todavía alguna de esas raíces de Minneapolis persistiendo estos cuatro años, o algún resto de ellas que hayan dado cosecha durante estos cuatro años, asegurémonos que aquí y ahora las erradicamos totalmente y nos postramos a los pies de Cristo con esta confesión: "Soy desgraciado, miserable, pobre, ciego y desnudo, y no conozco mi condición". Ahí es donde estamos.

Sé que algunos allí lo aceptaron; otros lo rechazaron por completo. Tú sabes lo mismo. Otros trataron de pararse a medio camino y lograrlo de esa manera; pero esa no es la manera en que debe tenerse, hermanos; esa no es la forma en que es recibido. Pensaron tomar un camino medio, y aunque exactamente no lo recibieron, ni se comprometieron exactamente a ello, aún estaban dispuestos a ir en cualquier dirección en que la corriente cambiara al final; en cualquier dirección que girara, ellos estaban dispuestos a ir. Desde ese momento, otros han visto que Dios está moviendo el cuerpo de la causa hacia adelante en esta misma línea, y se han propuesto ir junto con él, al verlo moverse en esa dirección. Hermanos, necesitan tener esa justicia de Jesucristo más cerca de su corazón, más que eso. Todo hombre necesita tener la justicia de Dios más cerca de él que simplemente sopesar las cosas y comprometerse entre las partes, o nunca verá o conocerá la justicia de Dios absolutamente.

Otros aparentemente lo han favorecido, y hablarían favorablemente de ello cuando todo fuera en ese camino; pero cuando en la ferocidad de este espíritu, este espíritu descrito allí como el espíritu de persecución, cuando ese espíritu se levantare en su ferocidad y haga guerra contra el mensaje de justicia por la fe, en lugar de permanecer noblemente en el temor de Dios, y declarando frente a ese ataque, "es la verdad de Dios, y lo creo en mi alma", comenzarían a ceder y, en tono de disculpa, ofrecerían excusas por quienes lo estarían predicando, como si fuera un asunto solo de hombres, para ser sostenido debido a la admiración.

Hermanos, la verdad de Dios no necesita disculpas. El hombre que predica la verdad de Dios no necesita disculpas. La verdad de Dios quiere tu *fe*; eso es lo que quiere. Todo lo que la verdad de Dios necesita es que tú y yo la creamos, y la recibamos en nuestros corazones, y permanezcamos en pie por ella ante todos los ataques que puedan ser hechos sobre ella; y dejar saber que usted si está al lado de los mensajeros que Dios envía a predicar, no porque ellos sean ciertos hombres, sino porque Dios los *ha enviado* con un mensaje.

Eso, sin embargo, no es más que una muestra. Habrá cosas por venir que serán más sorprendentes que las de Minneapolis, más sorprendentes que cualquier cosa que hayamos visto hasta ahora. Y, hermanos, seremos requeridos para recibir y predicar *esa* verdad. Pero a menos que usted y yo tengamos cada fibra de ese espíritu desarraigado de nuestros corazones, trataremos ese mensaje y al mensajero por quien lo envió, como Dios ha declarado que hemos tratado este otro mensaje.

Leeré la conclusión de este testimonio, que se encuentra registrado en el Vol. I de *Testimonios*, página 172, y terminaré por esta noche:

> Dios probará a su pueblo. Jesús los soporta pacientemente, y no los arroja de su boca en un momento. Dijo el ángel: "Dios está pesando a su pueblo". Si el mensaje hubiese sido de una duración tan corta como muchos de nosotros esperábamos, no habría habido tiempo para que desarrollaran el carácter. Muchos actuaron por sentimientos, no por principio y fe, y ese solemne y temible mensaje los reavivó. Sobrecogió sus sentimientos, y despertó sus temores, pero no cumplió la obra que Dios designó que debía hacer. Dios lee el corazón. A fin de que su pueblo no resulte engañado en cuanto a sí mismos, Dios les da tiempo para que la emoción se pase, y entonces los prueba para saber si obedecerán el consejo del Testigo fiel y verdadero.

Entonces, no nos fatiguemos de buscar a Dios en esta Conferencia, y si la bendición no llega en un día, una semana, o un mes, sigamos en el camino, porque Dios ha dicho que vendrá. Leo en la página 187.

> Dios conduce a su pueblo paso a paso. Él los lleva a diferentes puntos calculados para manifestar lo que hay en el corazón. Algunos resisten en un punto, pero fracasan en el siguiente. A cada punto de avance el corazón es examinado y puesto a prueba un poco más de cerca. Si el profeso pueblo de Dios resulta tener sus corazones en oposición a esta obra, eso *debe convencerlos de que tienen una obra que hacer para vencer*, si es que no han de ser arrojados de la boca del Señor. Dijo el ángel, "*Dios llevará su obra cada vez más cerca* a fin de probar a *cada uno* de su pueblo". Algunos están dispuestos a recibir un punto; pero cuando el Señor los lleva a otro punto probatorio, *se retiran y retroceden*, debido a que ven que eso golpea directamente algún ídolo acariciado.

Todo eso lo he visto yo mismo en casos individuales, y una y otra vez desde la Asamblea de Minneapolis.

> Aquí tienen oportunidad de ver lo que hay en sus corazones que echa fuera a Jesús. Valoran alguna cosa por encima de la verdad, y sus corazones no están dispuestos a recibir a Jesús. Durante un cierto tiempo los individuos son probados para ver si sacrificarán sus ídolos y oirán el consejo del Testigo fiel. Si alguien no es purificado por la obediencia a la verdad, venciendo su egoísmo, su orgullo y sus pasiones, *los ángeles del Señor tienen el encargo*: "Se han juntado a sus ídolos, dejadlos estar" (Ose. 4:17), y continuarán con su obra, dejando a aquellos con sus rasgos pecaminosos sin someter, bajo el control de los ángeles malos. Los que alcanzan *cada punto*, y *resisten toda prueba*, venciendo, *a cualquier precio*, han oído el consejo del Testigo fiel, y *recibirán la lluvia tardía*, siendo así hechos idóneos *para la traslación*.

Hermanos, ahí es donde estamos. Actuemos así. Demos gracias al Señor porque todavía está lidiando con nosotros, para salvarnos de nuestros errores, para salvarnos de nuestros peligros, para regresarnos de nuestros cursos equivocados, y para verter sobre nosotros la lluvia tardía, para que podamos ser trasladados. Eso es lo que el mensaje significa, la translación, para usted y para mí. Hermanos, recibámoslo con todo el corazón y agradezcamos a Dios por ello.

Capítulo 10

La carne de Cristo: Nuestro manto de justicia

Por tanto, Yo te aconsejo que de mí compres oro refinado en fuego, para que seas rico, y vestiduras blancas para que te vistas y no se descubra la vergüenza de tu desnudez; y unge tus ojos con colirio, para que veas. Yo reprendo y castigo a todos los que amo; sé, pues, celoso, y arrepiéntete. He aquí, yo estoy a la puerta y llamo; si alguno oye mi voz y abre la puerta, entraré a él, y cenaré con él, y él conmigo. (Apoc. 3:18-20).

Este es el consejo que queremos estudiar esta noche. Te aconsejo ¿Quién es este? –[Congregación: Cristo]. ¿Cómo se le llama en el versículo 14? –[Congregación: El Testigo Fiel y Verdadero]. Él será un buen consejero, ¿verdad?; El Testigo Fiel y Verdadero, el Principio de la creación de Dios, viene y nos aconseja a usted y a mí. ¿No es una buena condescendencia, considerando el lugar de donde viene el consejero? Aquello que hemos estado estudiando a lo largo de las diferentes lecciones, aquello que ha venido ante nosotros tan constante y plenamente hace unos pocos días, aquella palabra enviada a la iglesia de Laodicea en cuanto a lo que somos, y el cómo no lo sabemos; eso nos ha llegado desde cada punto de la brújula los últimos días, ¿no es así? Ha venido de todos lados, y de cada boca que ha hablado, y el Señor con todos los demás nos ha hablado directamente en la palabra que se leyó ayer sobre esa misma cosa. Bueno, supongo que ahora todos están listos para confesar aquello que Él dice que es así. Así que no repetiré nada de eso esta noche.

Él nos lo ha dicho, y ahora si confesamos que aquello es así, estaremos listos para aceptar su consejo y apreciarlo, y nos beneficiaremos de su consejo, porque solamente a estas personas son a las que aconseja. Aquellos que reciben su testimonio; aquellos de quienes habla justo antes de esto; Él aconseja a aquellos que son pobres, desventurados, miserables, ciegos y desnudos y *no lo saben*; aquellos que son tibios, esa es la gente a quien se le da este consejo. Bueno, habiendo sido llevado a ese lugar por la palabra y el testimonio, y en todos los sentidos el Señor ha lidiado con nosotros estos días pasados, en todas las lecciones que se nos han dado, entonces Él se inclina y nos aconseja. ¿No es así? Entonces, hermanos, no seamos tan lentos para tomar este consejo como lo fuimos con los otros. No seamos tan lentos para llegar a una posición donde podamos adoptar esto, como si fuéramos a ir un lugar donde pudiéramos adoptar lo otro.

Bueno, entonces, Él viene como un consejero desde este momento en adelante. ¿No es así? –[Congregación: Sí]. Entonces, ¿cuando quieras saber si venderás tu propiedad, supongo que irás a preguntarle a tu hermano qué hacer? –[Congregación: Pregúntele al Consejero]. Cuando quiera saber qué hacer, ¿le preguntarás a otro hombre qué hacer?, ¿lo harás? ¿Por qué, cuando quiero saber qué hacer, cómo puede cualquier hombre decirme, cuándo, si él estuviera en mi lugar, él tendría que hacer la misma pregunta en cuanto a qué hacer? ¿Cómo voy a obtener ayuda alguna de él, cuando él mismo no sabe lo que haría a menos que estuviera en el lugar donde yo estoy, e incluso entonces, tendría que pedir consejo para *él* mismo? Tal vez esta es la forma en que lo haría: yo solo soy un miembro común de la iglesia, y debo ir al anciano de la Iglesia, o a alguien de mayor importancia, y preguntarle qué hacer. Pero supongamos que quiere saber, para él mismo, supongo que debe preguntarle al presidente de la Conferencia qué hacer.

[*Anciano Boyd*: "¿No hay seguridad en la multitud de consejeros?" (Prov. 11:14]. Pero supongamos que el Presidente de la Conferencia quisiera saber y necesitara preguntar, entonces tendría que preguntarle al Presidente de la Conferencia General, supongo. Pero supongamos que el Presidente de la Conferencia General quiere saber: ¿a quién preguntará? –[Congregación: Preguntará al Señor]. Suponga que desea saber si venderá su propiedad o hará una cosa u otra, ¿a quién va a preguntar?, ¿a cualquiera? –[Congregación: Pregúntele al Señor]. Oh, bueno, puedes preguntarle al Señor, ¿verdad? Entonces, nosotros, la gente común, ¿podemos obtener nuestro conocimiento del Señor sin forzarlo a través de media docena de personas como los católicos? ¿Podemos? –[Congregación "Sí"]. ¿Es eso así? –[Congregación: "Sí"]. En la Iglesia católica, la gente común no puede llegar al Señor excepto a través del sacerdote, y el sacerdote a través del obispo; y el obispo a través del arzobispo, y el arzobispo a través del cardenal, y el cardenal a través del papa ¿Es así como debe hacer el pueblo del Señor? No señor. Ese no es el método de Dios. Cuando quieres saber algo, le preguntas al Señor. Él es tu consejero, y Él es mi consejero. Y cuando Él es tu consejero, *entonces*, hermano Boyd, "en la multitud de consejeros hay seguridad", y *no hasta entonces* tampoco; porque entonces tenemos consejo del Maestro de Asambleas. Y cuando Él es el Consejero de cada uno, y entonces aconsejamos conjuntamente y *Él* está en medio, entonces hay seguridad en la multitud de consejeros.

En *Obreros Evangélicos* encontraréis declaraciones como estas:

> Debemos aconsejarnos mutuamente, y estar sujetos unos a otros; pero *al mismo tiempo* debemos ejercer la capacidad que Dios nos ha dado para saber cuál es la verdad. Cada uno de nosotros debe mirar a Dios en procura de iluminación divina. Después de haber recibido consejo de los sabios y prudentes, *queda aún un Consejero* cuya sabiduría es infalible. No dejéis de presentar ante Él vuestro caso, y suplicad su dirección. Él ha prometido que, si os falta sabiduría y la pedís de Él, Él os la dará abundantemente, sin restricción [*OP*, p. 45 y *1TI*, p. 137].

Entonces pregunto nuevamente, desde esta noche en adelante, ¿Es Él tu consejero? ¿Es Él individualmente nuestro consejero? –[Congregación: Sí]. Y la palabra que escuchamos del hermano Underwood sobre este mismo tema, especialmente en la venta de propiedades, "si hubiera más de esto buscando al Señor para su guía, habría más de su dirección". Tendríamos más de Él en nuestra obra y en nuestros consejos. ¿Qué en el mundo lo hizo ser nuestro consejero, si no esperaba que deberíamos tener su consejo? Entonces, permitámonos tenerlo.

¿Cuál es su nombre? –[Respuesta: Admirable Consejero]. La forma en que está escrito es: "Admirable, Consejero, Dios Fuerte, Padre Eterno, Príncipe de Paz" (Isa. 9:6). Ese es el nombre por el cual será llamado. ¿Cuál es la primera parte de su nombre? –[Respuesta: Admirable]. ¿La segunda parte? –[Respuesta: Consejero]. ¿Cuál es la siguiente parte? –[Respuesta: Dios Fuerte]. ¿Y la siguiente? –[Respuesta: Padre Eterno]. ¿Y la última? –[Respuesta: Príncipe de Paz]. Él es "Admirable" y "Consejero"; entonces, ¿no es Él un consejero admirable? –[Respuesta: Sí]. Yo diría eso. También recordarán ese otro pasaje bíblico, "Magnífico en sabiduría" (Isa. 28:29). ¿Y qué más? "Excelente en la obra". No olvides eso cuando Él viene como consejero, Él también está allí como obrero; y el consejo que Él da es como obrero y como un excelente obrero, que realizará la obra, "porque Dios es el que obra en vosotros, tanto el querer como el hacer, por su buena voluntad" (Fil. 2:13).

Así que ahora tenemos este consejero, el testigo fiel y verdadero, el consejero admirable, maravilloso en consejo y excelente en obras. Entonces, cuando hemos buscado el consejo y lo obtenemos, Él está para ir directamente con nosotros en la ejecución del consejo, así como estar allí para darlo al principio. ¿No es así? Si no hemos aprendido eso, de nada nos sirve ir más allá, a menos que dependamos totalmente de su poder, su carácter, su justicia y su vida. Porque si hay alguna otra consideración y cualquier otro camino que debemos tomar, podríamos tan solo renunciar ahora mismo y detenernos. Siendo así, no podríamos seguir adelante sin Él. Muy bien, entonces, Él es el Admirable Consejero; maravilloso en consejo y excelente en obras, y Él dice: "Estoy contigo para aconsejar; Estoy contigo para ejecutar".

"Te aconsejo que compres de mí oro afinado en fuego". Otras escrituras además de este pasaje muestran que nada nos satisfará sino aquel oro que resistirá la prueba del fuego.

Recordarán 1ª Pedro 1:4, 5, hablando de la esperanza viva a la que Dios nos ha engendrado por la resurrección de Jesucristo de los muertos; y cómo somos guardados por el poder de Dios a través de la fe para salvación. ¿Cómo somos guardados? –[Respuesta: Por el poder de Dios]. ¿A través de qué? –[Respuesta: Fe]. ¿Para qué? –[Respuesta: Salvación]. ¿Cuándo? –[Respuesta: Listo para ser revelado en el tiempo final]. Ahora podríamos leer, "Listo para ser revelado", y podríamos detenernos justo allí, y esto sería así, ya que hemos llegado al "tiempo final". Pero esta esperanza.

¿Cómo se guarda? –[Respuesta: Por el poder de Dios]. ¿A través de qué? –[Respuesta: A través de la fe]. "Por lo cual vosotros mucho os alegráis". ¿Es así? Entonces, ¿por qué andan deprimidos con la cara baja? El tiempo ha llegado para que creamos las Escrituras. Abraham creyó a Dios y le fue contado por justicia. El Señor lo dijo, y se regocijó mucho de que fuera así. ¿Es eso así esta noche, que nos podamos regocijar grandemente? –[Respuesta: Si].

> En lo cual vosotros mucho os alegráis, aunque al presente por un poco de tiempo, si es necesario, estéis afligidos por diversas pruebas (vers.6).

¿Qué es múltiple? –[Respuesta: Muchas veces]. Estamos en muchas tentaciones y nos regocijamos mucho todo ese tiempo. ¿Cómo puede ser? Puede ser, porque Dios lo dice así. Y esto es así, ¿lo es? Esa es la única manera que conozco que puede ser, porque Él dice que esto es así. Ahora ¿para qué es esto? "Que la prueba de tu fe sea mucho más preciosa que el oro que perece, aunque sea probada con fuego". ¿Qué se probada? –[Respuesta: Fe]. ¿Esperas que tu fe sea probada con fuego? ¿Esperas que tu fe resista esa prueba como el oro pasando a través del fuego? –[Respuesta: Si].

Estudiaremos esto más a fondo.

¡Qué cuidado tienen los hombres en este mundo del oro que perece! Muchos acumulan una gran cantidad de oro, y se erigen grandes edificios: depósitos seguros, luego tienen una pequeña caja y le ponen candado, la colocan en una caja más grande y la aseguran con un candado, la guardan en una gran caja fuerte con muchas cajas, y esa se asegura también bajo llave, y luego una gran puerta de acero que cierra todo, y eso está bloqueado, y un guardia camina alrededor de ella toda la noche para ver que está a salvo. Cientos de personas en estas grandes ciudades están así cuidando el oro que perece. Permítanme decirles, mis hermanos y hermanas, la prueba de su fe, no me importa cuán débil pueda ser, es más preciosa a la vista de nuestro Admirable Consejero, es más preciosa a la vista de Dios, que todo el oro y joyas en todas las bóvedas de seguridad que hay en la tierra.

No tengas miedo de que Él lo vaya a olvidar. ¿Cómo llama Él a esto? Más precioso que el oro que perece. ¿Quién es el que dice eso? El Consejero Admirable, el mismo Señor. Entonces, démosle gracias de que considera nuestra débil y temblorosa fe de esa manera. Bien, hermanos, ¿no hemos rectificado ahí uno de los mayores estímulos posibles que el Señor puede ofrecer? Porque la gente lamenta su débil fe, no lo sé. A veces dices: "No tengo ninguna fe". Bueno, el Señor dice que sí tienes, y yo digo: Gracias a Él por lo que tienes. No me importa que tan minúscula pueda ser, aunque sea como la semilla de mostaza; gracias a Él que la tienes; y gracias a Él que le es más preciosa que todo el oro y las riquezas de esta tierra. Así es como el Señor considera tu fe. No has de cuestionar si tienes fe o no; Dios dice que la tienes, y esto es así.

Leamos Romanos 10:6-8:

> Pero la justicia que es por la fe dice así: No digas en tu corazón: ¿Quién subirá al cielo? (esto es, para traer abajo a Cristo.) O, ¿quién descenderá al abismo? (esto es, para volver a subir a Cristo de los muertos.) Mas ¿qué dice? Cerca de ti está la palabra, en tu boca y en tu corazón. Ésta es la palabra de fe la cual predicamos.

Entonces, ¿es correcto lamentar y preguntarse si tenemos fe o no? No así. Dios ha plantado fe en cada corazón que es nacido en este mundo, por esa Luz que ilumina a cada hombre que viene al mundo. Dios hará que esa fe crezca excesivamente, y Él revelará su justicia hacia nosotros a medida que crezca, "de fe a fe". De todos modos, ¿de dónde viene la fe? Dios nos la dio. ¿Quién es el Autor de la fe? Cristo; y esa luz que ilumina a todo hombre, la que viene al mundo es Jesucristo. Esta es la fe que está en el corazón de cada hombre. Si cada uno usa la fe que tiene, nunca tendrá falta de fe; pero si no usará la fe que tiene, ¿cómo va a conseguir más?

Entonces tenemos fe, ¿no es así? Y la prueba de tu fe es "más preciosa" que todo el oro que haya existido en esta tierra. Míralo, es más precioso a la vista de Dios. No es que el oro sea precioso a su vista; ese no es el pensamiento en absoluto. Es más preciosa a la vista de Dios que lo que todo el oro sería *a la vista de un hombre*. ¿Cuán precioso sería todo el oro si un hombre lo poseyera? ¿No se creería rico? ¿No se enorgullecería él maravillosamente? Entonces no olvides que la prueba de esa fe, que tienes, por pequeña que sea, es más preciosa a la vista de Dios de lo que sería todo el oro de este mundo a la vista de un hombre. Así entonces, "la prueba de tu fe, siendo mucho más preciosa que el oro que perece, aunque se pruebe con fuego", es preciosa a los ojos de Dios. ¿Quién es el más interesado en ese proceso? –[Congregación: "El Señor"]. ¡Seguro! Porque no puedo expresar lo precioso que es a su vista. Mi idea de lo precioso que es a su vista está tan lejos de la realidad como lo están mis pensamientos de sus pensamientos (Isa. 55:9).

En consecuencia, Él es la persona más interesada en todo el universo en la prueba de nuestra fe, en el obrar de nuestra fe y en todo el proceso de la misma. ¿No es un regalo de Él? ¿No es de su interés? Esta es la verdadera luz, en la que deberíamos ver este asunto.

Continuemos leyendo: "Aunque sea refinado en fuego, sea hallada en alabanza, gloria y honra, cuando Jesucristo se manifieste. A quien, sin haberlo visto, lo amáis". ¿No lo hacemos acaso? Él dice que sí, y es así. "Y sin verlo por ahora, creéis en Él, y os alegráis con gozo inefable y glorioso". ¿No es así? Ciertamente lo es. Pero, hermanos, a menudo pienso en ese versículo: "a quien amáis *sin haberle visto*", y creyendo que es así, y me pregunto ¿qué puede llegar a ser cuando finalmente *lo veamos*? Y la bendición de esto es que no tendremos que esperar mucho para eso, desde ahora. –[Congregación: "Alabado sea el Señor"].

Hay otro pasaje al que me referiré, que se encuentra en el versículo 12 del cuarto capítulo de 1ª Pedro: "Amados". ¿Quién? –"Amados". ¿Es eso así? ¿Quién es el que dice así? El Consejero. Nos llama amados a ti y a mí. Hermanos, ¿cómo podemos ser otra cosa que las personas más felices de la tierra, cuando Dios nos habla así? Él viene y se hace el Consejero Admirable, y quiere aconsejarnos y hablar con nosotros, y la primera palabra que dice es: "Amados".

Ahora hemos pensado muchas veces que cuando el ángel vino directamente a Daniel y le dijo: "Oh, hombre muy amado", que esa fue una declaración bastante personal; no puede ser más personal de lo que esto es para usted y para mí. Él viene y dice: "Amados". Sigue así:

> No os sorprendáis por el fuego de la prueba que os ha venido, como si os hubiera sucedido algo extraño.

La palabra para nosotros ahora, hermanos, es "amados". Usemos la palabra de esa manera. Amados, ¿debemos tratar el fuego de la prueba como si fuera algo extraño? No hay nada extraño al respecto. Entonces no nos sorprenderá cuando nos la encontremos. Usted sabe que muchas personas son algo inseguras y tímidas, y cuando se encuentran con un extraño de repente frente a frente, pierden el semblante. Ahora, si usted y yo vamos a ser inseguros y tímidos con respecto a las pruebas, vamos a enfrentarnos cara a cara con algunas de ellas en uno de estos días; una musculosa, y entonces si somos inseguros y tímidos por completo, vamos a perder el semblante. Pero tan ciertamente como cualquiera sea puesto fuera de semblante por una prueba, así de cierto es que el enemigo ha obtenido la victoria ahí. Esa es la manera en que quiere atraparnos con la guardia baja, para que seamos sorprendidos y perdamos el semblante por un momento, y él se meta en sus dardos ardientes y nos hiera.

El Señor viene y nos aconseja así: "No pienses que es extraño". Entonces, cuando nos encontremos con el fuego de la prueba, no nos vamos a encontrar con un extraño. ¿Lo ves? Estaremos familiarizados, los conoceremos. No me interesa cuán tímida e insegura es una persona, cuando se encuentra a un conocido, no se impresiona en cualquier encuentro repentino; no perderá el semblante, más bien se alegra de encontrarse con su conocido. Entonces el Señor quiere que estemos muy bien familiarizados con el fuego de la prueba, no importa cuán repentinamente nos lo encontremos, podemos decir: "Buenas. Encantado de encontrarme contigo. Te conozco. Adelante". En vista del consejo del Señor, no reaccionemos ante las pruebas de fuego "como si nos sucediera algo extraño". No debemos encontrarnos con ellas y tratarlos como extraños, sino como conocidos; no solo eso, sino que debemos encontrarnos con ellos como ayudantes para Sion. Santiago escribió hace mucho tiempo:

> Hermanos, tened por sumo gozo cuando os halléis en diversas pruebas (Sant. 1:2).

¿Cómo nos llamó allí? "Mis hermanos". Él nos llama, "Mis hermanos" aquí, y en otros lugares se nos llama por "Amados". ¿Qué significa "diversas"? Diferente. ¿Cómo lo llama Pedro? "Múltiple". Entonces, mis hermanos, cuenten todo gozo cuando caigamos en diversas, diferentes y varios tipos de pruebas. Así que vemos por estas diferentes definiciones que el pensamiento es, cuéntalo todo por gozo cuando caemos en *todo* tipo de pruebas; y no contaremos ninguna de ellas como extrañas, porque debemos considerarlas a todas como conocidas.

Seguimos leyendo: "antes gozaos de *ser*" participantes de las aflicciones de Cristo?, ese es el punto. Santiago nos llama "hermanos". Leemos ahora un texto que conecta los dos precedentes. Heb. 2:10-12:

> Porque le era preciso a Aquél por cuya causa son todas las cosas y por quien todas las cosas subsisten, habiendo de llevar a la gloria a muchos hijos, perfeccionar por aflicciones al autor de la salvación de ellos. Porque el que santifica y los que son santificados, todos proceden de uno. Por eso, no se avergüenza de llamarlos *hermanos*.

Es por eso que nos llama hermanos, y el motivo por el que debemos alegrarnos tan grandemente al atravesar diversas pruebas: ya que Él estuvo allí, enfrentó cada una de ellas; se ha encontrado con cada prueba en su plena extensión. Él ha pasado por todas estas cosas *por* nosotros. Luego regresa y nos dice: pasaré a través de ellas *contigo*. Él primeramente pasó sólo a través de ellas *por* nosotros; ahora pasa a través de ellas *con* nosotros. "He pisado el lagar solo. De los pueblos nadie estuvo conmigo" (Isa. 63:3). Pero gracias al Señor, Dios estaba con Él, ya que "El Padre no me ha dejado solo" (Juan 8:29). Gracias al Señor que tuvo el valor real de hacerlo solo, confiando solamente en el Padre que estaría con Él. Y, oh, qué bueno es Él, al no pedirnos que lo intentemos solos. No; Él viene y dice: iré contigo a través de todas estas pruebas. Mis hermanos, Él irá con ustedes. Entonces, esta es la razón por la que no debemos contarlas como extrañas. Él nos llama sus hermanos, y ha pasado por cada una de estas pruebas y está bien familiarizado con ellas, y por lo tanto no debemos contarlas como extrañas.

¿Son extrañas las pruebas para Cristo? –No. ¿Cuántas pruebas encaró? –Todas. ¿Cuántas pruebas de las que alguna vez encararás, Él enfrentó? –Todas y cada una de ellas. ¿Hasta qué punto soportó la contienda sobre cada una de las pruebas? –En toda su extensión en cada punto. ¿Con quién estaba conteniendo en estas cosas? –Con Satanás, quien conoce más trucos, pruebas y tentaciones de las que cualquier hombre se vería obligado a enfrentar solo, ¿no es así? Y arrojó cada uno de ellas sobre "mi Hermano", ¿no es así? Probó cada una de las tentaciones sobre Jesús. ¿En qué medida de su esfuerzo tuvo que probar cada una de ellas en Jesús? –En la mayor medida. ¿No tuvo que ejercer todo el poder que conoce en cada punto de las tentaciones y pruebas de Jesús? –Lo hizo. ¿No probó Satanás todo lo que sabe de todas las maneras que podría inventar, sobre Él? ¿Y no lo intentó en la mayor medida posible que podría intentarlo? –Si. Bueno, entonces, ¿no ha agotado toda su reserva de artimañas, tentaciones y pruebas en Cristo? ¿Y no ha agotado todo el poder que tiene para usar en cualquiera de estas pruebas y tentaciones? –Si. Bueno, entonces, cuando estoy en Jesús y Él está en mí, ¿cuánto poder le queda más a Satanás para afectarme? –[Congregación: ninguno]. ¿Cuántos trucos restantes conoce para aplicarlo sobre conmigo? Ninguno hay. No lo ves, que cuando estamos en Cristo *tenemos* la victoria; y la tenemos *ahora*. La victoria no es la única palabra; Tenemos el triunfo, y lo tenemos ahora.

Veamos ahora, 2ª Corintios 2:14:

> Mas a Dios gracias, el cual hace que siempre triunfemos en Cristo.

¿Cuándo? –"Siempre". ¿Es eso así? –[Audiencia: "Sí"]. "Siempre nos hace triunfar en Cristo, y pone de manifiesto la fragancia de su conocimiento". ¿Por quién? –"Por nosotros". ¿Es eso así? "Y pone de manifiesto la fragancia de su conocimiento por nosotros". ¿Dónde? –[Audiencia: "En todo lugar"]. Piénselo. ¿Cuándo es esto? –Ahora y siempre, es cuando. ¿Por quién? –Por nosotros. ¿Dónde? –En todo lugar. Entonces me gustaría saber cuál es la razón por la cual no tenemos la victoria en Cristo. Me gustaría saber cuál es la razón por la que ahora no somos conquistadores. "Esta es la victoria que vence al mundo, nuestra fe" (1ª Juan 5:4). ¿Lo es? –Sí, esa es la victoria. Cristo es nuestra victoria; su victoria es mi victoria, ¿no es así? –Si. Bueno, entonces, cuando estamos en Él, estamos perfectamente seguros, ¿no es así? ¿Estamos a salvo mientras estemos en Él? –Si.

No recuerdas en tiempos antiguos que tenían ciudades de refugio y cuando ocurría un accidente, como cuando un hacha volaba del mango y golpeaba a un hombre matándolo, y había otro hombre presente, como un amigo, quien tal vez podría no tomarse el tiempo para pensar deliberadamente, y que arrastrado por la pasión se vengaría de inmediato en ese asunto; ¿qué debía hacer el hombre implicado en el accidente? Simplemente debía huir con todas sus fuerzas a la ciudad de refugio, y quizás perseguido por el otro hombre con todas sus fuerzas. Pero si él hombre del accidente entraba en la ciudad, ¿entonces qué sucedía? Estaba a salvo y el otro hombre no podía tocarlo, y era perfectamente libre. Supongamos que él salió de esa ciudad de refugio, y que el otro hombre lo encontró, su sangre estaba sobre su propia cabeza. Él mismo era responsable. Porque él estaba a salvo allí mientras permaneciera en el refugio. Y debía quedarse allí hasta que muriera el sumo sacerdote. Cuando el sumo sacerdote moría, el hombre era perfectamente libre, y podía salir a cualquier parte y el otro hombre no podía tocarlo en absoluto, sin importar cuánto quisiera. Hablando de Abraham, se dice:

> Por dos cosas inmutables, en las cuales, es imposible que Dios mienta, tengamos un fortísimo consuelo, los que nos hemos refugiado asiéndonos de la esperanza puesta delante de nosotros (Heb. 6:18).

Hemos hecho malicia. Hemos pecado ¿Cuál es la paga del pecado? –Muerte. Entonces, ¿quién está detrás de nosotros? La muerte. ¿Quién tenía el poder de la muerte? –Satán. Entonces, ¿quién nos persigue? –Satán. Y huimos en busca de refugio para aferrarnos a la esperanza puesta delante de nosotros. ¿Dónde está esa esperanza? –[Respuesta: En Cristo]. ¿Quién es nuestro refugio? –[Respuesta: Cristo]. ¿Quién es nuestra ciudad de refugio? –[Respuesta: Cristo]. ¿Quién es nuestro enemigo? –[Respuesta: Satán; muerte].

Ahora bien, cuando estamos en Cristo, nuestro refugio, ¿puede Satanás tocarnos? –No puede. ¿Cómo lo sabes? –Porque así está escrito. Supongamos que salimos antes de que concluya el sacerdocio, ¿entonces qué pasa? –Satanás puede, y nos matará, y nuestra sangre estará sobre nuestra cabeza. Si salimos antes de que se concluya el sacerdocio, no tenemos protección y Satanás nos tomará. Si aquel hombre permaneciera en la ciudad diez o quince años, se habría fortalecido lo suficiente como para encontrarse con su enemigo, ¿no lo creen? Habría adquirido experiencia allí y, por lo tanto, podría decir: "Soy lo suficientemente fuerte ahora, no temo a ningún enemigo; ahora puedo salir. Puedo salir ahora, estoy bien. Ese otro tipo se ha ido ahora y se ha olvidado de todo esto". Pero él no está capacitado para enfrentarse con el enemigo, ¿verdad? ¿Dónde puede él solamente encontrarse con el enemigo? –En la ciudad. Y en la ciudad *no tiene* que encontrarse con él en absoluto, ¿verdad? –[Voz: "La ciudad sale al encuentro, y lo defiende"]. Los muros de la ciudad se encuentran con el enemigo.

Ese escudo de la fe que aplaca todos los dardos ardientes de los perversos: ese escudo de la fe que es Jesucristo es el muro de nuestra ciudad de refugio, y los dardos ardientes del enemigo no pueden superarla en absoluto.

Por lo tanto, nuestra fuerza y nuestra seguridad para siempre están solo dentro de nuestro refugio, ¿no es así? Y luego, que concluya el sacerdocio, podemos ir a todas partes en este universo, pero no fuera de Cristo. Entonces podemos ir a todas partes, y ¿puede el enemigo hacernos algún daño? –No señor. Quedémonos en la Ciudad, hermanos; quedémonos en el refugio al que hemos huido; en donde está nuestra seguridad. Y cuando estamos allí, ¿no tenemos la victoria? –Sí señor; en Él tenemos la victoria. Podemos entonces enfrentar la tentación con alegría. Porque tenemos la victoria antes de encontrarnos con la tentación, ¿no es así? Entonces, ¿no podemos estar contentos? ¿No preferirías más bien tener una batalla cuando sabes que tienes la victoria antes de comenzar, que no tener ninguna batalla? Entonces hagamos algo de ese tipo de lucha. Vamos, ¿de qué sirve tener miedo? La victoria *es* nuestra.

Desde luego, si vamos calculando que seremos barridos, mucho mejor quedarse sin luchar. Ese no es el tipo de batalla en el que el Señor espera que nos impliquemos. El que va esperando ser vencido, será mejor que corra antes de comenzar. El Señor no quiere que peleemos pensando así. Nuestro Hermano no peleo así. No señor. Y Él no propone que lo hagamos. Quiere que conozcamos nuestra victoria: quiere que conozcamos nuestra confianza. Él quiere que sepamos nuestra fuerza; quiere que sepamos el poder que es nuestro, y Él quiere que sepamos nuestro deber; y luego, cuando llegue la contienda, sabremos cómo enfrentarlo. Lo enfrentaremos en Él; lo enfrentaremos por Él. Lo enfrentaremos con el escudo de la fe, y los dardos ardientes del enemigo son apagados, y no hay cuestionamientos al respecto. Entonces es en el sufrimiento, donde encontramos el poder, la victoria y la presencia elevadora de Cristo. Cuando llegan las pruebas, estamos con Él y sabemos que no podemos estar sin Él. "Tened por sumo gozo", hagámoslo.

> Amados, no os extrañéis acerca de la prueba de fuego la cual se hace para probaros, como si alguna cosa extraña os aconteciese; antes bien regocijaos en que sois participantes de los padecimientos de Cristo; para que cuando su gloria sea revelada, os regocijéis con gran alegría (1ª Ped. 4:12 y 13).

Entonces necesitamos oro purificado en fuego, a fin de enfrentarnos con estas pruebas, ¿no os parece? Necesitamos algo que resistirá las pruebas que vendrán, y esto es lo que hemos aprendido antes.

> Los que resisten en cada punto, que soportan cada prueba y vencen, a cualquier precio que sea, han escuchado el consejo del Testigo fiel y recibirán la lluvia tardía, y estarán preparados para la traslación (1JT, p. 66).

Hermanos, ¿no hay mucho ánimo en el pensamiento de que la lluvia tardía es para preparar para la traslación? –Ahora, ¿dónde va a caer la lluvia tardía y cuándo? Ahora es el momento de la lluvia tardía: y ¿cuándo es el momento del fuerte clamor? –[Voz: "Ahora"]. ¿Para qué nos prepara? –[Voz: "Para la traslación"]. Me pone de buen ánimo que las pruebas que el Señor nos está dando ahora, sean para prepararnos para la traslación. Y cuando viene y nos habla a ti y a mí, es porque quiere trasladarnos, pero Él no puede trasladar el pecado, ¿verdad? Entonces, el único propósito que tiene Él al mostrarnos la profundidad y amplitud del pecado, es que pueda salvarnos de este y trasladarnos. Entonces, ¿nos desanimaremos cuando nos muestre nuestros pecados? –No; Demos gracias a Él porque quiere trasladarnos, y tanto quiere hacerlo que desea quitar del camino nuestros pecados lo antes posible. Hermanos, creamos al Señor al pie de la letra, creámosle siempre.

Entonces, necesitamos algo que soportará la prueba tan severa cuando llegue, como el oro es requerido que soporte su purificación en el fuego. ¿Qué nos dice el Consejero que obtengamos? ¿Qué nos dice que compremos? –[Voz: "Oro refinado en fuego"]. Eso mismo es requerido justo ahora para hacer frente a las pruebas que se avecinan, no: las pruebas que *están aquí*: no nos importa lo que viene, lo necesitamos ahora: necesitamos eso para hacer frente a las pruebas que están aquí, y eso es exactamente lo que dice el Consejero: "Compra de mí, tengo un suministro". Él tiene un suministro, porque lo ha fabricado: Él tiene lo que soportará la prueba, porque ya ha soportado la prueba: ha soportado todas las pruebas que alguna vez serán requeridas de alguien. La prueba fue soportada en sus sufrimientos. A través de los sufrimientos, el oro es purificado, hecho blanco, probado, perfeccionado y demostrado que es el artículo genuino. Tenemos la definición de eso por el Espíritu del Señor. El oro purificado en fuego es amor, esto es "fe y amor".

Leamos Gálatas 5:6:

> Porque en Jesucristo ni la circuncisión vale algo, ni la incircuncisión, sino la *fe* que obra por *amor*.

En otros lugares es expresada como "fe y obediencia". ¿Qué es la obediencia? –[Voz: "La expresión del amor"]. En libro, *El Camino a Cristo*, p. 60 leemos que:

> La *obediencia* no es un mero cumplimiento externo, sino *un servicio de amor*.

Entonces, cuando el testimonio habla de fe y obediencia, es simplemente "la fe que obra por amor". Las expresiones en el testimonio de "fe y obediencia" y "fe y amor" significan lo mismo que la expresión de la Escritura "fe que obra por amor". Son simplemente modos diferentes de expresar una fe genuina y espiritual, ya que en Cristo nada vale sino "la fe que obra por amor". La obediencia es el servicio del amor, y Jesús nos dice que compremos de Él oro refinado en fuego, que es la fe y el amor, la fe que obra por amor, el artículo genuino de la fe. ¿Qué es esto que se probará con pruebas de fuego severas? *Tu* fe, que es más preciosa que el oro, aunque sea probada en el fuego. Entonces, vez, que como la fe de cada hombre debe ser así probada, él necesita la fe que ha resistido la prueba. Entonces tenemos el testimonio: "¡Aquí está los que guardan los mandamientos de Dios!" Y ¿*tienen fe en Jesús*? No; el ´tienen´ no está en el texto. "Los que guardan los mandamientos de Dios y [guardan] la fe de Jesús".

Ese es el artículo genuino: esa es la fe, que, en Él, soportó la prueba. Esa es la fe que hizo frente a cada prueba ardiente que Satanás conoce, y todo el poder que Satanás pudo manifestar, esa fe soportó la prueba. Entonces, Él viene y nos dice: "Compra de mí esa fe que ha soportado la prueba" "oro purificado en fuego". Así pues, en la expresión "compra de mí la fe que ha soportado", ¿no es esa la misma línea de pensamiento que hemos aprendido en "Haya pues en vosotros el mismo sentir [la misma mente] que hubo en Cristo Jesús" (Fil. 2:5)?

Cuando esa mente que estuvo en Él, está en mí, ¿no hará en mí exactamente lo que hizo en Él? ¿Cómo es que servimos a la ley de Dios, de cualquier manera? –"Con la mente sirvo a la ley de Dios" (Rom. 7:25). Cristo en este mundo, cada momento sirvió a la ley de Dios. ¿Cómo lo hizo? –Con la mente. ¿Por cuál proceso de la mente lo hizo? –Por fe. Entonces, ¿no nos dice a ti y a mí que compremos de Él la fe de Jesús? ¿Acaso no guardó la fe de Jesús los mandamientos de Dios a la perfección todo el tiempo? ¿Y no es esa la fe que obra por amor? El amor es el cumplimiento de la ley. Entonces no es ese el mensaje del tercer ángel, cuando dice: "Ven y compra de mí oro refinado en fuego (fe y amor) y vestidos blancos (justicia de Cristo) para cubrir la vergüenza de tu desnudez"? Entonces, vemos ahora que la mente que estuvo en Cristo resistirá todas las pruebas que este mundo puede traer. ¿No es la mente de Cristo la misma ayer, hoy y siempre? (Heb. 13:8). ¿Tendrá la mente de Cristo un resultado en mí, o en cualquier otro, diferente del que tuvo en Él? –No. ¿De quién era la mente de Cristo? –[Voz: "La mente de Dios"]. Dios estaba en Él en la carne.

¿Cómo compraremos? Leamos Isaías 55:1, "Todos los sedientos". Hermanos, ¿no hemos llegado a estar muy sedientos por todo lo que el Señor ha dicho en los últimos días? Conozco hermanos que han venido a mí y me hablaron, y estaban a punto de perecer de sed, estaban casi listos para pereced de sed. Entonces estas palabras son para ti y para mí. ¡Oh, tan solo piensen! Él quiere llamar la atención de la gente, así que llama en voz alta: "A todos los sedientos: Venid a las aguas". "Venid".

Cuando Él le dijo a Pedro: "Ven", ¿pudo Pedro ir? Si. ¿Cómo fue sobre las aguas? –[Voz: cuando vino la palabra]. Sí, por esa palabra Pedro caminó sobre las aguas. Entonces, cuando él olvidó la palabra y pensó que estaba a punto de hundirse, dijo: "Señor, sálvame". Pedro no pudo llegar al Señor, ¿verdad? Comenzó, pero olvidó el poder de la palabra, la fe declinó, y pensó que no podría alcanzarlo, y clamó: "Señor, sálvame". Y el Señor extendió su mano. No esperó a que Pedro lo alcanzara a Él, sino que extendió la mano y lo levantó. Mi hermano o mi hermana, si ha reunido valor para comenzar con la palabra "ven", y ha olvidado el poder de la misma, y tu fe ha declinado debido a la tormenta que te rodea, puedes decir: "Señor, sálvame", y Él extiende su mano y salvará.

"Venid a las aguas; y los que no tienen dinero, venid, comprad y comed". Él nos dice que compremos, y quien quiera que no tenga dinero, Él se encargará de la compra, verá que recibimos el artículo. Y eso es también lo que les dijo a quienes pensaron que tenían dinero, y no sabían que no tenían ninguno. Pero eso significa nosotros, eso significa tú y yo. Y viene con esas palabras "amados" y "hermanos". "Sin dinero, compra y come, ven a comprar vino y leche sin dinero y sin precio". Lo mismo está en Isaías 52:3, "Porque así dice Jehová: De balde fuisteis vendidos; por tanto, sin dinero seréis rescatados". ¿Cómo podemos regresar cuando nos hemos vendido? ¿Que conseguimos? –Nada. Ahora, si Él nos pidiese alguna cosa por nuestro rescate, ¿cómo podríamos pagárselo? Nos vendimos por nada, y si se nos requiere algo por nuestro rescate, eso significaría la ruina eterna, ¿no es así? Entonces, debemos aclarar un punto, que no tiene costo para nosotros el regresar. "De balde fuisteis vendidos; por tanto, sin dinero seréis rescatados". Sin embargo, le costó algo *al Señor*. De hecho, le costó todo. Pero todo eso nos lo da, para que no nos cueste nada. El precio fue pagado, pero no por nosotros.

> ¿Por qué gastáis el dinero no en pan, y vuestro trabajo en lo que no satisface? Oídme con atención, y comed del bien, y os deleitaréis con algo sustancioso. Inclinad vuestro oído, y venid a mí. Oídme y viviréis (Isa. 55:2,3).

¿Qué es lo que debes hacer para que viva tu alma? –[Voz: "Escuchar"]. ¿Escuchan hermanos? ¿Han escuchado la invitación? ¿Lo vives? Han escuchado del poder creador y del poder de obrar-maravillas de Jesucristo; habiéndolo escuchado, ¿vives por eso? ¿Vives en Él, y por Él, y para Él?

Regresando a la experiencia del desierto, vemos que Moisés levantó una serpiente, ¿y qué debían ellos hacer? "Mirar y vivir". Y así como la serpiente fue levantada en el desierto, y ellos debían vivir, así el Hijo del Hombre fue levantado para que cualquiera que lo mirara a Él, viviera. Pero en el texto bíblico está establecido: "*oíd, y vivirá vuestra alma*". Dios había arreglado el plan de que deberíamos hablar y vivir, pero Moisés lo echó a perder. En el capítulo 20 de Números, leemos que el Señor le dijo a Moisés que allí cuando la gente estuviera murmurando por agua, fuera y "*hablara a la roca*", y que ésta daría agua. Moisés subió y dijo: "¡Oíd, rebeldes! ¿Os hemos de sacar aguas de esta roca? Y *golpeo* la roca dos veces. Fue entonces que estropeó la espléndida figura de Dios, que Él habría de establecer, que todo lo que debíamos hacer era hablar. Ya que la roca *había sido herida* cuando entraron al desierto (Éxo. 17). El registro dice que cuando la gente estaba sedienta, el Señor le dijo a Moisés que subiera a Horeb y que estaría frente a él en la roca. Le dijo que golpeara la roca con la vara que tenía en su mano, para que la gente pudiera beber. Lo hizo, y el agua fluyó. ¿Quién era aquella roca? –[Voz: "Cristo"].

Entonces, ¿por qué golpeó la roca la segunda vez? Cristo no morirá la segunda vez por ti y por mí. El Señor quería mostrarnos esto en esa espléndida figura que estaba a punto de establecer, pero Moisés olvidó su palabra. Moisés no creyó en Él y pensó que debía hacer lo que hizo antes. Olvidó que el Señor dijo: Ve y *habla* a la roca. Así que la *golpeó* y echó a perder la figura. Entonces Dios le dijo: "Por cuanto no me creísteis, para santificarme en ojos de los hijos de Israel, por tanto, no meteréis esta congregación en la tierra que les he dado". Hermanos, el Señor mismo no puede guardarnos de pecar cuando no le creemos. No olvides eso. El Señor no tenía la intención de que Moisés hiciera como hizo, pero Moisés no le creyó. ¿Por qué el Señor no lo guardó de pecar? Él no podía, porque Moisés no le creyó. Entonces, depende de ustedes y de mí, cada vez que Dios nos habla, aceptarlo tal y como Él dice. Entonces, Él nos guardará de pecar.

Cierta noche Cristo dijo a sus discípulos que todos ellos lo abandonarían y huirían. Ellos replicaron: "No, no lo haremos. No señor. Te equivocas". Pedro dijo: Aunque todos te abandonen, yo no lo haré. Antes de que el gallo cantará, lo negó tres veces, aunque había dicho: "Aunque debería morir contigo, no te negaré". ¿Quién tenía razón? –Cristo. Y todos dijeron lo mismo, pero todos huyeron debido a su incredulidad. Si hubieran creído lo que Él había dicho, ¿habrían huido? ¿No habría salvado Él su rebaño? Hermanos, lo que queremos hacer es creerle al Señor. Indudablemente, Moisés *pensó* cuando el Señor le dijo que le hablara a la roca: *quería decir* como lo hizo antes: ir y *golpearla*. Moisés debió haber escuchado atentamente lo que el Señor le *dijo*:

> Considera *lo que digo*, y el Señor te de entendimiento en todo (2ª Tim. 2:7).

Entonces, lo que debemos hacer es *mirar* y vivir; *escuchar* y vivir; *hablar* y vivir; hagámoslo; La roca ha sido golpeada, habla y Él dará el agua de la vida. Hermanos, esto lo dice nuestro Consejero:

> Oíd, y vivirá vuestra alma; y haré con vosotros pacto eterno, las misericordias firmes a David (Isa. 55:3).

Y lo tenemos más: "Compra de mí oro afinado en fuego, para que seas rico; y vestidos blancos, para cubrir la vergüenza de tu desnudez". Y recuerdas la descripción que ya hemos obtenido de esa vestimenta. La figura es, "Este manto que es tejido con el telar del cielo, no tiene un solo hilo de invención humana" (*PVGM*, p. 253). Hermanos, ese manto fue tejido en un cuerpo humano. La carne de Cristo, fue el telar, ¿no es así? Ese manto fue tejido en Jesús; en la misma carne que tú y yo tenemos, porque Él tomó parte de la misma carne y sangre que nosotros tenemos. Esa carne que es tuya y mía, que Cristo llevó en este mundo; ese fue el telar en el que Dios tejió ese manto para ti y para mí, para vestirlo en la carne, y Él quiere que lo llevemos ahora, ¡así como cuando recibamos finalmente la inmortalidad.

¿¿Cuál fue el telar? –Cristo en su carne humana. ¿Qué fue lo que allí se tejió? –[Voz: El manto de justicia]. Y este es para todos nosotros. La justicia de Cristo, la vida que Él vivió, para ti y para mí, lo que estamos consideramos esta noche, ese es el manto. Dios el Padre, estaba en Cristo reconciliando el mundo consigo mismo. "Su nombre se llamará Emanuel", es decir, "Dios con nosotros". Ahora bien, Él quiere que ese manto sea nuestro, pero no quiere que olvidemos quién es el tejedor. No somos nosotros mismos, sino que es Él quien está con nosotros. Fue Dios en Cristo. Cristo debe estar en nosotros, tal y como Dios estaba en Él; y su carácter debe estar en nosotros, tal y como Dios estaba en Él, y su carácter debe ser tejido y transformado en nosotros a través de estos sufrimientos, tentaciones y pruebas que hacemos frente. Y Dios es el tejedor, pero no sin nosotros. Es la cooperación de lo divino y lo humano, el misterio de Dios en ti y en mí, el mismo misterio que estaba en el evangelio y que está en el mensaje del tercer ángel. Esta es la palabra del Consejero Admirable.

[Voz: "¿No fue el carácter tejido sin nosotros?"]. Sí, pero no llegará a ser nuestro sin nosotros. Por lo tanto, somos guiados a través de estas pruebas ardientes y tentaciones para ser participantes del carácter de Cristo; y estas pruebas y tentaciones a la que hacemos frente nos revelan nuestro carácter y la importancia de tener el suyo, de modo que a través de estas mismas tentaciones por las que Él pasó, lleguemos a ser participantes de su carácter, llevando en el cuerpo la justicia de la vida del Señor Jesucristo. Por supuesto, el manto fue tejido sin nosotros, y la belleza de esto es que debemos tener ese manto tan completo como está. Debemos crecer en Cristo, hasta que todos lleguemos a la unidad de la fe. Es el mismo mensaje todavía "hasta que todos lleguemos a la unidad de la fe y del conocimiento del Hijo de Dios, a un varón perfecto, a la medida de la estatura de la plenitud de Cristo" (Efe. 4:13).

¿A qué altura de carácter debemos alcanzar, antes de dejar este mundo? –Tan altos como Cristo. ¿Cuál debe ser nuestra estatura? –La de Cristo. Debemos ser hombres perfectos que lleguen "a la medida de la estatura de la plenitud de Cristo".

¿Quién es el tejedor? –[Voz: Dios]. ¿En los ojos de quién está el patrón? –En los de Dios. Muchas veces, hermanos, los hilos parecen todos enredados cuando los miramos. Las hebras parecen estar todas fuera de forma, y no hay simetría en absoluto en la figura, no se aprecia la belleza en absoluto en el patrón tal y como lo vemos. Pero el patrón no es de nuestra creación. No somos el tejedor. Aunque las hebras parezcan enredadas, y la lanzadera en su excursión las encuentre trabadas, de forma que no sepamos en qué va a terminar aquello, ¿quién envía la lanzadera? Dios la envía y avanzará. No necesitas preocuparte, si los hilos se enredan y nada hermoso puedes ver en ellos. Dios es el tejedor; ¿Puede Él desenredar los hilos? Seguramente los desenredará.

Cuando buscamos por la simetría del patrón y lo vemos todo torcido, y los colores entremezclados, y los hilos estirados de un lado a otro, y la figura parece estropeada, ¿quién está haciendo la figura de todos modos? –Dios, por supuesto. ¿El telar de quién contiene el patrón de la figura en su integridad? ¿Y quién es el patrón? –Cristo es el patrón, y no olvides que "Nadie conoce bien al Hijo, sino el Padre" (Mat. 11:27). Tú y yo no podemos moldear nuestras vidas según el patrón. No lo conocemos a Él. No podemos ver con suficiente claridad para discernir la forma del patrón, o para saber cómo darle forma correcta incluso si nosotros estuviéramos haciendo el tejido. Hermanos, Dios está haciendo el tejido. Él llevará a cabo ese proceso. Dios ve el patrón en su integridad antes de que sea hecho. A su vista aparece perfecto aquello en lo que nosotros sólo podemos ver enredado y torcido.

Hermanos, dejemos que lo teja. Permítanle continuar con su bendito plan de tejer a través de toda nuestra vida y experimenta el precioso patrón de Jesucristo. Se acerca el día, y no está lejos, cuando se realizará el último movimiento de la lanzadera, se colocará el último hilo, el último punto de la figura se finalizará por completo, y se sellará con el sello del Dios viviente. Allí, solo esperaremos en Él, porque "seremos semejantes a Él, porque le veremos tal como Él es" (1ª Juan 3:2).

Hermanos, ¿no es un Consejero Admirable? Oh, tomemos su consejo esta noche. Tomemos la bendita fe que ha sido probada, y todo lo que Él nos dice, porque es todo nuestro. Dios nos lo ha dado. Es mía. Es tuya. Demos gracias y alegrémonos.

> Amados, ahora somos hijos de Dios, y aún no se ha manifestado lo que hemos de ser; pero sabemos que cuando Él apareciere, seremos semejantes a Él, porque le veremos como Él es. Y cualquiera que tiene esta esperanza en Él, se purifica a sí mismo, así como Él es puro (1ª Juan 3:2-3).

Capítulo 11

La lluvia tardía: El Maestro de justicia

¿EL LUGAR donde estábamos en las Escrituras en esta serie de lecciones, ¿Recuerdan que es lo segundo que nos aconseja el Testigo Fiel que compremos? Estudiamos lo primero la otra noche. "Yo te aconsejo que de mí compres oro refinado en fuego, para que seas rico". Ese fue nuestro estudio la última lección; nuestro estudio esta noche continua con lo siguiente: "y vestiduras blancas para que te vistas y no se descubra la vergüenza de tu desnudez".

¿Qué es esa vestimenta? –[Congregación: "Justicia"]. ¿De quién es la justicia? –[Congregación: "De Cristo"]. ¿Qué es la vestimenta? –[Congregación: "La justicia de Dios"]. ¿Qué debemos buscar? –[Congregación: "La justicia de Dios"]. ¿Qué es justicia? –[Congregación: "Practica del bien" (*PVGM* p. 254)]. ¿Es la justicia, practicar el bien? –[Congregación: "Sí"]. –[Voz: "Todos tus mandamientos son justicia" (Salm. 119:172)]. ¿Qué son los mandamientos para nosotros? ¿Qué nos dicen? –[Alguien dijo: "Hacer"] ¿Eso dicen? Los mandamientos requieren el hacer, ¿verdad? –[Congregación: "Sí, señor"]. El primero de todos los mandamientos es:

> "Amarás al Señor tu Dios con todo tu corazón, con toda tu alma y toda tu mente". Y el segundo es semejante a este: "Amarás a tu prójimo como a ti mismo. De estos dos mandamientos dependen toda la ley y los profetas" (Mat. 22:37-40).

Se concluye entonces que la justicia es la práctica del bien; eso está bastante claro.

¿Cuál es la justicia que debemos buscar? –[Congregación: "La justicia de Dios"]. ¿A quién debemos tener? –[Congregación: "A Dios"]. ¿De quién debemos obtener la práctica del bien? –[Congregación: "De Cristo"]. Pero, ¿de quién son las buenas obras que están en Cristo? –[Congregación: "De Dios"]. Cristo no hizo nada por sí mismo; Él dice:

> No puedo yo hacer nada de mí mismo (Juan 5:30).

¿De quién son las buenas obras que encontramos en Cristo? –[Congregación: "De Dios"]. "Dios estaba en Cristo" (2ª Cor. 5:19). ¿De quién son la práctica del bien / buenas obras que debemos tener? –[Congregación: "De Dios"]. ¿Ahora, es eso así? –[Congregación: "Sí, señor"]. ¿Se apegarán a eso durante una semana? –[Congregación: "Sí, señor"]. [Anciano Wm. Hutchinson dijo: "Para toda la vida"]. Muy bien; Pero si algunos en esta audiencia lo quieren hacer por una semana, eso ya me alegra, y lo mismo pueden alegrarse ellos, ya que hay algunos aquí que no la quieren en absoluto. No la han tenido, no lo conocen, y hay muchos de ellos; y por esa razón queremos comprender claramente desde el principio qué clase de vestido es el que hemos de comprar, cuál es el artículo que buscamos. ¿De quién es la práctica del bien que hemos de poseer? –[Congregación: "La de Dios"]. ¿De quién es la justicia que se espera que busquemos? Ese es el objeto de nuestra lección de hoy.

Ahora, llamemos nuevamente la atención a un pensamiento que hemos estudiado antes, con el cual comenzamos directamente este estudio esta noche. Eso es, lo que esta justicia representa para nosotros ahora, volvamos a ese pasaje en Joel 2:23, y obsérvese también la nota marginal.

> Vosotros también, hijos de Sión, alegraos y gozaos en Jehová vuestro Dios; porque os ha dado la primera lluvia moderadamente, y hará descender sobre vosotros lluvia temprana y tardía como al principio.

Nuestro estudio sobre eso fue en el *Boletín* No. 7. ¿Cuál es la nota al marginal? "¿Te ha dado la lluvia tardía?". ¿Qué es eso? –"Un Maestro de justicia". Ha sido "dada la lluvia temprana moderadamente". ¿Qué es eso de moderadamente? ¿Cuál fue la lluvia temprana en Pentecostés? –"Un Maestro de justicia". "Te ha dado un Maestro de justicia de acuerdo a la justicia". ¿Fue eso la lluvia temprana? Y Él te dará "la lluvia, la lluvia temprana y la lluvia tardía", como al principio. ¿Cuál será la lluvia tardía? –"Un Maestro de justicia" nuevamente. ¿De acuerdo a qué? –[Congregación: A la "Justicia"]. ¿Pero cuál es otra expresión para la lluvia tardía? –[Congregación: "El derramamiento del Espíritu"]. ¿Cuál otra tenemos? –[Congregación: "El tiempo de refrigerio"]. ¿Qué es la lluvia tardía para el mensaje del tercer ángel? –[Congregación: "El fuerte clamor"]. ¿Qué es la lluvia tardía en relación con la caída de Babilonia? –Es el otorgamiento de ese poder, y esa gloria, con la cual el ángel de Apocalipsis 18 desciende y alumbra la tierra.

Ahora leamos algunos pasajes de aquellos que ya hemos leído para obtener aquí la conexión definitivamente. En la página 58 del Boletín, en la lección del hermano Haskell, como se leyó en la *Review* [*& Herald*] del 22 de noviembre [de 1892], leemos estas palabras [Elena White]:

> El tiempo de prueba está precisamente sobre de nosotros, pues el fuerte pregón del tercer ángel ya ha comenzado en la revelación de la justicia de Cristo, el Redentor que perdona los pecados. Este es el comienzo de la luz del ángel cuya gloria llenará toda la tierra (1*MS*, p. 425.3).

En otro lugar de ese mismo *Testimonio* leemos:

> Sin embargo, la obra será abreviada en justicia (*JT*, Vol. II, p. 373).

¿Qué "obra será abreviada en justicia"? –[Congregación: "La obra de Dios"].

> El mensaje de la justicia de Cristo resonará de un extremo hasta el otro para preparar el camino del Señor. *Esta es la gloria de Dios* que termina la obra del tercer ángel (*ibíd.*).

Así como ya hemos leído esto en otros lugares, ¿cuál es este mensaje de la justicia de Cristo? –"Este es el comienzo de la luz del ángel cuya gloria llenará toda la tierra". Ahora, vemos que, "Es la gloria de Dios que cierra la obra del tercer ángel". Entonces, cuando hayamos llegado a ese tiempo, ¿qué momento habremos alcanzado? –[Congregación: "El fuerte clamor del mensaje"]. Habremos alcanzado el tiempo cuando Dios va a cerrarla. Esa es la gloria que cierra la obra del mensaje.

Ahora, otra cosa: ¿A qué se refiere esa primera expresión que justo hemos leído? –"Él la abreviará en justicia". Entonces, cuando ese mensaje de la justicia de Dios, la cual es por la fe de Jesucristo, el obrar correcto que es de Dios; cuando es recibido y le es permitido continuar, y es sostenido por su pueblo, ¿qué significa eso acerca de la obra de Dios en la tierra? –Será sólo un *breve* tiempo hasta que todo esté hecho.

Luego, cuando alcancemos el tiempo de la lluvia tardía, el fuerte clamor, el ángel que desciende del cielo con ese gran poder, todas estas cosas viniendo juntas, como lo establecen las palabras del Señor; simplemente somos llevados al mismo punto donde fuimos llevados por el estudio de las cosas que están ante nosotros y que nos condujeron a ver lo que viene sobre nosotros. Esa línea de estudio que tuvimos, estudiando las cosas que están ante nosotros para ver lo que pronto viene sobre nosotros; nos pone cara a cara con seis o siete eventos diferentes que nos encierra en lo mismo; que ahora es el tiempo en que la obra se cerrará en breve, y estamos en medio de las escenas que cierran la historia de este mundo. Aquí están estas diferentes expresiones en el *Testimonio* del Espíritu de Dios, cuando se ponen juntan, eso muestra que es lo mismo desde esa perspectiva.

Bueno, la lluvia tardía es el fuerte clamor del mensaje del tercer ángel; este es el comienzo de aquel mensaje de gloria que ilumina la tierra. Pero la lluvia tardía es la enseñanza de la justicia. ¿Cuándo vino a nosotros, como pueblo, ese mensaje de la justicia de Dios? –[Congregación: "Hace cuatro años"]. ¿Dónde? –[Congregación: "En Minneapolis"]. Sí. Este punto fue traído al estudio la otra noche y puede leerse nuevamente en el *Boletín* No. 7. No sé si podemos establecerlo algo más claro de lo que lo hicimos esa noche.

Ahora, ese mensaje de la justicia de Cristo es el fuerte clamor. Es la lluvia tardía. Hemos estado orando por la lluvia tardía aquí en esta Conferencia, ¿no lo hemos hecho? –[Congregación: "Sí, señor"]. ¿Qué estabas buscando cuando tu oración fue respondida? ¿Estás listo ahora para recibir la lluvia tardía? Hemos estado orando aquí por la lluvia tardía. Ahora ahí está la conexión. Los testimonios nos dicen qué es ésta y Joel nos dice lo mismo.

Simplemente pregunto ahora, ¿estás listo para recibir la lluvia tardía? Es decir, ¿estás listo para recibir el mensaje de justicia de Dios, de acuerdo a justicia? Veamos eso un poco más lejos. Joel dice, de acuerdo a la nota marginal, que este es un Maestro de justicia, que trae la enseñanza de la justicia *de acuerdo a la justicia*. ¿De acuerdo a la idea de justicia de quién? –[Congregación: de "Dios"]. ¿No es la mía? –[Congregación: "No"]. ¿Por qué no? Si recibo la justicia de Cristo según mi idea, ¿no es eso suficiente? ¿No es eso recibir la lluvia tardía? ¿No es eso recibir la justicia de Cristo? –[Congregación: "No: eso sería su propia justicia"]. Pero ese es el problema con muchas personas que han escuchado este mensaje de la justicia de Cristo. Han recibido el mensaje de la justicia de Cristo de *acuerdo a su propia idea* de cuál es Su justicia, y no tienen la justicia de Cristo en absoluto.

Ahora, preguntemos nuevamente, ¿cómo debemos de recibirla? ¿Cómo es dada? –"De acuerdo a justicia". ¿Cómo, entonces, debe ser recibida? –"De acuerdo a justicia". Esta es dada "de acuerdo a justicia", y debemos recibirla "de acuerdo a justicia". Debemos recibirla como es dada.

Pero avancemos más en ese pensamiento; y tampoco estoy en un apuro para terminar con ello. Cuando recibimos la enseñanza, esa enseñanza de justicia "de acuerdo a justicia", debemos recibirla de acuerdo a la idea de Dios de justicia, y no de acuerdo a nuestra propia medida de justicia. Y aquel que piensa en recibir ese mensaje de la justicia de Cristo de acuerdo a su propia idea de justicia, lo perderá por completo. Debemos recibirlo de acuerdo con la idea de Dios de justicia, y nada más que la idea de Dios de justicia, nada más que eso, es justicia.

Hay un pensamiento, nuevamente, que tuvimos la otra noche; que cuando fue presentada hace cuatro años y desde entonces, algunos la aceptaron tal y como fue dada, y se alegraron de la noticia de que Dios tenía justicia [para ellos] que pasaría el juicio, y que sería aceptada a Su vista.

La justicia que es muy superior a la que el ser humano sea capaz de manufacturar en años y años de ardua labor. La gente casi había agotado sus almas, tratando de fabricar un grado suficiente de justicia para resistir a través del tiempo de angustia, y encontrarse en paz con el Salvador cuando Él venga; pero no lo habían logrado. Estos estaban tan contentos de descubrir que Dios ya había fabricado una túnica de justicia y que lo ofreció como un regalo gratuito a cada uno de los que lo tomarían; y esa justicia respondería ahora, y en el momento de las plagas, y en el momento del juicio, y por toda la eternidad, algo que ellos recibieron con gusto, tal como Dios lo dio, y con corazón agradecieron al Señor por ello. Otros no tuvieron nada que hacer con ello en absoluto; sino rechazaron todo el asunto. Otros al parecer tomaron una posición intermedia. No lo aceptaron completamente, ni lo rechazaron abiertamente. Pensaron tomar una posición intermedia e ir junto con la multitud, si la multitud se iba por ese camino allí ellos iban. Y *esa* es la forma en que esperaban recibir la justicia de Cristo y el mensaje de la justicia de Dios.

Otros descartaron deliberadamente el mensaje alrededor del cincuenta por ciento, y lo que restaba le atribuían que *eso* era la justicia de Dios. Y así, todo momento entre la rendición deliberada abierta y libre y la aceptación de la misma; hasta el rechazo abierto: positivo, abierto y deliberado del mismo. Todo el camino entre ellos, los comprometidos han sido dispersados desde entonces; y aquellos que han tomado esa posición comprometedora no están mejor preparados esta noche para discernir cuál es el mensaje de la justicia de Cristo de lo que estuvieron hace cuatro años.

Algunos de estos hermanos, desde la reunión de Minneapolis, yo mismo he oído que dicen "amén" a predicaciones, a declaraciones que fueron completamente paganas, y no sabían, sino que era la justicia de Cristo. Algunos de los que se opusieron tan abiertamente en ese momento y votaron con la mano levantada en su contra, y desde entonces los he escuchado decir "amén" a las declaraciones que fueron tan abierta y decididamente papales como la iglesia papal misma puede expresarlas. Traeré eso aquí en una de estas lecciones, y llamaré su atención a las declaraciones de la iglesia católica y de sus doctrinas de la justificación por la fe. Traeré eso en alguna lección futura y les dejaré ver cuál es la doctrina de la iglesia católica en cuanto a la justificación por la fe. "¡Cómo!", Alguien dirá, "no sabía que la Iglesia Católica crea en la justificación por la fe. Oh si, ellos creen. Sí, verdaderamente creen: puedes leerlo de sus libros. Algún otro dirá: "Pensé que creían en la justificación por obras". Lo hacen y no creen en nada más; pero lo hacen pasar bajo la cabeza de la justificación por la fe. Y no son las únicas personas en el mundo que lo están haciendo (me refiero a los miembros de la iglesia católica). No son los únicos que lo están haciendo.

Por lo tanto, apelo a todos a que tan solo nos unamos ahora, y dejemos de lado todo, cada noción preconcebida, cada pensamiento de cómo esta o aquella opinión es o debería ser; y unámonos ahora para escuchar el mensaje de la justicia de Cristo, y estudiarla en el temor de Dios, orando con todo el corazón para que Él en esta Conferencia pueda darnos el Maestro de justicia de acuerdo con su propia idea de justicia. Eso es lo que queremos.

Y, hermanos, tan ciertamente como le oremos a Él para que lo haga, eso es lo que hará. Y luego cuando nos envíe, por su Espíritu, la enseñanza del mensaje de su justicia, tomémosla exactamente como Él la da, y no le descontemos ni una partícula; no hay diferencia si quita todo lo que alguna vez pensamos que era la idea correcta en ese sentido; no tenemos nada que hacer con eso. Acordamos al principio de estás predicaciones, cuando venimos aquí para estudiar, apoyarnos en esta plataforma:

| Y si alguno piensa que sabe algo, aún no sabe nada como debe saber (1ª Cor. 8:2).

Eso es aplicable a este tema, a aquellos que lo han recibido, con la misma certeza (aunque quizás no en el mismo grado) como aquellos que no lo han recibido. Porque aquellos que lo han recibido no pueden jactarse ahora, y ponerse en pie y decir: "Estoy bien ahora; No necesito aprender nada más ahora". Si alguien se pone en esa posición, viene a ser, de entre todos, el más necesitado en aprender.

Entonces, lo que usted y yo queremos hacer es poner a un lado cada pensamiento de este tipo, cada deducción que hemos hecho sobre esto, cada descuento que le hemos puesto, cada forma que le hemos dado; soltémoslas todas, y vengamos, como dijo Cristo: "como niños pequeños", preguntando cuál es el reino de Dios; porque el reino de Dios es justicia, paz y gozo en el Espíritu Santo (Rom. 14:17). Aquellos que no recibirán el reino de Dios como niños pequeños, Jesús mismo dice que no pueden entrar en él. Y si venimos con lo que ya hemos aprendido, y tratamos de encuadrarlo sobre eso, no encajará. Si venimos y tratamos de moldear todo lo demás que Él nos dará ahora, sobre nuestra concepción de lo que tenemos, arruinaremos todo el asunto, y simplemente nos excluiremos de todo. Por lo tanto, ese texto aún permanece con nosotros: "Y si alguno piensa que sabe algo, aún no sabe nada como debe saber". Eso nos pertenece.

Ahora llevando ese pensamiento un poco más lejos. La lluvia tardía, este mensaje, es la justicia de Dios, el cual es por la fe de Jesucristo. Ese es el fuerte clamor; pero ese mensaje es la enseñanza de la justicia de *acuerdo a justicia*, y eso significa la idea misma de Dios de justicia, y no la nuestra. ¿Es *mi idea* de la justicia de Dios, mi idea en su máxima extensión, la idea de Dios de justicia? –[Congregación: "No"]. Entonces, cuando tenga la idea más extendida que pueda de la justicia de Dios, y esté satisfecho con ello, y diga que eso es para salvarme, entonces ¿de quién es la justicia que es para salvarme? –[Congregación: "La tuya propia"]. Por supuesto que sí; porque cuando mido sus ideas y las mías, y lo hago a Él como a mí mismo, lo confino dentro de mi comprensión, y soy mi propio salvador, porque eso no lo hace a Él más grande de lo que yo soy. ¿Ves eso? –[Congregación: "Sí, señor"].

Si en efecto; debemos recibir este mensaje, esta lluvia tardía, esta justicia de Dios, de acuerdo con Sus propias ideas y Sus caminos; y cuando lo dice, cuando lo da, debemos tomarlo y agradecerle por ello; no para cuestionar cómo viene, ni nada por el estilo, sino para recibirlo conforme lo habla, como lo da, y dejémosle hacer justo como le plazca llevarlo adelante en el mundo. Porque, ¿qué es la justicia? –Hacer lo recto. ¿De quién es la justicia que debemos tener? –[Congregación: de "Dios"]. Entonces, es el hacer lo recto de Dios lo que debemos tener, no es nuestro propio hacer lo recto. Es su idea de su hacer lo recto, y no la nuestra de hacer lo recto. No se trata de nuestra propia idea de Su hacer recto; sino es su idea de acuerdo a Su buen obrar. En realidad, es Su propio buen obrar cuando Él hace las cosas. Por lo tanto, eso nos llama a usted y a mí, a entregarnos completamente a Él, y permitirle que haga las buenas obras, como a Él le place, en nosotros que le pertenecemos. Él debe hacer la obra. Nosotros debemos ser los instrumentos. "Ríndanse como instrumentos de justicia". Tus miembros como instrumentos de justicia. ¿Cederlos a quién? –A Dios. Él usa los instrumentos. Romanos 6:13. ¿Se lo permitirás? –[Congregación: "Sí, señor"]. ¿Se apegarán a eso por una semana? –[Congregación: "Sí, señor"].

Ahora otro pensamiento que nos lleva en consecuencia. Sabemos que es solo la idea de Dios; esa es la verdadera idea de esta justicia de Dios. Entonces, ¿puedo comprender su idea de justicia *con mi propia mente*? –[Congregación: "No, señor"]. ¿Puedo tener una mente que pueda comprenderlo? –Si. ¿Hay alguna mente en el universo que pueda comprender la idea de Dios de justicia? –Si. ¿De quién es? –De Cristo Entonces, ¿no nos muestra eso, a usted y a mí, el hecho de que sin la mente de Jesucristo no tenemos y no podemos tener la justicia de Dios? No me interesa cuanta teoría un hombre pueda tener de la justicia de Dios; no importa cuánto pueda decir que cree en la justicia de Dios; no me interesa cuánto pueda decir que cree en la justificación por la fe; si no tiene la mente misma de Cristo, no entiende la idea de Dios de la justificación por fe, y no puede expresarla.

Ningún hombre puede comprender la justicia de Dios sin la mente de Jesucristo, la cual es la única de todas las mentes en el universo que puede comprenderla, o entenderla o conocerla. ¿Es eso así? –[Congregación: "Sí, señor"]. ¿Pero puedo hacer que mi mente se convierta en la mente de Cristo? ¿Rehacerla, renovarla y transformarla a la mente de Cristo? –[Congregación: "No, señor"]. –[Alguien en la audiencia citó el texto: "Haya, pues, en vosotros este sentir {mente} que hubo también en Cristo Jesús" (Filipenses 2:5)]. Muy bien; ¿lo permitirás? ¿Harás eso? ¿Es eso lo que has decidido hacer? –[Congregación: "Sí, señor"]. Eso es con lo que se comienza ¿no es así? Aclaremos eso, y creo que para entonces la hora del estudio de esta tarde habrá expirado; que la única forma posible en que cualquiera en este mundo pueda conocer la justicia de Dios, pueda recibir la justicia de Dios, puede recibir la enseñanza de esta justicia de acuerdo a justicia, ...la única forma, la única forma posible, de que cualquier hombre en este mundo pueda recibirla, o conocerla, es teniendo la mente misma de Cristo.

Aquí hay una expresión que daremos, suficientemente correcta en sí misma, que los mandamientos de Dios son el reflejo, la transcripción, la expresión de la justicia de Dios. Los diez mandamientos son la manifestación por escrito, en letras, de la voluntad de Dios. Romanos 2:17, 18: "He aquí, tú tienes el sobrenombre de judío, y te apoyas en la ley, y te glorías en Dios; y conoces su voluntad, y apruebas lo mejor; siendo instruido por la ley". Entonces, Siendo la ley de Dios la expresión de su voluntad, que expresa, cómo se debe actuar en conformidad con Él, en lo referente a la práctica del bien. ¿Aprobarán los diez mandamientos la acción de alguien que no alcance la idea de Dios referente a la práctica del bien? –No. Entonces, los diez mandamientos simplemente requieren tal medida de hacer lo recto, como la propia mente de Dios lo mide, como su voluntad lo expresa. Bueno, entonces, cuando los diez mandamientos requieren justamente eso, y no aceptarán algo menor que eso, ¿cómo en el mundo se cumplirán los requisitos de los diez mandamientos en la vida de cualquier hombre que no tiene la mente de Dios? No se puede hacer.

¿Dónde conseguimos esa mente? –[Congregación: "En Cristo"]. Entonces, ¿es posible para cualquier hombre, por cualquier medio posible, entregar a los diez mandamientos lo que requieren, y lo único que ellos aceptarán, sin tener la mente misma de Jesucristo? –[Congregación: "No, señor"]. Bueno, ¿puedo tener la mente de Cristo sin el resto de Él? –No, no puedo. Por lo tanto, como no puedo tener la mente de Cristo sin el resto de Él, se concluye que debo tener la presencia personal de Cristo mismo.

¿Qué es lo que nos trae a ti y a mí la presencia personal de Jesucristo? –El Espíritu de Dios. Vayamos a dos textos, uno en Juan y el otro en Efesios, y creo que eso será todo lo que tendremos tiempo de leer esta noche. Juan 14:18 nos dice: "No os dejaré huérfanos, volveré a vosotros". No nos deja huérfanos, es decir, sin un consolador. Entonces Él dice: vendré a ti; pero cuando Él viene a nosotros así, no estamos sin un consolador. Entonces Él si viene a nosotros por el Consolador, que es el Espíritu Santo.

Ahora vayamos a Efesios 3:16, 17. Leamos eso juntos y cuidadosamente. Esta es la oración:

> Para que os dé, conforme a las riquezas de su gloria, el ser fortalecidos con poder en el hombre interior por su Espíritu; que habite Cristo por la fe en vuestros corazones.

–[Alguien citó las palabras del texto, "Por fe"]. Por supuesto, la fe pertenece allí. Pero hay un doble apego a la declaración de en medio: primero, fortalecido con poder por su Espíritu en el hombre interior, para que Cristo pueda morar en sus corazones, pero Él mora en el corazón por la fe.

Recibimos la promesa del Espíritu a través de la fe; pero ¿que *trae*?, El Espíritu de Dios; y cuando tenemos eso [Espíritu de Dios], Cristo habita en el corazón. Entonces es el Espíritu Santo el que trae la presencia personal de Jesucristo; y al traernos su presencia personal, se trae a sí mismo. Entonces, ésta es la mente de Cristo, por la cual podemos comprender, investigar y deleitarnos con las cosas profundas de Dios que Él pone a nuestro alcance y da a luz a nuestro entendimiento y las pone ante nosotros en su claridad. Eso es lo que debemos tener, para que podamos tener la presencia de Cristo, para que podamos tener la justicia de Cristo, para que podamos tener la lluvia tardía, para que podamos dar el fuerte clamor.

Capítulo 12

Justificación por fe versus Justificación por obras

La pasada noche llegamos a esto: que, para tener la justicia de Dios, que es la lluvia tardía, la cual es la preparación para el fuerte clamor; debemos tener solamente la mente de Cristo; no puede venir de alguna otra manera. Este es precisamente el consejo que se nos da en las Escrituras:

| Haya en vosotros el mismo sentir [mente] que hubo en Cristo Jesús (Fil. 2:5-8).

¿Qué es lo que ese texto muestra que hace la mente de Cristo? ¿Qué hizo en Él? Que se "vaciara a sí mismo". Cuando esa mente está en nosotros, ¿qué hará allí? La misma cosa. Nos vaciará del yo. Entonces, el primer pensamiento que da ese texto es que la mente de Cristo vacía del yo a las personas en las cuales está presente.

Cuando esa mente que estaba en Cristo lo vació a Él mismo, entonces ¿qué vino?, Dios lo llenó. Cuando esa mente, que estaba en Él, está en nosotros, y hace en nosotros lo que hizo en Él; nos vacía de nosotros mismos, ¿qué ocupará entonces el lugar? –Dios en Cristo nos llenará. Entonces, Dios en Cristo mora en nosotros. Pero eso quita el yo del camino.

Para comenzar ¿qué mente está en nosotros? La mente del yo. ¿Qué hace esa mente? Exalta al yo. ¿Qué tipo de mente es la que tenemos para comenzar? La mente natural. Un hombre tiene una mente natural, y debe tener otra mente, debe tener la mente que estaba en Cristo; pero esa mente que está en Cristo solo vacía del yo a aquel en quien habita. Por lo tanto, como tenemos una mente para comenzar, y *debemos* tener *otra* que no sea ella; mientras es vaciada del yo, ¿No se deduce inevitablemente que la mente con la que tenemos que comenzar, *es una mente solo del yo?*

Dios hizo al hombre para comenzar, en el real comienzo en el Edén. ¿Puso Dios en ese hombre la mente del yo? –[Congregación: "No, señor"]. ¿La mente de quién estaba en ese hombre? –La mente de Dios. El hermano Haskell nos ha leído en sus lecciones la maravillosa sabiduría que había en Adán, y esa sabiduría era de Dios, que era reflejada en la vida de Adán; su mente, sus pensamientos, toda su constitución reflejando al Creador. Cuando Dios dijo: "Hagamos al hombre a nuestra imagen", se refería a mucho más que a la *forma*; se refería a que, si usted y yo pudiéramos haber visto a Adán y Eva tal y como venían de la mano de Dios, habríamos visto reflejada la imagen de Dios, y nos habría hecho pensar en Alguien detrás de ellos, muy atrás de ellos, y muy superior a ellos. ¿Quién es ese? –Dios.

Pero no permanecieron como Dios los hizo. Satanás vino al jardín. Dios les había dicho ciertas palabras, *sus* palabras, la expresión de *su mente, su pensamiento* acerca de ellos. Si hubieran recibido esas palabras, si hubieran retenido esas palabras y los pensamientos de Dios en esas palabras, ¿La mente de quién habrían retenido? –La de Dios. Cuando este otro, Satanás, vino y les dijo otras palabras, expresando sus pensamientos, y el producto de su mente, y ellos aceptaron eso, y se rindieron a eso: entonces ¿qué pensamientos recibieron?, y ¿qué mente recibieron? –[Congregación: la de "Satanás"].

No necesitamos volver a las profundidades de la experiencia de Satanás; todos sabemos qué fue lo que causó su caída. ¿Qué fue eso? –[Congregación: "Orgullo"]. Pero el yo fue la raíz del orgullo; el yo es la raíz de todo; El orgullo es solamente el fruto del yo. Satanás se miró a sí mismo antes de enorgullecerse de sí mismo. Si hubiera mirado al rostro de Aquel que se sienta en el trono, nunca habría llegado a ser orgulloso. Habría reflejado la imagen de Aquel que se sienta en el trono, tal como esa imagen es manifestada en Jesucristo. Pero cuando apartó la mirada del rostro del que estaba sentado en el trono y la puso sobre sí mismo, fue entonces que llego enorgullecerse de sí mismo; fue entonces que consideró lo hermoso que *él mismo era*, y su corazón se alzó debido a su belleza, y comenzó a darse crédito por lo que era. Lo que era vino de Dios. Pero Lucifer *se dio crédito* por todo lo que era. ¿Acaso en ello, él no se consideraba auto-existente, de hecho, se puso en el lugar de Dios? Pero todo vino del yo; y eso es el pensamiento de todo esto. Él dijo: "Seré como Dios; Seré semejante al Altísimo". Estaría en el lugar de Cristo; y cualquiera que se pone en el lugar de Cristo, se pone en el lugar de Dios, porque Dios está en Cristo.

Entonces, siendo eso así, siendo esa la mente de Satanás, cuando él vino a nuestros primeros padres y ellos recibieron esa mente, ¿qué mente era esa? La mente del yo, porque ésta es la mente de Satanás, la del yo; y la misma ambición fue presentada ante ellos, la que él presentó ante él mismo y que lo hizo lo que es. Dijo:

> No moriréis. Sino que Dios sabe que el día que comáis de él serán abiertos vuestros ojos, y seréis como Dios, conocedores del bien y del mal. Cuando la mujer vio que el árbol era bueno para comer, agradable a los ojos y codiciable para alcanzar sabiduría...

¿Para qué era codiciable? –Para ser sabio. ¿Sabio como quién? –Como Dios; "Seréis como Dios", sabiendo más de lo que sabéis ahora; sabiendo tal y tal cosa. Oh sí, entonces ese árbol es un árbol codiciable para traerme ese conocimiento, para darme esa sabiduría, y este árbol es el canal a través del cual puedo lograr ese objeto de ser como Dios. Eso es todo. Entonces, ¿cuál es la mente que está en nosotros? –[Congregación: La del "yo"]. La mente natural es la mente de Satanás; siempre el yo.

Ahora, el Señor no la dejó allí sola. El Señor no se detuvo allí. Si se hubiera detenido allí, nunca habría habido en la mente de algún hombre en este mundo, ningún otro impulso que no fuera el de Satanás mismo; porque toda la mente natural es del yo y de Satanás solamente. Pero Dios dijo: Lo romperé;

> Y pondré enemistad entre ti y la mujer, y entre tu simiente y su simiente (Gén. 3:15).

Dios puso la enemistad allí, el odio contra el poder de Satanás, e incluso el odio contra las cosas que están en esa mente. Dios ha plantado ese odio allí, y este es la fuente de todo impulso hacia el bien, hacia lo recto, o cualquier cosa de ese tipo que venga alguna vez a la mente de cualquier hombre en este mundo.

Pero cuando Dios pone allí ese odio al mal, este también engendra el *deseo* por algo mejor que este mal que odiamos. Pero, ¿qué es ese algo mejor? ¿Cuál es el objeto de ese deseo? –[Congregación: "Jesucristo"]. Porque Jesucristo y su presencia, la mente de Dios, regresa al lugar de donde fue quitada. La imagen de Dios regresa al lugar desde donde ésta ha sido alejada por este engaño de Satanás. Cristo es la imagen de Dios, la imagen expresa de su persona, y cuando recibimos a Jesucristo en su plenitud, la imagen de Dios regresa al lugar al que pertenece. Por lo tanto, al poner Él esa enemistad, establece la libre voluntad, la elección, para que el hombre pueda elegir esta otra mente. Esto es esa Luz que ilumina a cada hombre que viene al mundo. Si un hombre sigue esa luz, encontrará a Jesucristo, como lo hizo Abraham, como lo hizo Cornelio, como hacen todos los que siguen ese rayo de luz. Así Él es el Deseado de todas las naciones (Hageo 2:7). Ese es Cristo.

El hombre que encuentra ese odio al mal, ese deseo de algo mejor, ese deseo de hacer el bien, ¿está ya haciendo el bien? –[Congregación: "No"]. ¿Es capaz de efectuar el bien al que es impulsado? –[Congregación: "No"].

Leamos en romanos y veamos lo que se hace, capitulo 3 y verso 10, dice:

> Como está escrito: No hay justo, ni aun uno

Y continuando en el versículo 12:

> Todos se desviaron del camino, a una se hicieron inútiles. No hay quien haga lo bueno, no hay ni aún uno.

¿Es eso cierto? –[Congregación: "Sí"]. Entonces, ¿cómo podemos hablar de un pagano haciendo el bien? ¿*Hace* él, el bien? "No hay quien haga lo bueno, no hay ni aún uno". –[Una voz: "Si un hombre tiene a Cristo, puede hacer el bien"]. –¡Pero si él tiene a Cristo, ya no es un pagano! De lo que estamos hablando es de los paganos. No, incluso no hay necesidad. No necesitamos ir a los paganos a inquirir; nos basta con ir a los judíos. Aquí hay uno que era un judío, como tú y yo. Romanos 7:14, y nos dice:

| Sabemos que la ley es espiritual, pero yo soy carnal, vendido al pecado.

La mente carnal es la mente natural. ¿De quién es la mente natural? –De Satanás, esa es la mente del yo; que no es otra cosa sino la mente de Satanás, la del yo. Bueno, leamos más:

| Porque lo que hago, no lo *entiendo. [*Reconocer, permitir, consentir, etc.].

¿Cuál es la razón por la que no consiento lo que hago? ¿Cuál es el asunto con esto? ¿Por qué no puedo consentirlo? –Porque sé que está mal. No está bien. ¿Acaso si fuera bueno, no podría permitirlo? "Lo que hago, no lo entiendo" ¿Qué es entonces realmente lo que hace? ¿El bien? No, *lo que no es bueno*. Lo malo. Lo incorrecto.

"Pues no hago lo que quiero". ¿Qué es lo que a él gustaría hacer? –[Congregación: "El bien"]. Lo que quiero hacer no lo hago. ¿Qué le *gustaría* hacer? –[Congregación: "El bien"]. Y, ¿qué fue lo que hizo? –[Congregación: "Lo incorrecto"]. Entonces, en ambos puntos, ¿qué es lo que fue hecho? –El mal.

"Sino lo que aborrezco, eso hago". ¿Qué aborrecía él? –El pecado. Aborrecía lo malvado, lo incorrecto, lo malo. ¿Pero qué *hizo*? –Lo malvado. Hizo lo malvado, hizo lo incorrecto, hizo lo malo.

Entonces, ¿cuánto *bien* hace el hombre natural? –NADA. Aunque odie el *mal*, ¿cuánto bueno *hace*? –Ninguno. *Desearía* hacer el bien; pero, ¿cuánto del bien que él *desea* realmente hace? –Ninguno. Ahora ¿es eso así? –[Congregación: "Sí"]. Así es; porque la Biblia lo dice así. Entonces, ¿de qué sirve que alguien hable acerca de los paganos haciendo el bien, o incluso de un judío haciendo el bien, o de cualquier hombre haciendo el bien, quien posee solamente la mente natural, y *es* solo un hombre natural? No estamos hablando aquí de lo que el hombre *sabe*. Tampoco de si tiene o no impulsos hacia el bien. Esa no es la cuestión. Tuvo estos impulsos todo el tiempo, ¿no es así? Tenía el conocimiento del bien, tanto que odiaba las cosas malas que estaba haciendo.

Ahora piensa en esto. Había un hombre natural: había un hombre como tú y yo, y como cualquier otro hombre nacido en este mundo. Éste tenía impulsos hacia el bien; tenía el conocimiento del bien; odiaba la maldad; Pero ¿qué fue lo que *hizo*? La pregunta no es qué es lo que pensaba, ni qué es lo que conocía, sino ¿qué es lo que hacía? –Hacia el *mal*. Este hombre hizo el *mal*. Aquí la cuestión no es lo que él *sabía*. ¿Hacía alguna otra cosa que no fuese el mal? –No. Él *sabía* algo más, sabía de algo mejor, ¿no es así? –[Congregación: "Sí"]. Pues bien, no intentemos hacer pasar nuestro buen *saber* cómo si fuese buen *hacer*. No confundamos lo que *conocemos* con lo que *hacemos*. El *conocimiento* de lo correcto no es *hacer* lo correcto. Así que ese hombre no hizo ningún bien. ¿De quién se trata? –Somos tú y yo, del hombre natural. ¿Soy yo aquel? –Si. Sin la mente misma de Cristo, ¿soy yo? –Si. Entonces, aunque profese creer en Cristo, si no tengo la mente misma de Cristo, ¿soy yo aquel? –Si. ¿Eres tú aquel? –[Congregación: "¡Sí, señor!"]. Muy bien, entonces, avancemos juntos.

> Y si lo que no quiero, eso hago, apruebo que la ley es buena. De manera que ya no soy yo quien lo hace, sino el pecado que mora en mí.

No, porque dije que *no quería* hacerlo. Dije que lo odiaba, y declaré que nunca lo haría de nuevo. Pero lo hice. Entonces, cuando lo odié, y resolví y volví a resolver, y determiné que nunca lo volvería hacer de nuevo, y todavía así lo *hice*, ¿cuál fue el asunto conmigo? Que tenía el *conocimiento*, pero no tenía el *poder*. Ahora, el evangelio de Cristo, "que es Cristo en vosotros" (Col. 1:27), ese es el *poder*, es el poder de Dios para salvación de todo aquel que cree (Rom. 1:16).

Resulta, pues que el hombre natural no es libre, ¿verdad? –[Congregación: "No, señor"]. Él no está en una condición en donde pueda *hacer* lo que quisiera, incluso con el intelecto nublado y la mente obscurecida que posee. No puede vivir ni siquiera a la altura de su propia norma. Pero eso que él quisiera hacer, tal como él lo ve, ¿es eso lo que Dios quiere que él haga? –[Congregación: "No"]. ¿O como Dios lo haría? –[Congregación: "No"]. ¿De quién es *las buenas obras* que debemos de poseer? –[Congregación: "De Dios"]. Sí, ya que es la justicia de Dios la que debemos de poseer. Y la justicia es la práctica del bien, es decir, buenas obras. Así que es las buenas obras de Dios las que debemos de tener. así pues, vemos que nuestro entendimiento es extremadamente bajo, incluso con la luz que Dios ha dejado brillar en nuestros corazones. Entonces, ¿dónde está el *obrar bien* de cualquier hombre en este mundo que no tiene la mente de Jesucristo?

> Y yo sé que, en mí, esto es, en mi carne, no habita el bien, porque el querer el bien está en mí, pero no el hacerlo.

¿Qué es eso que está presente con nosotros? La *voluntad* de querer hacer el bien. Entonces, ¿qué hizo la enemistad que fue puesta allí en contra de Satanás? ¿Qué fue lo que hizo? ¿No es darle libertad a la voluntad del hombre? –Si. ¿Fue algo más que eso? –[Congregación: "No"]. Ahora pensemos cuidadosamente en esto; me refiero a este punto. Hay otras cosas en esto, por supuesto; pero ¿hizo algo más por el hombre para habilitarlo para *hacer* las buenas obras, y glorificar a Dios? ¿Hizo algo más por él que liberar su *voluntad*, para que pudiera *elegir* a qué amo serviría? –[Congregación: "No"]. Puso el odio allí, y le dio el conocimiento de algo mejor. Le dio el odio a la maldad, lo conduce hacia el bien; pero ¿lo habilita para *hacer* el bien? –[Congregación: "No"].

Ahora, tan solo otro pensamiento en esto. Ese hombre odia la maldad y declara que nunca lo hará; sin embargo, contra su voluntad y contra todo su ser, lo hace. Pero, ¿qué es esto, y quién es ese que realmente lo hace? –[Congregación: "El pecado que mora en él"]. ¿Y quién gobierna eso? –[Congregación: "Satanás"]. ¿Quién es el amo de ese hombre? –Congregación: "Satanás"].

Ahora, cuando el hombre es liberado de esa mente carnal, de esa mente del yo y de Satanás, ¿quién controla a ese hombre? ¿Quién es entonces su maestro? –[Congregación: "Cristo"]. Sí. Él es quien lo libera. Es Cristo Jesús. Luego, cuando somos liberados del dominio de Satanás, nos unimos a otro Maestro. El dominio de Satanás es la esclavitud y la ruina: el dominio de Cristo es libertad, y vida, alegría y prosperidad eterna.

Ahora llevemos ese pensamiento un poco más allá. Cuando tuvimos la mente de Satanás y él gobernaba, dijimos que no haríamos esas cosas malvadas, pero fueron precisamente lo que hicimos. ¿Quién las hizo [en mi]? –[Congregación: "El pecado que mora en nosotros"]. Dijimos que haríamos este y aquel bien. Pero no lo hicimos. ¿Quién nos lo impidió? –[Congregación: "Satanás"]. Pero ahora en Cristo somos libres de él [satanás]: tenemos la otra mente. Decimos que haremos eso. ¿Quién lo hace? –[Congregación: "Cristo"]. Cuando estábamos en nuestra mente natural y nos *rehusábamos* a hacerlo, ¿quién lo *hacía*? –[Congregación: Satanás]. Y cuando estamos en la mente de Cristo y *elegimos* ¿quién lo hace? –[Congregación: "Cristo"] ¿Es eso así? –[Congregación: "Sí"]. Dios es el que en vosotros produce así el querer como el hacer, por su buena voluntad (Fil. 2:13). Este pensamiento vendrá más plenamente en otro momento; pero lo que queremos traer delante de ustedes es éste:

> Porque no hago el bien que quiero, sino el mal que no quiero, éste hago. Y si hago lo que no quiero, ya no soy yo quien lo hace, sino el pecado que mora en mí. Hallo, pues, esta ley, que cuando quiero hacer el bien, el mal está en mí. Porque según el hombre interior me deleito en la ley de Dios; mas veo otra ley en mis miembros, que se rebela contra la ley de mi mente, y me lleva cautivo a la ley del pecado que está en mis miembros. ¡Miserable hombre de mí! ¿Quién me librará de este cuerpo de muerte? (Rom. 7:19-24).

¿Cuál es la condición del hombre que solo tiene la mente natural? –[Congregación: "Miserable"]. Sí, y en cautiverio. Y cuanto más intenso es el odio al mal, más miserable es su condición; porque no hay liberación de él, en nada que el hombre pueda hacer por sí mismo. Bueno, entonces, ¿quién lo va a librar?

> "¡Gracias doy a Dios, por Jesucristo Señor nuestro!". "Ahora pues, ninguna condenación hay para los que están en Cristo Jesús, los que no andan conforme a la carne, sino conforme al Espíritu" (Rom. 7:25; 8:1).

> Porque la mente carnal es muerte, pero la mente espiritual, vida y paz: Porque la mente carnal es enemistad contra Dios; porque no se sujeta a la ley de Dios, ni tampoco puede Romanos 8:6, 7.

. ¿Cuál es la condición de aquel hombre que solo tiene la mente natural? –[Congregación: "Muerte"]. Pero la mente espiritual, es vida y paz. Porque la mente carnal–[la mente natural] "ESTÁ en enemistad con Dios. –[Congregación: "No; *es* enemistad con Dios"].

No; no *está* en enemistad con Dios; sino que *ella* misma, *es* enemistad. "Porque la mente carnal está en enemistad contra Dios; porque no se sujeta a la ley de Dios", ¿hasta que el hombre sea convertido? –[Congregación: "Ni tampoco puede"]. ¿No puede? ¿Acaso no puede Dios someter esa mente a su ley? –[Congregación: "No"]. Ahora, ¿no puede el Señor hacer que esa mente que está en usted y en mí, la mente natural, se sujete a su ley? –[Congregación: "No"]. ¿Qué es esa mente? Es enemistad contra Dios. ¿No puede el Señor hacer que aquello que es enemistad *contra* Él, se torne en amor *por* Él? –[Congregación: "No"].

Ahí está el punto: si *estuviera* en enemistad, entonces podría ser reconciliada, porque aquello que la hiciera *estar* en enemistad sería la fuente del problema. Y, por lo tanto, al quitar la fuente del problema, lo que está en enemistad sería reconciliado. *Nosotros* estamos enemistados, estamos *en* enemistad. Pero cuando Dios quita la enemistad, *somos reconciliados* con Él. Pero en este asunto de la mente carnal, no se trata de que haya algo interpuesto: *es la mente misma* la que es enemistad. Esa es la raíz.

Entonces *no puede* estar sujeta a la ley de Dios. Lo único que se puede hacer con ella es *destruirla, desarraigarla, desterrarla, aniquilarla*. ¿De quién es esa mente? –[Congregación: "Satanás"]. Es la mente del yo, y esa es la mente de Satanás. Bueno, entonces, ¿qué puede hacer un hombre en el camino de la justicia? ¿Qué puede ser hecho en él, incluso en el camino de la justicia, mientras esa otra mente esté allí? –[Congregación: "Nada"]. Pues bien, esa es la mente que está en toda la humanidad. Ahora veamos cómo esta mente carnal, este hombre natural, obra en manera de justicia, en materia de justificación.

En Romanos 1:20-22, leemos esto:

> Porque las cosas invisibles de Él, su eterno poder y Divinidad, son claramente visibles desde la creación del mundo, siendo entendidas por las cosas que son hechas; así que no tienen excusa. Porque habiendo conocido a Dios, no le glorificaron como a Dios, ni le dieron gracias; antes se envanecieron en sus discursos, y su necio corazón fue entenebrecido. Profesando ser sabios, se hicieron necios.

¿Quién fue el primer habitante de este mundo que profesó seguir la sabiduría por sugerencia del yo, por sugerencia de Satanás? –Eva. Ella fue la primera en alcanzar la sabiduría de esta manera. ¿Qué obtuvo? –[Congregación: "Necedad"]. Se volvió una necia. Y *todos* estamos ahí. ¿Quién dirige la mente natural? –Satán. ¿Quién la trabaja? –Satán. Entonces, cuando aquellos de los que está hablando aquí, se habían alejado de Dios, se volvieron necios, "y cambiaron la gloria del Dios incorruptible por imágenes de hombres corruptibles, de aves, de cuadrúpedos y de reptiles", eso es el paganismo. En el capítulo XV de *Declive y caída del Imperio Romano*, de Gibbon, leo (párrafo 17). En este capítulo él habla de los paganos sobre la búsqueda después de la inmortalidad del alma:

> En su elevada búsqueda, su razón fue frecuentemente guiada por su imaginación, y su imaginación motivada por su vanidad.

Observad eso. La "razón" ¿de qué tipo de mente? –[Congregación: "La mente carnal"]. ¿Guiada por la imaginación de qué tipo de mente? –[Congregación: "La mente carnal"]. ¿Y la imaginación motivada por la vanidad de qué tipo de mente? –[Congregación: "La mente carnal"]. ¿Acaso no es esa exactamente la mente de Satanás? La vanidad, fue la raíz de la búsqueda, y el yo la raíz de la vanidad. Este es el mejor comentario que encontrarás en este mundo sobre ese versículo de la Escritura. Sigo leyendo:

> Cuando contemplaron *con complacencia* las dimensiones de *sus poderes mentales...* cuando ejercieron las diversas facultades de la memoria, la fantasía y el juicio según las más profundas especulaciones, o las ocupaciones más importantes, y cuando reflejaron el *deseo de fama*, lo que los transportó a las edades futuras, mucho más allá de los límites impuestos por la muerte y el sepulcro; no estuvieron dispuestos a confundirse con las bestias del campo, o a suponer que *un ser hacia cuya dignidad profesaban la más sincera admiración* pudiera no ser más que una diminuta mancha sobre la tierra, de unos pocos años de duración.

¿Qué es eso sino la descripción de la carrera de Satanás cuando comenzó? Su razón motivada por su imaginación; su imaginación guiada por su vanidad y viendo con complacencia el alcance de sus propios poderes mentales; el deseo de fama más allá de Dios, y la falta de voluntad para permitir que una persona [él mismo] por cuya dignidad hospedó la más sincera admiración pudiera ser adecuadamente reducida a un lugar subordinado en el universo de Dios. ¿No es esta una descripción exacta de la humanidad en una condición pagana, escrita por un filósofo, mirando el cuestionamiento solamente desde el lado del hombre? ¿Podría haber una descripción más clara del funcionamiento de Satanás en su carrera original? Bien, ¿entonces qué sigue?:

> Animado por esa favorable impresión, convocó en su ayuda a la ciencia, o más bien al lenguaje de la metafísica. Descubrieron pronto que, puesto que ninguna de las propiedades de la materia se aplicaba a las operaciones de la mente, el *alma humana* debía *en consecuencia* ser una *sustancia distinta del cuerpo*, algo puro, simple y espiritual, no sujeto a la disolución, susceptible de un grado mucho mayor de virtud y felicidad *tras haberse liberado de su prisión corporal*. A partir de esos sofisticados y nobles principios, los filósofos que andaban en las huellas de Platón dedujeron una conclusión muy injustificada, puesto que aseveraron, no sólo la futura inmortalidad, sino *la eternidad pretérita del alma humana*, que estuvieron prestos a considerar como *una porción del espíritu infinito que existe por sí mismo, el cual impregna y sustenta el universo.*

¿Qué es eso sino la mente de Satanás? Auto-existente, como Dios. Igual con Dios. ¿Qué es eso entonces sino la acción en el hombre de esa misma mente la cual en Lucifer, en el cielo, aspiraba a ser igual a Dios? Tal es la mente que exaltaría el yo a la igualdad con Dios. Esa es la mente natural. Esa es la mente que es natural en todos los hombres del mundo. Esa es la mente de Satanás. Y ese es el obrar de esta mente natural en abierto y atrevido paganismo. Entonces, ¿no necesita cada uno de ellos otra mente; incluso la mente de Jesucristo, que no estimó ser igual a Dios, sino que se vació a sí mismo? Por lo cual Dios lo ha exaltado grandemente (Fil. 2:5-8).

Bueno, allí hemos visto la idea pagana de manera abierta, amplia y cruda, tal como es. Ahora veamos qué es esta misma cosa, tal como está ante el mundo, profesando ser justificación por fe. Y así es como se manifiesta en el papado. Porque el papado es la encarnación misma de Satanás y esta mente del yo. Porque éste es "el cual se opone y se exalta, *así mismo*, contra todo lo que se llama Dios o es adorado" (2ª Tes. 2:4). Y todo esto bajo el nombre y la forma del cristianismo; todo esto como una falsificación de la verdad.

Tengo aquí un libro titulado, *Creencia Católica*. Lleva el *sello* de John Cardinal McCloskey, Arzobispo de Nueva York, y Henricus Eduardus, Card. Archiep. Westmonastery; escrito por el "Muy Rev. Joseph Faa Di Bruno, D. D., Rector General de la Piadosa Sociedad de Misiones; Iglesia de SSmo Salvatore en Onda, Ponte Sisto, Roma, y la Iglesia Italiana de San Pedro, Hatton Garden, Londres, E. C.; Editado por el reverendo Louis A. Lambert, autor de "*Notas sobre Ingersoll*", etc., etc., y entra en este país con la aprobación de la Jerarquía en este país.

Leeré algo de este, para que pueda tener las dos cosas; la verdad de la justificación por la fe y la falsedad de ella, una al lado de la otra.

Leeré lo que este libro dice, y luego lo que Dios dice en *El Camino a Cristo*. También está en los *Testimonios*, y en toda la Biblia, por supuesto. Quiero que vean cuál es la idea Católica Romana sobre la justificación por la fe, porque he encontrado esto entre los profesos adventistas del séptimo día durante los últimos cuatro años. Estas mismas cosas, estas mismas expresiones que se encuentran en este libro católico, en cuanto a qué es la justificación por la fe y cómo obtenerla, son justamente tales expresiones las que los profesos adventistas del séptimo día me han hecho en cuanto a qué es la justificación por la fe.

Me gustaría saber cómo tú y yo llevaremos un mensaje a este mundo, advirtiéndoles contra la adoración de la bestia, cuando mantenemos en nuestra misma profesión sus doctrinas; ¿se puede hacer eso? –[Congregación: "No"]. Y así, en esta noche, llamo su atención sobre esto para que puedan ver exactamente qué es; y para que, si es posible, sabiendo de qué se trata, sabiendo que es papal, sabiendo que es de la bestia, lo dejarás ir porque es eso de lo que se trata, incluso si no están listos para creer en la justificación por fe, de hecho, incluso si no puedes verlo, como sucede con algunos, tal como Dios lo da. Ahora, si descubrimos que es papal, espero que aquellos que lo hayan sostenido, o lo hayan expresado de todas formas, lo que sea que hayan sostenido, estén dispuestos a dejarlo ir de cualquier manera. En la página 74 de este libro leo lo siguiente:

> En el caso de las personas adultas, se requieren ciertas disposiciones de parte del pecador a fin de que esté preparado para obtener esa gracia habitual y permanente de la justificación.

Tiene que prepararse él mismo para ello. Tiene que hacer algo para hacerse apto a sí mismo para recibirla. Conforme lea cada declaración de este libro, leeré también lo opuesto a ello. Así que ahora, en la página 31 de *El Camino a Cristo*, nos dice:

> Si percibís vuestra condición pecaminosa, no aguardéis hasta haceros mejores a vosotros mismos. ¡Cuántos hay que piensan que no son bastante buenos para ir a Cristo! ¿Esperáis haceros mejores por vuestros propios esfuerzos? ...Únicamente en Dios hay ayuda para nosotros. No debemos permanecer en espera de persuasiones más fuertes, de mejores oportunidades, o de tener un carácter más santo. Nada podemos hacer por nosotros mismos. Debemos ir a Cristo tales como somos. ["Id a Él con vuestra alma manchada tal cual está", p. 34].

También léase Romanos 4:5. Esto es justificación por la *fe*. La otra cosa es justificación por obras. Esto es de Cristo: aquello es del diablo. Una es la doctrina de Cristo de la justificación por la fe: la otra es la doctrina del diablo de la justificación por la fe. Y es hora de que los adventistas del séptimo día entiendan la diferencia. –[Congregación: "¡Amén!"].

Nuevamente, del libro católico:

> Un hombre puede disponerse a sí mismo, sólo mediante la ayuda de la gracia divina, y las disposiciones que muestra no efectúan por ningún medio o mérito alguno a la justificación: *sólo sirven para prepararlo para ello.*

"No, no creo en la justificación por obras; pero tenemos que hacer algo para estar preparados para ella. Tenemos que mostrar nuestras buenas intenciones de cualquier manera. Tenemos que tomar algunas buenas resoluciones antes de comenzar, de cualquier manera; algo para prepararnos para ello". ¿Qué dice Dios?

Leo en las páginas 35 y 36 de *El Camino a Cristo*:

> Por su tierno amor [Dios] está atrayendo a sí mismo los corazones de sus hijos errantes. Ningún padre según la carne podría ser tan paciente con las faltas y los yerros de sus hijos, como lo es Dios con aquellos a quienes busca para salvar.

¿Qué hace Dios? "*Busca* para salvar", esta es la manera de Dios. ¡Oh, no, Él espera hasta que los hombres se preparen a sí mismos para ser salvados! Esa es la manera de Satanás.

Sigo leyendo en *El Camino a Cristo*:

> Nadie podría argüir más tiernamente con el pecador. Jamás enunciaron los labios humanos invitaciones más tiernas que las dirigidas por Él al extraviado. Todas sus promesas, sus amonestaciones, no son sino el suspiro de su amor inefable. Cuando Satanás venga a decirte que eres un gran pecador, alza tus ojos hacia tu Redentor y habla de sus méritos. Lo que te ayudará será mirar su luz. Reconoce tu pecado, pero di al enemigo que "Cristo Jesús vino al mundo para salvar a los pecadores" (1ª Tim. 1:15), y que puedes ser salvo por su incomparable amor.

También Juan 3:16. Esto es justificación por la fe; *aquello* es justificación por las obras. *Este* es de Jesucristo; *aquello* es de Satanás.

En este libro católico continúa diciendo una serie de cosas que uno debe hacer, a fin de tener esas disposiciones:

> Un *acto* de fe..., un *acto* de temor de Dios..., un *acto* de esperanza..., un *acto* de arrepentimiento..., una *resolución* de aproximarse al sacramento de la *penitencia*.

"Esas son cosas que te preparan para ser justificado, a fin de ser salvo..." Leo en la página 76 del mismo libro:

> Estamos en continua necesidad de las gracias actuales a fin de efectuar buenas acciones, *tanto antes* como *después* de haber sido justificados.

Buenas acciones deben ser realizadas antes de que seamos justificados, a fin de ser aptos para ello.

> Las buenas acciones, no obstante, efectuadas con ayuda de la gracia antes de la justificación, no son *en sentido estricto* meritorias, pero sirven para *allanar el camino* a la justificación, para *mover* a Dios.

"Sirven para mover a Dios". Ese es justamente el espíritu duro y férreo que el diablo afirma que estaba en el Señor cuando comenzó, en el cielo, a acusar que Dios era un tirano; que Dios no quiere que su pueblo sea libre, que sus criaturas sean libres; que Dios se sienta allí y quiere que todo sea justo como Él lo quiera, *sin* ningún motivo, juicio, libertad o cualquier cosa por el estilo; tiene que ser "movido" por sus criaturas. Esa es la doctrina que Satanás ha puesto en la idea del sacrificio desde ese momento hasta ahora. Dios determinó los sacrificios para mostrarle al hombre, para transmitirle al hombre, lo que Dios está dispuesto a hacer por él; que Dios está haciendo sacrificio por él [hombre]. Pero Satanás volteó la idea e hizo creer al hombre que él [el hombre mismo] tiene que hacer el sacrificio para poner a Dios de buen humor; dado que el Señor está enojado con él y que el Señor quiere castigarlo; y ahora tenemos que sacrificar para pagarle para que no nos lastime; y tenemos que "moverlo" para justificarnos.

Leamos lo que el Señor dice al respecto, en *El Camino a Cristo*, páginas 53 y 54. Hablando de la parábola del hijo pródigo, "Y cuando todavía estaba lejos, su padre lo vio y sintió compasión por él, y corrió, se echó sobre su cuello y lo besó" (Luc. 15:20), dice:

> Más ni aun esta parábola tan conmovedora alcanza a expresar la compasión de nuestro Padre celestial. El Señor declara por su profeta: "Con amor eterno te he amado, *por tanto te he extendido mi misericordia*" (Jer. 31:3). Mientras el pecador está todavía lejos de la casa de su Padre desperdiciando su hacienda en un país extranjero, el corazón del Padre se compadece de él; y todo anhelo de volver a Dios que se despierte en su alma no es sino una tierna súplica del Espíritu, que insta, ruega y atrae al extraviado al seno amoroso de su Padre.
>
> Teniendo tan preciosas promesas bíblicas delante de vosotros, ¿podéis dar lugar a la duda? *¿Podéis creer* que cuando el pobre pecador *desea volver* y abandonar sus pecados, el Señor le impide con severidad que venga arrepentido a sus pies? ¡*Desechad tales pensamientos*! Nada puede perjudicar más a vuestra propia alma que tener tal concepto de vuestro Padre celestial.

¿Quién quiere lastimar nuestras almas? –[Congregación: "Satanás"]. ¿Quién es el que más quiere lastimar el alma? –Satanás. ¿Qué podría lastimar más el alma que aquella doctrina ahí en ese libro?; ¿qué debemos ponernos en disposiciones, enmarcar nuestra mente, y hacer buenas resoluciones y todas estas cosas para "mover" a Dios a tener compasión de nosotros y salvarnos? ¿Qué podría herir más el alma que pensar que Dios severamente retiene al pecador hasta que la pobre alma perdida hace algo para "moverlo"? ¿Qué cosa más hiriente podría una persona creer que eso? La respuesta del Señor es: "No hay nada que pueda dañar tu alma más que tal concepción". Entonces, ¿de dónde solamente puede venir esa doctrina? –[Congregación: "De Satanás"]. Sin embargo, ¡*eso* se hace pasar bajo el título y bajo la idea de justificación por fe! No hay fe en ello. Apartadlo, dice el Señor. Y que toda la gente diga, Amén.

Continúo leyendo de la *Creencia católica*:

> Pero si, con la asistencia de la gracia actual, la persona que está en un estado de gracia justificadora hace buenas obras, son aceptables a Dios, y *merece* un *incremento en la gracia* en la tierra, y un *incremento de la gloria en el cielo*.

¿Qué dice el Señor en la página 57, del *Camino a Cristo*? Esto se encuentra en el capítulo intitulado, "La prueba del discipulado" [en español, "Cómo lograr una magnífica renovación"]. Está hablando a aquellos que son discípulos; está hablando a las mismas personas a las que habla el otro libro. ¿Qué dice?

> Si bien no podemos hacer cosa alguna para cambiar nuestro corazón, ni para ponernos en armonía con Dios; si bien *no debemos confiar para nada* en nosotros mismos ni en nuestras *buenas obras*, nuestra *vida demostrará* si la gracia de Dios mora en nosotros.

Ves entonces, que la idea de Dios es que cuando Él esté allí, se mostrará a sí mismo a través de nosotros. La contraparte, la idea de Satanás, es que después de que hemos logrado que el Señor se convierta [de su intransigencia], entonces hacemos algún buen trabajo que es "meritorio", y estaremos a salvo en este mundo, tendremos "un aumento de gracia" en esta tierra, "Y un aumento de la gloria en el cielo". Ese es el mismo fundamento de los méritos de los "santos", de los cuales el Papa extrae indulgencias para dar a quienes no tienen suficientes méritos propios.

Ahora, aquello que acabo de leer de esta obra católica, está en un capítulo sobre justificación, predicando la doctrina directa sobre la justificación. Aquí (página 365) repasa la doctrina de la justificación por la fe, *en condenación de los protestantes que la creen*. Veamos, hermanos, si seremos protestantes o católicos. Veamos si seremos cristianos o papistas. Veamos si creemos en Jesucristo o Satanás. Eso es lo que necesitamos entender ahora, y saber que lo entendemos, antes de comenzar a dar el mensaje del tercer ángel.

Leo:

> De igual modo que en las revoluciones los líderes procuran ganarse a la gente mediante el señuelo de una prometida independencia, con ocasión de la así llamada Reforma –que fue una revolución contra la autoridad y orden de la iglesia en religión–, es evidente que fue el objetivo de los reformadores el seducir al pueblo con el pretexto de hacerlos independientes de los sacerdotes, en cuyas manos colocó nuestro Salvador la administración de los siete sacramentos de perdón y de gracia.
>
> Comenzaron, pues, por descartar cinco de esos sacramentos, incluyendo el de la ordenación, según el cual son ordenados los sacerdotes, y el sacramento de la penitencia, en el que se otorga el perdón de los pecados al penitente... Redujeron entonces evidentemente a un mero asunto de forma los dos sacramentos que profesaron retener, que son el santo bautismo y la santa eucaristía. A fin de lograr ese rechazo, y para *capacitar a cada individuo* a prescribir para sí mismo, y *procurar por sí mismo* el perdón de los pecados y la gracia divina, *independientemente de los sacerdotes...*

Pastor Jones: ¿Es esa doctrina verdadera? ¿Es cierto que el hombre puede acudir a Dios por sí mismo, independientemente de los sacerdotes? –[Congregación: "Sí"]. ¿Qué dice el Señor?

El Camino a Cristo, página 101:

> Las relaciones entre Dios y cada una de las almas son tan claras y plenas como si no hubiese otra alma por la cual hubiera dado a su Hijo amado.

Gracias al Señor. Vuelvo a leer del libro católico:

> Independientemente de los sacerdotes y de los sacramentos, inventaron un *medio exclusivo*, nunca antes visto en la Iglesia de Dios, y *rechazado hasta hoy* por todas las

> iglesias de Oriente y por los *Católico-Romanos en el todo el mundo*, según el cual los seguidores de Lutero se aventuraron a declarar que cada individuo puede asegurarse el perdón y la justificación, independientemente de los sacerdotes y de los sacramentos.
>
> Dieron forma a un nuevo *dogma, que es imposible encontrar en ninguno de los credos*, en los cánones o concilios generales; me refiero al nuevo dogma de *la justificación por la sola fe*.

Ese es el "nuevo dogma" que es condenado por el papado: no figura en ninguno de los credos que poseen.

Sigo leyendo en la página 366:

> Al añadir la palabra "*sola*", los protestantes profesan excluir todas las obras exteriores, ceremoniales, pías, las obras caritativas, las de obediencia o de penitencia, y cualquier acto moral, como *medio para aprehender* la justificación, o como *condición para* obtenerla.

"Oh, sí, tienes que hacer algo para allanar el camino; tienes que hacer algo para salir de ese lugar donde estás", para que puedas ser justificado. Debes elevarte parte del camino, y luego el Señor se conmoverá y te recibirá y te justificará. Esa es la doctrina de Satanás. ¿Seremos protestantes o católicos? Esa es la pregunta. –[Congregación: "Protestantes"]. ¿Proclamaremos el mensaje del tercer ángel que advierte contra la adoración de la bestia y de su imagen? ¿O seremos parte de la bestia y su imagen nosotros mismos? Esa es la pregunta. Porque la imagen es la imagen de la bestia en este punto, así como en todos los demás, a pesar de que profesa ser protestante. Es protestante apóstata.

En la página 367 del libro católico leí lo siguiente:

> Hacer todas esas obras con la finalidad de ser justificado es, dicen, como dar una moneda a la reina para obtener de ella un favor real.

¿Qué dice el Señor? Página 50 de *El Camino a Cristo*:

> Esta es la lección que el Señor Jesús enseñó mientras estuvo en la tierra. Debemos creer que recibimos el don que Dios nos promete, y *lo poseemos*.

Entonces, ¿cuál de esas dos declaraciones es cristiana? –[Congregación: "La segunda"]. Pero la Iglesia Católica dice que eso es protestantismo. Y es cierto. ¡Alabado sea el Señor! Pero, continuamos leyendo más del libro católico:

> Ven tal como eres, añaden; es imposible que resultes demasiado malo para Jesús.

Gracias a Dios porque esa no sea la doctrina católica. Gracias al Señor porque no forma parte de la bestia o su adoración, ni de su imagen y la adoración de ella. ¿Qué dice el Señor?

Página 31 de *El Camino a Cristo*:

> No podemos hacer nada por nosotros mismos. Debemos ir a Cristo tales como somos.

Nuevamente en la página 52, del *Camino a Cristo*, dice:

> El Señor Jesús se complace en que vayamos a Él *tal como somos: pecaminosos.*

¿Qué es "pecaminoso"? –[Congregación: "Lleno de pecado"]. ¿Se complace Jesús en que vengamos a Él tal como somos, *llenos de pecado*? –[Congregación: "Sí"]. ¿Se complace? –[Congregación: "Sí, señor"]. Seamos cristianos. –[Congregación: "¡Amén!"]. Seamos protestantes. Tengamos el mensaje del tercer ángel, que es el evangelio de Jesucristo.

> El Señor Jesús se complace en que vayamos a Él tal como somos: pecaminosos, sin fuerza, necesitados. Podemos ir con *toda* nuestra debilidad, insensatez y maldad, y caer arrepentidos a sus pies. Es su gloria estrecharnos en los brazos de su amor, vendar nuestras heridas y limpiarnos de toda impureza... Nadie es tan pecador que no pueda hallar fuerza, pureza y justicia en Jesús, quien murió por todos.

Ese es el regalo de Dios. Ese es su regalo, un regalo gratuito, sin dinero, sin precio; y lo tomo con gusto, y eternamente le agradezco por ello. Esta es la idea del Señor de la justificación por la fe. La otra es la idea de Satanás.

Leamos nuevamente del libro católico:

> Mediante la *sola fe* en su promesa, *ellos* [los protestantes] *aseveran* que puedes y debes aceptar los méritos de Cristo, abrazar la redención de Cristo y su justicia; apropiarte personalmente de Cristo, creer que Cristo está contigo, que es tuyo, que perdona tus pecados, y todo ello sin preparación alguna, ni realizar nada por tu parte.

¡Bien! Gracias a Dios, ¡eso es protestantismo! Y los católicos saben que eso es protestantismo. ¿Lo sabéis vosotros?

Veamos lo que dice el Señor en la página 51 de *El Camino a Cristo*:

> Es la voluntad de Dios limpiarnos del pecado, hacernos hijos suyos y habilitarnos para vivir una vida santa. De modo que podemos pedir a Dios estas bendiciones, creer que las recibimos y agradecerle por *haberlas* recibido. Es nuestro privilegio ir a Jesús para que nos limpie, y estar de pie delante de la ley sin confusión ni remordimiento. Efesios 1:3.

–[Congregación: "Amén"]. ¿Sin ninguna necesidad de hacer penitencia? –[Congregación: "Sí"]. Gracia al Señor.

Vuelvo a leer del libro católico, [que intenta presentar como absurda la postura protestante]:

> De hecho, por más deficiente que puedas ser en toda otra disposición *requerida por los Católicos*, y por más cargado de pecados, si confías solamente en que Jesús perdonará tus pecados y te salvará, en esa *sola confianza* serás perdonado, personalmente redimido, justificado y colocado en un estado de salvación.

Leamos ahora en las páginas 35 y 36 de *El Camino a Cristo*:

> Cuando Satanás venga a decirte que eres un gran pecador, alza los ojos a tu Redentor y habla de sus méritos. Lo que te ayudará será mirar su luz. Reconoce tu pecado, pero di al enemigo "que Cristo Jesús vino al mundo para salvar a los pecadores" (1ª Tim. 1:15), y que puedes ser salvo por su incomparable amor. El Señor Jesús hizo una pregunta a Simón con respecto a dos deudores. El primero debía a su señor una suma pequeña y el otro una muy grande; pero él perdonó a ambos, y Cristo preguntó a Simón qué deudor amaría más a su señor. Simón contestó: "Aquel a quien más perdonó" (Luc. 7:43). Hemos sido grandes deudores, pero Cristo murió para que fuésemos perdonados. Los *méritos de su sacrificio* son *suficientes* para presentarlos al Padre en nuestro favor.

¿Son suficientes? –[Congregación: "Sí, señor"]. ¡Bien! Hay mucho más en esta obra católica que no me tomaré el tiempo de leer ahora. Más adelante define qué es la *fe*. Ahora piense detenidamente, porque he conocido a personas que piensan que esto es fe; la versión del libro católico. A eso ellos le llaman fe.

Leo la página 368 [libro católico]:

> La palabra "fe" en la Escritura, algunas veces significa *confianza* en la omnipotencia y bondad de Dios, en que Él puede y está deseoso de cuidarnos o beneficiarnos mediante alguna interposición milagrosa. Se refiere sobre todo a verdades reveladas, y significa *creencia* en ellas como tales. *Nadie en el mundo tiene derecho* a dar a la palabra fe un significado nuevo y *tomarla*, por ejemplo, *significando confianza en Jesús* para ser *personalmente salvo* mediante esa sola confianza, a no ser que Jesucristo o los apóstoles hubieran atribuido *claramente* en alguna ocasión un significado tal a la palabra fe, y hubieran enseñado la doctrina de la *confianza en Cristo para la salvación personal* como único requisito para la justificación. Nadie debiera atribuir a la palabra *fe* un significado particular, sin poseer una sólida autorización en las Escrituras o en la tradición divina.
>
> En muchos pasajes de las Escrituras en los que se habla con llaneza de la fe salvadora, *fe* no significa *confianza en Cristo para la salvación personal*, sino evidentemente una firme creencia en que Jesús es el Mesías, el Cristo, el Hijo de Dios, que lo que el evangelio registra sobre Él es cierto, y que lo que Él enseñó es cierto.

En la página 370, define la fe, y leeré eso antes de leer lo contrario:

> Esos textos, referidos todos ellos a la fe que salva, prueban más allá de toda duda que *no es confianza en Cristo para la salvación personal*, sino la *fe del credo*, la fe en las verdades reveladas.

Ahora, ¿qué es la fe según lo leído? –"La fe del credo". Simplemente elaboran una declaración de cosas que llaman la doctrina de Dios, y luego *crees* eso y *haces lo mejor que puedes*, y eso pasa por justificación por la fe. Ya sea que el credo esté redactado en la auténtica escritura, o ya sea que esto sea la idea de alguien que ellos quieren pasar por una votación en una Conferencia General; en principio no hay diferencia, el credo está ahí, y la suscripción a éste, es solo ese tipo de fe. Y hay aquí personas que recuerdan un tiempo, hace cuatro años; y un lugar, Minneapolis; cuando tres esfuerzos directos fueron hechos para lograr que algo se adhiriera sobre el mensaje del tercer ángel, mediante una votación en una Conferencia General. *Lo que alguien creyó*; establécelo como punto de referencia, y luego voten para defenderlo, ya sea que sepas o no lo que es; y entonces sigue adelante y acuerda guardar los mandamientos de Dios, y un montón de otras cosas que vas a hacer, y *eso fue pasado como justificación por la fe*.

¿Acaso no se nos habló en aquel momento que el ángel de Dios dijo: "No den ese paso; no sabes lo que hay en ello"? "No puedo tomar el tiempo para decirte lo que hay en ello, pero el ángel ha dicho: "No lo hagas". El papado estaba en ello. Eso era lo que el Señor estaba tratando de decirnos y hacernos entender. El papado estaba en ello. Era como si hubiera estado en todas las demás iglesias que han salido del papado; funcionarían por un poco mientras anduvieran por fe en Dios; y entonces, arreglarían la idea de doctrina de algún hombre, y votarían para defenderla, y votarían que esa es la doctrina de esa iglesia, y entonces dan por hecho que esa es "la fe del credo", y entonces le dan seguimiento *con sus propias acciones*.

¿Hay alguien en este lugar que estuvo allí en ese momento y que no puede ver ahora lo que había allí? Entonces, hermanos, ¿no es hora de soltarse, si es que nos quita la vida misma? Nos la quitará; nos crucificará con Jesucristo. Causará una muerte al pecado de una gran manera, como nunca antes habíamos soñado en nuestras vidas. Nos quitará toda esa mente papal, todo ese espíritu de hierro, y pondrá allí la mente divina, tierna y amorosa de Jesucristo; protestantismo que no quiere credo, porque tiene a Cristo mismo.

Bueno, permítanme leer nuevamente eso, y después la contradicción aquí. Parece que un libro fue escrito para el otro. Hermanos, ¿cuál de los libros seguiremos? –Oh, *El Camino a Cristo*. Ese es lo que es, son pasos *con* Él; cuando hemos dado un paso, entonces son pasos *con* Cristo.

Ahora, continúo leyendo del libro católico y luego leeré lo opuesto:

> Ahora, en muchos pasajes de las Santas Escrituras en los que se habla con llaneza de la fe *salvadora*, que la *fe* no significa *confianza en Cristo para la salvación personal*, sino evidentemente una firme creencia en que Jesús es el Mesías, el Cristo, el Hijo de Dios, que lo que el evangelio registra sobre Él es cierto, y que lo que Él enseñó es cierto.

Esa es la "fe" católica. Ahora, ¿cuál es la idea verdadera?, ¿cuál la definición que el Señor da?

El Camino a Cristo, página 63:

> Cuando hablamos de la fe debemos tener siempre presente una distinción. Hay una *clase de creencia enteramente distinta de la fe*. La existencia y el poder de Dios, la verdad de su Palabra, son hechos que aún Satanás y sus huestes no pueden negar en lo íntimo de su corazón.

¿Acaso no le dijeron los espíritus malignos a Jesús que Él era el Cristo? –[Congregación: "Sí"]. Entonces los demonios, Satanás y sus huestes, creen en la existencia y el poder de Dios, que su palabra es verdadera y que Jesús es el Mesías, el Cristo, el Hijo de Dios. Satanás y sus huestes creen todo eso. Pero eso no es fe. ¿Cuánto poder hay en su creencia para obrar el bien en sus vidas? –Ninguno en absoluto. No tienen fe. Pero esta es la fe católica, ¿no es así? ¿Qué clase de fe es entonces? Esa es la fe satánica. Eso es todo lo que es, creencia satánica, como lo expresa; pero el papado lo pasa por fe. Y quien pasa eso por fe es un papista incluso aunque profese ser un adventista del séptimo día.

Pero leamos de *El Camino a Cristo*:

> La Escritura dice que "los demonios creen y tiemblan" (Sant. 2:19), pero *esto no es fe*. Donde no sólo existe una creencia en la Palabra de Dios, sino que *sumisión de la voluntad a* Él; donde *se le entrega el corazón* y *los afectos se aferran a Él*, ALLÍ HAY FE.

Esa es la verdad de justificación por la fe; eso es justicia por fe; esa es una fe que obra, gracias al Señor; no una fe que cree en algo alejado, que mantiene la verdad de Dios en el atrio exterior, y luego busca por sus propios esfuerzos compensar el faltante. No, eso no. No, sino la fe que *obra*. Ésta en sí misma está obrando; tiene un poder divino en ella para manifestar ante el mundo la voluntad de Dios en el hombre. Esa es la justicia por la fe; la justicia que obtiene la fe, la que recibe y que mantiene, la justicia de Dios.

Continúo leyendo de *El Camino a Cristo*:

> Allí hay fe, una fe que obra por el amor y purifica el alma. Mediante *esa fe* el corazón se renueva conforme a *la imagen de Dios*.

No necesito leer más, ya que esto es suficiente para mostrar el contraste, y el tiempo se ha ido. Esto es suficiente para mostrar que la doctrina papal de la justificación por la fe es la doctrina de Satanás; es simplemente la mente natural dependiendo del yo, obrando a través de ella misma, auto-exaltándose; y luego cubriéndolo todo con una profesión de creer en esto, aquello y lo otro, pero con la ausencia del *poder de Dios*. Entonces, hermanos, permitamos que esto sea desarraigado para siempre.

En el paganismo, Satanás dirige la mente del hombre a ponerse en igualdad con Dios, sin ningún tipo de encubrimiento. Entonces Cristo vino al mundo, revelando el verdadero evangelio como nunca antes: Cristo en el hombre, el hombre justificado por la fe en Él y solo la fe; una fe que tiene vida divina en ella; una fe que tiene poder divino en ella; una fe viva que obra; Una fe que trae todas las cosas al que la posee, y restaura la imagen de Dios en el alma. Entonces Satanás tomó esa misma mente carnal que en el paganismo se había hecho igual a Dios, y ahora la cubrió con su propia idea de fe y la hizo pasar por justificación por fe, y exaltó al principal representante de ella, sobre todo lo que se llama Dios, o que es adorado, de modo que como Dios se sienta en el lugar de adoración de Dios, mostrándose a sí mismo que él es Dios.

¡Oh, que podamos tener la mente de Cristo y no la mente carnal!, ¡Oh, que podamos tener la mente de Cristo y no la mente de Satanás!, ¡Oh, que podamos tener la idea del Señor de la justificación por la fe, y no la idea de Satanás!, ¡Oh, que podamos recibir la idea del Señor de justicia por fe y no la de Satanás! Entonces, verdaderamente recibiremos la lluvia tardía, "el Maestro de justicia de acuerdo con la justicia" (Joel 2:23 Versión Marginal).

Hermanos, creamos el mensaje del tercer ángel. Ahora yo espero que el camino esté claramente abierto ante nosotros, para estudiar tal y como es la justicia de Dios, la cual es por la fe de Jesucristo para todos y sobre todos los que creen. Entonces, avancemos en el temor de Dios, buscando que su Espíritu Santo nos lo aclare, para que ese Maestro de Justicia nos pueda enseñar la justicia según la justicia.

Capítulo 13

Una fe viva que obra

El último estudio que tuvimos aquí fue un esfuerzo para presentar lo más claramente posible ante este pueblo, la diferencia entre la creencia satánica y la fe de Jesucristo; la diferencia entre la justificación por la fe tal como es y la justificación por obras bajo el título de justificación por fe. Ese fue el esfuerzo; ese era el objetivo. Y recordarás cómo fue hecho. Y eso nos trae al tema que está ante nosotros ahora: que debemos tener la enseñanza de la justicia según la justicia. Y esto puede ser, como hemos descubierto, solo de acuerdo con la idea de Dios sobre justicia, y no la nuestra; y para tener la idea de Dios sobre justicia, en lugar de la nuestra, debemos tener la mente que puede comprenderla, y esa es solamente la mente de Jesucristo. Cualquiera que no tiene la mente misma de Cristo, quien no se ha entregado a sí mismo, y todo lo que tiene y es, y recibido la mente de Cristo en su lugar, no lo comprende, y no puede comprender qué es la justicia por la fe; no puede saber qué es la justificación por la fe. Puede profesarlo: puede asentir; puede reclamarlo, pero no puede saberlo, porque ningún hombre puede saberlo con la mente natural.

Continuemos, leyendo lo que dice la Biblia en 1ª Cor. 2:14:

> El hombre natural no percibe las cosas que son del Espíritu de Dios, porque para él son locura.

Esa es la precisa manera en que la justicia por la fe ha sido tratada por cientos de personas que profesan creer en ella.

Pastor Lewis Johnson: Los sacerdotes de la Iglesia del Estado en Escandinavia la predican de ese modo.

Sí, todos los católicos lo predican de esa manera. Con la mente natural es así. Y siempre será así con el hombre que no tiene la mente de Cristo. Pero el hombre que no tiene dicha mente, lo desconoce. Él piensa que es recto; él piensa que ha obtenido la justicia de Dios la cual es por fe. Y aunque lo que tiene no es tan bueno, por lo que tiene que hacer para arreglarlo y completarlo; aun así, piensa que eso es justicia por fe: "Pero el hombre natural no percibe las cosas que son del Espíritu de Dios, porque para él son locura, y no las puede entender, porque se han de discernir espiritualmente".

¿Cómo puede entonces un hombre conocer la justicia de Dios con la mente natural? Ahora, tan solo apelo a ustedes. No me interesa quienes son, si alguna vez has oído hablar de Cristo en tu vida; ahora tan solo toma ese versículo como se lee; ¿Cómo puede un hombre conocer la justicia de Dios por él mismo con una mente carnal, la mente de Satanás? porque eso es, lo que la mente carnal es. Ahora, ¿puede ese hombre hacerlo? –[Congregación: "No"]. ¿Puede la mente de Satanás conocer la justicia de Dios?

Nuevamente: la justicia de Dios como se expresa en letras, en palabras, en los diez mandamientos, es la ley de Dios. Ahora, todos estamos de acuerdo con eso; no hay un adventista del séptimo día que no esté de acuerdo con eso. La dificultad es, que muchas personas tratan de obtener la justicia de Dios expresada en la ley, *mediante* la ley. Mientras que algunos otros en realidad la obtienen sin la ley, "*por medio de la fe de* Jesucristo, para todos los que creen en él, porque no hay diferencia". "Porque ahora (¡y significa *ahora*!), aparte de la ley, se ha manifestado la justicia de Dios, testificada por la ley y por los Profetas: la justicia de Dios por medio de la fe de Jesucristo, para todos los que creen en Él, porque no hay diferencia" (Rom. 3:21 y 22).

El que la obtiene de esa manera, la tiene, pero yo digo que todos estamos de acuerdo, cada Adventista del Séptimo Día confesará que los diez mandamientos expresan en letras, en palabras, la justicia de Dios. Entonces, ahora leamos:

> Los designios [la mente] de la carne son enemistad contra Dios, porque no se sujetan a la ley de Dios, ni tampoco pueden (Rom. 8:7).

Por lo tanto, ¿cómo puede la mente carnal conocer la justicia de Dios? ¿Cómo puede la mente carnal estar sujeta a ella? *No puede estar*, dice el Señor. Por lo tanto, el hombre que solo tiene la mente carnal, que solo conoce el nacimiento natural y que no tiene la mente de Jesucristo; no puede conocer la justicia de Dios la cual es por fe de Jesucristo. Y ahora, justo ahora, cuando el Señor quiere revelarnos la justicia de Dios de acuerdo a la justicia, para darnos la enseñanza de la justicia según la justicia; ahora, como nunca antes en la tierra, es que necesitamos y debemos tener solo la mente de Jesucristo.

Ahora, "la mente carnal no está sujeta a la ley de Dios, ni tampoco puede". ¿Está la mente de Cristo sujeta a la ley de Dios? –[Congregación: "Sí"]. ¿Alguna vez fue otra manera? –[Congregación: "No"]. La mente de Cristo siempre estuvo sujeta a la palabra de Dios. La Biblia completa, por supuesto, es simplemente la exposición de la ley de Dios tal como es en Cristo. Bueno, entonces, ¿no estuvo siempre la mente de Cristo sujeta a la ley?, ¿a toda la palabra de Dios tal como es? –[Congregación: "Sí"]. Nunca hubo ningún inconveniente al respecto. Dondequiera que la palabra de Dios fue leída ¿cómo la recibió la mente de Cristo? –Instantáneamente la recibió. Él no diría: "Ahora, cómo puede ser eso, me pregunto". ¿No supones que Él dijo: "Bueno, ahora pienso que eso significa de esta manera"? ¿No diría: "No eres un poco fuerte acerca de ese texto que lees?". "¿Puedes modificarlo sólo un poco"? ¿Alguna vez se molestó por lo que decía la Biblia sobre algo, o lo que el Señor diría? No. Cada vez que se hablaba la palabra de Dios, la mente de Cristo respondía al instante.

Hermanos, sé que ustedes pueden conocer, y que cualquier hombre en este mundo puede conocer y tener, ese tipo de mente. Sé que ustedes pueden tener una mente así, que cada vez que la palabra de Dios habla la respuesta es instantánea; y no hay preguntas, dudas o signos de rechazo. Ahora puedes ver sobre todo esto, que, si tú y yo tenemos una mente como esa, entonces cuando la palabra de Dios es leída, no hay levantamiento, ni objeción, ni disensión; ¿es esa la mente de Cristo? –[Congregación: "Sí"]. Entonces es suficientemente fácil saber si tenemos o no, la mente de Cristo.

Si su mente o la mía, si su disposición o mi disposición, o usted o yo mismo, no estamos en esa rendida condición, esa posición de rendición ante Dios; que cada vez que Él hable, allí en la palabra, o por sus profetas, y hay cualquier cosa en esa mente o en ese corazón que levante cualquier objeción o disentimiento, entonces ¿de quién es la mente qué tenemos? –[Congregación: "La mente carnal"]. Esa es la mente que comenzó a objetar en el principio. Ha llegado el momento de deshacerse de ella.

Pero digo que un hombre puede tener ese tipo de mente que cuando sea y lo que sea que la palabra de Dios hable, hay una respuesta instantánea. No hay algo en esa mente o acerca de la misma en el mundo que pueda levantarse en objeción contra ella. Esa mente no es natural para un hombre, pero él puede tenerla, y puede saber que la tiene, y esa es la mente que debemos tener. Esa es la mente a la cual el Señor puede revelar su justicia de acuerdo a la justicia; porque esa es la mente que recibe de Dios lo que tiene que dar a su propia manera, y no de cualquier manera que yo pueda arreglarlo, modificarlo o descontar de ello.

Así entonces, el hombre quien recibe la idea, *la verdad*, de la Justificación por fe o la Justicia por fe, de acuerdo con *su propia idea* o *su propia visión* de la misma, simplemente no puede recibirla; él simplemente no lo ha entendido; eso es todo. Tan solo es esa misma idea satánica de la justicia por la fe; es simplemente el mismo sistema católico romano de justificación por obras, haciéndolo pasar por Justificación por fe. Y ahora ha llegado el momento en un sentido mucho más serio de lo que soñamos la mayoría de nosotros, cuando necesitamos saber que tenemos la justicia de Dios y la justificación por la fe en otro sentido que el que usan los católicos romanos. Eso está resuelto.

Leeré un pasaje o dos que se conectarán con lo que tuvimos la otra noche. En *Testimonios para la iglesia*, Vol. I, p. 186, leo el pasaje sobre el mensaje a la Laodicea:

> Está diseñado para despertar al pueblo de Dios, para mostrarle sus yerros y para conducirlo a un celoso arrepentimiento, a fin de que sea bendecido con la presencia de Jesús, y sea hecho idóneo para el fuerte pregón del tercer ángel.

¿Quién estará preparado para el fuerte clamor del tercer ángel? –Aquellos que tienen la presencia de Jesucristo. Aquellos a quienes el mensaje a la Laodicea ha traído por su obra e intención, la presencia de Jesucristo. Esto significa la presencia *personal* también; no la imaginaria, una forma de presencia; no es eso en absoluto.

Leamos la explicación de eso aquí en *El Camino a Cristo*, pp. 73-75:

> Cuando Cristo ascendió a los cielos, el sentido de su presencia permaneció con los que le seguían. *Era una presencia personal*, impregnada de amor y luz. Jesús, el Salvador que había andado, conversado y orado con ellos, que había dirigido a sus corazones palabras de esperanza y consuelo, había sido llevado de su lado al cielo mientras les comunicaba un mensaje de paz, y los acentos de su voz: "He aquí, yo estoy con vosotros todos los días, hasta el fin del mundo", les llegaban todavía cuando un coro de ángeles le recibió. Había ascendido en forma humana, y ellos sabían que estaba delante del trono de Dios como Amigo y Salvador suyo, que sus simpatías no habían cambiado y que seguía identificado con la humanidad doliente. Estaba presentando delante de Dios los méritos de su sangre preciosa, estaba mostrándole sus manos y sus pies traspasados, para recordar el precio que había pagado por sus redimidos. Sabían que había ascendido al cielo para prepararles lugar y que volvería para llevarlos consigo. Al congregarse después de la ascensión, estaban ansiosos de presentar sus peticiones al Padre en el nombre de Jesús.

Magnífica reunión de oración, ¿no os parece? Donde había 120 personas, todas ellas *ávidas* por presentar sus peticiones al Padre, en el nombre de Jesús.

> Con solemne reverencia se postraron en oración repitiendo la promesa: "Todo cuanto pidiereis al Padre en mi nombre, Él os lo dará. Hasta ahora no habéis pedido nada en mi nombre: pedid, y recibiréis, para que vuestro gozo sea completo". Extendieron cada vez más alto la mano de la fe presentando este poderoso argumento: "¡Cristo Jesús es el que murió; más aún, el que fue levantado de entre los muertos; el que está a la diestra de Dios; el que también intercede por nosotros!". *El día de Pentecostés les trajo la presencia del Consolador*, de quien Cristo había dicho: "*Estará en vosotros*". Les había dicho, además: "Os conviene que yo vaya; porque si no me fuere, el Consolador no vendrá a vosotros; más si me fuere, os lo enviaré". Y desde aquel día, mediante el Espíritu, Cristo iba a morar continuamente en el corazón de sus hijos. Su unión con ellos sería *más estrecha* que cuando estaba personalmente con ellos.

Eso es lo que quiere que tengamos ahora. Él quiere que tengamos ahora lo que ellos obtuvieron en Pentecostés; la presencia personal de Jesucristo; y si tenemos eso, estará más cerca de nosotros que si estuviera aquí en el cuerpo. Quiere acercarse más a ustedes y a mí de lo que estaría si viniera aquí a la reunión cada noche y se sentara con nosotros. Eso es lo que quiere *ahora*.

> La luz, el amor y el poder de la presencia de Cristo resplandecían de tal manera por medio de ellos que los hombres, al mirarlos, "se maravillaban; y al fin los reconocían, que eran de los que habían estado con Jesús".

Observad esta declaración en el *Testimonio* nº 31, p. 156:

> El mensaje, llevado en el amor de Cristo, teniendo siempre ante nosotros el valor de las almas, arrancaría, hasta incluso de los mundanos, el reconocimiento: "Son como Jesús".

El tiempo ha llegado en que quiere que ese mensaje sea llevado de esa manera, y hará que así sea. Si aquellos que ahora profesan su nombre no le van a permitir entrar en su plenitud, para que puedan llevar el mensaje de esa manera, Él encontrará un pueblo que lo hará. Ahí es donde estamos ahora. No podemos demorar más tiempo.

> Todo lo que Cristo fue para sus primeros discípulos desea serlo para sus hijos hoy, pues en su última oración, que elevó estando junto al pequeño grupo reunido en derredor suyo, dijo: "No ruego solamente por estos, sino por aquellos también que han de creer en mí por medio de la palabra de ellos...".
>
> Oró por nosotros y pidió que fuésemos uno con Él, como Él es uno con el Padre. ¡Cuán preciosa unión! El Salvador había dicho de sí mismo: "no puede el Hijo hacer nada de sí mismo"; "el Padre, morando en mí, hace las obras". Si *Cristo* está en nuestro corazón, *obrará* en nosotros.

El hombre que está tan ansioso y tan horriblemente temeroso de que no se le permitirá realizar alguna obra, y de que toda obra que proceda de él, de su esfuerzo, será destruida; si Cristo está morando en su corazón, encontrará obras que hacer. Hermanos, no estén tan ansiosos acerca de las obras; encuentren al Señor Jesucristo, y encontraran obras, más de las que puedan hacer. –[Congregación: "¡Amén!"]. Pero el problema viene cuando las personas enfocan sus mentes en obras, y obras, y obras, en lugar de hacerlo en *Jesucristo para obrar*, pervirtiendo todo. A Satanás no le importa cuánto profesa un hombre la justificación por la fe y la justicia por la fe, siempre y cuando mantenga su mente en las obras. Ese es justamente el pensamiento que está aquí ante nosotros en esta definición de fe que leímos la otra noche.

Permítanme leerlo de nuevo, de *El Camino a Cristo*, p. 63:

> Cuando hablamos de la fe debemos tener siempre presente una distinción. Hay una clase de creencia enteramente distinta de la fe. La existencia y el poder de Dios, la verdad de su Palabra, son hechos que aun Satanás y sus huestes no pueden negar en lo íntimo de su corazón.

Ellos creen eso, pero ¿qué poder les brinda su creencia para hacerlos justos o para habilitarlos para hacer buenas obras? ¿Qué poder hay allí en su creencia? ¿Qué poder les da eso? –[Congregación: "Ninguno"]. Está lejos, simplemente como una teoría, para mirarla, retenida como un credo; y así, incluso un espíritu, puede creer en la existencia y el poder de Dios; él puede creer la verdad de la Biblia; él puede creer que Jesús es el Mesías, el Hijo de Dios, el Santo de Dios, y *ser un demonio*. Y en la forma de un papista, puede creer todo esto de esta manera y profesar justificación por fe al mismo tiempo;

y él puede ser al mismo tiempo un gran rigorista de lo que llaman "buenas obras". Sí, él puede quitar la misma piel de sus huesos para ser bueno, para ser justo, para mover a Dios, tal y como leímos la otra noche. Sabes que ellos hacen esto. Sabes que hacen peregrinaciones, hacen penitencias y se flagelan literalmente; y además de estas cosas, se aislarán de toda comodidad terrenal.

¿Pero quién está haciendo la obra? ¿Quién en estas cosas hace la obra? *El yo* hace la obra para ser justo, para tener ese tesoro de mérito que dará un aumento de gracia en este mundo y un aumento de gloria en el cielo. Ese es el objetivo, ¿no es así? –[Congregación: "Sí"]. ¿Quién lo está haciendo entonces? –[Congregación: "El yo"]. Sí señor. ¿Ha sido la mente, el corazón rendido a Dios? ¿Están los afectos fijos sobre Él? ¿Es la rendición de todos para Él? No. Y, por lo tanto, el *yo* sigue estando en todo.

Entonces, ¿quién *debe* hacer la obra para que puedan siempre ser buenas obras? Leamos de nuevo: Si *Cristo* está morando en nuestros corazones, *Él obrará en nosotros*, "tanto el *querer* como el *hacer* por su buena voluntad". *Obraremos* como *Él* obra; manifestaremos *el mismo espíritu*. Y así, amándolo y permaneciendo en Él, creceremos "en todo en aquel que es la Cabeza, esto es, Cristo" (Efe. 4:15). Ahora bien, eso es lo que el Señor quiere, eso es lo que la mente de Cristo es. Tal como tuvimos el pensamiento la otra noche; no puedo tener la mente de Cristo estando separado de Él. No puedo tener la mente de Cristo sin tenerlo a Él personalmente. Pero la presencia personal de Jesucristo es justo lo que Él quiere darnos por el Espíritu Santo en el derramamiento de la lluvia tardía en este momento. La presencia personal de Cristo es lo que Él quiere darnos.

Luego, el resto de esa definición de creencia: una persona puede creer en la existencia y el poder de Dios; él puede creer la verdad de la Biblia; él puede creer y decir que Jesucristo es el Mesías, el Hijo de Dios, el Santo de Dios, y aun así ser un demonio; pero eso *no es fe*. No hay poder en ese tipo de creencia para ayudar a alguien. ¿No es ese el secreto de todas estas exhortaciones que han venido a nosotros en los Testimonios a lo largo de todos estos años, que la verdad no debe guardarse en el patio exterior, sino que debe llevarse al santuario interior del alma? ¿No es eso lo que esto significa? –[Congregación: "Sí"]. ¿No está ahí la idea de que los hombres mantendrán la verdad alejada, y la verán como una teoría, y pondrán su propia construcción sobre ella, y su propia interpretación, y para ir y *hacer por ellos mismos* lo que ellos creen? Eso no es fe.

Aquí está la fe: "Donde no hay solo una creencia en la palabra de Dios, sino una *sumisión de la voluntad a Él*; donde *el corazón está rendido a Él*, los afectos fijos sobre Él". Ahora, estas son expresiones importantes, vale la pena considerarlas. "La sumisión de la voluntad a Él". ¿Lo haces? ¿Está *tu* voluntad sometida a Él para nunca ser tomada de regreso, o ejercida a tu propia manera, o por ti mismo? ¿Está tu voluntad rendida a Él? ¿Tu voluntad? ¿Me refiero a tu voluntad? ¿Tiene Él *tu* voluntad? Dirá alguno: "Creo que la tiene". Bien, es bueno *saberlo*. Dirá algún otro:

"He estado tratando de someter mi voluntad a Él". Bueno, deja de intentarlo y *somete* tú voluntad a Él y termina con esto, y sé consiente de que así es.

"La sumisión de la voluntad a Él", ¿Está tu voluntad sometida a Él? ¿Se ha ido [tu yo] de tal modo que sabes que se ha ido, y que ningún deseo tienes, impulso o inclinación alguna en cualquier situación para usarla usted mismo? ¿Se ha ido? *Puedes saberlo.* Puedes *saber* si eso está hecho. –[Voz: "¿Cómo?"]. ¿Cómo? Porque al hacerlo, diciéndole al Señor que tome tu voluntad, Él lo hace así. Por supuesto, un hombre sabe que es así cuando esto está hecho. –[Una voz: "Si él no lo sabe, no está hecho"]. Exactamente.

Si un hombre no lo sabe, esa es la evidencia más fuerte posible que él podría tener, de que no está hecho. Y cuando está hecho, ¡ah! él lo sabe. Eso es lo mismo. Cuando esto está hecho, él llega a ser un hombre espiritual, y sabe lo que nunca supo antes en su vida. El hombre natural no puede recibirlo, no puede entenderlo, nunca puede. ¿Cómo puedo entender lo que hay en el hacer de una cosa que nunca hizo? Aquí hay algo que tú has hecho, ya sabes cómo va; pero yo nunca lo hice y sin embargo quiero que me lo expliques todo para que comprenda cómo se hace, sin que yo lo haga por mí mismo. Hermanos, este no es directo, y mucho menos es directo en lo que estamos hablando; porque esto debe ser conocido, y solo puede ser conocido entre Dios y el individuo mismo. "Todos serán enseñados por Dios" (Juan 6:45; Isa. 54:13). Uno puede decirle a otro que es un hecho; uno puede decirle a otro que sabe que es un hecho. Pero ninguno puede *dárselo* a otro, por lo que mi hermano no puede obtenerlo de mí. Puedo decirle que es un hecho, y que él puede saberlo; pero él debe aprenderlo de Dios. Lo haces al simplemente rendirte a Dios. Esa es la única forma en que cualquier hombre puede hacerlo o saberlo. Mucha gente no entiende cómo; pero la peor dificultad *es que no lo harán* cuando les digas cómo.

Ahora pregunto nuevamente, ¿Ésta tu voluntad sometida a Él? ¿Está eso hecho? ¿Has ido sobre esa barrera, y te quedas donde sabes que estás parado, y sabes que tu voluntad está rendida a Él, para que la use a su manera, y que no hay más cuestionamientos al respecto, y no hay disidencia de ello en ninguna manera? Ahora está tu voluntad sometida a Dios para usarla como le complazca y no tienes objeción alguna que plantear; no tienes pensamientos o inclinación para usarla a tu manera; quieres que Él haga a su manera, y eso es todo lo que te importa; ¿es eso así? ¿Está tu voluntad allí? –[Congregación: "Sí"].

¿Hay alguno aquí en quien no sea así? Simplemente ve y dile al Señor todo al respecto. Dile: "Señor, lo someto todo a ti; todo va; nada queda; no retengo una sola cosa; todo se ha ido; todo, voluntad y todo; para ti, para que puedas producir en mi tanto el querer como el hacer". –[Congregación: "Amén"]. Hermanos, todos necesitamos hacer exactamente eso, aquí, cada día. El Señor quiere venir aquí en justamente la manera que eso le permita entrar.

Pero mientras reserve algo de mi voluntad, seguiré mi camino a pesar de mí mismo, no puedo hacer que Dios me use completamente: Él no puede entrar completamente, Cristo no puede entrar completamente, a menos que haya una sumisión completa a Él. Dejemos que haya algunas muertes aquí. Dejemos que haya algunas muertes reales del yo. Eso es lo que significa; significa muerte: y, por supuesto, la gente nunca lucha por morir; luchan por mantenerse con vida, si es que hay alguna lucha. Tenga en cuenta que no es suficiente "querer" morir. Vayan adelante y mueran; eso es lo que el Señor quiere.

Alguien dirá: ¿Cómo haré eso?, Él dice cómo:

> Así también vosotros consideraos en verdad muertos al pecado (Rom. 6:11).

El hermano Durland nos leyó aquí el día de ayer: "Porque el que ha muerto, libre es del pecado" (vers. 7). Esto es así. "*Consideraos* en verdad muertos al pecado", y Dios proporcionará el hecho. El punto es, hermanos, que necesitamos estar familiarizados con el Señor; y nuestro problema es que no lo conocemos, y por consiguiente no sabemos cómo obra Él.

"Donde el corazón está rendido a Él". ¿Cuánto del corazón? –[Congregación: "Todo"]. ¿Ya lo habéis hecho? –[Congregación: "Sí"]. ¿Se ha ido el corazón completo? ¿Todo se ha ido? Bueno, alguno dirá: He rendido todo lo que conozco. Bueno, ahora tan solo da el otro paso, y rinde todo lo que *no conoces*.

Pastor O.S. Ferren: ¿Cuando una persona hace así, es pobre y miserable?

Pastor Jones: Efectivamente.

Pastor O.S. Ferren: ¿Y ciego y desnudo?

Pastor Jones: Sí.

Pastor O.S. Ferren: ¿Y no lo sabe?

Pastor Jones: Sí, claro que sí, por supuesto que lo es. Pero gracias al Señor, que posee riquezas que abarcan todo el universo. Alguien dirá: "No lo puedo entender". Tampoco yo puedo, pero sé que es un hecho.

Porque, hermanos, tengamos esto en cuenta para comenzar, y nunca intentemos olvidarlo: cuanto más avancéis, mayor evidencia tendréis de que es un hecho; que cuando nos aferramos al evangelio de Jesucristo justamente como es, encontramos a cada paso, y en cada fase del mismo, *el misterio de Dios*. En cada punto, y en cada paso, encuentras un lugar y una situación en la que nada puede explicarlo sino Dios, y todo lo que puedes hacer es creer que Dios está allí. Es así y conocerás el hecho, y deja que siga adelante y lo explique. Tomará la eternidad hacer eso. Lo que Él quiere que tú y yo hagamos es que nos alegremos de que tengamos una eternidad delante de nosotros para que nos lo explique. Me alegraré de tener una eternidad para vivir, sin preocuparme de si entiendo esto, aquello o lo otro. No. Dios prohíbe que desechemos la vida eterna porque no podemos entender todo lo que Dios entiende. Pero, ¡ah! ahí está otra vez el mismo espíritu que Satanás tenía; ser igual a Dios; y no someterse a nadie a menos que podamos entenderlo todo. Dejemos que esa mente sea rechazada. Y creamos al Señor, y dejemos que se tome su buen tiempo para explicarlo.

Bueno, entonces, ¿está tu corazón rendido a Él?; Ahora, ese pensamiento al que me referí hace un momento. Muchos dicen: "He rendido al Señor todo lo que conozco". Eso no es suficiente. Lo que quieres hacer es rendirle a Él todo lo que conoces y todo lo que *no* conoces. Porque cuando yo le rindo solo lo que conozco, hay muchas cosas buenas que quedan fuera las cuales *no conozco*; muchas situaciones buenas en las que me encontraré; surgirán muchas cosas buenas y encontraré algo que será muy atractivo y deseable para mí; y si no me he rendido todo, ¿entonces qué? Habrá una contienda, si voy a rendir eso o no. Así soy mantenido constantemente en agua caliente, para saber si estoy rendido al Señor o no. El Señor quiere que salgas del agua caliente y te quedes afuera. Entrega todo lo que conoces y todo lo que no conoces. Deja que todo vaya a Él, sin reservas ahora y para siempre, entonces no tendréis miedo de nada; no te preocupa si caes al fondo del mar en el siguiente minuto. Todo está rendido, estás en sus manos; y entonces has obtenido algo, ese hombre ha obtenido algo; él tiene algo que nunca antes tuvo, y tiene algo que no puede obtener hasta que haga exactamente eso.

"Los afectos fijos sobre Él". ¿Están tus afectos fijos allí, de tal manera que Él tiene prioridad sobre todo?, ¿de tal manera que Él es primero antes de todo? ¿Nada se tiene en cuenta en ningún lugar ni en ningún momento? ¿Es eso así? Cuando un hombre hace eso, ha obtenido algo; lo tiene verdaderamente, y lo sabe. Bueno, dice uno: ¿no debe un hombre cuidar a su esposa e hijos? No hay problema: los encomendó igualmente al Señor, ¿no puede Él cuidarlos mucho mejor que tú lo harías, sino lo hubieras entregado tú a Él? Ellos también están entregados, y en lugar de que la situación sea esta: que cuando mis afectos están fijos en Él, dichos afectos son separados de aquellos que me son queridos. Esto es al revés: cuando mis afectos se fijan en Él, éstos son *intensificados, se hacen más profundos* y glorificados sobre aquellos que están tiernamente conectados conmigo. Las personas se confunden totalmente cuando piensan que fijar los afectos en Dios los separará de alguien a quien aman, mientras están en la tierra; cuando en realidad esta es la única forma en que pueden amarlos adecuadamente.

Bueno, ¿es esto así? ¿Está la voluntad sometida a Él? ¿Está tu corazón rendido a Dios de tal forma que tus afectos están fijados en Él? ¿Está hecho, de tal manera que puedas pararte frente a Él y agradecerle al Señor que así es? No me refiero a ponerme de pie en la congregación y decir que es así, sino simplemente decirle *al Señor* que es así. La gente se levantará en la congregación y dirá cosas que no le dirán al Señor. Tú díselo al Señor. Dile que tu voluntad está corporalmente rendida a Él. Entregue todo sin una partícula de reserva ahora y para siempre, y solo dígale que su corazón está rendido ante Él, pues es inservible y quiere su corazón en lugar del suyo; y después dígale que sus afectos están fijos en Él, y que allí se quedan. Y se quedarán allí. Dile eso todo el tiempo, todos los días; díselo a donde quiera que vayas. Vivan con Él, hermanos; vivan con Él; vivan con Él; eso es lo que quiere. Porque Él ha resucitado de entre los muertos, y hemos sido resucitados con Él a fin de que vivamos con Él (Rom. 6:8). Su presencia personal debe estar con nosotros. Eso es lo que el mensaje de Laodicea debe hacer por nosotros; traer la presencia de Cristo para que viva en nosotros.

Esto puedes hacerlo solo por ti mismo, y nadie más puede hacerlo por ti. Hermanos, vamos a hacer eso. Entremos en ese lugar. Cuando un hombre está allí, simplemente espera la dirección del Señor; espera el tiempo del Señor. Cuando el Señor se prepare para derramar su Espíritu Santo, no hay nada que obstaculice. Si hubiera algo que el hombre no sabe, –Bueno, eso ya fue entregado hace mucho tiempo.

Aunque hubiese sido tan querido como el ojo derecho; pero eso se fue hace mucho tiempo. Se ha ido, gracias al Señor; de forma que no hay nada entre usted y Él, y Él puede derramar su Espíritu cuando lo desee. Ahí es donde Él quiere que tú y yo estemos parados en esta Conferencia, esperando que nos dé esa enseñanza de justicia según la justicia.

Ahora ¿cuánto de Cristo debemos tener? Cuando la presencia personal de Cristo venga a nosotros, Él estará más cerca de nosotros que si viniera a reunirse con nosotros todos los días. ¿Es eso así? –[Congregación: "Sí, señor"]. Bien, entonces, ese es el evangelio, ¿no es así? Esa es la justicia de Dios, que es por la fe de Jesucristo. Ese es el evangelio, "en Él la justicia de Dios se descubre de fe en fe" (Rom. 1:17). ¡Oh no! ¡De fe en *obras*!: ¡La justicia de Dios se revela de fe en *obras*! "La justicia de Dios se revela de *fe* en FE", gracias al Señor.

La presencia de Cristo, la presencia personal de Cristo; "Cristo en ti la esperanza de gloria", ese es el evangelio ¿no es así? Ahora, mira aquí, y no hay necesidad alguna de que haya una partícula de malentendido acerca de esta cuestión de fe y obras, o una partícula de vacilación al respecto. Mira esto: Cristo estuvo en el mundo una vez, ¿no es así? –[Congregación: "Sí"]. Él no hizo nada de sí mismo. "No puedo yo hacer nada por mí mismo" (Juan 5:30). El Padre que moraba en Él, hizo las obras. "El Padre, que vive en mí, Él hace las obras" (Juan 14:10). Así, "como me envió el Padre, así también yo os envío" (Juan 20:21).

Como Dios estuvo en Cristo, así Cristo debe estar en nosotros. ¿Es correcto? –[Congregación: "Sí"]. ¿Es Cristo el mismo ayer, hoy y siempre? –[Congregación: "Sí"]. ¿Cómo actuó cuando estuvo en la tierra, en nuestra carne? Era mi carne la que tenía; era tu carne la que tenía; ¿cómo actuó en ella, cuando estuvo aquí antes? Se dedicaba a hacer el bien, se preocupaba por los enfermos, simpatizaba con ellos. "Ciertamente llevó Él nuestras enfermedades y sufrió nuestros dolores" (Isa. 53:4).

Cargo nuestras enfermedades. Su simpatía por los dolientes era tan entrañable que cuando ministraba en su favor, penetraba realmente en los sentimientos de ellos, llevando en verdad sus enfermedades. ¿Cómo actuará cuando esté en tu carne? ¿Cuándo este en la carne ahora? –[Voz: "Él actuará de la misma manera"].

¿No ves entonces que las obras *surgen* por sí mismas en aquellos que tiene *fe* en Jesucristo? No me refiero a esa creencia satánica; me refiero al hombre que tiene *fe*. Entonces, ¿no ves lo que esas personas se pierden, los que ponen su mente más en las obras que en Cristo? Ellos pierden el incentivo mismo y el poder mismo que solo puede hacer las cosas que son buenas, para alcanzar y ministrar a los enfermos, para visitar a los pobres y atenderlos con el espíritu correcto. ¿No has visto personas que han ministrado a los pobres y enfermos, de una manera que las hace sentir peor que si no hubieran ido allí? Ese no es el tipo de ministerio que Jesucristo realiza. Ese no es el tipo de ministerio que Él hace. No señor. Esto es *Cristo en ti*; y cuando Él va contigo y en ti está el testimonio: "Ganará incluso de los mundanos la declaración: 'Son como Jesús'".

¿Qué es lo que Él desea que el mundo vea en nosotros? –[Congregación: "Cristo"]. Él quiere que el mundo vea en nuestras vidas a Jesucristo; la vida de Cristo, Cristo en ti la esperanza de gloria; y ellos lo sabrán, y tú lo sabrás. Asegúrense de que Cristo está allí, y el Espíritu del Señor comunicará a la mente de las personas que Él está allí. Pero tan ciertamente como usted y yo aparecemos en lugar de Cristo, eso es todo lo que aparecerá, y el mundo verá solo eso.

Ahora, hermanos, ¿hay alguna necesidad real de que alguien tenga algún malentendido, algún problema acerca de si la justicia por la fe, la justificación por la fe, conlleva en sí la misma virtuosa vida de Dios para obrar en sus caminos? ¿Hay alguna necesidad de ello? No. Y nunca será hecho por alguna mente que sea sumisa a Dios. No será hecho por una mente que está rendida a Dios, y que desea caminar el camino de Dios, Cristo primero y último, y a través de todo, y en todo, y, sobre todo. Porque entonces se familiariza tanto con Cristo que sabe que la fe en Jesucristo trae esa presencia divina, y ese poder divino, y esa virtud divina, y esa gracia divina, que harán que el que la reciba, así se mueva sobre él, que el que tenga más fe será el de todo el mundo que hará más obra. Por qué no puedes separarlo. La vida divina, el poder divino, y la palabra divina esta todo en ello.

¿Acaso, no se esforzó Pablo?, ¿No dijo el Salvador: "*Esforzaos* por entrar por la puerta estrecha" (Luc. 13:24)? Sí, si lo hace; y Pablo nos dice cómo.

Vayamos y leamos eso. Está en el primer capítulo de Colosenses, el versículo 25 en adelante, del evangelio, dice:

> De ella fui hecho ministro, según la administración de Dios que me fue dada para con vosotros, para que anuncie cumplidamente la palabra de Dios, el misterio que había

> estado oculto desde los siglos y edades, pero que ahora ha sido manifestado a sus santos. A ellos, Dios quiso dar a conocer las riquezas de la gloria de este misterio entre los gentiles.

¿Qué es eso que Dios quiere dar a conocer, en este momento, a usted y a mí? Quiere dar a conocer "cuáles son las riquezas de la gloria de este misterio". Eso es un gran negocio, ¿no es así? ¿Cuán grandes son las riquezas de la gloria del misterio de Dios? ¿Cuán grandes? Tan grande como Dios. Entonces, ¿cómo podemos conocerlas, si no es por la mente de Cristo, que nos es traída por la presencia del Espíritu Santo. Entonces, ahora:

> Que es Cristo en vosotros, la esperanza de gloria. A quien nosotros predicamos, amonestando a todo hombre, y enseñando a todo hombre en toda sabiduría, a fin de presentar perfecto en Cristo Jesús a todo hombre. Por lo cual también trabajo, *luchando* según *Su poder, el cual obra* PODEROSAMENTE *en mí*.

¿Cómo puedo luchar cuando no tengo nada con qué luchar? "Sin mí nada podéis hacer", ¿cuánto? –[Congregación: "Nada"]. ¿Es así? –[Congregación: "Sí"]. Entonces, sin Cristo, quiero saber cómo vas a luchar. Sin Él, ¿cómo vas a luchar? Quiero que pienses en eso. "Sin mí no podéis hacer nada". "Muertos en delitos y pecados". ¿Es eso así? ¿Cómo puede luchar un hombre muerto? "Cuando aún éramos débiles" (Rom. 5:6). ¿Estábamos sin fuerzas? –[Congregación: "Sí"]. Eso es así. Entonces, ¿cómo puede un hombre luchar sin fuerza? ¿No ves, entonces, que es una perversión satánica absoluta, una perversión de la idea divina, el ir a esforzarse y trabajar y desgastar la vida para llegar a Cristo para *obtener* este don de justificación? No; este es el regalo *gratuito* de Dios para cada hombre, y cada hombre que lo recibe, recibe verdaderamente al mismo Jesucristo. El evangelio es el poder de Dios para salvación a todo aquel que cree. Entonces, aquel que lo entrega todo, lo rinde todo y obtiene ese poder de Dios, ese Salvador viviente, a quien es dado todo el poder en el cielo y la tierra; *tiene algo con que luchar*, tiene *fuerza* que puede presentar para un buen propósito; tiene poder con el cual puede hacer algo.

Entonces, ¿dónde entra el esfuerzo? ¿Para encontrar al Señor? O, ¿para usar el poder que el Señor nos da, que Él pone en nosotros? ¿Cuál de las dos? –[Voz: "Para usar el poder"]. Con seguridad. Entonces no nos dejemos llevar del lado equivocado; hermanos, estemos en el lado correcto.

"Luchando según la fuerza de Él, la cual actúa poderosamente en mí". Tal como dice en este otro lugar: "El amor de Cristo nos constriñe" (2ª Cor. 5:14). Constriñe, impulsa, conduce con una fuerza irresistible. Esa es la idea que está en la palabra luchando. Otras traducciones dicen "agonizar" para entrar por la puerta estrecha. Y realmente se angustian, agotan y se desgastan haciendo penitencia, como hace cualquier otro católico; y lo harán todo para mover al Señor, para que Él se apiade de ellos. Ese no es el pensamiento aquí.

Es agonizante; pero todo el que está familiarizado con esto, sabe que la palabra está tomada de los juegos griegos, las carreras griegas. Quien entraba a los juegos era un *agonistes*. Ellos comenzaban a correr una carrera. ¿Qué hacían? Simplemente estirar cada nervio para ganar la carrera; cada facultad de su ser está consagrada al propósito que tiene enfrente, ¿no es así? –[Congregación: "Sí, señor"]. Ahora, eso es ejercicio físico; eso es esfuerzo *corporal*, agonizante. ¿Es este del tipo del que habla Cristo? –[Congregación: "No"]. ¿De qué tipo es esto? *Espiritual*. Sí, por supuesto. Luego llevando ese pensamiento del *ejercicio corporal*, que es el estiramiento *corporal* de cada nervio, al reino espiritual, ¿qué significa? ¿Acaso no significa que la entrega completa de la voluntad a Cristo, la entrega del corazón y los afectos hacia Él no tienen reservas? Y ciertamente no hay reserva; le rinden todo a Él, cada fibra del ser está dedicada al único objeto y la gloria de Dios, ¿no es así? Entonces su poder nos mueve, su poder divino nos impulsa, ¿no lo ves? Repito otra vez que, en todos los casos, el que cree en Jesucristo más plenamente trabajará más por Él.

Leamos ahora esta palabra, y será la mejor conclusión para el tema de esta noche. *El Camino a Cristo*, p. 71:

> El corazón que *descansa más plenamente* en Cristo será el *más ferviente* y *activo* en el *trabajo* para Él.

Amén. –[Congregación: "Amén"]. No olviden eso ahora. No piensen que el hombre que dice que descansa completamente en Jesucristo es un holgazán físico o espiritual. Si muestra esta holgazanería en su vida, no está descansando en Cristo en absoluto, sino en sí mismo.

No señor; el corazón que descansa más plenamente en Cristo será el más ferviente y activo en el trabajo para Él. Eso es lo que la verdadera fe es. Esa es la fe que te traerá el derramamiento de la lluvia tardía; esa es la fe que nos traerá a ti y a mí la enseñanza de la justicia de acuerdo con la justicia; la presencia viva de Jesucristo; para prepararnos para el fuerte clamor y llevar el mensaje del tercer ángel en la única manera en la que puede ser llevado desde esta conferencia.

Capítulo 14

La justicia de Cristo: Un regalo gratuito

Hemos visto la manifestación de la mente natural, la mente carnal, en dos de sus formas: paganismo y papado. Pero hay otro que es moderno. Hay uno que ha surgido hoy en día, otro truco que está jugando el autor de la mente carnal, y mediante el cual engañará a muchas personas si no tienen la mente que está en Cristo. Ahora, ¿a quién procede la mente carnal? –[Congregación: "Satanás"]. ¿Qué es aquello por lo que la mente carnal se interesa? –[Congregación: "El yo"]. En Satanás está el *yo*; también en nosotros es el *yo*. Hemos visto cómo eso en el paganismo; el paganismo abierto, audaz y desnudo; puso al *yo* en el lugar de Dios, igual a Dios, mediante su concepto en la inmortalidad del alma. Entonces hemos encontrado que cuando el cristianismo llegó al mundo, esta misma mente carnal levantó una falsificación y la cubrió con una forma de cristiandad, y la llamó justificación por fe, cuando todo era justificación por obras; la misma mente carnal. Ese es el papado, el misterio de la iniquidad.

Ahora hay otro desarrollo en la obra de Satanás en estos últimos días, separado del paganismo y el papado como eran en sí mismos, y como se han manifestado hasta ahora. ¿Es eso así? –[Congregación: "Sí"]. ¿De qué forma viene esa obra? ¿De qué forma trabaja Satanás en los últimos días? –[Congregación: "Espiritismo"]. Sí; y esto exaltará el yo. ¿Pero el espiritismo siempre obrará en el nombre de Satanás? –[Congregación: "No"]. Cuanto más nos acerquemos a la segunda venida del Salvador, más plenamente el espiritualismo estará profesando a Cristo. ¿Quién es el que viene antes de que venga el Salvador? ¿muchos de ellos? –[Congregación: "Falsos cristos"]. Habrá muchos que vendrán y dirán: "Yo soy Cristo"; ¿y al fin viene el mismo Satanás, como Satanás? –[Congregación: "No; viene como Cristo "]. Satanás viene como Cristo; él es recibido como Cristo. Así entonces, el pueblo de Dios debe estar tan bien familiarizado con el Salvador que ninguna profesión del nombre de Cristo será recibida o aceptada cuando no sea real y genuina. Pero cuando la falsa cristiandad se esté presentando al mundo, cuando cada tipo de un falso Cristo aparezca, entonces, ¿cómo solamente puede una persona estar segura? ¿Cómo sabrá un hombre que estos son falsos cristos? Solo por aquel que es el verdadero, sólo teniendo la mente de Cristo.

Ahora me gustaría leerles una expresión de esta última fase de la mente carnal. Hemos leído las otras dos; hemos leído la pagana y la papal. Ahora, cuando leamos esta última, tendremos las tres o las etapas; tendremos ante nosotros al dragón, a la bestia y al falso profeta. Y entonces no habrá sombra de excusa para ninguno de nosotros después de eso, de tomar cualquier posición sino aquella que es abierta y en sí misma solamente la mente de Jesucristo y la justicia de Dios de acuerdo con su idea de justicia. ¿Habrá excusa? –Ninguna. Cuando vemos ante nosotros la expresión directa del falso camino en todas sus tres formas, entonces, aunque no podamos entender o ver al otro, lo conoceremos lo suficiente como para dejarlo solo, y tomar el otro, ya sea que lo veamos o no. ¿No preferiríamos dejar ir al diablo al que vemos, y aceptar al Señor que *no podemos ver* cómo quisiéramos? ¿Cuál preferirías? Yo prefiero elegir por el Señor con los ojos *cerrados*, que por el diablo con los ojos *abiertos*.

He traído aquí una publicación mensual. Luego os diré de lo que se trata, pero quiero antes leeros uno o dos pasajes de ella. Está proponiendo una rutina para la semana, una especie de entrenamiento particularizado para cada uno de los días.

> Sea el jueves el día en el que declares tu fe.

Y veamos en qué consiste la fe.

> Di: "Creo que Dios está ahora obrando conmigo, a través de mí y en favor mío". Dilo con segura confianza, pues es cierto.
>
> El viernes sé valiente, fuerte y poderoso; vence todo obstáculo por tu palabra; di: "todo lo puedo en Cristo que me fortalece"; dilo con toda la fuerza de tu ser, y te aseguro que puedes realizar todo aquello que desees hacer, incluso milagros.

Tiene apariencia de piedad, pero se trata de una mentira. A fin de que podáis ver claramente que se trata de una mentira, os leeré el ejercicio propuesto para los miercoles:

> Los miércoles utiliza las afirmaciones; no solamente las afirmaciones en la ciencia: afirma más bien todas las buenas cosas que hay *en ti mismo*.

[Alguien en la Congregación: "Eso demuestra que es una mentira"].

¿No dicen que Dios está obrando en mí, por mí, para mí y a través de mí? Cuando hemos venido a Jesús y tenemos su justicia y su bondad, ¿podemos afirmar que *somos* buenos? –[Congregación: "No"]. ¿Cuál es la razón? –[Congregación: "La bondad está en Cristo; no en nosotros"]. Entonces, ¿estás dispuesto a admitir que, aunque hayas encontrado a Jesús y toda la abundancia, honor, poder, y riqueza que hay en Él; aun así, no podemos jactarnos de que *somos* buenos? ¿Estás dispuesto a admitir eso? ¿Lo estás? –[Voz: "Sí, señor"]. ¿Está dispuesto? –[Voz: "Sí, señor"]. Muy bien. Eso no es todo. Leo más:

> Afirma todas las buenas cosas que hay en *ti mismo*. *Felicítate* por ser tan cortés y amable, y por ser tan sincero en tus intenciones de servir al bien; *felicítate* por ser tan firme en esos mismos propósitos; *felicítate* por ser tan fuerte y gozar de una situación tan saludable.

Si; quizás se *felicite* porque lleva tan estrictamente la reforma de salud de tal forma que tenga buena salud. ¿Lo has hecho; *alabarte* a ti mismo por eso?

> Felicítate por tener una disposición tan caritativa.

No puedes hacer eso, ¿o sí puedes? –[Congregación: "No"]. ¿No? ¿A pesar de que tus pecados son perdonados y estás libre de todas estas cosas por el poder de Cristo? ¿Entonces no te puedes alabar a *ti mismo* por tu dulce disposición caritativa?, ¿por *haber* obtenido tal cosa tan buena? –[Congregación: "No, señor"].

Continúo leyendo:

> *Felicítate* porque ves solamente lo bueno en los demás, y en todo el mundo. *Felicítate* por todo lo bueno que ves *en ti mismo,* y por todo lo bueno que quieres ver *en ti mismo*... Debes felicitarte por las buenas características que allí hay para fortalecerte, y da las gracias por poder hacer que aparezca aquello que pareciera faltar, pues sabes que aquello que pronuncien tus labios vendrá a la existencia.

Ahora a eso es a lo que se le ha llamado *Ciencia Cristiana*. Puedes leer el título (sosteniendo el libro). Un hermano me entregó una copia el otro día. El título es "Ciencia Cristiana", y en la portada hay una cita de la Escritura: "Mis palabras no pasarán". Ahora, hermanos, ¿no es hora de que empecemos a creer las Escrituras y los "*Testimonios*"? ¿No es hora de que tengamos la mente de Jesucristo? –[Congregación: "¡Amén!"]. La mente que confesará que esto, del *Testimonio*, es así; que ha molestado a muchos de los hermanos cada vez que ha sido leído.

Ahora leamos nuevamente, y veamos si usted dirá que es así, lo crea o no. Es tiempo de hacerlo. *Testimonio* No. 31, página 44, dice:

> ¿Estáis en Cristo? No, si no os reconocéis como errados, desamparados y condenados pecadores.

No estás en Cristo a menos que te reconozcas en esa condición. Ahora ¿te reconoces así? –[Congregación: "Sí"]. ¿Estás dispuesto a seguir con ello, ya sea que entiendas o no, *cómo* es eso así? –[Congregación: "Sí"]. ¿Lo mantendrás frente al paganismo, el papado y el espiritismo, en todas sus fases? Entonces me gustaría saber por qué en el mundo no es hora de que tú y yo tengamos una mente que no diga, "Amén" a ninguna cosa como la que leí de ese libro de la Ciencia Anti-Cristiana?

Leo nuevamente del *Testimonio*:

> ¿Estáis en Cristo? No, si no os reconocéis como errados, desamparados y condenados pecadores. No si estáis exaltando y glorificando al yo.

Entonces, aunque estas personas citan las palabras de Cristo, todo es una falsificación. Usted sabe que "vol. IV" nos dice que cuando Satanás mismo venga con las palabras amables que pronunció el Salvador, las hablará con el mismo tono y las transmitirá a quienes no tienen la mente de Cristo. Hermanos, no hay salvación para nosotros, no hay seguridad para nosotros, no hay remedio alguno para nosotros, sino tener la mente de Cristo.

Y también abarca todas nuestras obras. No es simplemente para el ministro. Es para todos. ¿No recuerdan el otro día en la charla que el Dr. Kellogg nos dio sobre la obra médico misionero, cómo vio y había visto por mucho tiempo, la falta en los sistemas de medicina para alcanzar y ayudar la *mente*? ¿No recuerdan que nos dijo que se dio cuenta de esta falta en toda la práctica médica? Había descubierto en su práctica durante todo el proceso que había un defecto en los sistemas médicos, y que no había nada que alcanzara y aliviara la mente, y la apagara del alma enferma, que el cuerpo pudiera seguir adelante y recuperarse por el tratamiento que le darían los médicos.

Hermanos, ¿no ha suplido Cristo justamente esa falta que está en todos los sistemas médicos, con su propio sistema médico que nos ha dado por Su propio Espíritu? El enfermero y el médico pueden aliviar al angustiado y al enfermo, al que sufre y al que perece, trayendo a Jesús la mente del sufriente para que reciba la mente de Cristo, y para que la aparte del yo. Luego, estando el paciente en reposo, el médico puede seguir adelante y tratar el cuerpo, y se recuperará, mientras el paciente está disfrutando de las bendiciones y la paz de Jesucristo y la mente que Él le da. ¿No ves cómo esto va a través de toda tu obra, y es lo mismo en todas partes? Esta parte tampoco es nueva para el médico. Pero conforme nos estaba diciendo sobre el defecto en los sistemas médicos, quiero que vean que la mente de Cristo suplirá el defecto.

Leo del Testimonio:

> No estáis en Cristo si estáis exaltando y glorificando al yo.

Ahora observad que dice:

> Si es que hay algo bueno en vosotros, se debe totalmente a la misericordia de un Salvador compasivo.

Y ved lo que sigue:

> Vuestro nacimiento, vuestra reputación, vuestra riqueza, vuestros talentos, vuestras virtudes, vuestra piedad, vuestra filantropía o cualquier otra cosa en vosotros, o relacionada con vosotros, *no formará un nexo de unión entre vuestra alma y Cristo.*

¿Es así? –[Congregación: "Sí"].

[Hermano Underwood: "Por favor, lea eso de nuevo"].

> Vuestro nacimiento, vuestra reputación, vuestra riqueza, vuestros talentos, vuestras virtudes, vuestra piedad, vuestra filantropía o *cualquier otra cosa en vosotros, o relacionada con vosotros* [incluyendo vuestras buenas obras], no formará un nexo de unión entre vuestra alma y Cristo.
>
> Vuestra relación con la iglesia, la forma en la que vuestros hermanos os ven, carecerán de todo valor a menos que creáis en Cristo.

Y ahora os recalcaré las palabras escritas en cursiva:

> No es suficiente con creer *acerca* de Él, sino que habéis de creer *en* Él.

"*En* Él". ¿Qué significado tiene?

> Habéis de reposar totalmente en su gracia salvadora.

Eso es cristianismo. Esa es la mente de Cristo. No hay satanismo sobre eso en absoluto; y tampoco puede entrar allí.

También lo encuentras en *El Camino a Cristo*. No se establece exactamente de esa manera. Leeré un pasaje o dos de *El Camino a Cristo*, comenzando en la página 62 y leyendo hasta la página 71:

> La condición para alcanzar la vida eterna es ahora exactamente la misma de siempre, tal cual era en el paraíso antes de la caída de nuestros primeros padres: la perfecta obediencia a la ley de Dios, la perfecta justicia.

Y si tú y yo no tenemos eso, nunca tendremos vida eterna. No podemos tenerla ahora ni en ningún otro momento. Si usted y yo no tenemos una "obediencia perfecta a la ley de Dios" desde el primer aliento que inspiramos hasta el último que expiramos, entonces la vida eterna no nos pertenece. Pero tan ciertamente como usted y yo tenemos "perfecta obediencia a la ley de Dios", entonces la vida eterna es nuestra en ese mismo momento. Pero esa "obediencia perfecta" debe abarcar, *desde el primer aliento que inspiramos hasta este otro, el de ahora, el de esta noche, y debe ser así hasta el último que expiremos*, aunque hayan pasado diez mil años desde ahora, en las profundidades de la eternidad. No estoy preguntando si entienden esto, hermanos, créanlo, y lo entenderán. "Bueno, ¿no contradice esto algo que ha estado predicando antes?". Esto no contradice lo que he estado predicando; es lo que he predicado todo el tiempo, y lo que predica cualquier otro hombre que predica el evangelio.

> La condición para alcanzar la vida eterna es ahora exactamente la misma de siempre, tal cual era en el paraíso antes de la caída de nuestros primeros padres: la perfecta obediencia a la ley de Dios, la perfecta justicia. Si la vida eterna se concediera con alguna condición inferior a esta, entonces la felicidad de todo el universo estaría en peligro...
> *No tenemos justicia propia* con que cumplir lo que la ley de Dios exige.

Eso es así. Entonces, ¿cómo alguna vez vamos a tener vida eterna? –[Congregación: "Por medio de Cristo"]. ¡Amen! "La dádiva de Dios es vida eterna en Cristo Jesús, Señor nuestro" (Rom. 6:23). Pero tenemos que tener "justicia perfecta" antes de poder tener esa dádiva, ¿lo comprendéis? Ah, entonces, al igual que el Señor, Él viene y dice: "Aquí, en Cristo, está la justicia perfecta; aquí está la perfecta obediencia a la ley de Dios desde el nacimiento hasta la tumba; tomas eso y eso cumplirá plenamente la única condición en la que cualquiera puede tener vida eterna".

Todo bueno. ¿No te alegra? –[Congregación: "Sí"]. Estoy tan contento de eso, que no sé qué más hacer que estar contento. Oh, Él quiere que tenga vida eterna. No tengo nada para merecerlo; No tengo nada que cumpla con la condición bajo la cual solo se puede otorgar. Todo lo que tengo arruinaría el universo si Él me concediera la vida eterna en base a lo que tengo. Bueno, Él no puede hacer eso; pero quiere que tenga vida eterna; quiere que la tenga, que hasta murió para que yo pueda tenerla. –[Congregación: "¡Amén!"]. Y oh, de nuevo digo, esto es exactamente como Dios, que es amor, tal como Él es, viene y dice: "Aquí, en Cristo, está la obediencia perfecta desde el primer aliento que jamás hayas tenido, hasta el último; y si tomas a Él y a su justicia, y entonces tú tienes lo otro". Es decir, la condición. ¡Alabado sea el Señor!

> No tenemos justicia propia con que cumplir lo que la ley de Dios exige. Pero Cristo nos preparó una vía de escape.

¡Gracias sean dadas al Señor!

> [Cristo] vivió en esta tierra en medio de pruebas y tentaciones como las que nosotros tenemos que arrostrar. Sin embargo, su vida fue impecable. Murió por nosotros, y ahora ofrece quitar nuestros pecados y vestirnos de su justicia.

¡Magnifico intercambio! Hermanos, ¿no es horrible que los hombres van vacilar tanto, se tarden y pierdan el tiempo antes de que entreguen todo y hagan ese bendecido intercambio? ¿No es eso repulsivo?

> Si os entregáis a Él y le aceptáis como vuestro Salvador, *por pecaminosa que haya sido vuestra vida, sois considerados justos debido a Él*. El *carácter* de Cristo reemplaza el *vuestro*, y *sois aceptados por Dios como si no hubierais pecado* [Traducción revisada].

Así es, usted y yo, cuando hemos hecho eso, estamos ante Dios, como si nunca hubiéramos cometido un pecado en este mundo, como si hubiéramos sido ángeles todo el tiempo: ¡Hermanos, Dios es bueno! ¡Él es bueno! ¡Oh, nuestro Salvador es un Salvador maravilloso! –[Congregación: "¡Amén!"]. Hermanos, así es. *Dejemos* que Él tenga su propia manera de obrar.

"*Más aún*". ¿Podría haber más aún? Efectivamente, así lo afirma el Señor.

> Más aún, Cristo *cambia el corazón*, y habita en él por la fe (*ibíd.*).

Esa es la gran bendición. ¿De qué serviría la vida eterna con un corazón no regenerado? No. No se para en ese punto: Él cambia el corazón.

> Debéis mantener esta comunión con Cristo *por la fe* y la *sumisión continua de vuestra voluntad a Él*.

A ese particular dedicamos la meditación de ayer. La lección se repite una y otra vez.

> Mientras lo hagáis, Él obrará en vosotros para que queráis y hagáis conforme a su beneplácito. Así podréis decir:

Usted puede decir, Dios nos ha dado permiso para decir, nos ha dicho que podemos decir:

> "Y la vida que ahora vivo en la carne, la vivo por la fe en el Hijo de Dios, el cual me amó, y se dio a sí mismo por mí". Así dijo el Señor Jesús a sus discípulos: "No sois vosotros quienes habláis, sino el Espíritu de vuestro Padre que habla en vosotros". De modo que si *Cristo obra en vosotros*, manifestaréis el mismo espíritu y haréis las mismas obras que Él...

De otro modo no podrías. Cristo es el mismo ayer, hoy y por los siglos. Es el mismo aquí, en nuestra carne ahora, como lo fue en los días de su carne.

> ... obras de justicia y obediencia. *Así* que no hay *nada* en *nosotros mismos* cosa alguna de *que jactarnos*.

Gracias al Señor. No comiences a levantarte y jactarte de ti mismo, y digas: "Ahora soy rico y he aumentado en bienes; ahora soy sabio; ahora estoy bien". No; ¿Acaso el hombre que dijere eso, no sería la criatura más necia en este universo desde ese momento? ¿*Podría* haber algo peor que eso? Cuando aquel que estaba completamente perdido, indefenso y deshecho, y lo confesó y lo dijo, y entonces el Señor tiene tal compasión tan maravillosa que le da a él todas las riquezas en el universo, y luego ese hombre se pone de pie y comienza a jactarse de lo bueno y de cuán grande es él; ¿Qué mayor reproche podría poner sobre la bondad del Señor? No; no. "El que se gloría, gloríese en el Señor" (2ª Cor. 10:17). –[Congregación: "Amén"]. Hagámoslo entonces.

> Así que no hay en nosotros mismos cosa alguna de qué jactarnos. No tenemos motivo para *ensalzarnos*.

El hombre que recibe a Jesús tal como es, siempre será humilde. Esto hace que un hombre sea humilde al recibir a Cristo por fe. Pero si no lo recibe por fe, sino que se lo gana, por supuesto tiene algo de qué jactarse.

> Nuestro *único* fundamento de esperanza es la *justicia de Cristo* que nos es *imputada* y...

¿Qué pensáis que seguirá después del "y"?

> Nuestro único fundamento de esperanza es la justicia de Cristo que nos es imputada y *que es producida por su Espíritu* obrando en nosotros y *a través de nosotros*.

El único motivo de esperanza es la justicia de Cristo imputada a nosotros, y esta justicia nos es forjada por el Espíritu Santo en las obras que hacemos. Luego, el siguiente párrafo es aquel sobre la creencia satánica y lo que la fe genuina es, la cual estudiamos en lecciones anteriores. Es todo un tema. Leo:

> Cuanto más cerca estéis de Jesús, más imperfectos os reconoceréis; porque veréis tanto más claramente vuestros defectos a la luz del contraste de su perfecta naturaleza. Esta es una señal cierta de que los engaños de Satanás han perdido su poder (pp. 64 y 65).

¿Cuál es la condición de ese hombre que comienza a pensar que, *el mismo*, es bastante bueno? ¿Y se alaba a sí mismo? El engaño de Satanás está sobre él. Incluso si ha vivido con el Señor quince o veinte años, si ahora él comienza a pensar que es bastante bueno, ¿cuál es la condición de ese hombre? Es engañado por Satanás. Está bajo delirios satánicos. Eso es todo.

Hubo un hombre que vivió con Jesucristo treinta años. Cuando inicialmente comenzó, en los primeros años de su vida con Cristo, dijo: "Con Cristo estoy juntamente crucificado, y ya no vivo yo, más vive Cristo en mí; y lo que ahora vivo en la carne, lo vivo en la fe del Hijo de Dios, el cual me amó y se entregó a sí mismo por mí" (Gál. 2:20). Y casi treinta años después de esto, cerca del final de su vida, dijo esto: "Palabra fiel y digna de ser recibida por todos: que Cristo Jesús vino al mundo para salvar a los pecadores, de los cuales yo… [*fui*] el primero". –[Congregación: El texto dice de los cuales "soy el primero"]. No, fue el primero. –[Congregación: No, en realidad es, "soy el primero"]. Oh, no. Cuando era Saulo de Tarso, persiguiendo a los santos, entonces era el primero de los pecadores. –[Congregación: No, "*yo soy* el primero"]. Amén. Exactamente así es.

> Cristo Jesús vino al mundo para salvar a los pecadores, de los cuales yo *soy* el primero (1ª Tim. 1:15).

¿Cuándo? –[Congregación: "Ahora"]. ¿Cuándo había vivido treinta años con Jesucristo? –[Congregación: "Sí"]. Sí. "Yo *soy* el primero". Oh, Pablo tenía tal visión del Señor Jesús, de su santidad, de su perfecta pureza, que cuando se miraba a sí mismo, se consideraba así mismo como separado de Cristo, era el peor de todos los hombres. *Eso es el cristianismo*. Esa es la mente de Cristo. La otra es la mente de Satanás.

Por consiguiente:

> Esta es una señal cierta de que los engaños de Satanás han perdido su poder, y de que el Espíritu de Dios os está despertando. No puede haber amor profundo hacia el Señor

> Jesús en el corazón que no comprende su propia perversidad. El alma transformada por la gracia de Cristo admirará el divino carácter de Él; pero cuando no vemos nuestra propia deformidad moral damos prueba inequívoca de que no hemos vislumbrado la belleza y excelencia de Cristo. Mientras menos cosas dignas de estima veamos en nosotros, más encontraremos apreciar la pureza y santidad infinitas de nuestro Salvador.

Eso es cristianismo, hermanos. Ahora pasemos a estudiar la Biblia para ver que nos declara. ¿Qué dicen? Hermanos, estamos en una temerosa posición aquí en esta Conferencia, en esta reunión. Es simplemente horrible. Lo dije una vez antes, pero me doy cuenta esta noche más de lo que lo hice entonces. No puedo evitarlo, hermanos. No puedo evitarlo. Estamos en una posición temerosa aquí. Ni un alma de nosotros sueña qué temibles destinos cuelgan en los días que pasan por aquí. [Élder Olsen: "Eso es así"]. Eso es así. Hermanos, a medida que pasan los días, ¿está profundizando nuestra seriedad en buscar a Dios? ¿Lo está? ¿Lo está?, ¿o está más bien languideciendo?

Las primeras lecciones, cuando comenzamos aquí, eran frescas; eran nuevas; trajeron la verdad en líneas fuertes, claras y positivas para que pudiéramos ver, y tuvieran un efecto. Los corazones fueron movidos, como dice la Escritura, "como se estremecen los árboles del monte a causa del viento" (Isa. 7:2).

Pero, hermanos, ¿cesó la brisa? ¿y ahora qué? Si nuestras impresiones, nuestro sentido de necesidad, nuestra seriedad no es encontrada a mayor profundidad conforme estas reuniones continúan, entonces hay algún asunto con cada uno de nosotros. No estoy hablando de nosotros como una clase entera simplemente de manera general; la única forma en que podemos llegar a esto es cada uno individualmente; si no estoy haciendo eso, si tú no estás haciendo eso, hay algo mal.

Ahora, hermanos, otro pensamiento. Hemos sido obligados, por el Espíritu de Dios, hemos sido obligados a mirar las obras de la mente carnal, y lo que harán por el hombre, y cómo lo engañará en todos los sentidos; el paganismo, el papado y la imagen del papado; el dragón, la bestia y el falso profeta; lo hemos visto y el Señor tiene una lección en esto para nosotros. Ahora, conforme lo que hemos visto, hermanos, simplemente permitamos que el alma caiga directamente fuera de todo hasta justamente esa preparación infantil para recibir lo que Dios tiene para dar. –[Congregación: "¡Amén!"]. Deje que continúe la búsqueda del corazón y la confesión del pecado. ¿No nos dijo Jesús: "Sé, pues, celoso, y arrepiéntete"? "Sé, pues, celoso, y arrepiéntete". ¿Qué significa ese "pues"? Por esta razón; por estas razones.

Veamos lo que dijo antes el Testigo Fiel:

> Yo conozco tus *obras*, que ni eres frío ni caliente. ¡Ojalá fueras frío o caliente! Pero por cuanto eres tibio y no frío ni caliente, te vomitaré de mi boca. Porque *tú dices*: Yo soy rico, me he enriquecido y de nada tengo necesidad. Pero *no sabes* que eres

> desventurado, miserable, pobre, ciego y estás desnudo. Por lo tanto, yo te aconsejo que compres de mí oro refinado en el fuego para que seas rico, y vestiduras blancas para vestirte, para que no se descubra la vergüenza de tu desnudez. Y unge tus ojos con colirio para que veas. Yo reprendo y castigo a todos los que amo; sé, PUES celoso y arrepiéntete (Apoc. 3:15-19).

¿Cuánto cubre ese "pues"? ¿Todo ello? –[Congregación: "Sí, señor"]. Lo primero que dice es: "Conozco tus obras"; y el último, "Sé, pues, celoso y arrepiéntete". ¿Estás ahora listo para arrepentirte de tus obras? ¿Lo estás realmente? ¿Estás listo para admitir que tus obras que has hecho, no son tan buenas como las que habría hecho Jesucristo si Él hubiera estado aquí y las hubiera hecho en tu lugar? –[Voz: "Sí, mil veces"]. Bien. ¿Cuánto bien te van a hacer estas obras? ¿Son ellas perfectas? ¿Son obras justas?

> ...y todo lo que no es de fe es pecado (Rom. 14:23).

¿Hay, o ha habido, obras tuyas que no han sido de fe?, ¿que han tenido el *yo* en ellas? No olvides ese manto que debemos comprar; ese manto "tejido en el telar del cielo, que no tenga un *hilo de invención humana*". Entonces, si usted y yo hemos metido un solo hilo de nuestra invención en esa vida que profesamos estar viviendo en Cristo, hemos estropeado el manto. Hermanos, ¿suponen que ustedes y yo hemos vivido estos quince o veinte años tan absolutamente perfectos que nunca hemos tenido un hilo de invención humana en nuestro carácter por nuestros actos? –[Congregación; "No"]. Entonces podemos arrepentirnos de eso, ¿o no podemos? –[Congregación: "Sí"]. Simplemente llamo la atención a eso, a esa parte esta noche.

Y ahora, para los pocos minutos que quedan, leamos algunos pasajes de las Escrituras. Isaías 59:6. ¿Cuál capítulo está antes de este capítulo 59? –[Congregación: "El 58"]. ¿A qué tiempo se aplica el capítulo 58? –[Congregación: "Ahora mismo"]. Bueno, entonces, ¿ese capítulo 59 se aplica ahora o se aplica a allá setecientos años antes de Cristo? –[Congregación: "Se aplica ahora"].

> Sus telas no servirán para vestir, *ni se cubrirán con sus obras*; sus obras son obras de iniquidad, y obra de rapiña está en sus manos.

Entonces, ¿qué había estado tratando de hacer esa gente? ¿Qué habían estado tratando de hacercon sus obras? –[Congregación: "Cubrirse a sí mismos con sus obras"].

Cuando Él dice: "no se cubrirán con sus obras", eso muestra a primera vista que han estado tratando de cubrirse con sus obras. ¿Ahora dice la verdad? –[Congregación: "Sí"]. Luego, cuando nos dice a usted y a mí que hemos estado tratando de cubrirnos con nuestras obras, entonces ¿no lo dice en el sentido de que hemos estado *realmente*, sea lo que sea que profesemos, confiando en la justicia o la justificación *por obras*? –[Congregación: "Sí"]. Entonces no es eso lo que dice el mensaje de Laodicea: "Conozco tus obras". ¿Y qué han hecho nuestras obras por nosotros? Nos hicieron desgraciados, miserables, pobres, ciegos y desnudos. ¿Qué quiere el Señor que tengamos? "Vestiduras blancas para vestirte, para que no se descubra la vergüenza de tu desnudez".

¿Cuál es nuestra condición? Sabes bastante bien que nuestros esfuerzos en eso no han logrado mucho. Todo el mundo ha tratado de hacer lo mejor que puede; usted mismo sabe que esto fue lo más desalentador que haya intentado hacer en este mundo. Usted mismo sabe que realmente se ha sentado y llorado porque no podría hacer suficientemente bien cómo para enfrentarnos al juicio. –[Voz: "Ni siquiera la bondad que nosotros mismos pudiéramos aprobar"]. No, ni nosotros mismos fuimos capaces de ver nuestra desnudez aun cuando tratamos nuestro mejor esfuerzo por cubrirnos. Sabes que es así. Ahora, así lo afirma el Señor, ¿no es cierto'? –[Congregación: "Sí, así es"]. ¿No es tiempo de que digamos: "Señor, eso es así"?

Leo de nuevo: "Sus telas no servirán para vestir *ni se cubrirán con sus obras*; sus obras son obras de iniquidad y obra de rapiña está en sus manos".

Ahora el Señor quiere que estemos cubiertos; Él quiere que estemos cubiertos para que la vergüenza de nuestra desnudez no aparezca. Él quiere que tengamos su perfecta justicia de acuerdo con su propia idea perfecta de justicia. Él quiere que tengamos ese carácter que resistirá la prueba del juicio sin problemas, ni preguntas, ni dudas. Aceptémoslo de Él como el bendito regalo gratuito que es.

Ahora, hermanos, en la próxima lección, mi pensamiento es ahora que entraremos directamente sobre la directa y franca Escritura, exactamente lo que nos dice a usted y a mí, en cuanto a cómo podemos tener a Jesucristo, toda su justicia y todo lo que Él tiene, sin una partícula de descuento. ¿Qué dices a esto? –[Congregación: "Amén"].

Capítulo 15

Orando por el derramamiento de la lluvia tardía

Comenzaremos esta noche justo donde nos detuvimos la otra tarde, con el pensamiento que estaba ante nosotros, de forma que procedamos a estudiar este tema tal como está en la Biblia.

Podría tomarme el tiempo de leerlo todo desde los *"Testimonios"* y *"El Camino a Cristo"*. Podría predicar el tema a partir de dichos textos, así como de la Biblia también. Pero encuentro esta dificultad: los hermanos parecen estar tan listos para contentarse con lo que leemos que no irán a la Biblia para encontrarlo allí. Para eso son los *"Testimonios"* y *"El Camino a Cristo"*; para guiarnos para que veamos que el tema está en la Biblia, y para obtenerle de ahí. Ahora, los evitaré a propósito, no como si hubiera algo malo en usarlos; sino por lo que queremos, hermanos, obtenerlo directamente de la Biblia, y saber en qué parte de la misma se encuentra. Y ese es el camino propio del Señor tal como se señala en los Testimonios.

Permítanme leerlo:

> La palabra de Dios basta para iluminar la mente más oscurecida, y puede ser comprendida por los que tienen deseos de comprenderla. Pero no obstante todo eso, algunos que profesan estudiar la Palabra de Dios se encuentran en oposición directa a sus más claras enseñanzas. Entonces, para dejar a hombres y mujeres sin excusa, Dios da testimonios claros y señalados, *a fin de hacerlos volver a la Palabra* que no han seguido. La Palabra de Dios abunda en principios generales para la formación de hábitos correctos de vida, y los testimonios, generales y personales, han sido calculados *para traer la atención* más especialmente *a esos principios...*
>
> No estáis familiarizados con las Escrituras. *Si os hubieseis dedicado a estudiar la Palabra de Dios*, con un deseo de alcanzar la norma de la Biblia y la perfección cristiana, *no habríais necesitado los Testimonios*. Es porque habéis descuidado el familiarizaros con el Libro inspirado de Dios por lo que Él ha tratado de alcanzaros mediante testimonios sencillos y directos, llamando vuestra atención a las palabras de la inspiración que habéis descuidado de obedecer...
>
> No son sacadas a relucir verdades adicionales; sino que Dios ha simplificado por medio de los Testimonios las grandes verdades ya dadas, y en la forma de su elección, las ha presentado a la gente, para despertar e impresionar su mente con ellas, a fin de que todos queden sin excusa...

> Los Testimonios no han de empequeñecer la Palabra de Dios, sino exaltarla, y atraer las mentes a ella, para que pueda impresionar a todos, la hermosa sencillez de la verdad (*2JT*, pp. 279-281).

También hay otra razón por la que queremos entender esto y ver que está en la Biblia. Esto es porque nosotros, desde este Instituto y esta Conferencia, debemos ir y predicar nada más que justamente esto; y debemos predicar a personas que no creen en los *Testimonios*. Y las Escrituras nos han dicho que las profecías no son para aquellos que no creen, sino para los que creen. Las lenguas son una señal para los que no creen; Las profecías son una señal para los que creen (1ª Cor. 14:22). Ahora, cuando vayamos y prediquemos este mensaje a personas que no saben nada acerca de los *Testimonios*, tenemos que enseñarles que la Biblia lo dice, y tenemos que enseñar solo a partir de ella. Si estuviéramos predicando a nuestra propia gente, usar los Testimonios y todas estas otras ayudas serían lo suficientemente buenas; pero incluso entonces, si sus mentes volteasen a estos textos, en lugar de que por éstos fuesen atraídas a la Biblia misma, entonces no *se* habría dado a los *Testimonios* el uso correcto, el que el Señor ha dispuesto.

Ahora he visto esto mismo obrando de otra manera. Existe ese libro del que muchos hacen un gran negocio, "El Secreto Cristiano de una Vida Feliz". He visto personas que han leído ese libro, y obtuvieron bastante bien de él, como ellos pensaron, y que fue para ellos una gran luz, estímulo y bien; pero incluso entonces, no pudieron ir a la Biblia para obtenerlo de ahí. Hermanos, quiero que cada uno de ustedes entienda que hay más secretos cristianos de una vida feliz, en la Biblia, que en diez mil volúmenes de ese libro. –[Congregación: "¡Amén!"]. No vi ese libro por mucho tiempo. Creo que fue hace unos cinco o seis años cuando lo vi por primera vez. Alguien lo tenía y lo estaba leyendo, y me preguntó si lo había visto. Dije que no. Me preguntaron si lo leería. Le dije: "Sí, lo leeré", y lo hice. Pero cuando lo leí, supe que ya había obtenido de la biblia más del secreto cristiano de una vida feliz, que lo que hay en ese libro. Descubrí que obtuve más de la biblia sobre el secreto cristiano de una vida feliz de lo que esa persona obtuvo de ese libro. Desearía que la gente aprendiera directamente a obtener de la Biblia lo que contiene. –[Congregación; "¡Amén!"]. Si ese libro ayuda a las personas a obtener ese secreto en la Biblia, con mucho más, todo bien. Pero sabía que ese libro no tiene nada como el secreto cristiano de una vida feliz, el cual todos pueden obtener en la Biblia.

Oh, escuché una vez, recibí la noticia en una ocasión de que alguien obtuvo *su* luz de ese libro. Aquí está el Libro (sosteniendo la Biblia en alto) de donde yo obtuve mi secreto cristiano de una vida feliz, y ese es el único lugar. Y lo tenía antes de ver el otro libro, o saber que existía. Y lo digo de nuevo: cuando leí ese Libro, supe que tenía más del secreto cristiano de una vida feliz de lo que hay dicho en el otro libro. Y así también es con todos los demás, quienes leerán la Biblia y la creerán.

Ahora, me gustaría hacer algunas preguntas sobre lo que hemos analizado. ¿Qué es la lluvia tardía? –[Congregación: "La enseñanza de la justicia según la justicia"]. ¿Cuál es el fuerte clamor? –[Congregación: "El mensaje de la justicia de Cristo"]. "El fuerte pregón del tercer ángel ya ha comenzado en la revelación de la justicia de Cristo" (1MS, p. 425.3). ¿De dónde viene la lluvia tardía? –[Congregación: "De Dios"]. ¿Enteramente? –[Congregación: "Sí"]. ¿Qué es? "El Espíritu de Dios".

Ahora pongamos dos cosas juntas. La enseñanza de la justicia según la justicia, el mensaje de justicia, que es el fuerte clamor; esa es la lluvia tardía; esa es la justicia de Cristo. ¿Es eso así? –[Congregación: "Sí"]. La lluvia tardía cae del cielo. ¿Cuánto de esa lluvia tardía sale de mí? –[Congregación: "Nada en absoluto"]. ¿Cuánto de ella puedo fabricar? –[Congregación: "Nada"]. ¿Es eso así? –[Congregación: "Sí"]. ¿No puedo fabricar algo de ella? ¿Nada surge de mí? Entonces ¿de dónde viene? –[Congregación: "Del Cielo"]. ¿La recibirás de esa manera? ¿La recibirás del cielo? –[Congregación: "Sí"].

Ahora, ahí es a donde llegamos la otra noche. ¿Estás listo para recibirla del cielo? –[Congregación: "Sí"]. ¿Están todos en este lugar, esta noche, dispuestos y listos para recibir la justicia del cielo? –[Congregación: "¡Amén!"]. ¿Recibirla de acuerdo al criterio de Dios, sin pedirle que obtenga algo de "justicia" de nosotros? ¿De acuerdo? –[Congregación: "Sí"]. Quien esté dispuesto a tomar la justicia del cielo puede recibir la lluvia tardía. –[Congregación: "¡Amén!"]. Quien no lo esté, pero quiera que el Señor tome de él algo de "justicia", no puede tener la lluvia tardía, no puede tener la justicia de Dios, no puede tener el mensaje de la justicia de Cristo.

¿Qué es la lluvia tardía? –[Congregación: "Justicia"]. ¿Estamos en el tiempo de la lluvia tardía? –[Congregación: "Sí"]. ¿Qué debemos pedir? –[Congregación: "La lluvia"]. ¿Qué es eso? –[Congregación: "La enseñanza de la justicia de acuerdo a la justicia"]. ¿De dónde viene? –[Congregación: "Del Cielo"]. ¿Podemos tenerla? –[Congregación: "Sí"]. ¿Podemos tenerla ahora? –[Congregación: "Sí"]. Entonces la lluvia tardía siendo la justicia de Dios, su mensaje de justicia, el fuerte clamor; todo esto junto, que desciende del cielo: ahora estamos en el tiempo en que debemos pedirla y recibirla. Entonces, ¿qué nos impide recibir la lluvia tardía ahora? –[Congregación: "La incredulidad"].

Leeré un pasaje de este folleto. Ya lo hemos citado en una ocasión anterior. Lo encontraréis en la página 8 de "El peligro de adoptar los métodos mundanos" (en la obra de Dios), dice:

> Como Intercesor del hombre y su Abogado, Jesús guiará a todos los que estén dispuestos a ser guiados, diciendo: "Seguidme hacia arriba, paso a paso, adonde brilla la clara luz del Sol de justicia". Pero no todos están siguiendo la luz. Algunos se están apartando del camino seguro, que a cada paso es una senda de humildad. Dios ha encomendado a sus siervos un mensaje para este tiempo... No quisiera repasar

ahora ante vosotros las evidencias dadas en los dos años anteriores [ahora cuatro] de la forma en que Dios ha obrado por medio de sus siervos escogidos; pero ante vosotros está la evidencia actual de que Él está obrando, y tenéis ahora la obligación de creer (*TM*, p. 465. Entre corchetes, comentario de A.T. Jones).

¿Creer que? ¿Qué mensaje está ahí referido como dado por Dios a sus siervos para este tiempo? –[Congregación: "El mensaje de justicia"]. El mensaje de la justicia de Jesucristo. Este es un testimonio que ha sido despreciado, rechazado y criticado durante dos años, y han pasado dos años desde entonces. Pero ahora la evidencia presente de su obra es revelada ¿qué nos dice Dios a cada uno de nosotros? "Tenéis ahora la obligación de creer" ese mensaje. Entonces, quien quiera que no lo crea, simplemente tiene que responder a Dios, ¿no es así? Eso es todo. Bueno, entonces, comencemos.

Sin embargo, hay otra palabra a la que deseo llamar la atención. Recordarán que leí Isaías 59:6 en la última lección; era sobre aquellas personas que estaban intentando cubrirse a sí mismas con sus obras. En el cuarto verso tenemos estas palabras: "No hay quien clame por la justicia". Después de la lección, el hermano Starr llamó mi atención a la traducción alemana, y lo que dice, es: "Nadie predica la justicia". Miré la versión revisada y tiene esto: "Ninguno demanda justicia"; y en marginal "Ninguno llama por justicia". Miré en la traducción literal de Young, e igualmente dice: "Ninguno llama por justicia". Entonces puede ver el pensamiento que se expresa en este versículo: "Ninguno demanda", es decir, a la corte, pedir, suplicar, "por justicia". Nadie pide eso. La misma idea se transmite en alemán, solo que se expresa en otras palabras: "Nadie predica la justicia". Bueno, ¿no es eso lo que dice el Señor? Ellos están tratando de cubrirse con sus obras, y eso no es justicia.

Isaías 54, la última oración del capítulo: "Ésta es la herencia de los siervos de Jehová, y su justicia viene de mí, dice Jehová". ¿De quién procede la justicia de los siervos de Jehová? ¿De ellos mismos? –[Congregación: "Del Señor"]. ¿Su justicia procede de sus propias obras? No, su justicia *de mi vendrá*, dice el Señor. ¿Qué dices tú? –[Congregación: "Amén"]. Entonces, cualquier hombre que espera, busca o tiene la esperanza de cualquier justicia que no provenga de Dios, ¿qué obtiene? –[Voz: "*Trapos sucios*"]. *No es justicia en absoluto*. Incluso aquellos que quieren obtenerla de sus propias obras, ¿funcionará de esa manera? –[Congregación: "No"]. ¿Es eso de Dios? –[Congregación: "No señor"].

La única manera en que Dios puede entrar en nuestras obras es teniéndolo a Él que empiece, teniendo su justicia desde el inicio; y nuestro único fundamento de esperanza está en la justicia de Cristo imputada a nosotros, y en ella, forjada en nosotros por su Espíritu Santo. Esto retoma el tema exactamente donde se detuvo el hermano Prescott. ¿Ves que se trata de Cristo en nosotros, esa presencia viva que hace la obra justa, y que eso es por el Espíritu Santo? Eso es lo que trae el Espíritu Santo; ese es el derramamiento de la lluvia tardía, ¿no es así? Ya ves que no podemos estudiar nada más.

Ese es el mensaje para nosotros ahora. ¿Recibiremos el mensaje? Cuando recibimos el mensaje, ¿qué recibimos? –[Congregación: "Cristo"]. Cuando lo recibimos a Él, ¿qué tenemos? –[Voz: "El Espíritu Santo. La lluvia tardía"]. Esta vendrá posteriormente más extensamente.

Ahora otra cosa, hermanos. No quiero que pospongan hasta después de la reunión, su recepción del mensaje. No necesitan hacer eso en absoluto. Lo que el Señor quiere es que ustedes y yo vengamos aquí cada tarde, nos sentemos y recibamos eso exactamente como Él lo da. Exactamente como Él lo dice. Simplemente abre tu mente y corazón al Señor, y clama: "Señor, eso es así". –[Congregación: "Amén"]. No espere hasta que salga de la reunión. "Bueno", alguno dirá, "¿debemos sentarnos aquí y tomar todo lo que se dice sin ningún cuestionamiento?". No, no en ese sentido. Pero debemos sentarnos aquí y tener tal medida del Espíritu de Dios que podamos ver lo que Él da a través de esa palabra que es la verdad, y luego tomarla porque es la verdad de Dios. –[Congregación: "Amén"].

[*Pastor D.C. Babcock*: Hermano Jones, lea por favor Job 29:23].

Pastor Jones: Muy al punto: "Y me esperaban como a la lluvia, y abrían su boca como a la lluvia tardía". Todo bien. ¿Qué haremos? ¿Qué quiere el Señor que hagamos? Esperar por su Espíritu como a la lluvia. Abre tu mente; espera como por la lluvia tardía. ¿Qué dijo Él por David? "Abre tu boca y yo la llenaré" (Salm. 81:10). Hermanos, sentémonos aquí y abramos la boca como pajaritos; que abren sus picos para recibir la comida. ¡Ya sabéis como hacen los pajaritos, se diría que hay más pico que animal! Eso es lo que el Señor quiere que hagamos.

¿Podemos no confiar en que Dios nos dará lo que quiere que tengamos? Hermanos, hay una pregunta que quiero hacer: cuando venimos a un lugar como este, venimos con cientos de personas que están buscando al Señor, venimos preguntando el camino a Sión, con la cara hacia el otro lado. ¿Necesitamos sentarnos aquí con recelo mirando al Señor con los ojos cruzados como si no nos atreviéramos a confiar en Él por lo que Él nos daría? ¿Es eso honestidad? –[Congregación: "No"]. ¿Es eso justo? –[Congregación: "No"]. No señor. Creo mucho más en el Señor; que cuando nos reunimos con nuestros corazones buscándolo, todo aquel que abre su corazón para recibir lo que el Señor tiene para dar, no recibirá más que sólo lo que Dios da. Y el hombre que viene a un lugar como este, con sus sospechas suscitadas y dispuesto a mirar con recelo al Señor, ese hombre no está tratando al Señor como una persona debería tratar al Señor: está tratando al Señor tal como una persona podría tratar justamente al diablo. ¿No creen?

Ahora, hermanos, tratemos al Señor con honestidad; seamos honestos con Él, y Él será honesto con nosotros.

| Limpio te mostrarás con el limpio y severo serás para con el tramposo (Salm. 18:26).

Si usted y yo tratamos al Señor con honestidad, Él nos tratará exactamente como Dios trata a las personas. Entonces, digo, no necesitamos entrar en esta reunión con una partícula de sospecha en cuanto a si el Señor nos va a dar las cosas rectas. Él lo hará; y voy a esperar que lo haga, y así voy a recibir muchas bendiciones de esas cosas. Eso está asentado.

Ahora leemos en Romanos 5:17:

> Si por la transgresión de uno solo reinó la muerte, mucho más reinarán en vida por uno solo, Jesucristo, los que reciben la abundancia de la *gracia y el don de la justicia.*

Entonces ¿qué es la justicia en ese versículo? –[Congregación: "Un regalo"]. ¿Lo es? –[Congregación: "Sí, señor"]. "Su justicia viene de mí, dice el Señor". Es un regalo de justicia. Entonces ¿cómo llega a nosotros? –[Congregación: "Es un regalo"].

Ahora pongamos esas dos cosas juntas: "Su justicia viene de Mí", es un regalo. Aquel que la recibe, ¿qué recibe? –[Congregación: "Un regalo"]. Aquel que lo recibe como el regalo que es ¿qué recibe? –[Congregación: "Justicia"]. ¿Justicia, de acuerdo a quién? La idea de Dios de justicia. ¿Nos dará algo diferente a lo que es justicia a su propia vista y según su propia mente? –[Congregación: "No"]. ¿Ves el punto? Entonces, aquel que no recibe la justicia de Dios como el regalo gratuito de Dios, ¿la tiene? –[Congregación: "No"]. Y podéis ver que él así no puede tenerla, porque es un regalo. Es de Dios. Viene de Dios por el preciado regalo que es. Y, por lo tanto, siendo de Dios, Él dándolo como Su propio regalo, me corresponde recibirlo a su manera. Él da lo que es suyo y lo da de acuerdo con su propia idea. Ese es el artículo genuino; solo esa es la justicia de Dios.

Entonces, ¿podéis ver en ello que no puede haber lugar para un solo hilo de invención humana? No podemos meterlo allí en absoluto. ¿No ven qué amplia provisión ha hecho el Señor para que podamos tener el manto perfecto que Él mismo ha tejido, que es la justicia de Dios misma, y que nos hará completos ahora, y en el tiempo de las plagas, y en cualquier otro momento, y a través de toda la eternidad? Hermanos, me alegro de que eso sea así. Estoy tan contento como puedo estar.

No hace mucho tiempo me dijo una hermana que en época anterior a estos últimos cuatro años había estado lamentándose por su estado, y se había estado preguntando si llegaría alguna vez el momento en el que el Señor regresara, dado que tenía que esperar hasta que su pueblo estuviera preparado para encontrarse con Él. Me dijo que a pesar de haber puesto el mayor empeño –y creía haberse esforzado como nadie en el mundo–, no estaba progresando al ritmo requerido para que el Señor pudiera regresar en un tiempo razonable de la forma que fuera; y que le era imposible imaginar cómo habría de darse el regreso del Señor.

Ella estaba preocupada por eso; no obstante, me dijo que: –Cuando la gente regresó de Minneapolis, afirmando–: "La justicia del Cristo es un regalo, y podemos recibir su justicia como un regalo; y la podemos tener ahora". "Oh" dijo ella: "¡Eso me llenó de gozo!, me trajo luz, porque entonces pude ver cómo el Señor podía venir muy pronto. Siendo que Él mismo es quien nos pone el ropaje, nos viste, nos da el carácter, preparándonos así para el juicio y para el tiempo de angustia, entonces pude ver cómo Él podía venir tan pronto como quisiera". "Y", dijo ella, "me alegré, y desde entonces me he alegrado". Hermanos, me alegro de eso también, todo el tiempo.

Hoy en día tenemos esa misma necesidad. Vosotros sabéis que hemos estado en esa misma situación. Conocen bien el tiempo cuando nos sentamos y lloramos realmente porque no podíamos hacer lo suficientemente bueno como para satisfacer nuestra propia estimación de hacer lo que es correcto; y mientras esperábamos a que el Señor viniera pronto, temíamos la noticia de que estuviera tan cerca; ¿Por qué cómo íbamos a estar listos? Gracias al Señor, que Él puede prepararnos. –[Congregación: "Amén"]. Él proporciona la vestimenta de la boda. El maestro de la fiesta de bodas siempre proporcionaba la vestimenta de la boda. Él es el Maestro de la cena de bodas ahora; y Él va a venir muy pronto; y dice: "Aquí está el vestido que os hará adecuados para ocupar ese lugar". Ahora ahí habrá algunas personas que no podrán asistir a esa fiesta, porque no tienen puesta la vestimenta de la boda, pero el Señor la ofrece como un regalo gratuito para todos; y en cuanto al hombre que no la tome ¿a quién culpará?

Otra cosa: ¿cree usted ahora?; tengamos eso resuelto antes de continuar. Quiero saber cuántas personas en esta reunión realmente creen, honestamente en sus corazones, que Dios es capaz de decir a lo que se refiere cuando lo dice. –[Congregación: "Sí"]. Entonces, cuando usted y yo leamos lo que Él dice, tal como lo dice en la Biblia, ¿quiero saber si es de utilidad para usted y para mí ir a otra parte de la Biblia, y buscar algún otro texto para ver si contradice lo primero? ¿Puede el Señor contar su propia historia a su manera sin contradecirse? –[Congregación: "Sí"]. Bastante tiempo hemos perdido ya en las dudas. Así que no propongo armonizar ningún texto de las Escrituras en todo el trabajo que tendré que hacer aquí en este instituto. Creo que el Señor tiene todo en orden, exactamente como está. No creo que necesite algo de mi ayuda. Creo más bien que yo necesito su ayuda para ver que no hay contradicción en absoluto. Y creo que, si me pareciese que hay una contradicción, entonces necesito más de su Espíritu para ver que no hay ninguna. Y en lugar de tratar de armonizar, la supuesta contradicción, voy a decir que el Señor lo sabe todo sobre eso; y voy a esperar hasta que me dé la amplitud de mente suficiente para ver que no hay contradicción en absoluto.

Entonces, lo que quiero decidir ahora, y por siempre, es que cuando leas algo en la Biblia, eso significa exactamente lo que dice, y no necesitas buscar nada en la Biblia para ver si te dice la contraparte de ello. No hay otro lado; todo es uno. "Bueno, entonces, ¿cómo vas a explicar todo en la Biblia cuando la gente te pregunta?". Ahí está la dificultad; los hombres salen a predicar el evangelio y piensan que, si no pueden explicar todo lo que la gente les pregunte, será un gran descrédito para su ministerio.

No señor; será bueno para usted reconocer que hay algunas cosas en la Biblia que aún no ha comprendido completamente.

Lo que el Señor pide de usted y de mí, está establecido en 2ª Timoteo 2:7, y es la clave de todo estudio bíblico; son las instrucciones de Dios para el estudio de la Biblia: "Considera lo que digo, y el Señor te de entendimiento en todo". Lo único que pide de ti y de mí es que consideremos lo que *Él dice*; y si tenemos que considerarlo durante diez, quince o veinte años para descubrir lo que significa, descubriremos que valió la pena esperar veinte años; no necesitamos estar decepcionados en absoluto. Tenga en cuenta que cuanto más tiempo tenga que considerar un texto para averiguar qué contiene, más valdrá la pena cuando lo reciba. Entonces, no hay lugar para el desánimo, nunca. Por lo tanto, si no puedo medir su profundidad, me alegraré de que sea tan profundo que cuando lo obtenga, me regocijaré mientras viva.

Todo lo que tenemos que hacer en estas lecciones es considerar lo que Él dice, y depender de Él para que nos de entendimiento sobre eso. Eso es todo. Eso es todo lo que puedo hacer, y todos los que hagan así, obtendrán más de ello que los que no consideran lo que Él dice.

Entonces "su justicia viene de mí, dice el Señor". Eso es lo que dice. –[Congregación: "Sí"]. Es un don de justicia; es un regalo; ¿es eso así? –[Congregación: "Sí"]. Ahora, ¿cómo recibimos un regalo? "La justicia viene de mí, dice el Señor"; Él la da, un regalo gratuito; ¿cómo la conseguimos? –[Congregación: "Por fe"]. Por fe. Por fe. Recordemos también la definición que hemos estudiado, de lo que es la fe: no una creencia satánica; eso no es fe en absoluto: sino una sumisión de la voluntad a Dios, una entrega del corazón a Él, los afectos fijados en Él; ahí está la fe. Esa es la idea de Dios de fe. Y cuando leemos acerca de la fe, y recibimos su palabra de fe, que Él ha hablado en su palabra; a eso es a lo que se refiere.

Marque esto: es recibida por fe; es conocida por fe: pero leamos el texto y veamos que es así. Romanos 1:17. El versículo 16 está hablando acerca del evangelio. Porque en el evangelio la justicia que viene de Dios se revela *"de fe en fe"*. Entonces, ¿solamente de qué manera puede obtenerse? –[Congregación: "Por fe"]. No de fe en obras; sino de fe en *fe*. ¿Pero qué es la fe? Sumisión de la voluntad a Él, rindiendo el corazón a Él, los afectos fijados en Él. Eso es la entrega del yo, y tomar lo que Dios dice como el hecho; en otras palabras, la fe es simplemente esto: que cuando Dios dice algo, y usted y yo lo leemos, decimos: "Eso es así". Eso es fe.

| La fe viene por el oír, y el oír por la palabra de Dios (Rom. 10:17).

¿Cuál es la fuente de la fe, entonces? –[Congregación: "La Palabra de Dios"]. ¿Cómo viene la fe a nosotros? –[Congregación: "Al escuchar la palabra de Dios"]. La fe viene a nosotros por la palabra de Dios. Ese es el origen, la fuente de la fe. Luego, cuando esa palabra es leída, cedes a ella y dices: "Amén". La tomo tal como lo dice; sin intento de explicarla incluso a mí mismo. La tomo como Dios lo dice; la recibo tal como lo dice; descanso sobre ella tal como Él lo dice; Él dándome entendimiento de la misma; entonces quiero saber si no recibo en esa palabra y de ella justamente lo que tiene para darme. Ciertamente. Eso también impide que tengamos ningún hilo de invención humana en ella.

Entonces esto es de fe; viene por fe; la recibimos de esa manera. Entonces, ¿no ves que con el hombre que no comprende, y comienza a cuestionar la justicia solo por la fe, el problema es que su alma no está sometida a Dios, su corazón no está rendido a Dios, los afectos no están fijados sobre Él? Esa es la dificultad. Todos los problemas que alguna vez vienen a alguien en este mundo sobre la justificación por la fe, están en el corazón; en la negativa a someterse a Dios; y esa es la mente carnal; así como leímos la otra noche, la mente carnal no puede comprenderlo; no lo sabe. Ahora pasemos al tercer capítulo de Romanos, y comencemos leyendo el versículo 20:

| Por las obras de la ley ningún ser humano será justificado delante de Él.

Justificado es ser hecho justo; así que cada vez que lo leamos aquí, puedes poner las palabras "hecho justo" en su lugar sin alterar el mensaje. "Ya que por medio de la ley es el conocimiento del pecado. Pero ahora, aparte de la ley, se ha manifestado la justicia de Dios, testificada por la ley y por los profetas: la justicia de Dios por medio de la fe en Jesucristo, para todos los que creen en Él…", y entonces hacen lo mejor que pueden. –[Congregación: "No, señor; "Porque no hay diferencia"].

| Para todos los que *creen* en Él, porque no hay diferencia, por cuanto todos pecaron y están destituidos de la gloria de Dios (vers. 22,23).

Ahora el verso al que quería llegar: "Siendo justificado" (hecho justo). ¿Cómo? –[Congregación: "Gratuitamente"]. "Siendo hecho justo gratuitamente". ¿Es esto así? –[Congregación: "Sí"]. ¿Es así? –[Congregación: "Amén"]. Agradezcamos al Señor de que es así. Tomémoslo ahora mismo. –[Congregación: Amén]. "Siendo hecho justo gratuitamente por su gracia".

Ahora detengámonos aquí con esa palabra "gracia" y pasemos a Romanos 11: 6, donde leemos lo siguiente:

| Y si es por gracia, ya no es por obras; de otra manera la gracia ya no sería gracia.

Y cuando la gracia ya no es gracia, ¿qué van a hacer las personas en este mundo? Cuando la gracia de Dios se haya ido, ¿qué vamos a hacer? –[Voz: "Nos iríamos también"]. Sí. Hermanos, sometámonos.

| Y si es por obras, ya no es gracia; de otra manera la obra ya no sería obra.

Las obras de un hombre desaparecen si no hay más obras. ¿No ves, entonces, qué llega a ser un hombre que toma ese curso? Ahora Romanos 3:24:

> Siendo justificados gratuitamente por su gracia, mediante la redención que es en Cristo Jesús, a quien Dios puso como propiciación por medio de la fe en su sangre, para manifestar su justicia.

¿La justicia de quién? –[Congregación: "Dios"]. ¿A quién puso Dios para manifestarla? –[Congregación: "Cristo"]. Sí.

> Para manifestar su justicia por la remisión de los pecados pasados, en la paciencia de Dios para manifestar su justicia en este tiempo..." (Rom. 3:25,26).

¿Cuándo es eso? –[Congregación: "Ahora"]. ¿Es eso ahora, justo ahora, esta noche? –[Congregación: "Sí"]. ¿Ahora, cuatro minutos antes de las nueve en punto? –[Congregación: "Sí"]. ¿Su justicia? –[Congregación: "Sí"]. ¿Para usted? –[Congregación: "Sí"]. Gracias al Señor. "Por la remisión de los pecados pasados, en la paciencia de Dios para manifestar su justicia en este tiempo". ¿Saldrás de esta reunión dándote cuenta de ello? Quiero preguntar, si algún hombre sale de esta reunión sin ello, ¿cuál es el problema? –[Voz: "Incredulidad"]. ¿A quién hay que culpar? –[Voz: "Al hombre mismo"]. Entonces no lo hagamos. El Señor quiere que recibamos la lluvia tardía. Y la pediremos, y luego cuando venga no la tomaremos como Él nos lo da, porque no viene completamente como pensamos que vendría. No es asunto nuestro el cómo viene. Es asunto de Él el darla, y es nuestro asunto el tener discernimiento para reconocer que es Él quien la da.

> Con miras a manifestar en este tiempo su justicia, a fin de que Él sea el justo.

A fin de que Él sea justo. Oh, entonces está todo bien; no lo va a enredar; no lo va a deshonrar. "A fin de que Él sea el justo y el que justifica al que es de la fe de Jesús". Y cuando Dios justifica, quiero saber quién en el mundo puede condenar. Él lo hace; Él puede hacerlo; Él ha arreglado las cosas para poder hacerlo, y *ser justo* todo el tiempo; ser justo al hacerlo. Bueno, entonces dejemos que así sea. La ley de Dios es satisfecha; seamos deleitados. –[Congregación: "Amén"]. Puedo decirte que cuando descubrí que al hacer esto, el Señor estaba justificado y que la ley de Dios era satisfecha, yo estaba deleitado. Seguimos leyendo:

> ¿Dónde está la jactancia entonces? Queda excluida. ¿Por cuál ley? ¿La de las obras? No: sino por la ley de la fe. Por lo tanto, concluimos, pues, que el hombre es justificado [hecho justo] por la fe, sin las obras de la ley.

¿Es esa una conclusión correcta? –[Congregación: "Sí"]. ¿Ahora lo es? –[Congregación: "Sí"]. ¿Quién la dibujó? ¿De quién es la conclusión? –[Congregación: "Dios"]. Permitamos que Él lo haga su manera. ¿No es capaz de argumentar rectamente?

> ¿Qué, pues, diremos que halló Abraham, nuestro padre según la carne? Porque si Abraham fue justificado por las obras, tiene de qué gloriarse; pero no delante de Dios (Rom. 4:1,2).

¿De qué sirve la gloria de un hombre, entonces, si no puede gloriarse ante Dios? Queremos algo para gloriarnos, cuando los cielos se abran y el rostro de Dios brille en los corazones de los hombres. Queremos algo en lo que podamos gloriarnos en ese momento. Te digo que Dios nos da algo con lo que también podemos hacerlo, y esa es su propia justicia.

> ¿Porqué que dice la Escritura? Abraham *creyó* a Dios, y le fue contado por justicia (vers. 3).

¿Qué nos dice? Abraham creyó a Dios, y le fue, le fue, le fue, le fue; ¿Qué cosa le fue contada? –[Congregación: "La fe"]. ¿La fe sobre qué? –[Congregación: "Creyó a Dios"]. Creerle a Dios, ¿a qué abonaba eso? –[Congregación: "Justicia"]. ¿Quién se lo contó por justicia? –[Congregación: "Dios"]. Bueno, ¿se equivocó Dios? –[Congregación: "No"]. Ya sea que lo entendemos o no; el Señor lo hizo; e hizo lo correcto al hacerlo. Él fue perfectamente justo: lo dijo. No estábamos en la obra de esto; no teníamos el plan de ejecutarlo; no podríamos haberlo hecho si lo hubiéramos intentado de todos modos. Dejemos que tenga su propia manera, lo digo nuevamente, hermanos; y cuando dejamos que Él tenga su propia manera, y nosotros estemos en su propia manera, todo estará bien, y no debemos tener ni un poco de miedo.

¿Qué le fue contado a Abraham por justicia? *Creerle* a Dios, y Dios dijo: "Tú eres justo, Abraham". Ahora eso es dicho tres veces en ese pequeño y corto espacio. ¿Qué fue eso que le fue contado por justicia? –Creerle a Dios. S–U–, su fe.

> Ahora bien, al que obra no se le cuenta el salario como gracia, sino como deuda. Pero al que *no obra*, pero cree en Aquél que justifica al impío, su fe le es contada por justicia (vers. 4,5).

¿Es eso lo que dice? –[Congregación: "Sí"]. ¿Lo dijo el Señor de esa manera? –[Congregación: "Sí"]. Y este es el mensaje a Laodicea: desventurado, miserable, pobre, ciego y desnudo; ese es el tipo de personas que el Señor justifica. "Su fe le es contada por justicia". Al impío, su fe le es contada por justicia. ¿Qué le es contada? –[Congregación: "Su *fe* por justicia"]. ¿Y eso es creer que Dios está justificando a los hombres impíos? ¿Eso traerá justicia a un hombre? –[Congregación: "Sí"]. Confesar que se es impío, y entonces creer que Dios hace justo a ese tipo de hombre; Si, ciertamente. No puedo decir cómo; no puedo entenderlo. Sé que es así, y estoy tan contento de que sea así, que no me interesa si alguna vez descubro o no, el cómo. El Señor quiere que tengamos lo que Él da. Tomémoslo.

El tiempo ha expirado, y comenzaremos justo allí de nuevo. Pero no olvides lo que le fue contado a Abraham por justicia; y "si vosotros sois de Cristo, ciertamente descendientes de Abraham sois" (Gál. 3:29).

Capítulo 16

Abraham creyó a Dios y le fue imputado por justicia

HACE poco recibí una carta del hermano Starr en Australia, leeré dos o tres oraciones porque vienen bien en este punto de nuestras lecciones:

> La hermana White dice que hemos estado en el tiempo de la lluvia tardía desde la reunión de Minneapolis.

Eso es justo lo que hemos encontrado en nuestro propio estudio de estas lecciones, ¿no es así? Hermanos, ¿cuánto tiempo más esperará el Señor antes de que la recibamos? Él ha estado tratando estos cuatro años el hacernos recibir la lluvia tardía, ¿cuánto tiempo más va a esperar antes de que la recibamos? Ahora este tema se unirá directamente al del hermano Prescott, y su discurso es simplemente el comienzo del mío; y el llamado que nos hizo aquí en cuanto a lo que debemos hacer, es lo que todos deberían haber hecho hace cuatro años.

Y el hecho del asunto es, que algo se va a hacer. Aquellos que busquen al Señor de esa manera, quienes recibirán su mensaje de esa manera, obtendrán lo que Él quiere dar. Los que no lo hagan, quedarán solos, y cuando eso ocurra, será para siempre: y ese es el horror de la situación en esta reunión; eso es lo que le da a esta reunión su carácter temeroso. El peligro es que habrá algunos aquí que se han resistido a esto durante cuatro años, o tal vez que no lo han resistido tanto, quienes ahora fallarán en venir al Señor en el camino para recibirlo, y fallarán en recibir como el Señor lo da, y será pasado por alto. Una decisión será hecha por El Señor, por nosotros mismos en realidad, en esta reunión. ¿En qué lado te van a encontrar?

Aquí hay otra palabra que enseña el mismo punto que estudiamos anoche en nuestra lección, para recibir la palabra de Dios tal como es, tal como Él la dice, sin cuestionamientos nuestros. El hermano Starr dice que un día estaba hablando con la hermana White sobre los ángeles en el monte Sinaí cuando se dio la ley, y él dice esto:

> [E. White] ella vio que los ángeles, diez mil veces diez mil, y miles de miles, rodearon al pueblo de Dios mientras se reunían alrededor de la montaña, y estaban por encima de ellos, haciendo así un gran tabernáculo viviente del cual todo ángel malvado fue excluido; de tal manera que ni una sola palabra que saliera de la voz de Jesús pudiera ser alterada en ninguna mente, ni se hiciera alguna sugerencia de duda o maldad a un alma.

Eso es lo que queremos aquí ahora. –[Congregación: "Amén"]. Lo que queremos aquí es que cada uno ofrezca su propia oración, para sí mismo, al Señor para que nos cubra con un dosel como ese en este Instituto, que cuando las palabras del Señor se lean, ni una de ellas sea alterada en ninguna mente de lo que justamente Dios habla, y que ninguna sugerencia de duda o maldad venga a una sola alma; sino que nosotros, cada uno pueda recibir justamente lo que el Señor dice a *su* propia manera, como *Él* lo dice y como *Él* lo da a entender.

Leo más del hermano Starr:

> En un testimonio tardío a un individuo aquí, a la hermana White se le prohibió enviárselo por escrito, pero no el leerlo personalmente; por la razón de que los ángeles malvados están trabajando *sustituyendo palabras* por las que están escritas. Otras palabras son pronunciadas en sus oídos y la persona obtiene un significado exactamente opuesto al destinado por Dios.

Bueno, si ese hombre lo necesita, ¿es él el único en el mundo que lo necesita? Si Satanás está trabajando de esa manera, ¿se limitará a sí mismo a Australia? Entonces, ¿no necesitamos usted y yo tener nuestros oídos ungidos, así como nuestros ojos, para que podamos oír? ¿Y no son para nosotros las palabras de Cristo, "Mirad, pues, como oís"? (Luc. 8:18).

Luego, otra instancia allí: un hermano se había dejado llevar por una conexión con sociedades secretas, y había seguido con ellos hasta que estaba a punto de tomar el más alto grado.

Un testimonio vino para él; Dios le presentó su caso como un hombre al borde de un precipicio al que incluso era peligroso llamar. La hermana White le preguntó al Señor qué podía hacer por ese hombre, y mientras oraba, el ángel dijo: "Dale la contraseña secreta. Dale la contraseña secreta a la sociedad celestial, '*Jesucristo y éste crucificado*'".

¿Cuál es la palabra secreta a la sociedad celestial? –[Congregación: "Jesucristo y éste crucificado"]. Eso es lo único de lo que usted y yo tenemos algún interés de conocer; ese es su mensaje al mundo, "Jesucristo y éste crucificado"; ese es el pasaporte.

Ahora volvamos al capítulo 4 de Romanos. Queremos leer sobre la justicia de Dios, y mientras leemos sobre esta justicia de Dios, queremos recibirla tal como el Señor la ha hablado. No olviden ahora, que queremos esa cubierta de ángeles sobre nosotros y a nuestro alrededor, para que ninguna palabra pueda ser pervertida a nuestro entendimiento. Queremos recibirla tal como Él la dio.

> ¿Qué, pues, diremos que halló Abraham, nuestro padre según la carne? Porque si Abraham fue justificado por las obras, tiene de qué gloriarse; pero no delante de Dios. Porque ¿qué dice la Escritura? Creyó Abraham a Dios, y le fue contado por justicia (vers. 1-3).

¿Qué fue lo que se contó a Abraham por justicia? –[Congregación: "Él le creyó a Dios"]. Cuando Dios dijo algo, Abraham lo creyó; él dijo "eso es así". ¿Qué fue lo que el Señor le dijo? Vayamos y leamos, porque eso es importante para nosotros. En Génesis 15:4-6, dice:

> Y luego vino a él la palabra de Jehová, diciendo: No te heredará éste, sino el que saldrá de tus entrañas será el que te herede. Y le llevó fuera, y dijo: Mira ahora a los cielos, y cuenta las estrellas, si las puedes contar. Y le dijo: Así será tu simiente. Y creyó a Jehová, y Él se lo contó por justicia.

¿Crees que Abraham llegó a ser justo de esa manera? –[Congregación: "Sí"]. Honestamente, ¿lo crees? –[Congregación: "Sí, señor"]. ¿Sabe lo que hizo? –[Congregación: "Sí"]. El Señor llamó a Abraham fuera y le dijo: "Mira ahora a los cielos, y cuenta las estrellas, si las puedes contar. Y le dijo: Así será tu simiente". Abraham dijo: "Amén". Ese es el hebreo que Abraham dijo: "Amén". Y el Señor dijo: "Eres justo".

Ahora, ¿podéis apreciar la sencillez de esa transacción? Fue como llamarnos a ti y a mí fuera de este Tabernáculo, y el Señor nos dijera: Mira las estrellas; contadlas si puedes numerarlas. Sí, tal y cual será. Y decimos: "Amén". Y Él nos dijera: "Sois justos". Supongamos que el Señor nos llama fuera a ti y a mí esta noche. No, Él puede hacerlo sin llamarnos fuera. Él llamó a Abraham afuera, para mostrarle las estrellas; pero puede mostrarnos pecados sin llamarnos puertas afuera. ¿Te ha mostrado muchos grandes pecados? ¿Lo ha hecho? –[Congregación: "Sí"]. Ahora dice:

> Venid luego... estemos a cuenta... como la nieve serán emblanquecidos (Isa. 1:17).

¿Qué dices? –[Congregación: "Amén"]. Entonces, ¿qué dice el Señor? –[Congregación: "Eres justo"]. ¿Lo eres? –[Voz: "Sí"]. ¿Las personas se vuelven justas tan fácil como eso? ¿Es una transacción tan simple como esa? –[Congregación: "Sí"]. Amén. Gracias al Señor.

Ahora volvamos nuevamente al capítulo 4 de Romanos y obtengamos el verso particular donde esto es dicho. Romanos 4:23, 24, dice:

> Pero no sólo con respecto a él se escribió que le fue contada, *sino también con respecto a nosotros* a quienes igualmente *ha de ser contada* [imputada], es decir, a los que *creemos en Aquel* que levantó de los muertos a Jesús, nuestro Señor.

Algunos de los hermanos estuvieron diciendo esta mañana en la reunión social, que, aunque anoche sintieron que les gustaría alabar al Señor en voz alta, pensaron que mejor no. "No apaguéis al Espíritu" (1ª Tes. 5:19). Si quieres alabar al Señor por algo, el Señor te dice que lo hagas. Podríamos también comenzar aquí como en cualquier otro momento teniendo Adventistas del Séptimo Día alabando al Señor, o diciendo,

"Alaben al Señor", en una reunión. Podríamos comenzar eso aquí como en cualquier otro lado. Lo que el Señor le dijo a Abraham, él lo creyó: Y lo que Él nos dice a usted y a mí, es que creamos, entonces obtendremos los mismos resultados. No es algo en particular lo que el Señor dice que debemos creer para ser justos; *cualquier cosa* que Él diga, *créelo*, y entonces Él dice, "eres justo".

Me gustaría saber si no es así, que cuando el Señor dice una cosa ¿no está en lo cierto? –[Congregación: "Sí"]. Entonces, cuando yo afirmo que es así como el Señor lo dijo, ¿no estoy en lo cierto? –[Congregación: "Sí"]. Entonces, ¿qué cosa en el mundo me impide de ser correcto?

Lo diré de nuevo: cuando el Señor declara algo, ¿está en lo correcto? –[Congregación: "Sí"]. Él *es correcto* al decirlo; entonces cuando yo consiento que "así es"; cuando digo "Amén"; cuando digo "que así sea"; cuando digo "sí, eso es así", ¿no estoy en lo cierto? Si. ¿No estoy en lo cierto con la misma certeza que Él? Ciertamente. ¿Puede Él decir que estoy equivocado? –[Congregación: "No"]. Cuando Él dice una cosa, y yo digo lo mismo; ¿puede Él afirmar que estoy equivocado? –[Congregación: "No"]. Cuando dices lo mismo, ¿puede Él decir que estás equivocado? –[Congregación: "No"]. Bueno, entonces, cuando estamos en una situación tal que el Señor mismo no puede decir que usted y yo estamos equivocados, me gustaría saber ¿cuál es la razón por la cual no somos correctos? Creyendo que Dios nos pone justamente en esa situación, tal como lo hizo con Abraham. ¿Me gustaría saber qué nos impide llegar cielo entonces? ¿Qué puede *entonces* mantenernos fuera del reino de Dios?

Lo único que puede mantenernos a usted y a mí fuera del reino de Dios es decirle al Señor que Él miente; y si tú y yo paramos esa actitud, entraremos al cielo. Eso es justo lo que la gente necesita hacer, parar de decirle al Señor que miente.

| El que no cree a Dios, lo ha hecho mentiroso (1ª Juan 5:10).

Pero quien sea que haga de Dios un mentiroso, es un mentiroso él mismo, y los mentirosos no pueden entrar en el reino de Dios. Todos los que aman y practican la mentira "estarán fuera" en el grupo que describe Apocalipsis 21:8, 27 y 22:15. Entonces lo que queremos hacer es dejar de mentir. Vamos a dejarlo ahora mismo. Dejar de mentir. No hay diferencia en lo que diga el Señor, usted diga: "Eso es así". ¿No ven que esta es la historia completa, y la idea misma que el hermano Haskell estaba tratando de inculcarnos aquí en nuestras lecciones, que hay salvación en cada línea de las Escrituras? Porque Dios lo dice, ¿no es así?

Bueno, cuando Dios lo dice, y nosotros lo decimos, entonces somos justos, ese es el fin de la historia. Dios le dijo eso a Abraham; Abraham dijo: "Amén, eso es así, lo acepto". Entonces esto muestra que hay salvación en cada línea de las Escrituras, en cada cosa que Dios dice.

El cuarto capítulo de Romanos cuenta más sobre lo que dijo Abraham, o más bien, lo que pensó. Romanos 4:20-22, dice:

> Tampoco dudó, por incredulidad, de la promesa de Dios, sino que se fortaleció en fe, dando gloria a Dios, plenamente convencido que todo lo que Él había prometido, era también poderoso para hacerlo; por lo cual también le fue imputado por justicia.

Ahora, como leí anoche sin hacer referencia al tercer capítulo de Romanos, que Cristo fue presentado como propiciación por el pecado pasado, dice:

> A quien Dios ha puesto en propiciación por medio de la fe en su sangre, para manifestar su justicia por la remisión de los pecados pasados, en la paciencia de Dios, para manifestar su justicia en este tiempo; para que Él sea justo, y el que justifica al que cree en Jesús.

El pensamiento es, que Dios es justo al hacerlo; esto es suficiente; Él ha cumplido todas las demandas. Él es perfectamente capaz, entonces, de justificar al creyente en Jesús, ¿no es así?; Él es perfectamente capaz de hacer justo al hombre que cree en Jesús. Él ha prometido hacer eso por cada uno que han de creer en Jesús: Bueno, ¿cree usted que Él es capaz de realizar lo que ha prometido? ¿No ha prometido hacer eso? –[Congregación: "Sí"]. ¿Crees que Él es capaz de realizar lo que ha prometido? –[Congregación: "Amén"]. ¿Lo es? –[Congregación: "Sí"]. Amén. *Por lo tanto, te es imputado por justicia.* –[Congregación: "Gracias al Señor". "Gloria a Dios". "Alabado sea el Señor"]. Esa es toda la historia. –[Congregación: "Alabado sea el Señor"].

La historia es suficientemente simple, sin embargo, el problema es que permitimos que Satanás entre para mistificarla. Ese es el problema. El Señor no quiere eso, quiere que sea tan simple como lo ha dicho; y lo ha dicho tan simple que un niño pequeño puede entenderlo y recibirlo. Y usted, quién no lo recibe como un niño pequeño, no puede recibirlo. Entonces, digo nuevamente, que no hay diferencia en lo que Dios dice o cuando lo dice; *lo que sea* que Él diga, nosotros, como Abraham, decimos "Amén"; "Señor, creo eso"; "Eso es así". Entonces, Él dice que eres justo. Y eres justo también.

Sigamos leyendo ahora, en Romanos 4:3-5:

> Porque ¿qué dice la Escritura? Creyó Abraham a Dios, y le fue contado por justicia. Ahora bien, al que obra no se le cuenta el salario como gracia, sino como deuda. Pero al que no obra, pero cree en Aquél que justifica al impío, su fe le es contada por justicia.

¿Cree en Aquél que justifica a quién? –[Congregación: "Al impío"]. ¿Quién es éste, en este mundo, a quién el Señor justifica? –[Congregación: "Al impío"]. El impío; Me alegro de ello; porque eso me asegura la salvación eterna. Si fuera de otra manera, no habría esperanza para mí. Si Dios justificara a las personas que fueran solo medio santas, eso me dejaría fuera. Si Él justificara a las personas que tuvieran solo *una* cosa buena, eso me dejaría fuera. Si Él justificara a las personas que tuvieran solo un poco de bien con ellos, eso me dejaría fuera. Pero, gracias al Señor, que e*s tan bueno, que me ama tanto,* que tiene tan admirable *poder*, el poder divino de su justicia es tan *grande*, que cuando Él pronuncia esa palabra sobre un pecador tan corrupto como yo, me hace completamente justo ante los ojos de Dios. –[Congregación: "Amén"]. Ese es el valor de la palabra "justicia", cuando Dios la pronuncia. Y porque Él es tan bueno; porque hay tal poder divino en su justicia; y porque justifica al impío; Por lo tanto, tengo la seguridad perfecta de su salvación eterna. Entonces, ¿qué en el mundo me va a impedir alegrarme? ¿Puedes imaginar algo que me pueda impedir el alegrarme? ¿Puedes imaginar algo que pueda impedir que te alegres? No me es suficiente estar alegre; Quiero que estés alegre; Puedo participar en vuestra alegría. –[Voz: "Estoy alegre"]. Amén.

"Al que no obra". Sí, si se requirieran obras, no podría hacer lo suficiente. Si hubiera algo en lo absoluto que se requiriera, eso me dejaría fuera. Pero, como leímos la otra noche "de balde fuisteis vendidos; por tanto, sin dinero seréis rescatados" (Isa. 52:3). Pero no sin un precio; pues he aquí, *Él* ha pagado el precio. Y la bendición de esto es que Él fue lo suficientemente rico para pagar el precio, y la otra bendición es que fue bastante bueno para gastar todas sus riquezas en pagar el precio, para poder tenerme a mí. Él puede tenerme. He escuchado a hermanos decir: "Agradezco al Señor que tengo confianza en Él". Yo doy gracias al Señor que Él tiene confianza en mí. Creo que es poco suficiente para *un hombre,* por quien el Señor hace tanto, tener confianza en Él; pero pensar que el Señor haría una inversión tan admirable en mí con la confianza de alguna vez obtener el valor de ello; *Su confianza en mí* es lo que no puedo comprender. Eso es demasiado maravilloso para mí. Y estoy agradecido de que el Señor tuviera tanta confianza en su riesgo sobre mí. Por esa razón, estoy tan contento de no saber qué más hacer. Hermanos, el Señor es bueno. –[Congregación: "Amén"]. Entonces confiemos en Él.

> Por eso también David habla de la bienaventuranza del hombre a quien Dios atribuye justicia *sin obras* (vers. 6).

Hermanos, ¿conocen la bienaventuranza de aquel hombre? ¿O hay algunos en este lugar que solo conocen la angustia de ese hombre que trata de obtenerla por obras? No hay *bienaventuranza* de ese tipo; La Biblia no lo describe. Eso es todo angustia solamente, y lo sabes. Pero Dios describe la bienaventuranza del hombre a quien Dios imputa justicia sin obras, diciendo: "Bienaventurado el hombre". Esa es la manera en que David lo dijo, en su propio lenguaje, pero en el nuestro esto es traducido simplemente como, "Bendito es el hombre".

> Oh, cuán dichoso es aquel cuyas iniquidades son perdonadas, y cuyos pecados son cubiertos (vers. 7).

Hay una bendición para ese hombre; yo digo que la hay. ¡Oh, la dicha del hombre a quien el Señor no imputará pecado!, porque ese hombre ha recibido el don de Jesucristo, y todo lo que Dios ha dado en Él; y cuando Dios mira a ese hombre, ve a Jesucristo; Él no le imputa pecado a ese hombre en absoluto. ¡Oh, la bienaventuranza del hombre a quien el Señor no imputará pecado!

> ¿Es, pues, esta bienaventuranza solamente para los de la circuncisión o también para los de la incircuncisión? Porque decimos que a Abraham le fue contada la fe por justicia (vers. 9).

Tres veces, verás, ahí dentro de nueve versículos, tres veces que el Señor lo ha dicho, la fe es contada por justicia. Míralo. "Abraham creyó a Dios y le fue contado por justicia", "al que no trabaja, sino cree en aquel que justifica al impío, su fe le es contada por justicia" y "decimos que a Abraham le fue contada la fe por justicia". Hermanos, hagamos como Abraham hizo; digamos "Amén". –[Congregación: "Amén"]. Contando que lo que Dios ha prometido, Él es capaz de cumplir. –[Congregación: "Amén"]. Y entonces agradezcan al Señor que nos imputa justicia, y nos hace libres. ¿Cómo le fue contada? ¿Cuándo estaba en la circuncisión, o en la incircuncisión? ¿No tenía que ir y circuncidarse a sí mismo y a toda su casa antes de poder ser justo? –[Congregación: "No, señor"]. ¿Cuándo estaba en la circuncisión o en la incircuncisión? No en la circuncisión, sino en la incircuncisión. Cuando era un gentil. ¿Es eso así? –[Congregación: "Sí, señor"]. ¿Abraham fue contado por justo cuando era un gentil? –[Congregación: "Sí, señor"]. ¿Un pagano? –[Congregación: "Sí, señor"]. ¿Antes de que él fuera circuncidado? Y recibió la señal de la circuncisión, ¿un sello de la justicia" que tenía? –[Congregación: "*Justicia de la fe* que tenía"]. ¿No dice que recibió la señal de la circuncisión, un sello de la justicia que tenía? –[Congregación: "No; 'Un sello de la justicia de la fe que tenía'"]. Sí, señor; sí señor; recibió la señal de la circuncisión, un sello de la *justicia de la fe* que tenía. –[Congregación: "¡Amén!"]. Un sello de la justicia de la fe que tuvo; no de la justicia que tenía; sino la justicia de la fe que tenía; porque la *justicia* que tenía, vino por la *fe* que tuvo.

> Y recibió la circuncisión como señal, como sello de la justicia de la fe que tuvo cuando aún no había sido circuncidado, para que fuera padre de todos los creyentes no circuncidados (vers. 11).

¿Eres tú ese? Padre de todos los que creen en Dios. –[Congregación; "Amén"]. Todos ellos los que creen. ¿Es eso así? –[Congregación: "Sí, señor"]. Esa justicia pudiera ser imputada sobre ellos también. Abraham es el padre de todos los que creen, ¿con que propósito? "A fin de que también a ellos la fe les sea contada por justicia". Abraham es "padre de todos los que creen". No es de extrañar que no pudiera contarlos; solo la mente de Dios podía contar la simiente de Abraham. De hecho, son verdaderamente innumerables como las estrellas, pero he aquí, de las estrellas es dicho: "Él las llama a todas por sus nombres" (Salm. 147:4), y es capaz de enumerarnos, nos conoce por nombre, y la bendición de esto es que Él nos va a dar un nuevo nombre. Les digo, hermanos, el Señor nos ama. Verdaderamente lo hace.

> Porque la promesa de que él sería el heredero del mundo, no fue para Abraham, o para su simiente, a través de la ley, *sino a través de la justicia de la fe* (vers. 13).

¿Es eso así? –[Congregación: "Sí"]. "Porque si los que son de la ley son los herederos, vana resulta la fe y anulada la promesa. La ley produce ira". ¿Lo hace? –[Congregación: "Sí"]. ¿Lo hace ahora? –[Congregación: "Sí"]. Entonces, ¿cuánta justicia va a obtener un hombre de la ley? –[Congregación: "Ninguna"]. Para eso no está la ley; "La ley produce ira".

> Pero donde no hay ley, tampoco hay transgresión. Por tanto, es por la fe, para que sea por gracia; a fin de que la promesa sea *firme* a *toda* simiente (vers. 15,16).

¡Oh! El Señor quiere que su promesa sea firme para nosotros, ¿eso quiere?; Y con el propósito de que nos sea firme, ¿dónde la puso?; Por lo tanto, es por *fe*, para que sea por *gracia*; a fin de que la promesa *sea firme*. Mira ahora; piensa en eso cuidadosamente. Lo diré lentamente. "Por lo tanto, es por fe, *para que* sea por gracia". La palabra "para" es lo que quiero resaltar. ¿Qué significa eso? Con el propósito de, solo de esta manera: "para que sea por gracia". Entonces es por gracia, ¿verdad? –[Congregación: "Sí"]. Es por fe, para que sea por gracia; ¿Para qué? "*Para que sea firme*". Entonces, el que recibe algo de Dios *por fe*, es el hombre que está *firme* en ese algo, ¿no es así? –[Congregación: "Sí"]. Y aquel quién piensa obtener algo de Dios de alguna otra manera que no sea *por fe*, nunca puede estar seguro de que lo tiene, porque de hecho no lo tiene en absoluto. ¿Ves eso? –[Congregación: "Sí"]. Actuemos de esa manera.

"Por tanto, es por fe, para que sea por gracia; a fin de que la promesa sea firme para *todos*". Muy bueno. –[Congregación: "Amén"]. *Para todos*. Para todos, "a fin de que la promesa *sea firme* para toda su simiente; no solamente para la que es de la ley, sino también para la que es de la fe de Abraham; el cual es padre de todos nosotros (como está escrito: Te he puesto por padre de muchas gentes), delante de Dios, a quien creyó, el cual da vida a los muertos, y llama las cosas que no son, como si fuesen". ¿Qué es lo que Él hace? –[Congregación: "Da vida"]. Da vida a los muertos. "Llama las cosas que no son, como si fuesen". Cuando el Señor llama a una cosa que *no es* como si fuera, ¿realmente *es*? –[Congregación: "Sí"]. ¿Acaso no hizo eso mismo cuando creó los mundos? No había ningún mundo; el Señor los llamó a la existencia. ¿Qué sucedió entonces? –[Congregación: "Los mundos fueron"]. No había luz; llamó a la luz: "y fue la luz".

En mí no hay justicia; aquí hay toda impiedad; aquí hay toda impureza; Dios ha establecido al mismo Aquel que declaró la palabra y los mundos surgieron, y quien declaró la palabra "luz", y la luz vino: Él ha establecido al mismo Aquel para declarar justicia en lugar de este cuerpo de pecado. –[Congregación: "Alabado sea el Señor"]. En este lugar, este cuerpo, este carácter de pecado, Él llama lo que no es como si fuera, y, gracias al Señor, lo es. –[Congregación: "Amén"]. En este lugar que es toda impureza, Él ha establecido al bendito Aquel para declarar santidad y llamar esta cosa que no es como si fuera, y, gracias a su poder todopoderoso, lo es. –[Congregación: "Amén"]. Y me alegro de ello. "llama las cosas que no son, como si fuesen". Un pecador no es justo; los impíos son impíos; pero Dios llama a lo que no es, como si fuese, y lo es. –[Congregación: "Amén"]. Así es.

> El cual creyó en esperanza contra esperanza, para venir a ser padre de muchas naciones, conforme a lo que le había sido dicho: "Así será tu simiente". Y no se debilitó en la fe, ni consideró su cuerpo ya muerto (siendo ya como de cien años), ni la matriz muerta de Sara. Tampoco dudó, por incredulidad, de la promesa de Dios, sino que se fortaleció en fe, dando gloria a Dios, plenamente convencido que todo lo que Él había prometido, era también poderoso para hacerlo; por lo cual también le fue imputado por justicia. Y que le fue imputado, no fue escrito solamente por causa de él, sino también por nosotros, a quienes será imputado, esto es, a los que creemos en el que levantó de los muertos a Jesús nuestro Señor; el cual fue entregado por nuestras transgresiones, y resucitado para nuestra justificación (vers. 18-25).

Fue resucitado para que pudiéramos ser justificados; resucitado para nuestra justificación. Voy a permitirle que Él logre para lo que fue resucitado de entre los muertos. Eso está resuelto. Él sabe cómo hacerlo, y puede hacerlo; y yo se lo voy a permitir. Ahora leemos en el capítulo cinco de Romanos: "*Justificados*, pues, *por la fe*". ¿Qué dices a ello? –[Congregación: "Amén"]. Por lo tanto, siendo hechos justos, siendo justificados por la fe, "*tenemos* paz para con Dios". Y yo sé esto; ¿usted no? Tenemos paz para con Dios. Él lo dice. Entonces es así. Incluso aunque no fuera así. Entonces es así. Incluso aunque no fuera así, esto es así después de que Él llama esas cosas que no son como si fueran. No podemos entenderlo; pero podemos saberlo. Yo lo sé; y eso es todo lo que me interesa.

> Justificados, pues, por la fe, tenemos paz para con Dios por medio de nuestro Señor Jesucristo, por quién también tenemos entrada por la fe a esta gracia (Rom. 5:1).

¿Cómo llegamos a esta gracia? Por fe. La tenemos, gracias al Señor. "En la que estamos firmes". ¿Estamos firmes en verdad? –[Congregación: "Sí"]. Él lo dice así; y así es, ¿no es así? Él lo dice, y es así. Él dice que estamos firmes ahí; y lo estamos, gracias al Señor.

> En donde estamos firmes, y nos gloriamos en la esperanza de la gloria de Dios (vers.2).

¿Lo hacemos? Él lo dice y *nos gloriamos* (regocijamos), y lo hacemos. Porque, cuando Él dice que lo hacemos, Él es correcto; y si decimos "Amén", y entonces somos justos. "Y no sólo esto, sino que también nos gloriamos en las tribulaciones". Las tribulaciones vendrán tan fáciles como sea posible; pero no serán nada en contra de nosotros.

> Tengo por cierto que las aflicciones del tiempo presente no son comparables con la gloria venidera que en nosotros ha de manifestarse (Rom. 8:18).

No solo para nosotros sino "*en nosotros*", que formará parte de nosotros. Así es como brillaremos como el sol en el reino de nuestro Padre. Bueno, esa es la justicia de Dios; así es como la recibió Abraham. ¿Cuál es la bendición de Abraham, entonces? ¿Cuál es? –[Congregación: "Justicia por la fe"]. ¿Cómo la obtuvo? –[Congregación: "Por la fe"]. La bendición de Abraham no es recibida a excepción de aquel hombre que tiene justicia por la fe; ¿Es eso así? –[Congregación: "Sí"]. Ahora, el texto que el hermano Prescott acaba de leer. Aunque él ya lo citó, encaja perfectamente en esta lección, y es porque en realidad no hay más que una sola gran lección. Gálatas 3:13,14, dice: "Cristo nos redimió de la maldición de la ley". ¿Lo ha hecho? Él dice que lo ha hecho; entonces así es.

> Cristo nos redimió de la maldición de la ley (pues está escrito: "Maldito todo el que es colgado en un madero"), para que en Cristo Jesús la bendición de Abraham alcanzara a los gentiles, a fin de que por la fe recibiéramos la promesa del Espíritu.

¿Con qué finalidad vino Cristo a ser hecho maldición sobre el madero? Para que la bendición de Abraham pudiera venir sobre ti y sobre mí. ¿Por qué nos redimió de la maldición de la ley? Para que la bendición de Abraham pueda venir sobre ti y sobre mí. ¿Cuál es la bendición de Abraham? –[Congregación: "Justicia por la fe"]. Cristo murió para que tú y yo pudiéramos ser hechos justos por la fe. Hermanos, ¿no es horrible cuando un hombre le ra Cristo lo mismo por lo que murió pretendiendo obtener justicia de alguna otra forma?, ¿no os parece espantoso robarle así? Hermanos, creamos en Jesucristo. "A fin de que la bendición de Abraham viniese sobre los gentiles a través de Jesucristo".

Ahora somos redimidos de la maldición de la ley; Cristo ha sido hecho maldición por nosotros a fin de que podamos recibir la bendición de Abraham. ¿Con qué finalidad? "Para que por la *fe recibamos la promesa del Espíritu*". Entonces, cuando nosotros como pueblo, nosotros como cuerpo, nosotros como iglesia, hayamos recibido la bendición de Abraham, ¿qué viene entonces? –[Congregación: "La lluvia tardía"]. El derramamiento del Espíritu. Es así con el individuo. Cuando el individuo cree en Jesucristo, y obtiene la justicia que es por fe, entonces el Espíritu Santo, que es la circuncisión del corazón, es recibido por él. Y cuando todo el pueblo, como iglesia, reciba la justicia por la fe, la bendición de Abraham, entonces ¿qué va a entorpecer a la iglesia de recibir el Espíritu de Dios? –[Congregación: "Nada"]. Ahí es donde estamos. ¿Qué va a obstaculizar, entonces, el derramamiento del Espíritu Santo? ¿Qué detiene el derramamiento del Espíritu Santo? –[Voz: "Incredulidad"]. Nuestra falta de la justicia de Dios, que es por fe, es lo que impide; porque cuando dicha justicia es recibida, es dada para que podamos recibir la promesa del Espíritu a través de la fe. Luego, asegurémonos de tener la bendición de Abraham, y luego pidamos y recibiremos.

Capítulo 17

Los sentimientos no tienen nada que ver con los hechos

Los últimos versos que tuvimos ante nosotros, en la lección anterior, fueron Gálatas 3:13 y 14. Ahora, ya sea la promesa del Espíritu a el individuo en su propia experiencia individual, o la promesa del Espíritu en su derramamiento sobre toda la iglesia, es todo lo mismo. Nadie puede tenerlo sin tener la bendición de Abraham primero. Quien sea que no tenga la bendición de Abraham no puede tener el Espíritu Santo. Porque leemos en Romanos 4:11:

> Recibió la circuncisión como señal, como sello de la justicia de la fe que tuvo cuando aún no había sido circuncidado.

Lo que realmente es la circuncisión, lo encontrarán al pasar a Deuteronomio 30:6, dice:

> Y Jehová tu Dios circuncidará tu corazón y el corazón de tu simiente, para que ames a Jehová tu Dios con todo tu corazón y con toda tu alma, a fin de que vivas (Deut. 30:6).

Ahora, alineémoslo con Romanos 5:1 Después de haber afirmado que somos justificados por la fe, y que "tenemos paz para con Dios por medio de nuestro Señor Jesucristo, por quien también tenemos entrada por la fe a esta gracia en la cual estamos firmes, y nos gloriamos en la esperanza de la gloria de Dios", continúa diciendo (vers. 5): "Y la esperanza no avergüenza, porque el *amor de Dios* ha sido derramado en nuestros corazones *por el Espíritu Santo* que nos fue dado". Ahora, para nosotros, el Espíritu Santo derrama en el corazón el amor de Dios; pero Él dijo aquí: "circuncidaré tu corazón ... para que ames al Señor tu Dios con todo tu corazón y con toda el alma". La única forma en que podemos amar al Señor con todo el corazón y con toda el alma es mediante el amor de Dios, implantado en el corazón y en el alma, convirtiendo la persona a Dios. Y "el cumplimiento de la ley es el amor" (Rom. 13:10).

> "Amarás al Señor tu Dios con todo tu corazón, con toda tu alma y con toda tu mente". Este es el primero y grande mandamiento. Y el segundo es semejante: "Amarás a tu prójimo como a ti mismo. De estos dos mandamientos dependen toda la ley y los profetas (Mat. 22:36-39).

La circuncisión del corazón es aquella condición del corazón por la cual "amaremos al Señor" nuestro Dios, "con todo el corazón y con toda el alma". Entonces, ves que lo que esta circuncisión en la carne representó para Abraham, simplemente fue una señal, un símbolo, que podían ver en el momento cuando Dios les estaba enseñando por lecciones objetivas, un símbolo que podían ver, señalando aquello que no podían ver. Y, por lo tanto, esa circuncisión en la carne es la señal, el "sello de la justicia de la fe que tuvo cuando aún no había sido circuncidado" (Rom. 4:11). Fue simplemente la señal, externamente, de la obra del Espíritu Santo, que circuncidaba el corazón. El Espíritu Santo derrama el amor de Dios en el corazón (Rom. 5:5), pero ningún hombre puede recibir la promesa del Espíritu sin tener la bendición de Abraham, la justicia de Dios, que es por fe.

Entonces, el hombre que "sabe" que cree que Dios, puede pedir con perfecta confianza por el Espíritu Santo. Pero no el hombre que "piensa" que cree en Dios; una parte del tiempo cree, una parte del tiempo no cree; una parte del tiempo piensa que cree, una parte del tiempo no sabe si cree, o no. Eso no es creer en Dios en absoluto, pero el Señor quiere que tú y yo *sepamos* que creemos en Dios. Quiere que sepamos eso, y que lo tengamos tan firmemente establecido y arraigado como la seguridad de que estamos vivos. Entonces, yo digo que el hombre que sabe que cree en Dios, puede pedir con perfecta confianza por el Espíritu de Dios, y recibirlo por fe, porque Él dijo: "Pedid y recibiréis" (Juan 16:24). Pero debemos pedir de acuerdo a su voluntad. Pero no es de acuerdo a su voluntad, el dar el Espíritu Santo a alguien que no tenga la bendición de Abraham; y al igual que con el individuo, también con la iglesia: cuando el pueblo de Dios alcance ese punto donde ellos *sepan* que creen en Dios, ellos podrán pedir con perfecta confianza por el derramamiento del Espíritu Santo, y esperar con perfecta confianza y fe de que lo recibirán, y así será. Eso es un hecho.

Ahora estudiemos un poco más esta noche, en cómo podríamos *saber* que la bendición de Abraham es nuestra, y cómo podríamos *saberlo* de tal manera que con perfecta confianza pudiéramos pedir al Señor que nos dé su Espíritu Santo, y entonces simplemente esperar su propio buen tiempo, y recibirlo de acuerdo a su propio deseo; sin ansiedad *sobre si* lo vamos a recibir o no. Queremos aprender cómo toda esa ansiedad, en cuanto a si podemos recibir el Espíritu Santo o no, puede ser apartada de nosotros; y entonces podemos presentar nuestras peticiones al Señor con fe, esperando recibirlas, esperando solo eso, y sin esperar nada más; y simplemente esperando que el Señor nos lo dé en su determinado y debido tiempo, mientras todavía pedimos y todavía lo buscamos para que sea así.

Les digo, hermanos, cuando lleguemos a ese punto, no será difícil para todos estar "todos unánimes juntos" (Hech. 2:1). Ahora, en esta reunión, cuando alcancemos esa condición, ese punto donde sepamos que creemos en Dios, y sepamos que podemos pedir con perfecta confianza por el Espíritu Santo, será algo fácil para cada uno de nosotros ser unánimes juntos, cada vez que haya una reunión. El hecho del asunto es, que cada uno tendrá miedo de estar lejos; porque, si alguien debiera estar lejos de cualquiera de estas reuniones, y la promesa del Espíritu Santo fuera cumplida; se la perdería. Todos estarán aquí esperando y vigilando que el Señor haga lo que dice, justo cuando Él lo disponga. ¿No ves cómo eso nos pondrá a todos unánimes juntos en un lugar? Lo hará.

Por supuesto, si la obra del Señor nos llamara lejos de alguna reunión en el encargo de nuestro trabajo y el encargo del Señor, y el Espíritu Santo debiera ser derramado mientras estábamos fuera, lo obtendríamos de todos modos, donde sea que estuviéramos. Pero no será así con aquellos que están lejos de la reunión por sus propias inclinaciones. Tengo miedo de estar lejos de cualquiera de nuestras reuniones aquí. Tengo miedo de estar lejos de estas reuniones matutinas. Porque no puedo decir en qué reunión el Espíritu puede ser derramado sobre nosotros. No puedo arriesgarme estando ausente.

Ahora tomemos las Escrituras y leamos cómo el Señor nos ha guiado, y nos guiará a todos a ese lugar esta noche, si usted va. Si usted va a comenzar donde yo empiezo a leer, el Señor lo guiará a usted y a mí directamente. No nos cuestionemos cómo puede ser eso. Cuando el Señor habla, ese es el fin de toda cavilación, no hay diferencia en lo que Él diga; ese es el final de toda discusión; y nosotros decimos: "Señor, eso es así".

Ahora, vayamos juntos esta noche, y llegaremos a ese lugar donde cada uno de nosotros puede *saber* que creemos en Dios, y que tenemos la bendición de Abraham; y entonces podemos pedirle a Dios su Espíritu en perfecta confianza, y esperar a recibirlo, como Él lo da en su propio debido tiempo.

Veamos lo que el Señor ha hecho, y cómo Él obra, y cómo nos lleva a ese lugar. Comencemos donde Él comenzó. Leeremos primero de Efesios 1:3-6. Eso nos lleva al punto donde Dios comenzó a preocuparse de nosotros, y eso será tan atrás como necesitamos ir.

> Bendito sea el Dios y Padre de nuestro Señor Jesucristo, el cual nos ha bendecido con toda bendición espiritual en los lugares celestiales en Cristo (vers. 3).

¿Qué es lo que "ha" hecho? –[Congregación: "Nos ha bendecido"]. ¿Es así? –[Congregación: "Sí"]. ¿Lo ha hecho? –[Congregación: "Sí"]. ¿Con cuántas bendiciones espirituales nos bendijo? –[Congregación: "Con *toda* bendición espiritual"]. ¿Todas las bendiciones que Él tiene? ¿Nos las ha dado todas? –[Congregación: "Sí"]. ¿Cómo? –[Congregación: "En Cristo"]. En Cristo. Entonces, al dar a Cristo, ¿qué dio Dios? –[Congregación: "Todas las bendiciones espirituales"]. Todas las bendiciones espirituales que Él tenía.

Pues bien, cuando tú y yo creemos en Jesucristo, ¿no somos bendecidos? ¿No tenemos todas las bendiciones que el Señor tiene? ¿Qué podría, entonces, ser un impedimento? ¿Podrá acaso la persona así bendecida no ser feliz? –[Congregación: "No"].

¿Puede tener depresión? –[Congregación: "No"]. ¿Puede estar de mal humor porque las cosas no salen bien? –[Congregación: "No"]. De cualquier manera, todo saldrá bien. Sin embargo, las cosas que pasan no pueden quitarle sus bendiciones. "que a los que aman a Dios, todas las cosas les ayudan a bien" (Rom. 8:28).

Pero el cuarto verso es el que particularmente quiero leer: "Según nos escogió en Él". ¿Nos va a escoger? –[Congregación: "Nos escogió"]. ¿Lo ha hecho? –[Congregación: "Sí"]. ¿Cuándo lo hizo? –[Congregación: "Antes de la fundación del mundo"]. ¡Gracias al Señor! "Antes de la fundación del mundo", nos eligió a ti y a mí. –[Congregación: "¡Alabado sea el Señor!"]. Ahora, ¿dirás "amén" a eso cada vez? –[Congregación: "¡Amén!"]. No me refiero a justo ahora. ¿Lo dirás *todo* el tiempo? –[Congregación: "Sí"].

¿Cuánto tiempo esa Escritura va a permanecer ahí? –[Congregación: "Para siempre"]. Entonces, ¿cuánto tiempo va a ser cierto que "nos escogió en Él antes de la fundación del mundo"? –[Congregación: "Siempre"]. Siendo así, ¿por cuánto tiempo vais a cavilar en cuanto a si sois del Señor, o no lo sois? ¿No te ha escogido a ti? ¿No te ha escogido a ti? –[Congregación: "Sí"]. ¿Por qué lo hizo? ¿Porque nos quería? ¿es así? –[Congregación: "Sí"]. Él me escogió porque me quería, y me tendrá. No voy a robarlo, ni a decepcionar su elección. Nos ha elegido, ¿no? –[Congregación: "Sí"]. "Antes de la fundación del mundo". Ahora el resto de ese versículo:

| Para que fuésemos santos y sin mancha delante de Él, en amor (vers.4).

Su bendecido propósito es, que quiere que "seamos santos y sin culpa delante de Él, en amor". Entonces podemos dejar que se salga con la suya, porque es nuestra salvación eterna dejar que lo haga. Siguiente versículo: "Habiéndonos predestinado": de antemano fijo el destino que quiere que alcancemos, mucho antes de escribirlo. El destino que Dios fija para el hombre es digno de tenerlo.

| Habiéndonos predestinado para ser adoptados hijos suyos por medio de Jesucristo, según el beneplácito de su voluntad (vers.5).

¿Por qué razón lo hizo así? –No porque fuéramos muy buenos, sino porque Él es muy bueno; no porque fuéramos buenos complaciéndolo, sino por el buen gusto, de su propia voluntad. Fue tan sólo que quiso hacerlo, es por eso que lo hizo.

| Para alabanza de la gloria de su gracia, en la cual nos hizo aceptos en el Amado (vers.6).

¿Ahora qué dices a eso? –[Congregación: "Amén"]. ¿Cuándo aceptos en el Amado? –[Congregación: "Antes de la fundación del mundo"]. Precisamente; "Antes de la fundación del mundo". Eso responde a toda esta idea sobre si podemos hacer algo para ser justificados o no. Lo hizo todo antes de que tuviéramos la oportunidad de hacer algo, mucho antes de que naciéramos, mucho antes de que el mundo fuera hecho.

¿Podéis ver que es el Señor quien realiza la obra, a fin de que podamos ser salvos, y de que podamos tenerlo?

Ahora veamos lo que Él ha hecho: 1) "Nos bendijo con toda bendición espiritual" en Cristo, 2) "Nos escogió en Él antes de la fundación del mundo", 3) "Nos predestinó para ser adoptados hijos suyos por medio de Jesucristo", 4) Y, "nos hizo aceptos en el Amado". Bueno, me alegro. Yo *sé* que esto es así. –[Congregación: "Amén"]. ¿No es así? –[Congregación: "Sí"]. Porque Él lo dice así. Él lo *dice* así. Aquí entonces están cuatro cosas de las que podemos estar eternamente seguros.

Una palabra más sobre esas bendiciones que el Señor nos ha dado. Tenemos todas las bendiciones que Dios tiene, cuando creemos en Jesucristo. Entonces son nuestras. No necesitamos ser tan particulares acerca de orar por bendiciones. ¿No haríamos mejor, pensemos, invertir nuestro tiempo en *agradecerle* al Señor por las bendiciones que tenemos, que en pedirle bendiciones? ¿Qué os parece mejor? ¿Cuál crees que va mejor, agradecer al Señor por las bendiciones que ya ha dado, o pedirle que nos dé algunas, cuando ya no tiene más para dar? ¿Ahora, que es mejor? –[Congregación: "Agradecerle"]. Dios nos dio todas las bendiciones que tiene, en Cristo. Cristo dice: "He aquí, yo estoy con vosotros". Hermanos, apropiémonos de las bendiciones. Las tenemos. Son nuestras.

Por lo tanto, podemos estar *seguros* en todo tiempo de que tenemos *toda bendición espiritual*.

Podemos estar siempre seguros de que nos ha escogido. Él dice que lo ha hecho.

Podemos estar siempre seguros de que nos ha predestinado a ser adoptados como hijos.

Podemos tener siempre la seguridad de que nos ha hecho aceptos en el Amado.

De todo lo anterior, podemos estar totalmente seguros, pues es Dios quien lo dice, y es así. Entonces, ¿no es una fiesta continua en sí misma?

Ahora Él ha hecho todo eso, y lo ha hecho libremente. ¿Para cuántas personas hizo esto? –[Congregación: "Todas"]. ¿Cada alma? –[Congregación: "Sí, señor"]. Dios dio todas las bendiciones que tiene a cada alma en este mundo; escogió todas las almas en el mundo; las escogió en Cristo antes de la fundación del mundo; las predestinó a que fueran adoptados como hijos, y los hizo acepto en el Amado, ¿no es sí? –[Congregación: "Sí"]. ¡Claro que lo hizo!

Leeremos otros versículos sobre eso en el presente. La idea tras la que estoy ahora es que nadie puede tener estas cosas, y saber que son suyas, sin su propio consentimiento. Aunque el Señor las dio ya, no forzará a nadie a que las tenga. ¿Creéis que lo haría? –[Congregación: "No"]. Como ves, se trata de una cooperación; Dios derrama todo en un maravilloso regalo, pero si un hombre no lo desea, el Señor no lo obligará a tener un poco del mismo. Cada hombre que lo vaya a tomar, es todo suyo. Ahí es donde entra la cooperación. El Señor tiene que tener nuestra cooperación en todas las cosas.

Ahora pasemos a Tito 2:14, hablando del Señor nos dice que "se dio a sí mismo por *nosotros*". Ese también es el tiempo pasado, ¿no es así? Está hecho. ¿Se entregó por cuántas personas? –[Congregación: "Todos"]. ¿Cuántas personas en la tierra pueden leer ese texto y "decir que se refiere a mí"? Toda alma en la tierra. Dondequiera que vayamos, entonces, en esta tierra y encontremos un hombre, podemos leerle "Cristo se entregó por ti", ¿no es así? –[Congregación: "Sí"]. Entonces, se entregó a sí mismo por ti. Ese es el precio al que se refiere Pedro en su primera carta, 1:18-20:

> Sabiendo que fuisteis redimidos de vuestra vana manera de vivir, la cual recibisteis por tradición de vuestros padres, no con cosas corruptibles, como oro o plata; sino con la sangre preciosa de Cristo, como de un cordero sin mancha y sin contaminación; ya preordinado desde antes de la fundación del mundo.

Ahora queremos que cada individuo sepa dónde está parado. "Se dio a sí mismo por mí", como lo afirma Gálatas 2:20 "Lo que ahora vivo en la carne, lo vivo en la fe del Hijo de Dios, el cual *me amó* y se entregó a sí mismo *por mí*". ¿Cuántas personas en el mundo pueden leer eso y decir: eso se refiere a mí? –[Congregación: "Todos"]. "Me amó y se entregó a sí mismo *por mí*", se dio a sí mismo por mí. Ese fue el precio que fue pagado. Por lo tanto, me compró, ¿verdad? –[Congregación: "Sí"]. ¿Te compró? –[Congregación: "Sí"]. Si usted o yo le permitimos que nos tenga, no es la cuestión. ¿Qué ha hecho *Él*? ¿Qué hizo Él? –[Congregación: "Pagó el precio"]. Me compró desde antes de la fundación del mundo, ¿no es así?, entonces, ¿de quién somos? –[Congregación: "El Señor"].

Bueno, entonces, ¿hay alguna posibilidad de que tengas dudas sobre si eres del Señor? ¿Cómo es un hombre que quiere ser del Señor, y ha confesado sus pecados? ¿Cómo es posible que tenga dudas sobre si es del Señor o no? Es solo dándole la espalda por completo a la palabra de Dios y no creyéndola en absoluto, y diciendo que el Señor ha mentido. ¿No es esa la única forma en que puede hacerlo? "El que no cree a Dios, lo ha hecho mentiroso" (1ª Juan 5:10). Entonces, la única forma en que un hombre puede dudar sobre si es del Señor o no, es desoyendo a la palabra de Dios y diciendo que el Señor miente. Esa es la única forma en que puede hacerlo. Porque para un hombre dudar es hacer eso; él puede no expresar eso en tantas palabras; pero cuando tiene dudas sobre si él es del Señor, eso es lo que ha hecho. Ha permitido que la incredulidad lo derrote, y ha permitido que Satanás tome ventaja y lo arrastre. Eso es así. Ahora bien, aunque el Señor nos ha comprado, Él no tomará lo que ha comprado sin nuestro permiso. Hay una línea que Dios ha establecido como fijando la libertad de cada hombre, y Él mismo nunca cruzará esa línea sin nuestro permiso, ni siquiera por el grosor de un cabello. Él respeta la libertad y la dignidad que ha dado a sus criaturas inteligentes, ya sean hombres o ángeles; lo respeta y Él mismo no transgredirá el límite; no irá más allá de los límites sin el permiso de esa persona. Pero cuando el permiso es concedido, entonces Él vendrá plenamente; entonces eso abre las compuertas y el Señor fluye hacia adentro. Eso es así.

Bueno, entonces, Él te ha comprado, ¿verdad? –[Congregación: "Sí"]. ¿Quieres ser del Señor? –[Congregación: "Sí"]. Ahora, amigos, hagamos de esto una práctica real, un asunto tangible. Nos ha comprado, ¿no es así? Él ha pagado el precio por nosotros; Somos suyos por su voluntad. Ahora bien, cuando nuestra voluntad está allí, ¿de quién somos entonces? –[Congregación; "El Señor"]. Él ha mostrado su voluntad sobre ese tema pagando el precio, ¿no es así? Y cuando damos a conocer nuestra voluntad sobre el tema diciendo: "Señor, esa también es mi elección; así es como va mi voluntad también"; entonces quiero saber cómo en el universo cualquier cosa nos impedirá ser suyos. Entonces, ¿puedes *saber* que eres del Señor? –[Congregación: "Sí, señor"]. ¿Lo puedes saber ahora? –[Congregación: "Sí, señor"]. Supongamos, entonces, que se levanta por la mañana con dolor de cabeza, su digestión no ha trabajado muy bien durante la noche, se siente bastante mal por todo esto; ¿Cómo sabes que eres del Señor? –[Congregación: "Porque Él lo dice así"]. Pero supongamos que se levanta por la mañana y se siente brillante y muy feliz, se siente bastante bien en general; ¿Cómo sabes que eres del Señor? –[Congregación: "Porque Él lo dice así"]. A veces, cuando les preguntamos a la gente: "¿han sido perdonados vuestros pecados?", ellos responden: "Sí, durante un tiempo estuve convencido". ¿Qué te convenció?". "*Sentí* como que sí me fueron perdonados". Ellos *no sabían* nada al respecto. No tenían, en eso, una partícula de evidencia de que sus pecados fueron perdonados. Porque, hermanos, la única evidencia que podemos tener de que estas cosas son así, es que DIOS LO DICE ASÍ. *Esa* es la evidencia. No prestéis atención a los sentimientos; los sentimientos son tan variables como el viento; bien lo sabes que es así. Nunca les prestes una partícula de atención; no es asunto tuyo cómo te sientes. Cuando Dios lo dice así, es así, ya sea que lo sientas así o no.

Daré esa ilustración nuevamente; La he dado antes, pero ayuda a enfatizar este punto, el que los sentimientos no tienen nada que ver con los hechos: dos veces dos, es cuatro, ¿no es así? Sabes que es así, pero hay algunas personas en el mundo que no saben que dos veces dos es igual a cuatro. Pero supongamos que debería decírselo a alguien, quién debería creerlo, ¿cómo cree que se *sentiría*? ¿Crees que sentiría como si lo hubieran levantado, girado en una especie de media voltereta, y puesto en un nuevo lugar? No. ¿Qué tiene que ver el sentimiento con eso? Entonces, ¿qué le preocupa de cómo se siente? Ahora, eso no quiere decir que no habrá experiencias como fruto de esto; pero está diciendo que, si buscas sentimientos como evidencia, nunca la encontrarás; pero si buscas en la palabra de Dios por ella, entonces obtendrás la evidencia que Dios da en su palabra; es decir, Su propio poder divino en esa palabra, obrando eficazmente en el hombre que cree. Bueno, entonces, el Señor nos ha comprado, ¿no es así? Ahora, en lo que respecta a usted y a mí, no necesitamos tener más dudas sobre si somos del Señor, ¿correcto? –[Congregación: "Sí"]. Pero hay algunas personas en el mundo que no lo son; en realidad, en experiencia real y, de hecho, tan lejos como la consumación del trato es de su preocupación; no se han sometido al Señor y prácticamente no son de Él. El Señor los ha hecho suyos al comprarlos; ahora, ¿cómo pueden ellos saber que le pertenecen en práctica y de hecho? Por su palabra; eligiendo por sí mismos aceptarla así de esa manera; por elección.

En las páginas 47 y 48 de *El Camino a Cristo* encontramos expuesta la filosofía completa de todo esto; explica cómo hemos de entregarnos a Dios; declara que vuestras promesas y resoluciones son como cuerdas de arena, y que el conocimiento de vuestras promesas no cumplidas y de vuestros votos quebrantados debilita la confianza que tuvisteis en vuestra propia sinceridad, y, por último:

> Lo que necesitas entender es la verdadera fuerza de la voluntad. No puedes salvarte a ti mismo, no puedes cambiar tu corazón, pero *puedes escoger* servirle. [*Traducción revisada*].

Cuando el hombre escoge poner su voluntad en el lado donde está la voluntad de Dios, entonces el hecho se cumple. Entonces, está en la *elección* de un hombre que él prácticamente, en su propia experiencia, llegue a ser del Señor verdaderamente. Entonces, ¿no es por el propio permiso del hombre, al elegir el camino del Señor, que llega a ser del Señor en la experiencia práctica? Entonces, habiendo hecho eso, no ves que mientras tu elección esté ahí, mientras tu deseo esté allí para ser del Señor, ¿no ves que eres realmente del Señor? ¿Ves eso? Cuando nos entregamos a Él, es así. Pero algunos de ustedes se entregaron hace mucho tiempo, pero desde entonces, han sido desanimados y se han preguntado si eran del Señor o no. Queremos que la gente, esta noche, elimine esa duda y pregunta para siempre, de modo que, sea lo que sea que surja, no se preocupe si es del Señor. Tan ciertamente como su elección esté ahí para ser de Él, usted es de Él; porque te compró hace mucho tiempo. Eso es lo que busco. ¿Es eso lo que buscas? Si lo llegas a encontrar debes *tomarlo*. –[Congregación: "Amén"]. Entonces podemos *saber* que somos del Señor.

Pero ahora, a veces escuchamos a personas hablar como si eso fuera una autorización del pecado. No, no hará eso. No. Te *salvará* de pecar. Cuando un hombre entra en ese lugar, y su elección está allí para ser del Señor, entonces Dios produce en la persona así el querer como el hacer, por su buena voluntad; y él es un cristiano. Dios lo hará un cristiano. Ese es el poder divino que hay en esto. En eso no hay autorización del pecado al respecto. De hecho, es la única forma de evitar el autorizar el pecado. Cualquier otra profesión *sí autoriza* el pecado. Cualquier otra profesión sí hace justamente lo que el Señor reclama: "Pusiste sobre mí la carga de tus pecados, me fatigaste con tus maldades" (Isa. 43:24). Detengámoslo. Dejemos que nuestra voluntad y nuestra elección sean del Señor cada momento en nuestros días conscientes; Y entonces este hecho será una realidad práctica.

Vayamos y leamos la parte final de ese versículo en 1ª Cor. 6:19: "... y que no sois vuestros". Eso es así, ¿cierto? No es relevante quién sea el hombre, ¿es dueño de sí mismo? –[Congregación: "No, señor"]. El Señor lo ha comprado, y si no deja que el Señor lo tenga, le está robando al Señor lo que es suyo. Esa es la malicia de esto. Aunque la persona no sea consciente y prácticamente del Señor; Él ha comprado a todos, y cualquier hombre que rechace permitir que el Señor lo tenga, le está robando al Señor lo que compró y por lo cual pagó el precio, y está contando el precio que lo compró como de menor valor que Él *mismo*. ¿No es ese el mismo espíritu satánico que buscó ponerse por encima de Dios en el cielo? El Señor *se dio a sí mismo* por nosotros; entonces, cuando no permito que me tenga, en eso, me estoy contando como de mayor valor que el precio que fue pagado, es decir, más valioso que el Señor, y ese es el mismo *ego* que se coloca por encima de Dios todo el tiempo. Oh, Haya pues en nosotros esa mente que hubo en Cristo, quien se vació de sí mismo a fin de que Dios y el hombre pudieran estar unidos de nuevo en uno.

"No sois vuestros". ¿Lo sois? –[Congregación: "No"]. ¿No estás contento de eso? ¿No estás contento de que no eres tuyo? El Señor dice así, y así es, ¿por qué? "Porque hemos sido comprados por precio". Él nos compró, por lo tanto, no somos nuestros; y delante de todas las personas en el mundo, que no se pertenecen a sí mismas, es el hombre quién se ha entregado a sí mismo al Señor, quién los ha comprado. "Glorificad, pues, a Dios en vuestro cuerpo y en vuestro espíritu, los cuales son de Dios". ¿De quién son? –[Congregación: "De Dios"]. Pero no es necesario que me detenga ahora en esos versículos. Estudiadlos por vosotros mismos. ¿Lo haréis? Meditad en ellos.

Bueno, hemos leído que "se dio a sí mismo por nosotros" (Tito 2:14). Nos compró. ¿A cuántos de nosotros? –[Congregación: "A *todos* nosotros"]. ¿Cuándo fue que lo hizo? –[Congregación: "Antes de la fundación del mundo"]. ¿Qué tipo de personas éramos antes de la fundación del mundo? ¿Qué tipo de personas éramos cuando Dios nos compró? Éramos tan solo nosotros mismos, tal como éramos en este mundo. ¿Y Él nos compró, pecadores, tal como somos? –[Congregación: "Sí"]. ¿Lo hizo? ¿Honestamente? Estamos llegando a otro pensamiento aquí. ¿Pagó ese precio y nos compró tal como estábamos?, ¿pecadores? –[Congregación: "Sí"]. ¿Seres malvados y dispuestos a ir por caminos malvados? ¿Dispuesto a hacer lo malo? ¿Sin profesión de religión, y sin particularmente quererla? ¿Nos compró entonces? –[Congregación: "Sí"]. ¿Qué compró justo en ese momento? Nos compró con *todo* lo que había de nosotros. Y al comprar todo lo nuestro, compró nuestros pecados. Isaías lo describe así: "herida, hinchazón y podrida llaga", "no hay en él cosa sana" (Isa. 1:6). ¿Qué os parece? Leamos otro texto; Tito 3:3-7:

> Porque nosotros también éramos en otro tiempo insensatos, rebeldes, extraviados, esclavos de concupiscencias y diversos placeres, viviendo en malicia y envidia, odiados y odiándonos unos a otros. Pero cuando se manifestó la bondad de Dios,

> nuestro Salvador, y su amor para con la humanidad, nos salvó, no por obras de justicia que nosotros hubiéramos hecho, sino por su misericordia, por el lavamiento de la regeneración y por la renovación en el Espíritu Santo, el cual derramó en nosotros abundantemente por Jesucristo, nuestro Salvador, para que, justificados por su gracia, llegáramos a ser herederos conforme a la esperanza de la vida eterna.

Lo hizo. Así lo declara. Por lo tanto, ¿podéis saber que es así? –[Congregación: "Sí"]. Bueno, ahora, llevemos eso un poco más lejos. Él se entregó a sí mismo por nuestros pecados; pero Él no tomará nuestros pecados, aunque los compró, *sin nuestro permiso*. Míralo un poco más avanzado, llevando el mismo pensamiento hacia adelante. "Él se entregó", ¿por los pecados de quién? –[Congregación: "Los nuestros"]. ¿De quiénes eran? –[Congregación: "Nuestros"]. Él se dio por ellos. Siendo nuestros, ¿a *quién* se entregó cuando los compró? –[Congregación: "A nosotros"]. ¿Se entregó *a* sí mismo, *por* mis pecados? –[Congregación: "Sí"]. Entonces la elección está por siempre conmigo en cuanto a si prefiero tener mis pecados en lugar de tenerlo a Él, ¿no es así? –[Congregación: "Sí"]. Esa es la elección de vida ante mí, ¿verdad? –[Congregación: "Sí"]. ¿Es esa la elección frente a ti? –[Congregación: "Sí"]. ¿Cuál preferirías tener, tus pecados o Cristo? –[Congregación: "Cristo"]. Entonces, de ahora en adelante ¿puede haber alguna indecisión acerca de expulsar cualquier cosa que Dios muestre que es pecado? ¿Lo dejarás ir cuando se te señale? Cuando el pecado te es señalado, di: "Prefiero a Cristo antes que al pecado". Y déjalo ir. –[Congregación: "Amén"]. Solo dile al Señor: "Señor, ahora hago la elección; cierro el trato; Tú eres mi elección; adiós al pecado; ya que puedo obtener algo mucho mejor". ¡Gracias al Señor! Entonces, ¿dónde hay alguna oportunidad para que cualquiera de nosotros se desanime por nuestros pecados?

Eso es precisamente lo que ha sucedido con algunos de los hermanos aquí reunidos. Vinieron aquí libres; pero el Espíritu de Dios trajo algo que nunca vieron antes. El Espíritu de Dios fue más profundo que nunca, y reveló cosas que nunca vieron antes; y entonces, en lugar de agradecerle al Señor que eso fuera así, dejar ir todo el asunto perverso, y agradecerle al Señor que habían tenido mucho más de Él que antes, comenzaron a desanimarse, dijeron: "¡Oh ¿qué voy a hacer?!, ¡mis pecados son tan grandes!". Allí dejaron que Satanás arrojara una nube sobre ellos, los lanzara al desánimo, y no obtuvieron algún beneficio de las reuniones día tras día. ¿No es eso muy lamentable? ¿No es una lástima que una persona a quien el Señor ha amado tanto como para entregarse por él completamente, debiera actuar de esa manera con el Señor, cuando el Señor quiere revelarle más de sí mismo? Hermanos, si alguno de ustedes se ha desanimado, abandónenlo. Si el Señor nos ha traído pecados de los que nunca antes habíamos pensado, que solo muestran que Él está yendo más abajo a las profundidades, y que alcanzará el fondo al final; y cuando encuentre lo último que es sucio o impuro, que no está en armonía con su voluntad, y lo saque a relucir, y nos lo muestre, y digamos: "Prefiero tener al Señor que eso"; entonces, la obra está completa, y el sello del Dios viviente se puede fijar sobre ese carácter. –[Congregación: "Amén"]. ¿Qué preferirías tener un carácter...? [alguien en la congregación comenzó a alabar al Señor y otros comenzaron a mirar a su alrededor]. Si muchos más de ustedes agradecieran al Señor por lo que han obtenido, habría más alegría en esta reunión, esta noche.

¿Preferirías tener la plenitud, la amplitud perfecta de Jesucristo, o tener menos que eso, con algunos de tus pecados encubiertos de los que nunca tuviste conocimiento? –[Congregación: "La plenitud de Cristo"]. Pero recuerden que los *Testimonios* nos han dicho que, si hay manchas de pecado allí, no podemos tener el sello de Dios. ¿Cómo será posible que el sello de Dios, que es la impresión de su carácter perfecto revelado en nosotros, sea puesto sobre nosotros cuando hay pecados en nuestra persona? El Señor no puede poner su sello, la impresión de su carácter perfecto, mientras tanto vea tal cosa en nosotros. Y así, Él tiene que cavar en los lugares profundos de los que nunca soñamos, porque no podemos entender nuestros corazones. Pero el Señor conoce el corazón. Él prueba la conciencia. Él limpiará el corazón, y sacará el último vestigio de maldad. Permítanle seguir, hermanos; permítanle que continúe en su obra de búsqueda. Y cuando Él traiga nuestros pecados ante nosotros, dejemos que el corazón diga: "Señor, te entregaste por mis pecados; Oh, te tomo a ti en lugar de a ellos". Se han ido, y me regocijo en el Señor. Hermanos, seamos honestos con el Señor, y tratémoslo como Él quiere que lo hagamos.

Entonces Él se dio a sí mismo a nosotros, por nuestros pecados. Entonces, digo nuevamente, y ustedes vean, que esto es simplemente para usted y para mí una elección de vida, en cuanto a si tendremos al Señor o a nosotros mismos, la justicia del Señor o nuestros pecados, el camino del Señor o nuestro camino. ¿Cuál tendremos? –[Congregación: "El camino del Señor"]. No hay diferencia en hacer la elección cuando sabemos lo que el Señor ha hecho, y lo que Él es para nosotros. La elección es fácil. Que la rendición sea completa. Ahora bien, si los pecados llegarán aflorar, aquellos que se renunció hace tiempo, es para que podamos tomar la decisión. Esta es la bendita obra de la santificación. Y podemos saber que esa obra de santificación está ocurriendo en nosotros. Si el Señor nos quitara nuestros pecados sin que lo supiéramos, ¿qué bien nos haría? Simplemente sería el hacer máquinas de nosotros. Él no propone hacer eso; en consecuencia, quiere que tú y yo sepamos cuándo se van nuestros pecados, para que podamos saber cuándo llega su justicia. Es cuando nos rendimos a Él, que tenemos al Señor.

Es cierto que las Escrituras dicen que somos instrumentos de Dios; pero no olvides que siempre somos instrumentos inteligentes, no como el pico o una pala que un hombre usaría, eso es absolutamente sin sentido. Somos instrumentos *inteligentes* que el Señor empleará de acuerdo con nuestra elección vital. Si nuestra elección está de su parte y decidimos que Él obre en nosotros, entonces esto será una realidad, puesto que es el Todopoderoso quien realiza la obra. Entonces, Él se dio a sí mismo por nuestros pecados; y ahora viene y dice: "Hay pecado. ¿Qué debemos hacer? "Señor, sí, hay pecado". Eso es confesión. La idea fundamental de la confesión es hablar lo mismo que Él declara. La traducción de la palabra griega confesión, es hablar lo mismo. Eso es confesión. El Señor le dijo a David: "Has pecado, y cometido esta maldad". David dijo: "He pecado". Eso es confesión. La Biblia dice: "Si confesamos nuestros pecados, Él es fiel y justo para perdonar nuestros pecados y limpiarnos de toda maldad" (1ª Juan 1:9). De cualquier manera, ¿para qué les muestra Dios sus pecados? La única razón para la que el Señor le muestra al hombre sus pecados, es para que pueda quitárselos. Cuando Él me muestra pecados, yo le digo: "Señor, son pecados". ¿Y entonces qué sucede? Son perdonados. Se los lleva.

Ahora ustedes han confesado sus pecados desde que han estado aquí, ¿no es así? Todo lo que el Señor les ha mostrado, ¿verdad? –[Congregación: "Sí, señor"]. Todos aquél que ha hecho eso, sus pecados le son perdonados. El Señor lo ha dicho así. ¿Qué dices? –[Congregación: "Amén"]. Pero Satanás, porque es un mentiroso, dice: "No es así". Pero algunas personas aquí han estado diciendo que Satanás dice la verdad sobre ese punto. Personas en esta congregación han estado diciendo a Satanás que él dijo la verdad sobre ese punto. Satanás dice: "No están perdonados". Y ellos dicen: "No, no lo están". *Dejemos eso*. Confesamos nuestros pecados para que puedan ser perdonados; y el Señor dice que son perdonados; y cuando son perdonados entonces en el nombre del Señor, digámoslo que así es.

> "Abraham creyó a Dios y le fue contado por justicia". "Y recibió la circuncisión como señal, como sello de la justicia de la fe que tuvo" (Rom. 4:3 y 11). "Venid luego, dice Jehová, y estemos a cuenta: aunque vuestros pecados sean como la grana, como la nieve serán emblanquecidos; aunque sean rojos como el carmesí, vendrán a ser como blanca lana" (Isa. 1:18).

¿Qué decís a eso? –[Congregación: "Que así es"]. ¿Cómo lo sabéis? –[Congregación: "Porque el Señor lo ha dicho"]. Muy bien. Entonces sabéis que es así.

> Él volverá a tener misericordia de nosotros; Él sujetará nuestras iniquidades, y echará en lo profundo del mar todos nuestros pecados (Miq. 7:19).

¿Entonces dónde están? –[Congregación: "En las profundidades del mar"]. ¿Cómo lo sabes? –[Congregación: "Él lo dice así"]. Entonces sabes *eso*, ¿verdad? Entonces, ¿cómo podrá alguien molestarte acerca de regresarte tus pecados?

> Cuanto está lejos el oriente del occidente, hizo alejar de nosotros nuestras rebeliones (Salm. 103:12).

¿Qué tan lejos están de ti ahora, tú que los has confesado?, ¿qué tan lejos? –[Voz: "Tan lejos como el oriente del occidente"]. ¿Por qué no lo dices así entonces? Satanás viene y dice: "No son perdonados; cada pecado está ahí delante de tu rostro; ¿no los ves? ¿Están ahí, donde satanás dice? –[Congregación: "No"]. Alguien dirá: "Los he visto allí, donde Satanás dice". No es nada de eso. Satanás es un mago, y puede hacer que las cosas parezcan así, las cuales no son así; pero las miras y dices: "sí, eso es así". Aunque, *no son así*. El Señor dice que están tan lejos de nosotros como el este del oeste. Están en las profundidades del mar, y son tan blancas como la nieve. Gracias al Señor.

Isaías 38:17, (y será nuestro último versículo por esta noche): "He aquí gran amargura me sobrevino en la paz, pero por amor a mi alma tú la libraste del hoyo de corrupción; porque echaste tras tus espaldas todos mis pecados". ¿Cuántos? –[Congregación: "Todos"]. Tras sus espaldas. ¿Dónde están ellos entonces? –[Congregación: "Tras su espalda"]. Nosotros estamos ante su rostro, y los pecados están tras su espalda; ¿Quién está entre nosotros y ellos? –[Congregación: "Dios"]. Y Él está sobre su trono, ¿no es así? Entonces, cuando he confesado mis pecados al Señor, Él y su trono eterno viviente se interponen entre mí y esos pecados, y Satanás y todos los demás en este universo no pueden traerlos de vuelta; porque para lograrlo, tendría que quitar primero al Señor y a su trono del camino, antes de que puedan devolverme esos pecados. ¡Cómo me alegra que sea así!

¿Podemos saber estas cosas? ¿Podemos saber que las conocemos? ¿Cómo podemos saberlas? El Señor lo dice así. Cuando Él lo dice así, y lo creemos, eso es fe. Satanás dice: "No lo son". Nosotros decimos: "Sabemos que lo son". Satanás dice: "No, allí están". Decimos que no están allí: están en las profundidades del mar. –[Voz: "Alabado sea el Señor"]. Cuando el hombre se para allí, hay algo sobre lo que Dios puede poner su sello. Cuando el Señor dice: "Tus pecados te son perdonados", que los ha "echado tras su espalda"; y el hombre no lo cree, ¿hay algo allí en lo que Dios pueda poner su sello? –No.

[Alguien pidió que se leyera Isaías 43:25, lo cual hizo el pastor Jones.] "Yo, yo soy quien borro tus rebeliones por amor de mí mismo, y no me acordaré de tus pecados".

Hay muchos textos como ese, que podríamos leer. Uno de ellos lo encontramos en Hebreos 8:12: "... y de sus pecados y de sus iniquidades no me acordaré más". Y otro en Ezequiel 33:16: "No se le recordará ninguno de los pecados que había cometido". Aquí el Señor dice, que no recordará nuestros pecados. El Señor nunca los mencionará; es la obra de Satanás el hacerlo. Hermanos, creamos al Señor. Cuando creemos eso, entonces Dios nos dará a usted y a mí la circuncisión del corazón, el sello de la justicia de la fe que tenemos, y Él puede hacerlo porque hay algo allí sobre lo que puede poner su sello. Y cuando un hombre hace eso como individuo, recibe el sello de justicia; y cuando nosotros, como un cuerpo entero, como iglesia creemos eso, podemos pedir con perfecta confianza por el derramamiento de su Espíritu Santo, y esperar con paciencia y confiadamente sabiendo que llegará en el momento en que el Señor juzgue oportuno.

Capítulo 18

Tu vida perfecta manifestada en Cristo

NUESTRO estudio de anoche fue con el fin de saber por nosotros mismos, cómo podemos saber, que tenemos la bendición de Abraham, y así estar preparados para estar seguros, que con confianza podemos pedir el Espíritu de Dios. Hay más de eso todavía. El Señor nos ha dado aún más evidencias, aún más pruebas, sobre las cuales basar nuestra perfecta confianza en Él, en su justicia; la cual es nuestra; que tenemos la justicia que es por fe; a fin de que podamos pedirle con perfecta confianza por su Espíritu Santo, y agradecerle al Señor que es nuestro. Porque, recordemos, que el versículo dice:

> Cristo nos redimió de la maldición de la ley, haciéndose maldición por nosotros (pues está escrito: "Maldito todo el que es colgado en un madero"), para que en Cristo Jesús la bendición de Abraham alcanzara a los gentiles, a fin de que por la fe recibiéramos la promesa del Espíritu (Gál. 3:13 y 14).

La bendición de Abraham es la justicia por la fe; que debemos tener, para recibir y que podamos tener, la promesa del Espíritu, y *eso también* a través de la *fe*. Bien, entonces, cuando tenemos la evidencia, la prueba, la perfecta obra de Dios demostrando a nuestra completa satisfacción, que podemos pedir con perfecta confianza por el Espíritu Santo, entonces ¿no nos corresponde recibirlo por fe? ¿No nos corresponde agradecerle a Dios que sea nuestro? ¿y que simplemente le corresponde a Él manifestarlo a su propia voluntad, en cualquier momento que se pueda requerir, y según la ocasión lo pueda necesitar?

Bien, estudiemos, entonces, alguna otra evidencia que nos ha dado; estudiémosla en conexión con lo que tuvimos la noche pasada, a fin de que podamos tener ante nosotros lo que recientemente el Señor mismo nos ha descubierto, sobre lo cual basar nuestra confianza ante Él; sobre lo cual podemos estar seguros de dónde estamos parados; y sobre lo cual podemos pedir con plena seguridad de fe. Y cuando pedimos de acuerdo con su voluntad, y pedimos que podamos tener lo que Él ha prometido, entonces nos escucha. "Y ésta es la confianza que tenemos en Él, que, si pedimos alguna cosa conforme a su voluntad, Él nos oye. Y si sabemos que Él nos oye en cualquier cosa que pidamos, sabemos que tenemos las peticiones que le hayamos hecho" (1ª Juan 5:14 y 15). Y entonces podemos agradecerle que las peticiones son respondidas.

Comencemos con Romanos 5:20. El punto relevante, o podríamos decir, uno de los principales puntos del estudio de esta noche, es ver qué lugar ocupa la ley de Dios en el tema de la justificación por la fe; qué lugar ocupa la ley de Dios en nuestra obtención de justicia solo por Jesucristo; y esto es simplemente otra fase del mismo pensamiento que tuvimos en el estudio previo, en cuanto a qué prueba nos ha dado el Señor, para darnos confianza de que podemos reclamar, por fe, la promesa del Espíritu Santo.

> Y la ley entró para que el pecado abundase.

En otras palabras, Romanos 3:20, las últimas palabras, palabras con las que todos están familiarizados, "por medio de la ley es el conocimiento del pecado". ¿Para qué se dio la ley sobre tablas de piedra, su propósito primario? –[Congregación: "Para mostrarnos qué es el pecado"]. Para hacer que el pecado abunde; para dar el conocimiento del pecado. Entonces, "la ley, pues, se introdujo para que el pecado abundara"; para que el pecado pudiera aparecer; tal como es. Pablo, en Romanos 7, dice cómo se le apareció a él, en los versículos 12 y 13:

> De manera que la ley a la verdad es santa, y el mandamiento santo, justo y bueno. Entonces, ¿lo que es bueno, vino a ser muerte para mí? ¡De ninguna manera! Más bien, el pecado, para mostrarse como pecado, produjo en mí la muerte por medio de lo que es bueno, a fin de que el pecado, por medio del *mandamiento*, llegara a ser *extremadamente pecaminoso*.

Entonces para hacer que el pecado abunde, y hacer que aparezca como es, muy pecaminoso; ese es el objetivo primario de dar la ley, ¿no es así? Ahora leamos en Romanos 5:

> Y la ley entró para que el pecado abundase; pero cuando el pecado abundó, sobreabundó la gracia (vers. 20).

Entonces, ¿vino la ley sola, haciendo que el pecado apareciera solo, y solo eso? –[Congregación: "No"]. Es simplemente el medio para otro fin, el medio para un fin por el cual alcanzar otro objeto más allá del conocimiento del pecado. ¿Es eso así? –[Congregación: "Sí"]. Así entonces, dónde abunda el pecado ¿dónde es que abunda la gracia? –[Congregación: "En el mismo lugar"]. ¿Justo ahí? –[Congregación: "Sí"]. ¿Pero se lee de esa manera, "donde abundó el pecado, abundó la gracia"? –[Congregación: "No; 'sobreabundó'"]. Eso sería bastante bueno, ¿no es así? ¿si solamente fuera que donde abunda el pecado allí abundara la gracia? Eso sería bastante bueno; pero esa no es la forma en que el Señor hace las cosas, ya sabes; Él hace las cosas absolutamente bien, completamente bien, justamente tan bien como Dios las *podría* hacer.

Pues bien, "más cuando el pecado abundó, sobreabundó la gracia". –[Congregación: "Amén"]. Entonces, hermanos, cuando el Señor, por su ley, nos ha dado el conocimiento del pecado, justo en ese mismo momento, en ese mismo punto, la *gracia es mucho más abundante* que el conocimiento del pecado. ¿Es eso así? –[Congregación: "Sí"].

Ahora, continuando: "Por medio de la ley es el conocimiento del pecado" (Rom. 3:20); y hemos encontrado esto: que cuando la ley da el conocimiento del pecado, en ese momento particular, en ese mismo lugar y en ese mismo instante, en ese mismo proceso, la gracia de Dios es mucho más abundante que el conocimiento del pecado. Pero, cuando la ley da el conocimiento del pecado, ¿quién pone la *convicción* allí? –[Congregación: "El Espíritu de Dios"]. Antes de leer el pasaje que lo afirma así, sin embargo, veamos que recibiremos ahora, de lo que hemos leído; ¿qué debemos obtener usted y yo de ahora en adelante a partir del conocimiento del pecado? –[Congregación: "Abundancia de gracia"].

Entonces, de ahora en adelante, ya no hay lugar posible para el desánimo a la vista de pecados, ¿o si lo hay? –[Congregación: "No"]. No hay posibilidad de ello. Ya ves, es imposible para ti o para mí desanimarnos, o quedar en situación controversial, de ahora en adelante por el conocimiento del pecado.

Porque, no importa cuán grande es el conocimiento, no importa cuántos pecados nos sean revelados y traídos a nuestro conocimiento; porque allí mismo, en ese mismo momento, en esas mismas cosas, y en ese mismo momento de nuestra experiencia, la gracia de Dios sobreabunda mucho más que todo el conocimiento de los pecados. Entonces, digo nuevamente, ¿cómo es posible que alguna vez estemos desanimados? Hermanos, ¿no es así, que el Señor quiere que seamos de buen ánimo? –[Congregación: "¡Amén!"]. Seamos de buen ánimo.

Bueno, ahora, este versículo que tenemos ante nosotros nos lleva a ver lo mismo. Juan 16:7, 8: "Yo os digo la verdad". ¿Qué nos está diciendo Él? –[Congregación: "La verdad"]. ¡Bien! Y también nos dijo que, "Conoceréis la verdad y la verdad os hará libres" (Juan 8:32). Entonces así es, ¿no es así?

> Pero yo os digo la verdad: Os conviene que yo me vaya, porque si no me voy, el Consolador no vendrá a vosotros (Juan 16:7).

¿Quién no vendrá? –[Congregación: "El Consolador"]. ¿Quién? –[Congregación: "El Consolador"]. ¿El Consolador? ¿Es ese su nombre? ¿Es eso lo que es, el Consolador? –[Congregación: "Sí"].

> Pero si me voy, os lo enviaré, y cuando *Él* venga.

¿Quién ha venido? –[Congregación: "El Consolador"]. ¿Quién? –[Congregación: "El Consolador"].

> Y cuando Él venga, convencerá al mundo de pecado.

¿Quién es el que hace esto? –[Congregación: "El Consolador"]. ¿Es el Consolador el que convence del pecado? –[Congregación: "Sí"]. ¿Es Él, el Consolador, *cuando lo hace*? –[Congregación: "Sí"]. Ahora, cada uno quiere sostenerse de eso. ¿No es Él el convencedor cuando lo hace, y el Consolador en otro tiempo? –[Congregación: "No"]. Es el *Consolador que redarguye*, ¡gracias al Señor! El Consolador reprende, ¡gracias al Señor! Entonces, ¿qué debemos obtener de la amonestación del pecado? –[Congregación: "Consolación"]. ¿La consolación de quién? –[Congregación: "La consolación del Señor"]. El consuelo que recibimos, consuelo justo en el momento en que se necesita. Entonces, ¿dónde está el espacio para que nos desanimemos de ahora en adelante en el conocimiento del pecado? ¿No es ese el pesamiento mismo que hemos leído en Romanos capítulo cinco?

¿No ves, entonces, que cuando tenemos en cuenta justo en el momento y en el tiempo, y en el lugar, que donde abunda el pecado, hay gracia mucho más abundante?; y justo ahí, ¿el Espíritu Santo, está dando convicción del pecado, y que es Él, el Consolador que lo hace? ¿No ves que, en todo eso, recordando todo, tenemos una victoria eterna sobre Satanás? ¿Obtiene Satanás la ventaja de ese hombre que cree en Dios justo en ese momento? No, Satanás viene y dice: "Mira qué pecador eres". Gracias al Señor, "donde abunda el pecado, la gracia sobreabunda". –[Congregación: "¡Amén!"]. "Bien", dice otro, "Tengo un profundo convencimiento de pecado. Me parece que nunca antes había sido convencido de pecado tan profundamente en toda mi vida". Gracias al Señor, hemos obtenido más consuelo que nunca antes en nuestras vidas. ¿No ven, hermanos, que eso es así? –[Congregación: "Así es"]. Pues bien, demos gracias al Señor por eso. –[Congregación: "¡Amén!"]. Me gustaría saber porque no deberíamos alabar al Señor de inmediato.

Pero hay algo más ahí en Romanos 5:20. ¿Para qué es todo esto? Primero, encontramos que la ley hace que abunde el pecado para que la gracia pueda abundar, a fin de que podamos tener la gracia para que nos guie a Cristo. Ahora, ¿para qué son las dos cosas juntas? La ley haciendo que el pecado abunde para que la gracia sobreabunde. ¿Para qué están las dos juntas? "*Para que*, así como el pecado reinó para muerte". Sabemos que es así, ¿cierto? Ahora eso es así. La ley hace que el pecado abunde, *para que* podamos ser conducidos a una mayor abundancia de gracia, *para que* "así como el pecado reinó para muerte, la gracia reine".

¿Qué significa "así como"? –Tan ciertamente. Entonces, ¿no es así, que Dios hará que esa abundancia de gracia reine en nuestras vidas tan ciertamente como alguna vez el pecado lo hizo en el mundo? –[Congregación: "Sí, señor"]. Pero, marque usted, cuando la gracia reine mucho más generosamente, ¿cuál es la comparación entre la libertad del pecado ahora, y la anterior esclavitud de la misma? La libertad es incluso mucho más abundante de lo que fue la esclavitud.

> Para que, *así como* el *pecado ha reinado* para muerte, la *gracia reine por medio de la justicia*, para *vida eterna*, mediante nuestro *Señor Jesucristo* (vers. 21).

Ahora veamos la historia completa. "La ley entró para que abundara la ofensa", a fin de que podamos encontrar la más abundante gracia, abundando justo allí en todos esos lugares, y la gracia abunda "por la justicia para vida eterna mediante Jesucristo, Señor nuestro". Entonces, ¿para qué entró la ley? –[Voz: "Para llevarnos al Señor"]. ¿Para qué entró la ley? –[Voz: "Para llevarnos a Cristo"]. Sí. ¿No lo ves? Entonces, cuando sea que alguien en este mundo use los diez mandamientos, cuando algún pecador en este mundo use los diez mandamientos para cualquier otro propósito que no sea alcanzar a Jesucristo, ¿qué tipo de propósito está poniendo sobre ellos? –[Congregación: "Un propósito equivocado"]. Está pervirtiendo la intención de Dios al dar la ley, ¿no es así? –[Congregación: "Sí, señor"]. Usar la ley de Dios con los hombres para cualquier otro propósito, por lo tanto, que aquel para alcanzar a Cristo Jesús, es usar la ley en una manera que Dios nunca deseó que fuera utilizada.

Bueno, entonces la ley nos lleva a Cristo. Eso es seguro ¿Para qué? –[Congregación: "Para que podamos ser justificados"]. ¿Qué es lo que la ley quiere de usted y de mí? ¿Nos exige algo antes de alcanzar a Jesucristo? Cuando la ley nos encuentra, ¿quiere algo de nosotros? –[Congregación: "Quiere justicia"]. ¿De qué tipo? –[Congregación: "Justicia perfecta"]. ¿De quién? –[Congregación: "De Dios"]. ¿La justicia de Dios? –[Congregación: "Sí"]. ¿Solo tal justicia como Dios manifiesta en su propia vida, en su propia forma de hacer las cosas? –[Congregación: "Sí"]. ¿Estará esa ley contenta con algo menor que eso procediendo de usted y de mí? ¿Aceptará algo menos que eso, aunque sea por el espesor de un cabello? –[Congregación: "No"]. Si pudiéramos llegar a una distancia del grosor de un cabello; eso sería demasiado diminuto, lo perderíamos.

Vayamos al libro de Timoteo, donde Pablo nos dice lo que la ley *quiere de* usted y de mí, y lo que también quiere en nosotros.

> Pues el fin (el objeto, la meta, la intención, el propósito) del mandamiento es el amor de un corazón puro (1ª Timoteo 1:5)

¿Qué tipo de amor? –[Congregación: "El amor de Dios"]. "De un corazón puro". ¿Qué tipo de corazón? –[Congregación: "Un corazón puro"]. "Y de buena conciencia". ¿Qué tipo de conciencia? –[Congregación: "Buena"]. "Y de fe no fingida". Eso es lo que la ley quiere encontrar en ti y en mí, ¿no es así? ¿Aceptará de usted y de mí algo menos de lo que exige: un amor perfecto, manifestado "de un corazón puro, una buena conciencia y una fe no fingida"? No nunca. Bueno, eso es simplemente *perfección*, lo que exige.

Ahora bien, ¿tenemos alguno, o tiene algún hombre en el mundo, alguno de esos tipos de amor para ofrecer a la ley de Dios? –[Congregación: "No"]. ¿Tiene naturalmente algún hombre ese tipo de conciencia? –[Congregación: "No"]. ¿Tiene ese tipo de fe?

–[Congregación: "No"]. No señor. Bueno, entonces, la ley hace esa demanda de cada hombre en la tierra esta noche, sin importar quién sea. Hace esa demanda de usted y de mí, lo hace de personas en África; y de todas las personas en la tierra; y no aceptará algo menor que eso de ninguno de ellos. Pero, esta noche estamos hablando de nosotros mismos. Así que, la ley viene a usted y a mí esta noche y dice: "Quiero caridad; Quiero un amor perfecto, el amor de Dios; Quiero verlo en tu vida todo el tiempo. Y quiero verlo manifestado procediendo de un corazón puro, y a través de una buena conciencia y de una fe no fingida". En este punto es donde estamos.

"Bueno", dirá alguno, "no lo he obtenido: pero he hecho lo mejor". Pero la ley dirá: "Eso no es lo que quiero; No quiero lo mejor de ti; Quiero la perfección. No es *tu* obrar lo que quiero de todos modos, es el Dios el que quiero: no es *tu* justicia la que estoy buscando: Quiero la justicia de Dios procediendo de ti: no son tus obras lo que quiero: Quiero las obras de Dios en tu vida". Eso es lo que la ley le dice a cada hombre. Entonces, cuando soy enfrentado así en la primera pregunta, e incluso cuando dije que hice lo mejor que podía, entonces ya no tengo nada más que decir. ¿No es eso lo que dice la Escritura: "para que toda boca se cierre"? (Rom. 3:19). Hace exactamente eso, ¿no es así?

Pero ahí llega una voz suave y apacible que dice: "Aquí está la vida perfecta; aquí está la vida de Dios: aquí está un corazón puro; aquí está una buena conciencia; aquí está la fe no fingida". ¿De dónde proviene esa voz? –[Congregación: "Cristo"]. Ah, el Señor Jesucristo, que vino y se paró donde yo estoy parado, en la carne en la que vivo; él vivió allí; el perfecto amor de Dios fue manifestado allí; la perfecta pureza de corazón manifestada allí; una buena conciencia manifestada allí; y la fe no fingida de la mente que estaba en Jesucristo, está ahí.

Pues bien, Él simplemente viene y me dice: "Aquí, toma esto". Eso satisfará, ¿verdad? –[Congregación: "Sí"]. La vida manifestada en Jesucristo; eso satisfará la ley; la pureza de corazón que da Jesucristo, eso satisfará la ley; la buena conciencia que Él puede crear, eso satisfará; la fe no fingida que Él da, eso satisfará. ¿Lo hará? –[Congregación: "Sí"].

Bueno, entonces, ¿no es eso lo que la ley quiere todo el tiempo? Es Jesucristo lo que la ley quiere, ¿no es así? –[Congregación: "Sí"]. Eso es lo que la ley quiere: esa es la misma cosa que demanda en Romanos 5, ¿no es así? Pero, ¿por qué lo demanda en relación conmigo? Demanda por Cristo en mí, porque la ley quiere ver eso en mí. Entonces, ¿no es el objeto de la ley de Dios, solo el evangelio de Cristo? ¿"Cristo en vosotros, la esperanza de gloria"? (Col. 1:27). Ah, eso es así.

> "Justificados por la fe, tenemos paz para con Dios por medio de Jesucristo nuestro Señor", "y el amor de Dios está derramado en nuestros corazones por el Espíritu Santo que nos es dado" (Rom. 5:1,5).

Y eso es caridad, amor supremo.

> Y Dios, que conoce los corazones, les dio testimonio, dándoles el Espíritu Santo también como a nosotros; y ninguna diferencia hizo entre nosotros y ellos, *purificando por la fe sus corazones* (Hech. 15:8,9).

Ahí está el amor de Dios de un corazón puro.

> ¿Cuánto más la sangre de Cristo, el cual mediante el Espíritu eterno se ofreció a sí mismo sin mancha a Dios, limpiará vuestras conciencias de obras muertas para que sirváis al Dios vivo? (Heb. 9:14)

Ahí está una conciencia limpia, hermanos, y ahí está el amor de Dios proviniendo de una buena conciencia. Entonces esa fe que Él da; que nos habilita guardar la fe de Jesús que nos habilita guardar los mandamientos de Dios, ahí está el amor de Dios por una fe no fingida. Oh, entonces el mensaje de la justicia de Dios la cual es por la fe en Jesucristo, nos lleva a, y nos trae, el perfecto cumplimiento de la ley de Dios, ¿no es así? –[Congregación: "Sí"]. Entonces ese es el objeto y el propósito, y el único punto singular del mensaje del tercer ángel, ¿no es así? –[Congregación: "Sí"]. Ese es Cristo; Cristo en su justicia; Cristo en su pureza; Cristo en su amor; Cristo en su mansedumbre; Cristo es todo su ser; Cristo y Él crucificados; esa es la palabra hermanos; alegrémonos de ello; alegrémonos de ello. –[Congregación: "Amén"].

Así entonces, cuando tenemos a Jesús, cuando lo hemos recibido por fe, y la ley está ante nosotros o estamos ante ella, y hace su maravillosa demanda de caridad, podemos decir: "Aquí está; ¡está en Cristo, y Él es mío!"; Procede de un corazón puro-. "Aquí está en Cristo y Él me lo ha dado". Cuando nos pida una buena conciencia: "Aquí está en Cristo, y Él me la ha dado – una buena conciencia". La sangre de Cristo lo ha creado en mí: aquí está. "Fe no fingida", la fe en Jesús, Él me la ha dado a mí: aquí está. Entonces, tal como nos dice *El Camino a Cristo*: podemos acercarnos a Jesús ahora y ser purificados, y estar ante la ley sin un toque de vergüenza o remordimiento. Bien, hermanos, cuando tengo aquello que me hace estar perfectamente de acuerdo con la ley de Dios, entonces estoy satisfecho, y no puedo evitar alegrarme de estar satisfecho.

Ahora volvamos y leamos el tercer capítulo de romanos; que cuenta toda la historia sin ningún estudio más que simplemente leer los textos Romanos 3:19-22. Podemos decir amén a cada palabra, ahora mismo.

> Pero sabemos [y ahora lo sabemos] que todo lo que la ley dice, lo dice a los que están bajo la ley, para que toda boca se cierre y todo el mundo sea hallado culpable delante Dios (vers. 19).

¿Y no es eso así? Aquello que me dice que soy un pecador no puede decirme que soy justo. "Pero ahora"– bueno. ¿Cuándo? –[Congregación: "Ahora"]. Muy bien, digamos eso, hermanos. Pero ahora, "aparte de la ley, se ha manifestado la justicia de Dios". Eso es así, ¿cierto? –[Congregación: "Sí"]. La ley no puede manifestarla en nosotros, porque no la podemos ver allí: está allí, pero estamos tan ciegos que no podemos verla allí; el pecado nos ha cegado y corrompido tanto que no podemos verla en la ley: y si pudiéramos verla allí, no podríamos obtenerla de allí, porque para empezar nada hay en nosotros que sea adecuado para ello: estamos completamente desvalidos. Así que ahora,

> Se ha manifestado la justicia de Dios… la justicia de Dios por medio de la fe en Jesucristo, para todos los que creen en Él (vers. 22).

¿Qué significa esa palabra "creer" cuando Dios la habla? –[Congregación: "Fe"]. ¿Y qué es la fe genuina? La sumisión de la voluntad a Él, la entrega del corazón a Él, la fijación de los afectos sobre Él: eso es lo que Él se refiere aquí para aquellos que lo reciban a Él; porque *creer* es *recibir* cuando Dios habla. Lo dice así en Juan 1:12: "Mas a todos los que lo *recibieron*, a quienes creen en su nombre, les dio potestad de ser hechos hijos de Dios". "La justicia de Dios por medio de la fe en Jesucristo, para todos los que creen en Él, porque no hay diferencia". Entonces, ¿podemos todos aquí tenerlo esta noche? ¿*Podemos* tenerlo? *Tenlo*, porque lo creemos.

Ahora, bien, ese es el objeto de la ley, ¿no es así? Llevarnos a Jesucristo para que podamos ser justificados por la fe, hechos justos por la fe, que su justicia, la justicia de Dios en Cristo, pueda ser nuestra. Eso es todo. Bueno, cuando eso es cierto, cuando hemos llegado allí, entonces ¿cuál es el uso de la ley? *Entonces*, ¿para qué es la ley? –[Congregación: "Dar testimonio"]. Exactamente. Leamos ahora esa parte del versículo 21 que aún no hemos leído:

> Mas ahora, aparte de la ley, la justicia de Dios es manifestada, *siendo testificada por la ley*.

Por el momento hasta aquí de lejos necesitamos leer, aunque lo demás también pertenece al mismo. Entonces, cuando la ley da un conocimiento del pecado, a fin de que podamos tener el conocimiento de la abundancia de gracia para llevarse el pecado; entonces la gracia reina por medio de la justicia hacia la vida eterna por Jesucristo, y esta justicia de Dios por la fe en Cristo es nuestra a través de la obra de la ley; y este conocimiento del pecado nos ha traído a Cristo, y lo tenemos a Él, y la ley está satisfecha con todas sus demandas que nos ha impuesto.

Ahora, cuando está satisfecha en todas sus demandas que nos ha impuesto, entonces ¿se apegará a eso y seguirá diciendo que está satisfecha: qué eso está bien? Cuando la ley ha hecho demandas sobre nosotros que no podamos satisfacer por ningún otro medio posible, excepto por Jesucristo estando presente en nosotros mismos; entonces, ¿Mientras permanezcamos allí, la ley de Dios, se parará allí y dirá: "eso es correcto, y estoy satisfecha con ello"? –[Congregación: "Sí"]. Entonces, si alguien comienza a cuestionarla y le dice: "No es cierto, eso no es así", tenemos *testigos* para probar este hecho, ¿no es así? Ahora ves esto: que es necesario por varias razones, que deberíamos tener testigos. Uno en nuestra propia conexión, y en nuestra propia experiencia personal, es esto; cuando Dios habla y lo creemos, entonces sabemos, cada uno por sí mismo, que la justicia de Dios es nuestra, que estamos calificados para ella: que nos pertenece; y que podemos descansar en perfecta paz sobre ella. Pero hay otras personas que también necesitan saber esto. ¿Pueden saberlo por decirlo yo? –[Congregación: "No"]. ¿Pueden saberlo al decir que lo apruebo, y que digo que es así, y por lo tanto es así? ¿Eso los convencerá: es eso prueba suficiente para ellos? –[Congregación: "No"]. Necesitan algo mejor incluso que mi palabra. No lo ves, el Señor ha cumplido con esa misma demanda, y nos ha dado testigos a los que pueden apelar, y pueden ir y preguntar a estos testigos cuando quieran, si esto que tenemos es genuino o no. ¿Es eso así? –[Congregación: "Sí"].

No necesitan venir a preguntarnos; si nos preguntan, por supuesto que podemos decirles lo que el Señor nos ha dicho que digamos; y si eso no es suficiente, pueden ir y preguntar a esos testigos. Podemos decir: hay algunos amigos míos: me conocen desde mi nacimiento hasta ahora. Me conocen todo el tiempo: me conocen mejor que yo mismo, y si quieres algo más que esto que yo digo, ve y pregúntales: te lo dirán. ¿Cuántos de ellos hay? –[Congregación: "Diez"]. ¿Tienen valor su palabra?, ¿dicen la verdad? Ah, ellos son la verdad misma: son *la verdad*. Salmos 119:142. Bueno, entonces, es imposible para ellos testificar lo contrario al dar testimonio. Cuando ellos dicen que esa demanda está satisfecha, "esta vida es muy agradable para mí", eso es suficiente para cualquiera en el universo, ¿no es así? –[Congregación: "Sí"].

Así entonces, el hombre que dice creer en Jesús, y reclama la justicia de Dios que viene al creyente en Jesús, ¿es su reclamación, suficiente para este mundo? –[Congregación: "No"]. ¿O es suficiente nuestra palabra al respecto? –[Congregación: "No"]. Bueno, ellos dirán, y hay muchos de ellos que dirán: "Sí, creemos en el Salvador. También tengo derecho a reclamar la justicia que Él tiene, la perfecta santidad y la perfecta santificación: y no he pecado por diez años, y estoy incluso por encima de toda tentación, y lo sé". Bueno, ¿cómo lo sabes? "Porque *lo siento en mi corazón; Lo siento* en mi corazón, desde hace varios años". Bueno, eso no es evidencia en absoluto; porque "engañoso es el corazón más que todas las cosas, y perverso; ¿quién lo conocerá?" (Jer. 17:9). ¿Engañoso por encima de *cuántas* cosas? –[Congregación: "Todas las cosas"]. ¿Todas las cosas? –[Congregación: "Sí"]. ¿Incluso sobre Satanás? –[Congregación: "Sí"]. ¿Es el corazón realmente engañoso sobre todas las cosas? –[Congregación: "Sí"]. Él lo dice así, ya sea que podamos entenderlo o no. Es más engañoso que el mismo Satanás, ¿no es así? –[Congregación: "Sí"]. El corazón me engañará más rápido y con más frecuencia que Satanás. Bueno, entonces, cuando esa persona lo *siente en su corazón*, ¿es eso un buen tipo de evidencia? Cuando mi corazón dice que soy bueno, ¿qué está haciendo? –[Congregación: "Está engañando"]. Salomón dijo:

> El que confía en su propio corazón es un necio (Prov. 28:26).

Y no solo es un necio, sino que es *engañado* en esto, ¿no es así? –[Congregación: "Sí"]. Ya es bastante malo para un hombre sabio ser engañado, pero cuando un necio es engañado ¿qué más en el mundo le podría venir? Por lo tanto, no podemos darnos el lujo de confiar en tales cosas como esas en tan importantes cuestiones como la expuesta; no señor; necesitamos mejor evidencia que el corazón de un hombre, que él ha obtenido la justicia de Dios, y que él está bien y es apto para el juicio, y que no ha pecado por diez años, santo y santificado y por encima de la tentación: etc., etc. Necesitamos algo mejor que eso; y el hecho del asunto es que Jesús estuvo aquí en este mundo un buen rato, y nunca estuvo por encima de las tentaciones mientras estuvo aquí. Los cristianos tampoco lo están, mientras vivan aquí.

Bueno, entonces esa evidencia no es suficiente; queremos algo más que eso. Y si esa persona que dice tener la justicia de Dios por la fe en Jesucristo tiene solo eso como testigo, y su testimonio puede ir solamente así de lejos, entonces ¿cuál es el valor de su reclamo? –[Congregación: "Nada en absoluto"]. Nada en absoluto. Es un reclamo engañoso; él nunca puede darse cuenta de ello. Así que el Señor no nos ha dejado allí. Anoche descubrimos en nuestra lección que, cuando queramos saber que estas cosas son así en nuestra experiencia, no debemos mirar hacia adentro para saber si es así, sino mirar *lo que Dios dice* para ver si es así. Cuando hemos encontrado a Jesucristo, y lo tenemos, entonces el Señor no quiere que miremos adentro para ver si Él está allí. Él nos ha proveído testigos, cuyo testimonio nos dirá todo el tiempo que Él está allí, y éstos le dirán a todos los demás que Él está allí. La justicia de Dios es ahora manifestada, la cual es por la fe de Jesucristo, y cuando lo es, es atestiguada por la ley. (Rom. 3:21 y 22).

Entonces, la ley es, primero, para llevarnos a Cristo, y después de que nos ha conducido a Cristo, y lo hemos encontrado; entonces da testimonio de que eso es exactamente así. Primero, para dar el conocimiento del pecado, y segundo para atestiguar de la justicia de Dios la cual es por la fe. Por lo tanto, cualquiera que en cualquier momento use la ley de Dios para cualquier otro propósito que estos dos ¿qué está haciendo con la ley de Dios? –[Congregación: "Pervirtiéndola"]. Él está pervirtiendo todo el asunto; la está usando para propósitos que Dios nunca tuvo en cuenta. Así, entonces, aunque un hombre o un ángel use la ley de Dios de cualquier otra manera o para cualquier otro propósito que esos dos mencionados, ha pervertido la ley de Dios; un hombre puede usarla para ambos, pero los ángeles pueden usarla para uno

¿De dónde proviene nuestra justicia? –[Congregación: "De Dios"].

> "Y su justicia viene de mí, dice Jehová" (Isa. 54:17). "Porque Dios, que mandó que de las tinieblas resplandeciera la luz, es el que resplandeció en nuestros corazones, para iluminación del conocimiento de la gloria de Dios en la faz de Jesucristo" (2ª Cor. 4:6).

¿Dónde encontramos el conocimiento de la gloria de Dios? –[Congregación: "En la faz de Jesucristo"]. En el rostro de Jesucristo. Ahora 2ª Corintios 3:18, dice:

> Por tanto, nosotros todos, mirando con cara descubierta como en un espejo la gloria del Señor, somos transformados en la misma imagen, de gloria en gloria, por la acción del Espíritu del Señor.

Entonces, ¿qué es lo que vemos en el rostro de Jesucristo? –[Congregación: "La gloria del Señor"]. ¿Cuál es la gloria del Señor? Hemos leído aquí, se nos ha dicho aquí por el Espíritu de Dios, que el mensaje de la justicia de Dios que es por la fe de Jesucristo, ese es el comienzo de *la gloria* que iluminará toda la tierra. [*Mensajes Selectos*, Vol. I, p. 425]. Entonces, ¿cuál es la gloria de Dios? Su justicia, su carácter. ¿Dónde lo encontramos? En Jesucristo. Allí está la gloria de Dios, revelada en la faz de Jesucristo. Él lo dijo así, ahí es donde la buscamos. ¿Buscamos en la ley la justicia? –[Congregación: "No"]. Incluso después de haber sido traídos a Cristo, ¿buscamos ahí por justicia? –[Congregación: "No"]. ¿Dónde buscamos por justicia? En la faz de Jesucristo. Allí "nosotros todos, mirando con cara descubierta como en un espejo la gloria del Señor, somos transformados en la misma imagen, de gloria en gloria", de justicia en justicia, de carácter en carácter, de bondad en bondad, "por la acción del Espíritu del Señor".

Entonces, ¿no ves cómo la justicia de Dios y el Espíritu Santo van de la mano? ¿No ves que cuando obtenemos la justicia que es por la fe de Jesucristo, la bendición de Abraham ciertamente, que entonces el Espíritu Santo no puede ser mantenido lejos de nosotros? No puedes separar a los dos; ellos pertenecen juntos. Luego, cuando tengamos eso, y sepamos que lo tenemos por la fe en su palabra, entonces Él dice que tenemos derecho a pedir el Espíritu Santo, y también a recibirlo. Porque, miremos esto. Gálatas 4:5, 6, dice que Él vino para:

> Para redimir a los que estaban bajo la ley, a fin de que recibiéramos la adopción de hijos. Y por cuanto sois hijos, *Dios envió* a vuestros corazones el Espíritu de su Hijo.

Él *lo envió*; no quiere retenerlo; lo *envía* al corazón; Es un regalo gratuito. Entonces, digo, ¿no ves que es imposible mantener separada la justicia de Dios y el Espíritu Santo? Así, entonces, "somos transformados de gloria en gloria en su misma imagen, por la acción del Espíritu del Señor"; y cuando la imagen de Dios en Jesucristo es encontrada en nosotros, ¿qué entonces? Ahí está la impresión, el sello de Dios. Lo has escuchado en las otras lecciones. Cuando por mirar el rostro de Jesucristo, y solo allí, habiendo recibido la justicia de Dios que es por fe en Él; y mirando siempre su rostro glorioso, que refleja la gloria de Dios, el efecto de eso es cambiarnos a la misma imagen, a la perfecta imagen de Dios, y restaurarla en nosotros, por la obra del Espíritu de Dios sobre el alma Y cuando eso es hecho, entonces el mismo Espíritu de Dios está allí para fijar el sello del Dios viviente, la impresión eterna de su propia imagen.

Así entonces, después de que hemos venido a Cristo, después de que lo hemos encontrado, entonces nosotros no buscamos en la ley por justicia. ¿Dónde la buscamos? –[Congregación: "En la faz de Jesucristo"]. En la faz de Jesucristo; y mientras miramos allí, ¿qué dice la ley? –[Congregación: "Eso es justicia"]. La ley testifica: "Eso es justo lo que busco; eso es lo que quiero que tengas; eso es satisfactorio; estamos perfectamente de acuerdo". ¿Dónde buscan los ángeles en el cielo? ¿No buscarán en la ley para ver si son justos o no? –[Voz: "Ven siempre la faz de mi Padre que está en el cielo"] "Sus ángeles en el cielo ven siempre la faz de mi Padre que está en el cielo" (Mat. 18:10). Entonces, ¿de dónde viene la justicia de los ángeles? –[Congregación: "De Dios"]. De Dios, a través de Jesucristo, ¿no es así? ¿Y qué hace la ley en el trono de Dios, el fundamento de su trono, qué hace la copia original de su ley allí? Cuando los ángeles miran el rostro de Aquel, quién se sienta en el trono, ¿qué hace allí la ley que nunca fue tocada por el hombre, y que nunca podría ser? Da testimonio de la justicia de Dios que obtienen sin la ley.

Esta fue siempre la verdadera idea de los usos de la ley de Dios. Cuando el pueblo había pecado y hecho cualquier cosa en contra de los mandamientos del Señor con respecto a cosas que no debían hacerse y eran culpables; entonces, ellos debían traer el sacrificio del cual era ofrecida su sangre, la reconciliación era hecha y ellos eran perdonados (Levítico 4). Y entonces, como ahora, los mandamientos daban testimonio de la justicia que obtuvieron por la fe en Jesús. Y por eso el Tabernáculo fue llamado "El Tabernáculo del *Testimonio*" (Hech. 7:44; Núm. 17:7 y 8; 18:2). El tabernáculo del testimonio es la misma cosa, porque el testimonio es la evidencia dada por un testigo. De modo que el tabernáculo era el tabernáculo del testigo o testimonio, el arca era el arca del testimonio o testigo, porque contenía las tablas del testimonio. Las tablas de piedra, las tablas de la ley [Éxo. 31:18], eran las tablas del *testimonio*, porque eran la evidencia del testigo, que Dios designó para dar testimonio de la justicia de Dios, que viene sin la ley, solo por la fe de Jesucristo. Entonces es eternamente cierto en todo el universo que "si por la ley viniera la justicia, entonces en vano murió Cristo" (Gál. 2:21). Por siempre y en todas partes es cierto que "y su justicia viene de mí, dice Jehová" (Isa. 54:17). Y la ley da testimonio de la justicia que todos obtienen de Dios sin la ley, sino por Jesucristo.

Entonces, ¿no es cierto, como dije hace un tiempo, que ya sea hombre o ángel, que, si usa la ley de Dios para cualquiera que no sea uno, o ambos de estos propósitos, él pervierte la ley de Dios completamente de lo que Dios alguna vez destinó? Pues bien, la justicia de Dios que es por la fe de Jesucristo, que satisface todo, ¿no es así? Todo *ahora*, ¿y por cuánto tiempo? –[Congregación: "Para siempre"]. Ahora y para siempre satisface todo. Bueno, entonces podemos saber por nosotros mismos que es nuestra por las evidencias que Dios nos dio anoche, las cuales son eternamente seguras, y todos en este mundo pueden saber que tenemos derecho a ella, la justicia, por los testigos que Dios ha dado.

Bueno, esto es para hacernos aptos para el sello de Dios, la justicia de Dios, a fin de que a través de esto podamos ser cambiados de gloria en gloria, a la misma imagen; y cuando eso es completado, ¿entonces qué pasará? ¿Qué atestigua eso? –[Congregación: "El sábado del Señor"]. Éste atestiguará de la obra completa a través de toda la trayectoria hasta el final. Tal como el Profesor Prescott nos compartió en su sermón: es la presencia de Cristo la que hace santo y santifica el lugar donde está; y cuando la presencia de Cristo está allí en su plenitud, entonces, ¿cómo está ese lugar? Está santificado. ¿Cuál es la señal de la santificación? –[Congregación: "El sábado"]. Y la santificación completa es la obra completa de Dios en el alma. Entonces, cuando la obra de Dios es completada en el alma, la ley de Dios lo atestiguará todo el camino. Pero, ¿qué parte particular de la ley de Dios es testigo de esa cosa en particular, la completa santificación de su pueblo? –[Congregación: "El día de reposo del Señor"]. Se para allí como el testigo, y como el testigo principal, y los dos juntos testifican; y el sello es fijado, que esa obra es completada.

Hermanos, ¿cómo podemos quitar de en medio el sello de Dios? ¿Acaso no estamos justo ahora en el tiempo del sellamiento? –[Congregación: "Sí"]. Y éste es a través de la justicia de Dios, que es por la fe de Jesucristo, ¿no es así? Sí, señor; y entonces, cuando ese sello es recibido, cuando es fijado, podrán permanecer a través del tiempo de las plagas, a través de todas las tentaciones y pruebas de Satanás cuando obra con todo el poder, las señales y maravillas mentirosas. Porque la promesa es:

> Por cuanto has guardado la palabra de mi paciencia, yo también te guardaré de la hora de la prueba que ha de venir sobre el mundo entero para probar a los que habitan sobre la tierra (Apoc. 3:10).

Y cuando eso haya pasado, entonces entran en la ciudad celestial. Gracias al Señor. Ahí están las pruebas a través de las que debemos pasar; pero, hermanos, cuando tenemos esta justicia de Jesucristo, tenemos aquello que pasará a través de cada prueba.

Y en aquel día habrá dos grupos allí; habrá algunos allí cuando la puerta se cierre y querrán entrar, y dirán: –"Señor, ábrenos; queremos entrar". Y alguien viene y les pregunta: "¿Qué has hecho que deberías entrar? ¿Qué derecho tienes para entrar en la heredad aquí? ¿Qué reclamo tienes sobre eso?". –Dirán: "Oh nosotros somos contados contigo. Hemos comido y bebido en tu presencia; y tú has enseñado en nuestras calles. Sí, además de eso, hemos profetizado en tu nombre, y en tu nombre hemos echado demonios, y en tu nombre hemos hecho muchas obras maravillosas. Señor, ¿no es esa evidencia suficiente? Ábrenos la puerta".

¿Cuál es la respuesta? "Apartaos de mí, obradores de maldad". ¿Qué dijeron ellos? "Hemos hecho muchas obras maravillosas; *nosotros* las hemos hecho; *nosotros* estamos bien; *nosotros* somos justos, exactamente correctos; por lo tanto, tenemos derecho a estar allí. Abre la puerta". Pero el "nosotros" no cuenta allí, ¿o sí?

Pero en ese día habrá allí otra compañía, una gran multitud que ningún hombre puede contar; de toda nación, tribu, lengua y pueblo; y ellos vendrán para entrar. Y si alguien les pregunta, "¿qué habéis hecho para entrar aquí? ¿Qué derecho tenéis para entrar en la heredad?", su respuesta será:

–"Oh, no he hecho nada en absoluto para merecerlo. Soy un pecador, dependiente solo de la gracia del Señor. Oh, era tan miserable, tan completamente cautivo, y en tal esclavitud, que nadie podía liberarme sino el mismo Señor; tan miserable que todo lo que podía hacer era tener al Señor constantemente para consolarme; tan pobre que constantemente tuve que mendigar al Señor; tan ciego que nadie más que el Señor podía hacerme ver; tan desnudo que nadie podría vestirme sino el mismo Señor: todo el reclamo que tengo es lo que Jesús ha hecho por mí. Pero el Señor me ha amado. Cuando lloré en mi miseria, Él me libró; cuando en mi miseria quería consuelo, Él me consolaba todo el tiempo; cuando supliqué en mi pobreza, Él me dio riquezas; cuando en mi ceguera le pedí que me mostrara el camino, para que yo pudiera conocer el camino, Él me guio hasta el final y me hizo ver; cuando estaba tan desnudo que nadie podía vestirme, Él me dio esta vestimenta que tengo puesta; y así todo lo que puedo presentar, en cuanto a poder entrar, cualquier reclamo que causaría que entre, es tan sólo lo que Él ha hecho por mí; si eso no me da el paso, y me quedo afuera; eso será justo también. Si me quedo afuera, no tengo ninguna queja que presentar. Pero, oh, ¿no me dará esto el derecho de entrar y poseer la herencia?".

–Pero Él dice: –"Bueno, hay algunas personas muy particulares aquí; quieren estar completamente satisfechos con todos los que pasan por aquí. Tenemos diez examinadores aquí. Cuando miran el caso de un hombre y dicen que está bien, entonces puede pasar. ¿Estás dispuesto a que sean llamados para examinar tu caso?".

–Y responderemos: –"Sí, sí; porque quiero entrar: y estoy dispuesto a someterme a cualquier escrutinio; porque incluso si soy dejado fuera, no tengo ninguna queja que hacer: estoy perdido de todos modos si soy dejado solo".

–"Bueno"–, dice Él, –"los llamaremos entonces"–. Y entonces esos diez son traídos, y dicen: –"Sí, estamos perfectamente satisfechos con él. Porque la liberación que obtuvo de su miseria es aquella que nuestro Señor forjó; el consuelo que tuvo todo el tiempo, y que tanto necesitaba, es aquella que nuestro Señor dio; la riqueza que tiene, lo que sea que tenga, *pobre como era*, el Señor se la dio; y ciego, lo que sea que ve, es el Señor quien se lo dio, y él ve solo lo que es del Señor: y desnudo como estaba, esa vestimenta que lleva puesta, el Señor se la dio, el Señor la tejió y es divina. Es solo Cristo. ¡Vaya!, *"Sí, él puede entrar"*.

[En ese punto del sermón, de forma espontánea, dos o tres en la sala se pusieron en pie y comenzaron a entonar un himno, al que toda la congregación se añadió en seguida]:

> "Jesús pagó el precio
> todo lo debo a Él
> el pecado había dejado una mancha carmesí
> Él la hizo blanca como nieve".

Y entonces, hermanos, vendrá por las puertas una voz de la más dulce música, llena de bondad y compasión de mi Salvador; la voz vendrá desde adentro: "¡Venid, benditos de mi Padre! –[Congregación: "Amén"]. ¿Por qué estáis fuera?". Y la puerta se abrirá de par en par, y:

> Porque de esta manera os será abundantemente administrada la entrada en el reino eterno de nuestro Señor y Salvador Jesucristo (2ª Ped. 1:11).

Oh, Él es un Salvador completo. Él es mi salvador. Mi alma si magnifica al Señor. Mi alma, hermanos, se regocijará en el Señor esta noche. Oh, digo con David:

> Venid y alabad a Jehová conmigo, y exaltemos a una su nombre (Salm. 34:3).

Él ha hecho completa satisfacción; nada hay contra nosotros, hermanos; el camino está despejado; El camino está abierto. La justicia de Cristo satisface; eso es luz, amor, alegría y excelencia eterna. ¿No es cierto, entonces, lo que dice Isaías 60:1-2?:

> ¡Levántate, resplandece; que ha venido tu luz, y la gloria de Jehová ha nacido sobre ti! Porque he aquí que tinieblas cubrirán la tierra y oscuridad las naciones; mas sobre ti amanecerá Jehová y sobre ti será vista su gloria.

Hermanos, Él puede hacerlo; Él quiere; dejémoslo que lo haga. –[Congregación: "Amén"]. Y alabémoslo mientras lo hace.

Ahora, ¿no podemos alabar al Señor?, entonces, todos en esta casa que quieran hacerlo, simplemente adelante. Diré amén a cada palabra; porque mi alma también lo magnifica, hermanos. Mi alma también lo alaba, hermanos; porque Él es mi Salvador; Él ha completado la obra; Él ha hecho su obra de gracia; me ha salvado; Él salva todo. Demos gracias a Él para siempre.

Prof. Prescott: Los tiempos del refrigerio están aquí, hermanos. El Espíritu de Dios está aquí. Abre el corazón, abre el corazón; abre el corazón en alabanza y acción de gracias.

Capítulo 19

El nombre de Dios en la frente

INICIAREMOS esta noche con el primer verso de Apocalipsis 14:

> Después miré, y vi que el Cordero estaba de pie sobre el monte de Sión, y con Él ciento cuarenta y cuatro mil, que tenían el nombre de su Padre escrito en sus frentes.

A este mismo número se hace referencia en Apocalipsis 7:4, sin embargo, leo desde el primer verso:

> Y después de estas cosas vi cuatro ángeles de pie sobre los cuatro ángulos de la tierra, deteniendo los cuatro vientos de la tierra para que no soplara viento alguno sobre la tierra ni sobre el mar ni sobre árbol alguno. Vi también otro ángel, que subía desde donde sale el sol y que tenía el sello del Dios vivo. Clamó a grande voz a los cuatro ángeles a quienes se les había dado el poder de hacer daño a la tierra y al mar, diciendo: "No hagáis daño a la tierra ni al mar ni a los árboles hasta que hayamos sellado en sus frentes a los siervos de nuestro Dios". Y oí el número de los sellados: ciento cuarenta y cuatro mil.

Todos los que leemos estas dos escrituras es para obtener la conexión, que muestra que el sello de Dios y el nombre de Dios están inseparablemente conectados. Los 144,000 tenían el nombre de su Padre en sus frentes, y fueron sellados con el sello del Dios viviente en sus frentes. Entonces, cuando descubramos cuál es el nombre de Dios, sabremos cuál es el sello de Dios; porque aquello que nos traerá su nombre, y lo pondrá en nuestra mente, y lo pondrá sobre nosotros y en nosotros, será el sello de Dios.

Ahora pasemos a Éxodo 3:13,14. Esto hace referencia al tiempo cuando el Señor se apareció a Moisés en la zarza ardiente; es cuando Dios envió a Moisés a liberar a su pueblo de Egipto, y dice:

> Y dijo Moisés a Dios: –He aquí cuando yo llegue a los hijos de Israel, y les diga: "El Dios de vuestros padres me ha enviado a vosotros"; si ellos me preguntaren: "*¿Cuál es su nombre?* ¿Qué les responderé?"–. Y respondió Dios a Moisés: –"YO SOY EL QUE SOY"–. Y dijo: Así dirás a los hijos de Israel: "YO SOY" me ha enviado a vosotros.

Hasta aquí el Señor no le había dicho más que eso, tal como leemos:

> Yo soy el Dios de tu padre, Dios de Abraham, Dios de Isaac, Dios de Jacob (vers. 6).

Ahora, Moisés pregunta: Cuando vaya a los hijos de Israel diciéndoles que el Dios de sus padres me ha enviado a ellos y me pregunten: ¿*Cuál es su nombre?*, ¿qué les responderé? Entonces Dios dijo a Moisés: "YO SOY EL QUE SOY". Y añadió: –Así dirás a los hijos de Israel–: "YO SOY" me envió a vosotros. Además, dijo Dios a Moisés: –Así dirás a los hijos de Israel–:

> Jehová, el Dios de vuestros padres, el Dios de Abraham, el Dios de Isaac y el Dios de Jacob, me ha enviado a vosotros. *Este es mi nombre para siempre; con él se me recordará por todos los siglos* (vers. 15).

Pero, ¿cuál es su nombre? "YO SOY EL QUE SOY". Él había dicho, y ellos sabían, que Él era "el Dios de Abraham, el Dios de Isaac y el Dios de Jacob", y el Dios de sus padres. Ellos sabían que sus padres tenían un Dios al que adoraban. Estas personas habían oído del Dios de sus padres. Recordaban, aunque vagamente ahora, al Dios de sus padres, pero ahora les revela que el Dios de sus padres es el Dios cuyo nombre es, "YO SOY EL QUE SOY" y que afirma "es mi *nombre* para siempre; con él se me *recordará* por todos los siglos".

Entonces el nombre de Dios y su memorial van juntos. ¿Lo ves? Pero, ¿cuál es su nombre? ¿"YO SOY" solamente? –No; su nombre no es simplemente, "YO SOY", sino, "YO SOY EL QUE SOY"; Ahora, ya ves, no es suficiente que el Señor declare a los hombres que Él es, sino que necesitamos saber que Él es *lo que* Él es, para que el conocimiento *de Él mismo* nos haga algún bien. La existencia no es para nosotros suficiente para conocer a Dios; no es suficiente para nosotros saber que Él existe; sino que necesitamos saber lo *que* Él es y para qué existe, con respecto a nosotros. Por lo tanto, no dijo simplemente: "'YO SOY', ese es mi nombre". No, sino, "YO SOY" lo que "YO SOY". Ese es su nombre, y si vamos a conocer verdaderamente a Dios, debemos saber no sólo *que Él es*, sino que Él es *lo* que Él es; y hasta que tengamos el conocimiento pleno de lo que Él es, de otra manera, no lo *conocemos*.

El mismo pensamiento se expresa en Hebreos 11:6, dice:

> Sin fe es imposible agradar a Dios, porque es necesario que el que se acerca a Dios crea que Él existe y q*ue recompensa a los que lo buscan.*

Bueno, ¿cuál es la recompensa que Dios da a quienes lo buscan? Es Él mismo; Él mismo, todo lo que es y todo lo que tiene. Pero, si tuviéramos todo lo que tiene sin tenerlo a Él mismo, ¿qué bien nos haría? Ves que si tuviéramos todo lo que Él tiene y fuéramos todavía nosotros mismos, seríamos simplemente supremos; bueno, lo siguiente a demonios, ¿no es así? Darle a un hombre todo lo que Dios tiene, y que él siga siendo el hombre que es, sería algo terrible. Por lo tanto, es nada para nosotros que Dios nos dé todo lo que tiene, a menos que nos dé lo que Él es, a menos que se dé a *sí mismo* a nosotros. Por lo tanto, cuando nos da *lo* que Él es, dándonos a Él mismo, su carácter, su naturaleza y su disposición, entonces podemos usar lo que Él es así como lo que Él tiene, en su temor y para su gloria. En consecuencia, el mismo pensamiento está aquí; no solo que Él ES, sino que, Él ES LO QUE ES, y que "es necesario que el que se acerca a Dios crea que Él existe", y que Él ES LO QUE ES.

Bien, entonces, para seguir este pensamiento, ¿qué es Dios ante todo para todas las cosas y todas las personas en el universo? –[Congregación: "Creador"]. ¡Seguro! Lo primero que Él es para cualquier cosa, animada o inanimada, es el Creador; porque por Él todas las cosas existen. Él es autor de todas las cosas. Entonces, lo primero para los hombres, los ángeles o las inteligencias es conocerlo como Creador. Ahora, Él dice: "YO SOY EL QUE SOY". Entonces, lo primero que viene a la mente de cualquier criatura en cuanto a lo que Él es; es decir, entendiendo su nombre, es que Él es el Creador. Así que hemos encontrado que, en relación con su nombre, su monumento conmemorativo permanece inseparable. Y por lo tanto dice: *"este es mi nombre para siempre; con él se me recordará por todos los siglos"*.

Vayamos a Ezequiel 20:20. Usted está familiarizado con la escritura:

> Santificad mis sábados, y sean por señal entre mí y vosotros, para que sepáis que YO SOY Jehová, vuestro Dios.

¿De qué es señal el sábado, entonces? Una señal de que Él es el Señor Dios; pero desde un enfoque de *existencia*, ese no es su nombre. Es más que eso, pero el sábado, siendo la señal de que Él es el Señor Dios ¿no es la señal de que Él es lo *que* es, así *como también* de que Él es? –[Congregación: "Sí"]. Ahora, piensen en eso. ¿Es la señal? –[Congregación: "Sí, señor"]. El sábado siendo la señal de que Él es el Dios verdadero, y Él habiéndonos dicho que Él es *lo que es*, por lo tanto, el sábado es la señal de lo que Dios *es*, así como la señal *de que* Él es. ¿Lo ves? –[Congregación: "Sí"]. Entonces, siendo ese su nombre, "YO SOY" lo que "SOY", y el sábado siendo la señal de que Él ES LO QUE ES, ¿no ven cómo ese es Su *nombre* para siempre, y ese es Su *memorial* para siempre? Entonces, Él ha dado el día de Sábado: "Acuérdate del día de reposo para santificarlo", lo ha dado como un *memorial* de que Él es el Señor. En consecuencia, "ese es mi nombre para siempre", ese es su *memorial*.

–[Voz: "Por favor, repita eso"]. Muy bien. Regresemos y tomemos el pensamiento al principio. El sábado, dice Él: "santificaréis", y será una señal. El sábado no es una señal del Dios verdadero. El sábado no es nada. Un hombre que guarda el sábado puede hacerlo sin conocer al Señor tal como puede guardar el domingo sin conocer al Señor; pero él no puede *guardar el sábado* (día de reposo) sin conocer al Señor.

Hay tres clases de observadores de un día en el mundo:

(1). Hay guardadores del día siete de la semana [sábado].

(2). Guardadores del día primero [domingo].

(3). Guardadores del Sábado. Lo que Dios quiere es guardadores del sábado. Pero ha habido demasiados guardadores del día siete de la semana fingiendo ser guardadores del sábado; esa es la malicia de estos últimos días.

"Santificad mis sábados, y sean por señal". Ahí es por donde debemos empezar. Entonces el sábado es una señal que Él ha puesto para nosotros, que Él mismo ha dado, "para que sepáis que yo soy Jehová, vuestro Dios". El sábado, siendo la señal de que Él es el Señor Dios, Él no solo es Dios desde un enfoque de existencia, sino que Él es, y Él es lo que Él es; porque ese es su nombre. ¿Lo ves? "YO SOY EL QUE SOY", el Señor Dios. El sábado es una señal de que Él es el Señor Dios. El sábado, por lo tanto, es una señal de que Él es, y de que Él es lo que es. Pero su nombre, Él dice: "YO SOY EL QUE SOY". "Este es mi nombre para siempre; con él se me recordará por todos los siglos". ¿Cuál es la señal de que Él ES LO QUE ES? –[Congregación: "El sábado"]. Pero Él dice: "El sábado es mi memorial". "Él hizo memorial para sus obras prodigiosas", y así sucesivamente. Entonces, ¿no ves que eso que es la señal de que Él ES *LO QUE* ES, siendo eso su nombre para siempre, ese es su *memorial* para siempre? Ahora, ¿debo de repartirlo otra vez? –[Voz: "No, ahora puedo verlo"]. ¿Lo has comprendido ahora? –[Congregación: "Sí, señor"].

Bien, ahora avancemos con esto. El sábado, siendo la señal de que Él ES, y de que Él ES LO QUE ES, y lo primero que Él ES, es Creador, entonces, lo primero que el sábado debe significar es Creador. Pero, ¿es eso lo único que significa? –No, porque Él es más que eso, –no más que eso en el sentido de ser diferente de ello, –porque todas las cosas están en eso, pero lo que Él ES en eso es más ampliamente expresado en otros lugares, a fin de que podamos saber más completamente lo que Él es en eso. Pues bien, Éxodo 31:17: "Señal es para siempre entre mí y los hijos de Israel; porque en seis días hizo Jehová los cielos y la tierra, y en el séptimo día cesó, y reposó". Ahora, ésta es una señal "para que sepáis que yo soy Jehová, vuestro Dios" (Ezeq. 20:20). ¿Y en qué consiste esta señal? No es porque "en seis días hizo Jehová los cielos y la tierra, y en el séptimo día cesó y reposó". Siendo una señal de eso porque Él lo hizo, está es una señal de Él mismo en la obra de la creación. ¿Es eso así? –[Voz: "Sí"].

Ahora, junte los dos: es una señal de que Él es el Señor, *porque* "en seis días Él hizo el cielo y la tierra". Entonces, como hemos encontrado, lo primero que Dios es, es Creador; Lo primero que significa el sábado es Creador, *al* denotar lo que Él es. Pero el mandamiento del sábado es:

> Acuérdate del sábado para santificarlo. Seis días trabajarás y harás toda tu obra, pero el séptimo día es de reposo para Jehová, tu Dios; no hagas en él obra alguna... porque en seis días hizo Jehová los cielos y la tierra, el mar, y todas las cosas que en ellos hay, y reposó en el séptimo día; por tanto, Jehová bendijo el sábado y lo santificó (Éxo. 20:8-11).

Ahora, recuerda el día de reposo, el sábado. ¿Qué es el sábado? Como ya hemos leído en Ezequiel 20:20, es una "señal entre mí y vosotros, para que sepáis que yo soy Jehová, vuestro Dios". Recuerda esto que significa que yo soy Dios. Debemos recordarlo, ya que significa que Él es Dios. Entonces, ¿acaso no es ese memorial que trae a las personas el recuerdo del Señor? Para eso sirve un monumento, para traer el recuerdo. Él quiere ser traído a la memoria de sus criaturas, y ha dado eso que lo hará. Y ahora nos dice "recuerda el sábado", lo que hará que Él sea traído a nuestra memoria.

Ahora un pensamiento aquí mismo: debemos recordar aquello que nos recuerda a Él, o, en otras palabras, que lo trae a Él a nuestra *mente*. Cuando Él es traído a la mente, Él no es solamente traído como Aquel que existe, sino como lo que Él ES. Y cuando Él, por lo que Él ES, es traído a nuestras mentes, es traído su nombre, ¿no es así? ¿Dónde está el nombre? –[Congregación: "En la frente"]. "Con la mente sirvo a la ley de Dios" (Rom. 7:25). ¿Ves? ¿Entonces Dios quiere estar en la mente de las personas? Y el sábado es eso que lo trae a sí mismo, no una teoría de Él, sino a *Él mismo*, para traerlo *a Él* a memoria, para traerlo a la mente; porque el sábado es la señal de "yo soy el Señor tu Dios". Y ahora recuerda la señal, recuerda lo que significa y trae a la mente misma, trae al Señor tu Dios. Y *ÉL ES LO QUE ES*. Para traerlo a *Él* y lo *que Él* es a nuestra mente. Ese es el pensamiento. Entonces, ¿no es ese su memoria? El propósito mismo de un memorial, el mismo objetivo de ello es traer aquello que se ha expuesto, a la mente. Entonces se puede ver que siendo ese el caso, el nombre de Dios y su memorial, su sábado, no pueden ser separados en absoluto. En consecuencia, cuando le dijo a Moisés, "YO SOY *EL* QUE SOY", ese es su nombre para siempre, y eso sería a todas las generaciones; porque el memorial lo trae a Él a la mente, y trayéndolo a la mente como lo que Él es, eso pone a Dios en la mente en su nombre real; y así el nombre del Padre en las mentes de las personas mencionadas, es el sello del Dios viviente en sus frentes.

Lo primero, entonces, que esto significa en el sábado es Creador, poder creativo; pero eso es traído a la mente a través de las cosas que son creadas. Esta es una señal de que Él es el Señor porque Él hizo todas estas cosas. En consecuencia, el sábado es la señal, el memorial del Señor nuestro Dios, como se manifestó en la creación.

Ahora estudiemos un momento cómo se manifestó a sí mismo en la creación. Hebreos 1:1,2, dice:

> Dios, habiendo hablado muchas veces y de muchas maneras en otro tiempo a los padres por los profetas, en estos últimos días nos ha hablado por el Hijo, a quien constituyó heredero de todo y por quien asimismo hizo el universo.

Y los primeros versículos de Juan:

> En el principio era el Verbo, el Verbo estaba con Dios y el Verbo era Dios. Este estaba en el principio con Dios. Todas las cosas por medio de Él fueron hechas, y sin Él nada de lo que ha sido hecho fue hecho.

Y ahora el versículo 14:

> El Verbo se hizo carne y habitó entre nosotros.

Hay otro verso que leeremos sobre lo mismo, que lo dice de una manera diferente. Efesios 3:9, y las últimas palabras del versículo, dice:

> Dios, quien creó todas las cosas mediante Jesucristo (KJV).

Entonces Dios en la creación se manifestó a sí mismo en y por medio de Jesucristo. ¿Es eso así? –[Congregación: "Sí"]. Bueno, entonces Dios en la creación puede ser conocido solo en Jesucristo. ¿Es eso así? –[Congregación: "Sí"]. Entonces, el hombre que no conoce a Jesucristo, ¿obtendrá ideas correctas de las cosas creadas, de la creación? –[Congregación: "No"]. Ese hombre no encontrará a Dios allí; porque Dios es manifestado en Cristo en la creación. Ahora, prosigo, ¿cómo se manifestó a sí mismo en Cristo en la creación? En crear, deberíamos decir, tal vez, porque ahora estamos en el origen de todas las cosas. ¿Cómo, entonces, se manifestó a sí mismo en Cristo al crear? Salmos 33:6,9, dice:

> "Por la palabra de Jehová fueron hechos los cielos; y todo el ejército de ellos, por el aliento de su boca". "Porque Él dijo, y fue hecho; Él mandó, y existió".

Allí estaba aquello creado. Ahora veamos Hebreos 11:3, dice:

> Por la fe comprendemos que el universo fue hecho por la palabra de Dios, de modo que lo que se ve fue hecho de lo que no se veía.

Hasta ahora hemos descubierto que Dios manifestado en la creación es lo primero en lo cual Él ES puede ser conocido. Sin embargo, Dios es manifestado en la creación, en Jesucristo; y Dios es manifestado en crear en Jesucristo, *por su palabra*. Y esa palabra por la cual creó todas las cosas, tiene en ella el poder de hacer aparecer una cosa que antes no se podía ver en absoluto, porque no era. ¿Lo ves? "El universo fue hecho por la palabra de Dios, de modo que lo que se ve fue hecho de lo que no se veía". Entonces, después de que Dios habló, se vieron las cosas que antes de que hablara no existían en absoluto. Nadie podía verlas. Entonces hay poder en la palabra que Dios, en Jesucristo, habla; que es capaz de crear una cosa; en otras palabras, capaz de producir lo que Él nombra en la palabra que habla. Es decir, Dios puede llamar a esas cosas que no son, como si fueran, y no mentir. Un hombre puede hablar de esas cosas que no son, como si fueran, pero no hay poder en su palabra para producir lo que habla, y en consecuencia miente.

Y hay muchas personas que hacen eso. Hablan de esas cosas que no son, como si fueran, pero es una mentira. Y la razón por la que es una mentira, es que no hay poder en ellos o en su palabra para producir aquello pronuncian. De buena gana lo desean que sea así, de buena gana querrían lo que están hablando para que fuese real; pero no es así, y hablan de ello como si lo fuera, aun así, es una mentira, aunque por mucho que les gustaría que fuera real. No hay poder en su palabra para producir aquello que desean en sus mentes cuando hablan la palabra.

Pero Dios no es así. El pensamiento que está en su mente, expresado en una palabra, la palabra produce lo que estaba en el pensamiento. La energía creativa, el poder divino, está en la palabra que Dios habla. En consecuencia, cuando no había mundos que aparecieran en absoluto, Dios en Jesucristo habló, y allí estaban los mundos, y allí están todavía, porque Él habló entonces.

Ahora leamos dos versículos que tienen estos pensamientos en ellos. La palabra de Dios que Él habla, no solo produce lo que está en el pensamiento, sino que mantiene esa cosa en existencia después de que se produce: y en el lugar donde Dios la quiere, después de que es producida. Quiero que vean que la palabra que Dios hablará tiene todo el poder en ella.

Ahora, vayamos a Colosenses 1:14-17. Él está hablando de Cristo, el Hijo de Dios, diciendo:

> En quien tenemos redención por su sangre, el perdón de pecados. Cristo es la imagen del Dios invisible, el primogénito de toda creación, porque en Él fueron creadas todas las cosas, las que hay en los cielos, y las que hay en la tierra, visibles e invisibles; sean tronos, sean dominios, sean principados, sean potestades; todo fue creado por medio de Él y para Él. Y Él es antes que todas las cosas, y todas las cosas en Él *subsisten [consisten]*.

O por Él todas las cosas se *mantienen unidas*. Pero, ¿qué los hizo? ¿Qué hizo este mundo tal como es? El poder de su palabra. –[Voz: "Él mandó, y existió"]. El mundo es bastante grande. Hay muchos buenos ingredientes en él; pero cuando Él habló, surgió, con todos los ingredientes en él. La palabra, entonces, que lo produjo, lo mantiene unido en la forma que está. Pues bien, ahora el otro pensamiento, en Hebreos 1:1-3, dice:

> Dios, habiendo hablado muchas veces y de muchas maneras en otro tiempo a los padres por los profetas, en estos últimos días nos ha hablado por el Hijo, a quien constituyó heredero de todo y por quien asimismo hizo el universo. Él, que es el resplandor de su gloria, la imagen misma de su sustancia y quien *sustenta todas las cosas con la palabra de su poder*.

¿Qué sustenta a esos mundos desde que fueron creados? –[Congregación: "La palabra de su poder"]. ¿Se ha visto obligado a seguir hablando desde que habló en aquel tiempo, a fin de mantener estas cosas en su lugar? –[Congregación: "No"]. ¿Es necesario que se mantenga hablando al mundo cada día, para mantenerla unida? –[Congregación: "No"]. ¿Es necesario que se mantenga hablando todo el tiempo a los mundos y los planetas para mantenerlos en sus cursos y en sus lugares? No; La palabra que los produjo al principio, tiene en ella el poder creativo que los mantiene unidos y los sostiene.

Ahora, vayamos a 2ª Pedro 3:1-7, y veamos que nos dice:

> Amados, esta es la segunda carta que os escribo. En ambas despierto con exhortación vuestro sincero entendimiento, por recordatorio, para que tengáis memoria de las *palabras* que antes han sido dichas por los santos profetas.

¿Memoria de qué? De las *palabras* que fueron dichas antes por los santos profetas. ¿Por qué debemos recordarlas? Porque quiere que descubramos lo que esas palabras valen, y recordando las palabras, obtener en nuestras mentes, en nuestras vidas, la fortaleza y la fuerza de las palabras. Porque las palabras que fueron pronunciadas por los profetas fueron las *palabras de Dios*, las cuales hablaron por "el Espíritu de Cristo que estaba en ellos, el cual anunciaba de antemano los sufrimientos de Cristo y las glorias que vendrían tras ellos" (1ª Ped. 1:11).

Teniendo en mente *estas* palabras; "Y del mandamiento del Señor y Salvador, dado por vuestros apóstoles. Sabed ante todo que en los últimos días vendrán burladores, andando según sus propias pasiones y diciendo: '¿Dónde está la promesa de su advenimiento? Porque desde el día en que los padres durmieron, todas las cosas permanecen, así como desde el principio de la creación'. Estos ignoran voluntariamente –es decir, los que hablan de ese modo, los que consideran que todas las cosas continúan como al principio– que en el tiempo antiguo fueron hechos *por la palabra* de Dios los cielos y también la tierra, que proviene del agua y por agua subsiste, por lo cual el mundo de entonces pereció anegado en agua".

¿Por qué medio fue inundado el mundo con agua? –[Congregación: "La palabra de Dios"]. Dios habló. "Pero los cielos y la tierra que existen ahora están reservados por *la misma palabra*, guardados para el fuego". ¿A qué llama nuestra atención allí, con respecto a la palabra que quiere que recordemos? Él quiere que seamos completamente conscientes de las *palabras* de Dios, porque *esa palabra* que al principio produjo los mundos; esa misma palabra los mantiene allí; esa palabra trajo el diluvio; esa palabra rescató la tierra del diluvio y aún la sostiene. Entonces esa palabra que puede producir mundos, ella misma puede preservarlos, que puede destruir mundos y recuperar mundos, *esa palabra*, a Él le gustaría que la tuviéramos completamente en nuestra mente para que podamos conocer el *poder* de esa palabra.

Bueno, entonces ves en todo que está todavía el mismo pensamiento, que esa palabra que produjo todo, mantiene todo junto, lo sostiene y preserva todo, hasta que Dios hable de nuevo [Heb. 12:26]. Cuando Él vuelva a hablar, entonces todo se hará pedazos; porque cuando llegue ese día, vendrá "una gran voz del santuario del cielo, desde el trono", que diga: "¡Consumado es!", habrá "relámpagos, voces, truenos y un gran temblor de tierra, un terremoto tan grande cual no lo hubo jamás desde que los hombres existen sobre la tierra"; tan grande, que "toda isla huyó y los montes ya no fueron hallados", que "las ciudades de las naciones cayeron", que el propio cielo se enrolló como un pergamino (Apoc. 16:17-19; 6:14). Te digo que cuando llegue ese día, el hombre que tenga completamente en su mente que la *palabra* es lo que hace todo, está perfectamente a salvo, porque cuando esa palabra que produce estas cosas es mi confianza, cuando esa palabra es mi fundamento, cuando esa palabra misma es mi confianza; no hay diferencia si la tierra se despedaza, su palabra permanece; todo está bien.

Entonces, Dios fue manifestado en Cristo por su palabra en la creación y es todavía manifestado en las cosas creadas: en la creación, en la preservación, en la unión y la sustentación. Así la gravitación es Dios en Jesucristo. La ciencia nos dice que la ley de la gravedad sostiene las cosas, ya sabes; Pero, ¿qué es la gravedad? "Lo que sostiene las cosas". Hay una mejor respuesta que esa. La respuesta es: la gravitación, la ley de la gravitación sostiene todas estas cosas en su lugar. Pero, ¿qué es la gravitación? Es el poder de Dios manifestado en Jesucristo en la creación; eso es gravitación.

La cohesión, en ciencia, es mantener unidos. Pero, ¿qué es la cohesión? Toda la respuesta que la ciencia puede dar es: La palabra "cohesión" proviene de dos palabras latinas, *co* y *haerere*, que significan mantenerse juntas; en otras palabras, la cohesión es cohesión; esa es la respuesta. Hay una mejor respuesta que esa. Ahí está la respuesta de Dios, y Él nos dice que la cohesión es el poder de Dios manifestado en Jesucristo en la creación; porque por Él todas las cosas consisten, coherente, se mantienen unidas; eso es cohesión.

El origen de todas las cosas no es la generación espontánea, no es la evolución; es Dios manifestado, el poder de Dios manifestado en Jesucristo por su palabra produciendo todas las cosas que se ven, que antes no aparecían en absoluto. Entonces Dios, en Jesucristo, es el origen de todas las cosas; eso es creación. Dios, en Jesucristo, es el preservador de todas las cosas; eso es cohesión. Dios, en Jesucristo, es el sustentador de todas las cosas, y eso es la gravitación.

Capítulo 20

El reposo del Señor

COMENZANDO justo donde nos detuvimos anoche, y el pensamiento de entonces, en lo que particularmente queríamos hacer hincapié, era encontrar a Dios en Cristo, en Su palabra, en la creación; creando, preservando, manteniendo juntas y sosteniendo todas las cosas. Seis días empleó en la creación, y veamos el registro en Génesis 2:1-3. Leo:

> Y fueron acabados los cielos y la tierra, y todo el ejército de ellos. Y acabó Dios en el séptimo día su obra que había hecho, y reposó en el séptimo día de toda su obra que había hecho. Y bendijo Dios al día séptimo, y lo santificó, porque en él reposó de toda su obra que Dios había creado y hecho.

Y así, hizo el día de reposo *para el hombre*; pero el pensamiento que aún tenemos ante nosotros es que el sábado es la señal de que ÉL ES *LO QUE* ES, en la creación y en todo lo demás, ÉL ES; sin embargo, todo lo que Él ES, está el hecho de que Él es el Creador.

Luego, cuando terminó de crear, descansó y reposó, es decir, se deleitó en el reflejo de las cosas creadas, del pensamiento de su mente, la finalización del propósito, tal y como fue manifestada en la creación terminada. Ese es el pensamiento en la palabra "reposó", en Éxodo 31:17. Seis días empleó en hacer los cielos y la tierra, y en "el séptimo día descansó y reposó", se deleitó, se regocijó en su propósito finalizado, en la creación; el propósito que estaba en su mente antes de que la creación fuese llamada a existencia. Entonces, bendijo el día, lo hizo santo y lo santificó. Por lo tanto, el mandamiento nos dice: "Acuérdate del sábado [es decir, el día de reposo] para santificarlo. Seis días trabajarás y harás toda tu obra, pero el séptimo día es de reposo para Jehová, tu Dios". ¿De quién es el reposo? –[Congregación: "De Dios"]. ¿De quién es entonces el reposo que deberíamos tomar y disfrutar en el día de sábado? –[Congregación: "De Dios"]. Entonces, el hombre que toma su propio reposo y lo disfruta, y no el del Señor ¿está guardando el sábado? –[Congregación: "No"]. ¿Incluso si lo hace en sábado? –[Congregación: "No lo guarda"]. Él guarda el séptimo día, ¿no es así? –[Congregación: "Sí"]. Un hombre que toma su propio descanso el séptimo día, sábado de la semana, aunque disfrute de su descanso en ese día, no está guardando el sábado, el reposo del Señor, y aunque lo disfruta, solo guarda el séptimo día y no el sábado.

El hombre que recibe y disfruta *el reposo del Señor* en el séptimo día, guarda el sábado, porque es el reposo de Dios que aquel hombre está guardando. Eso es lo que hace. Es el día de reposo de Dios. "Seis días trabajarás y harás toda tu obra, pero el séptimo día es de reposo para Jehová, tu Dios"; es el reposo de Jehová tu Dios, no es el tuyo. Es de Él; su reposo, y cuando recordamos el día de reposo; ¿de quién es el día de reposo que estamos recordando? ¿El nuestro o el suyo? –[Congregación: "El del Señor"]. Sí, el del Señor. Es completamente el reposo de Dios, y la idea del reposo de Dios en el pensamiento del mandamiento del sábado, y las razones que son dadas en el mandamiento, son las mismas. Debemos trabajar seis días. La razón es: porque el Señor al hacer el cielo y la tierra trabajó seis días, y reposó el séptimo. Y debemos reposar el séptimo día, porque el Señor lo reposó, lo bendijo, lo santificó y lo consagró.

¿Qué tipo de reposo fue ese, o es ese, que está en el séptimo día? –[Congregación: "Refrescante"]. ¿De quién es refrescante? –[Congregación: "De Dios"]. ¿Qué es Dios? –[Congregación: "Espíritu"]. Dios es Espíritu. El único tipo de reposo que posiblemente podía tener fue el reposo espiritual. Entonces, el hombre que no obtiene y disfruta el reposo espiritual en el séptimo día, no está guardando el sábado, porque el reposo del sábado es reposo espiritual; es el reposo de Dios, y solo eso. Es reposo espiritual, y el sábado es algo espiritual, y el reposo de Dios está en el día; en el día está el reposo espiritual. Y al observar el día por la fe, "las cosas espirituales se disciernen espiritualmente", al observar el día por fe, ese reposo espiritual viene a él quién observa el sábado. Ese reposo espiritual que Dios puso en el día, que vino a ser parte del día, ese reposo espiritual que está allí, viene a un hombre y es disfrutado y conocido por aquel que guarda el sábado, de la única forma en que puede ser guardado, por fe en Jesús.

Entonces, Jehová bendijo el día. Entonces, la bendición de Dios también está en el día; el reposo de Dios está en el día; y la alegría que hemos encontrado, lo refrescante, la delicia, la alegría del Señor también está en el día. La bendición del Señor también está ahí; porque Él bendijo el día. Ahora, ¿está esa bendición en el día todavía? –[Congregación: "Sí"]. Si un hombre no lo observa, o no le presta atención, ¿continua la bendición en ese día? –[Congregación: "Sí"]. Pero eso no alcanza al hombre, si él no cree.

Ahora, el pensamiento que tuvimos anoche, la fuerza de la palabra de Dios; la palabra de Dios, que llamó a los mundos a la existencia, ¿qué efecto tiene en los mundos, y ha tenido desde aquel día? –[Congregación: "Los continúa sosteniendo"]. Esa palabra que pronunció entonces, mantiene a los mundos unidos y en sus orbitas desde entonces. ¿Cuánto tiempo lo hará? –[Congregación: "Para siempre"]. "La palabra del Dios nuestro permanece para siempre" (Isa. 40:8).

Ahora, ahí está la palabra de Dios, que Él bendijo el séptimo día; ¿Cuál es el efecto de esa bendición que, en aquel entonces, Él puso sobre el día? Todavía está allí, y siempre permanecerá allí, porque por toda la eternidad será un hecho que Dios si bendijo el séptimo día; eso, que Él mismo no puede contradecir. Él mismo no puede decir que no bendijo el séptimo día, porque Él dice que lo hizo. Incluso si Él debiera borrar toda la creación, aún sería un hecho que Él bendijo el séptimo día cuando estuvo allí. ¿No es así? –[Congregación: "Sí"]. Entonces eso está resuelto. Entonces, por toda la eternidad, seguirá siendo un hecho que Dios si bendijo el séptimo día. Y mientras siga siendo un hecho que Él lo hizo, siempre será un hecho que la bendición de Dios está en dicho día, y siempre será un hecho que el hombre que lo observe como solo el sábado puede ser observado, por la fe en Jesús, él obtendrá la bendición de Dios de ello y la disfrutará como tal.

Ahora, refiriéndonos al primer capítulo de Génesis, ahí leemos en los versículos 27 y 28:

> Creó Dios al hombre a su imagen, a imagen de Dios lo creó; varón y hembra los creó. Y *los bendijo Dios*.

¿En qué día fue eso? –[Congregación: "El sexto día"]. Entonces Dios bendijo al *hombre* antes de bendecir el *séptimo día*. Eso está resuelto, ¿no es así? –[Congregación: "Sí"]. Ahora, ¿es tan cierto que bendijo *el día*, como que bendijo al *hombre*? –[Congregación: "Sí"]. ¿Es la bendición con la que bendijo *el día*, tan real como la bendición con la que bendijo *al hombre*? –[Congregación: "La misma"]. Así de real. ¿Cuál fue la bendición? ¿De quién fue la bendición que puso sobre el hombre? –[Congregación: "La bendición de Dios"]. ¿De quién fue la bendición que puso sobre el día? –[Congregación: "La bendición de Dios"]. Bueno, entonces, cuando ese *bendecido hombre* vino a ese *bendecido día*, ¿recibió *bendición* adicional en el *día* más allá de lo que tenía, antes de llegar al día? –[Congregación: "Sí"]. Entonces el sábado fue proyectado para traer al hombre, quién ya había sido bendecido de Dios con bendiciones espirituales – este día fue hecho para traer al hombre más bendiciones espirituales adicionales. Bueno, ¿sigue aún vigente esta bendición? –[Congregación: "Sí"]. "La palabra del Dios nuestro permanece para siempre". También es así ahora.

Entonces el sábado fue proyectado para traer al hombre, quién ya había sido bendecido por Dios con bendiciones espirituales – el sábado fue hecho para traer al hombre bendiciones espirituales adicionales. Bueno, ¿es así todavía? –[Congregación: "Sí"]. "La palabra del Dios nuestro permanece para siempre" (Isa. 40:8). También es así ahora.

Entonces, Él hizo el día santo. ¿Pero qué fue lo que *hizo* el día santo? Ahora, no necesito repasar los textos en esto; lo has leído en el discurso del hermano Prescott el sábado antes pasado. ¿Qué fue lo que hizo el *día* santo? –[Congregación: "La presencia de Dios"]. La presencia de Dios santifica las cosas; hace un lugar santo; hace santo a un hombre; La presencia de Dios hizo el día santo. Entonces, la santidad de Dios está unida al día; la presencia de Dios, la santa presencia de Dios, está unida al séptimo día de reposo, el sábado. Bueno, entonces, cuando el hombre viene a ese día, como solo el hombre puede llegar a ese día, espiritualmente dispuesto con la mente del Espíritu de Dios, y recibe el reposo espiritual, el refrigerio espiritual que hay en el día, la bendición espiritual que está ahí, ¿acaso no también recibe la *presencia*, llega a ser partícipe de *esa presencia*, en la cual está la santidad de Dios para transformarlo? La recibe ciertamente. Y eso es guardar el sábado.

Bueno, entonces, Él *santificó* el día, pero no necesito repasar esos textos. ¿Qué es lo que santifica? –[Congregación: "La presencia de Dios"]. Entonces la presencia de Dios, su poder santificador está en el séptimo día. ¿Es eso así? –[Congregación: "Sí"]. Entonces el hombre que viene al sábado del Señor de acuerdo a la idea del Señor sobre su sábado y su objetivo; obtiene reposo espiritual; él lo encuentra allí; él encuentra refrigerio espiritual, deleite; él encuentra bendición espiritual; se encuentra con la presencia de Dios, y la santidad que esa presencia trae para transformarlo; y encuentra ese poder santificador, que santifica el día, para santificarlo a él.

¿Cuál fue el propósito para lo que todo esto fue hecho? ¿Para qué se hizo el sábado? –[Congregación: "Para el hombre"]. Fue hecho para el hombre. Pues bien, Dios reposó y puso su reposo espiritual sobre el día del hombre, ¿así lo hizo? –[Congregación: "Sí"]. El refrigerio de Dios, su regocijo en ese día fue para el hombre; la bendición con la que lo bendijo fue para el hombre; la santidad que su presencia le trajo, y que su presencia le dio, fue para el hombre; su presencia santificante fue para el hombre. Bueno, entonces, ¿no era que el hombre a través del sábado podría ser partícipe de su presencia y ser familiarizado con la experiencia viva del reposo espiritual de Dios, la bendición espiritual, la santidad, la presencia de Dios para santificar, la presencia de Dios para santificarlo a él? ¿No es eso lo que Dios pretendía que el sábado trajera al hombre? Bueno, el hombre que recibe todo eso en sábado es el hombre que es un guardador del sábado. Y *él también lo sabe*. Él lo sabe y está encantado de saberlo.

Ahora otra cosa. ¿Quién fue el verdadero agente presente en la creación? –[Congregación: "Cristo"]. ¿Quién fue el que reposó? –[Congregación: "Cristo"]. ¿Quién tomó refrigerio? –[Congregación: "Cristo"]. ¿Quién bendijo? –[Congregación: "Cristo"]. ¿La presencia de quién lo hizo santo? –[Congregación: "Cristo"]. ¿La presencia de quién está en el día? –[Congregación: "De Cristo"]. *Entonces el hombre que la presencia de Jesucristo no santifica, y no lo hace santo y no lo bendice* y a quién *no trae reposo; no puede guardar el día de reposo*. No lo ves, es solo con Cristo en el hombre, que se puede guardar el sábado; porque el sábado trae, y tiene en él, la presencia de Cristo.

Entonces, podéis ver que cuando Dios estableció el sábado, él había establecido la creación antes de empezar con el hombre, y el hombre podía ver a Dios en la creación. Pero, el Señor quería estar más cerca del hombre que eso; el hombre podría estudiar la creación y encontrar un conocimiento *acerca* de Dios. Pero Dios quería que él tuviera el conocimiento *de* Dios. En la creación podía saber *acerca* de Él; en el día de reposo lo conocería a Él; porque el sábado trae la presencia viviente, la presencia santificadora, la presencia de consagración, de Jesucristo, al hombre que observa realmente el día de sábado. Por lo tanto, vemos que la creación fue antes que el hombre, y él pudo estudiar a Dios en la creación, y así saber acerca de Él; pero Dios se acercó más que eso y estableció aquello que significa que Dios ES LO QUE ES; y cuando el hombre encontrara lo que Dios es allí, entonces no solo conocería *acerca de Él por las cosas creadas*, sino que lo conocería [a Dios] *en él mismo*.

Entonces, el propósito original de Dios en la creación, y el sábado como señal de ello, era que el hombre pudiera conocer a Dios *tal como ÉL ES* y LO QUE ES para el mundo en y por medio de Jesucristo. ¿No es así? –[Congregación: "Sí"]. ¿Podéis ver eso? –[Congregación: "Sí"]. ¿*Qué es por ahora, entonces*? –[Congregación: "Lo mismo"].

Ahora, otro pensamiento aquí. Lo que realmente concluyo la semana de la creación fue el día sábado y éste se hizo así al final de la creación. Así pues, el día sábado es la señal del poder de Dios, manifestado en Jesucristo, tanto como la señal de la creación terminada, es decir, la señal de Dios manifestada en Jesucristo de una obra concluida. En los primeros cinco días Él vio todo lo que había creado y era bueno; pero cuando llego el día sexto, contemplo todas las cosas, y he aquí que *era bueno en gran manera* (Génesis 1:31); había alcanzado su propósito. "Y fueron acabados los cielos y la tierra, y todo el ejército de ellos", allí estaban marcados la expresión del pensamiento que estaba en su mente; lo que había hablado llamando las cosas a la existencia. Vemos pues, que el sábado es la señal de "yo soy Jehová, vuestro Dios" (Ezeq. 20:20), porque en seis días hizo el cielo y la tierra, y al séptimo día reposó y tomó refrigerio. Así pues, el sábado es la señal de la obra de Dios terminada y completa en la creación.

Ahora avancemos en el estudio a partir de esto. El hombre, en ese momento, en el jardín del Edén, así como Dios lo hizo; ¿conocía todo lo que podía llegar saber de Dios? –[Congregación: "No"]. Entonces, a medida que llegara cada día de reposo, le traería conocimiento adicional y la presencia de Dios. ¿Pero quién es Éste? –[Congregación: "Cristo"]. Conocimiento adicional y presencia de Cristo en él mismo. Entonces, si hubiera permanecido fiel, todavía tendría crecimiento en el conocimiento de Dios, en él mismo, en su propia experiencia, creciendo más y más en todo lo que es la naturaleza de Dios. Pero no permaneció allí. No permaneció fiel. La creación fue completada cuando Dios la terminó, y todo el ejército de ellos, y estaban de acuerdo con su propia mente. Eso es así. Pero Satanás entró y desvió al hombre y a todo este mundo completamente fuera del propósito de Dios. ¿No fue así que lo hizo? –[Congregación: "Sí"]. Cambió el orden de Dios, de modo que, donde antes Dios era reflejado en la mente del hombre en todas las cosas arriba de y en el hombre mismo, ahora, Satanás es el que se refleja en el hombre, y eso difumina el reflejo de Dios en cualquier cosa, para que el hombre natural no ve a Dios, incluso en la naturaleza.

Bueno, entonces, cuando Satanás había desviado esto del propósito de Dios, y lo había invertido, dado marcha atrás del orden de Dios, el Señor no lo abandono ahí.

Él dijo: "Pondré enemistad entre ti y la mujer, y entre tu simiente y la simiente suya". Eso rompió el poder de Satanás sobre el hombre en la medida en que lo liberó de la depravación total; lo dejó libre para encontrar a Dios. Pero, ¿en quién fue hecho eso? –[Congregación: "Cristo"]. Cristo de nuevo. Dios en Cristo quiere traer al hombre y al mundo nuevamente a su propósito original. ¿Y no fue el mismo poder en Cristo, y por el mismo medio, su palabra, que traería de regreso a los hombres y al mundo a su propósito original, por los que los creo en un principio? –[Congregación: "Sí"].

Fue Dios en Cristo, por su palabra, lo que produjo el mundo y el hombre, en un principio. Ahora, Satanás lo ha quitado todo de Dios, y lo ha vuelto contrario a Su propósito. Ahora, es Dios en Cristo, por su palabra, que trae a los hombres y al mundo de regreso a Su propósito. Entonces, ¿no es la obra de *salvación* simplemente el poder de Dios de otra manera que aquella que trajo todas las cosas en un principio en la creación? En otras palabras, ¿no es la salvación creación? Ciertamente, sí.

Ahora, otro pensamiento sobre eso para verlo aún más claramente, si es necesario. ¿Se ha completado ahora el propósito original de Dios en la creación? –[Congregación: "No"]. Fue completada, ¿pero lo es ahora? –[Congregación: "No"]. No, señor. ¿Cuándo la salvación de la humanidad sea completada, será su propósito original *entonces* completado? –[Congregación: "Sí"]. Entonces, ¿qué es la obra de salvación, sino Dios llevando a cabo y completando su propósito original en la creación? –[Voces: "Es eso mismo"].

| Mi Padre hasta ahora trabaja, y yo trabajo (Juan 5:17).

Entonces, ¿qué puede ser la obra de salvación sino la obra original de la creación? El mismo Dios, en el mismo Hijo, por los mismos medios, para lograr el mismo propósito. Bueno, entonces, ¿no es la señal de *Su* obra en la *salvación* la misma que en la *creación*? Lo es con seguridad. Así pues, el sábado del Señor es justamente tan cierto la señal del poder creador de Dios manifestado en Jesucristo a través de su palabra, *en la salvación de mi alma*, tal y como lo fue en la creación de este mundo en el principio.

Como vemos, Dios se revela en todas partes en Cristo, en todos los lugares; Ese es el pensamiento que tenemos ante nosotros continuamente.

Entonces su nombre es, YO SOY EL QUE SOY; pero lo que Él es puede ser conocido solo en Jesucristo. Por lo tanto, para los hombres, para todos los intentos y propósitos, para los hombres en este mundo, Jesucristo es Dios mismo, y lo que Él ES, ¿no es así? –[Congregación: "Sí"]. Digo a todos los intentos y propósitos, no que los esté haciendo uno, idéntico y el mismo individuo, pero así como ningún hombre puede conocer al Padre sino al Hijo, *y aquel a quien el Hijo lo revele*, así también ningún hombre puede conocer a Dios excepto cuando se revela en Jesucristo; en consecuencia, para el hombre, Cristo es Dios, y todo lo que puede conocer de

Dios está en Cristo. Y, por lo tanto, Cristo se convierte prácticamente en todos los intentos y propósitos en Dios para nosotros; y Dios dijo de Cristo cuando nació, Él es, "Dios con nosotros".

Pues bien, el sábado es la señal de que Él es el Señor nuestro Dios. Pero es la señal de que Él es lo que es. Entonces Cristo siendo Dios para nosotros, ¿no es el sábado, la señal de lo que Jesucristo es para el hombre que cree en Él? –[Congregación: "Sí"]. En la creación fue la señal de lo que Jesucristo es en la creación. Y ahora que Cristo tiene que llevar a cabo su propia obra de salvación para a través de este medio terminar su propósito original en la creación, el sábado es la *misma señal del mismo poder creativo*, en Él *mismo, Jesucristo*. Así que sigue siendo lo mismo desde el principio. Solo que ahora el poder se manifiesta de una manera diferente de lo que era antes, debido a la inversión del orden; porque poder creativo es el mismo, de la *misma Persona* en el *mismo Aquél* por los *mismos medios*, y logrando el *mismo propósito*. Y, por lo tanto, la *misma señal* es la única que se le puede atribuir. No puedes tener ninguna otra señal de ello; es imposible. Entonces es literalmente cierto que el sábado del Señor, el séptimo día, el bendecido séptimo día, es la propia señal de Dios de lo que Jesucristo es para el hombre que cree en Jesucristo. Ahora estudiemos eso un poco más.

> "Por cuanto todos pecaron y están destituidos de la gloria de Dios" (Rom. 3:23). "La paga del pecado es muerte" (Rom. 6:23). "La muerte pasó a todos los hombres, por cuanto todos pecaron" (Rom. 5:12).

Todos están muertos. ¿Es eso así? –[Congregación: "Sí"]. Todos se han desviado del camino. Todos se han apartado del propósito original de Dios, por completo. ¿Qué es lo primero que Jesucristo es para el hombre que cree en Él? –[Congregación: "Creador"]. "Creado de nuevo en Cristo Jesús". Dios en Cristo, para el pecador sigue siendo creador, exactamente como al principio, porque Dios habla y vive. Por la palabra de Dios vivimos. Y, "somos hechura suya, creados en Cristo Jesús para buenas obras, las cuales Dios preparó de antemano para que anduviéramos en ellas" (Efe. 2:10). Entonces Dios hizo al hombre para andar en buenas obras; pero el hombre se apartó hacia otro camino. *Ahora en Cristo*, Dios lleva al hombre al lugar de inició. Así que la salvación es solo la realización del propósito original de Dios en Cristo en la creación.

Bueno, por lo tanto, "si alguno está en Cristo, nueva criatura es" (2ª Cor. 5:17). Lo primero que Cristo es para cualquiera y lo primero que Dios es para cualquiera en este mundo, para el pecador, es el Creador, creándolo a él [el pecador] en una nueva criatura. "Crea en mí, oh Dios, un corazón limpio; y renueva un espíritu recto dentro de mí" (Salm. 51:10). Así, pues, la obra de Dios en la salvación es la creación.

Bien, entonces, cuando hemos encontrado a Jesucristo como nuestro Creador, y hemos sido creados nuevos en Él, ¿qué es lo primero que encontramos en Él? –[Congregación: "Reposo"]. Sí, reposo, por supuesto; y ahí está lo primero que hizo en el principio. Él reposo. Así que lo primero que encontramos en la manifestación de su poder en nosotros es el reposo. ¿Qué tipo de reposo? –[Congregación: "Reposo espiritual"]. Esa es la invitación: "Venid a mí todos los que estáis trabajados y cargados, y yo os haré descansar" (Mat. 11:28). Luego dice: "Yo estoy con vosotros" (Mat. 28:20). "No te desampararé ni te dejaré" (Heb. 13:5). Y cuando habló a Moisés en el desierto, "Mi presencia te acompañará y te daré descanso" (Éxo. 33:14). ¿Qué da su presencia? –[Congregación: "Reposo"].

Y cuando ese hombre se ha convertido en una nueva criatura en Cristo, y encuentra ese reposo, ¿qué hace entonces? –[Voz: "Obra las obras de Dios"]. No; se regocija primero, y se va a obrar regocijándose. ¿Qué hizo Dios? Se regocijó. ¿Qué hace entonces ese hombre? Se regocija en el propósito de Dios realizado en él. ¿Pero es eso todo el regocijo que hay? No; "Os digo que habrá más gozo en el cielo por un pecador que se arrepiente, que por noventa y nueve justos que no necesitan de arrepentimiento" (Luc. 15:7). Entonces Dios se regocija nuevamente en el reposo que nos da, y el cual obtenemos en Él. Y nuevamente se refresca; nuevamente, se deleita en su pueblo.

Bien, lo siguiente que pertenece al día de reposo, y todo esto, es la bendición. Hechos 3:26, dice:

> A vosotros, primeramente, Dios, habiendo resucitado a su Hijo Jesús, lo envió para que os bendijera, a fin de que cada uno se convierta de su maldad.

Entonces Cristo es una bendición para el pecador, ¿no es así? Él es una bendición para el hombre que cree en Él. Pero, además: ese texto que hemos estudiado aquí tan maravillomente es Efesios 1:3:

> Bendito sea el Dios y Padre de nuestro Señor Jesucristo, que nos bendijo con toda bendición espiritual en los lugares celestiales en Cristo.

Dios nos ha dado todas las bendiciones espirituales que tiene. Sin embargo, nos son dados en Cristo. Pero el sábado nos trae bendición espiritual. ¿De dónde obtiene el sábado la bendición espiritual? –[Congregación: "De Cristo"]. Sí, de Jesucristo. Luego, en el asunto de la bendición espiritual que nos trae el sábado, nos lo trae solamente de Jesucristo y solamente por medio de Jesucristo; de modo que, en ese sentido, el sábado es un canal a través del cual la bendición espiritual fluye de Jesucristo al pueblo de Dios. Eso es un hecho; porque todas las bendiciones espirituales nos son dadas en Cristo, y el sábado tiene la bendición espiritual de Dios en sí, y, por lo tanto, al ser una bendición espiritual, no podría obtenerse en ningún otro lugar o camino que no sea en, por y desde Jesucristo. En consecuencia, el sábado es uno de esos vínculos a los que se refirió el hermano Prescott hace un tiempo atrás, que nos une a Cristo, para que podamos tener bendición espiritual.

Entonces avancemos, "Mi presencia te acompañará". Su presencia hace santa a la persona donde Él está. Y otra forma de llegar al mismo punto. "No me avergüenzo del evangelio, porque es poder de Dios para salvación de todo aquel que cree" (Rom. 1:16). ¿Qué es el evangelio? –[Congregación: "El poder de Dios"]. ¿Qué se manifiesta en Cristo? –[Congregación: "El poder de Dios"]. ¿Qué se manifiesta en el evangelio? –[Congregación: "El poder de Dios"]. ¿Con qué propósito? –[Voz: "De crear"]. Pero el poder de Dios para *salvación* es el mismo poder en la *creación*. Está el poder de Dios en ambos lugares. Entonces, cualquiera que sea la señal del poder de Dios en un lugar, es la señal del poder de Dios en cada lugar y en todos los sentidos; porque es solo el poder de Dios todo el tiempo; y tú no puedes poner el poder de Dios contra el poder de Dios. Así que no necesitas ninguna otra señal de la manifestación del poder de Dios; no puedes tenerla; es imposible.

Pues bien, el evangelio es el "poder de Dios para salvación", y el evangelio es "Cristo en ti, la esperanza de gloria". Entonces el hombre que cree en el evangelio de Jesucristo, Cristo habita en él. La presencia de Cristo está ahí; y la presencia de Cristo santifica. Eso es lo que hizo santo el sábado. Entonces el día de reposo, en el asunto de la santidad, es exactamente la señal de lo que Cristo es para el hombre que cree en Él.

Además, la presencia de Cristo santifica. Entonces, en la santificación, el sábado es la señal de lo que Cristo es para el creyente. ¿No lo ves?, así para el creyente en Jesús, Dios en Cristo crea de nuevo; para él Dios es reposo, refrigerio, deleite, regocijo, bendición, santidad, santificación. Eso es lo que Cristo es para el creyente; pero eso es lo que Él fue para el sábado hace mucho tiempo, *para* el creyente.

Él hizo el sábado para el hombre, tal como lo encontramos en la creación. Lo hizo allí, en la creación, que el hombre, aunque hubiera permanecido fiel a Dios y nunca hubiera pecado en absoluto, habría sido para el hombre la señal de lo que Dios era para el hombre en Jesucristo, y la presencia de Cristo en el hombre. Y ahora en la nueva creación es lo mismo; en la obra de salvación es lo mismo.

Otra cosa: Cristo Jesús nos ha sido hecho por Dios sabiduría, justificación, santificación y redención (1ª Cor. 1:30). Él es nuestra santificación. Él envió a Pablo a predicar el evangelio, ¿recuerdas? Para predicar a los gentiles, "para que abras sus ojos, para que se conviertan de las tinieblas a la luz y de la potestad de Satanás a Dios; para que reciban, *por la fe que es en mí*, perdón de pecados y herencia entre los santificados" (Hech. 26:18). Pero la santificación en su propósito final, el propósito cumplido, es la obra completa de Cristo terminada en el individuo. La imagen de Cristo completamente formada en el creyente; de modo que cuando Cristo mire al creyente, se vea a sí mismo. Eso es así; eso es santificación.

El Espíritu de profecía ha definido la santificación para nosotros en estas palabras: "Santificación es guardar todos los mandamientos de Dios", no es tratar de guardarlos, o hacer nuestro mejor esfuerzo para guardarlos; Es guardar todos los mandamientos de Dios. Ningún hombre será guardador de todos los mandamientos, como Dios espera y llama, hombres en quienes Jesucristo no está completamente formado, con su propia imagen impresa allí; que cuando mire a ese hombre, se vea a sí mismo. Eso así es.

Ahora, la justicia de Dios en Jesucristo es lo que nos hace justos, lo que nos salva, lo que nos santifica, lo que es todo para nosotros. Cuando hemos obtenido esa justicia, y esa justicia está allí de acuerdo a la justicia, de acuerdo a la idea de justicia de Dios, ¿cuál es el testigo de la justicia de Dios en el creyente en Jesús? –[Congregación: "La ley"]. La ley de Dios. Pero aquí está esta obra de Cristo creciendo en el individuo, esa obra progresiva; esa es la obra de santificación; porque ese es el pensamiento, la obra de santificar. Es el crecimiento de Cristo en el individuo. Cuando Cristo ha crecido hasta la plenitud allí, entonces esa es la obra completa de la santificación.

¿Cuál es la señal de que Dios santifica? –[Congregación: "El sábado"]. ¿Cuál es la señal, entonces, de que la presencia de Cristo está santificando al individuo? –[Congregación: "El día de reposo"]. Cuando la obra se haya completado, ¿qué testificará de eso? –[Congregación: "La ley"]. ¿Qué parte de la ley, particularmente? –[Congregación: "El cuarto mandamiento"]. Así como toda la ley dará testimonio de la obra completa de la justicia de Dios en un hombre; así el día de reposo [sábado] permanece allí como la señal de Dios de una obra terminada. Es la señal misma de una obra completada en la creación, ¿no es así? Pero cuando eso fue desecho, y el orden de Dios invertido, ahora el Señor tiene que continuar su trabajo a través de este medio a fin de terminar el propósito original de la creación. Entonces, el sábado está allí en esta obra terminada de Dios en salvación; el sábado está allí como la cumbre de la ley misma, como el testigo de la santificación completada; así que el sábado es la señal de la obra de Dios completada en la creación original, y en esta creación secundaria, que es la continuación del propósito original de la creación.

Ahora, otro pensamiento.

Siendo el sábado la señal de lo que Cristo es para el creyente, ¿sabrá el creyente completamente lo que es el sábado hasta que sepa completamente lo qué es Cristo? –[Congregación: "No"]. Entonces, cuando el conocimiento de Dios en Jesucristo haya absorbido toda la mente misma; el sábado también será completamente conocido por la mente misma. Pero el sábado es la señal de lo que Dios es en Cristo; y cuando eso se trae completamente a la mente misma, ¿qué es eso sino la imagen de Dios, el nombre de Dios, en la mente del creyente, y aquel sello del Dios viviente, a través del sábado del Señor? Bueno, entonces, ves en cada paso del camino, cada línea de pensamiento, nos enfrenta cara a cara con eso, que el sábado tal como es en Jesucristo, y como el creyente en Jesús lo observa, eso solo es el sello del Dios viviente. El guardar el sábado no es el sello de Dios. Cristo, tal como es reflejado en el sábado del Señor, a través del y en el sábado del Señor, en la mente y el corazón del creyente, en la imagen viva de

Dios completada; *ese* es el sello del Dios viviente. Entonces, ahí está escrito en la frente de ese pueblo el nombre del Padre.

Ahora, veamos esto. Vayamos a Números 6:23-27, y dice:

> Habla a Aarón y a sus hijos, y diles: Así bendeciréis a los hijos de Israel, diciéndoles: Jehová te bendiga, y te guarde: Haga resplandecer Jehová su rostro sobre ti, y tenga de ti misericordia: Jehová alce sobre ti su rostro, y ponga en ti paz. Y pondrán mi nombre sobre los hijos de Israel, y yo los bendeciré.

Ahora, esa es la bendición con la que el sumo sacerdote bendecía al pueblo cuando terminaba el día de la expiación [reconciliación]; cuando la obra de expiación era terminada y el sacerdote salía del templo para santificar y bendecir al pueblo, esa es la bendición. Y en esa bendición, ¿qué ponía el sacerdote sobre ellos? "Y pondrán mi nombre sobre los hijos de Israel". El juicio había terminado y estaban seguros. Esa era la figura.

Ahora leamos Apocalipsis 3:9-12:

> He aquí, yo entrego de la sinagoga de Satanás a los que se dicen ser judíos y no lo son, sino que mienten; he aquí, yo haré que vengan y adoren delante de tus pies, y que reconozcan que yo te he amado. Por cuanto has guardado la palabra de mi paciencia, yo también te guardaré de la hora de la prueba que ha de venir sobre todo el mundo, para probar a los que moran sobre la tierra. He aquí, yo vengo pronto; retén lo que tienes, para que ninguno tome tu corona.

Ese mensaje era el mensaje que era dado cuando el Día de la Expiación comenzaba, ¿no fue así, nuestro Día de Expiación? Eso se cumplió cuando comenzó el Día de la Expiación–[reconciliación]. Ahora, ¿qué sigue?:

> Al que venciere, yo lo haré columna en el templo de mi Dios, y nunca más saldrá de allí; y escribiré sobre él el nombre de mi Dios, y el nombre de la ciudad de mi Dios, la nueva Jerusalén, la cual desciende del cielo, de mi Dios, y mi nombre nuevo (vers. 12).

Entonces, cuando su obra de expiación sea terminada, el nombre de Dios es completado en la mente, y Él pronuncia que la obra está consumada; ya que Dios está allí, en el creyente y en el día de reposo, lo que es la señal de la obra terminada en santificación.

Ahora Isaías 58:13,14, nos dice:

> Si retraes del sábado tu pie, de hacer tu voluntad en mi día santo, y al sábado lo llamares 'delicia', 'santo', 'glorioso de Jehová', y lo honrares, no andando en tus propios caminos ni buscando tu voluntad ni hablando tus propias palabras, entonces te deleitarás en EL SÁBADO...

–[Congregación: "No; 'te deleitarás en el Señor'"]. ¿Por qué no en el sábado? ¿Acaso no dice que llamarás al sábado una delicia? ¿que lo llamarás el día santo del Señor? ¿honorable? no andando en tus propios caminos. Entonces, ¿por qué no deleitarte en el sábado? Ah, tenemos ese significado allí, ya ves; haces eso al sábado y te deleitas en el Señor; porque el sábado es la señal de lo que el Señor es para el hombre.

Por lo tanto, lo puso bien; usted hace eso con respecto al sábado, y usted misma se deleitará en el Señor, porque ésta es la señal de lo que el Señor será para usted y lo que usted será para el Señor. Bueno, entonces, quiero saber cómo alguien en el mundo va a comprometerse con cualquier otra institución rival, cuando el sábado es la señal de lo que Cristo es para él. El hombre para quien el sábado es la señal de lo que Cristo es para él ¿se preguntará si trabajará o no el domingo? –[Congregación: "No, señor"]. ¿Porque no? Él sabe bastante bien que eso no es parte del día de reposo; él sabe que no puede comprometerse y tener la mitad de Cristo y la otra mitad de otra cosa; y, además de eso, Cristo lo es todo en todo, y el sábado es la señal de lo que Cristo es para él, y Cristo es todo en todo para él, y sugerir cualquier otra cosa es insultarlo.

Entonces, las personas que están haciendo estas preguntas de todos modos no saben lo que Cristo es. Bien podrían también guardar el domingo. No están guardando el sábado.

Pero ahí está el asunto. El sábado tiene la imagen viva de Jesús y la presencia de Jesucristo. La puso Él allí; la puso allí para el hombre; y el hombre que cree en Jesucristo la puede obtener de allí. Además de la bendición que tiene del Señor, cuando viene al día de reposo, recibe bendiciones adicionales del Señor. Importa no cuánto de la presencia de Cristo está con él, cuando viene al día de reposo; presencia adicional de Cristo viene a él; lo sabe.

No importa cuánto del reposo del Señor está disfrutando, cuando viene al sábado, que es la señal de lo que Cristo es para el creyente, y tiene la presencia de Cristo en éste, le brinda reposo adicional en el Señor. No hay diferencia de cuánta santidad de Cristo tiene en él, cuando viene al sábado, más santidad se revela en él al observar el día santo en el temor de Cristo, y por la fe en Él. No hay diferencia, aunque esté completamente santificado, y todo el yo se haya ido, y nadie más que Cristo esté allí, incluso entonces, cuando llegue al día de reposo, en las profundidades de la eternidad le revelará aún más del maravilloso conocimiento y el poder santificador y creciente que hay en Jesucristo para el hombre que cree en Él.

Capítulo 21

Creación y Salvación

Retomemos el pensamiento de anoche, justo donde lo dejamos; que la obra de Dios en la salvación, es la misma, llevar a cabo su propósito original en la creación: porque, como estableció entonces, en el momento en que la creación de los cielos y la tierra fue terminada, y todo el ejército de ellos, el propósito completado de Dios estaba allí, en el cual Él se deleitó en ese día. Sin embargo, a través del engaño de Satanás, este mundo fue desviado claramente de su propósito en la creación, y giró hacia el rumbo opuesto.

Por lo tanto, a fin de completar su propósito, tiene que reunir de este mundo un pueblo que llene la tierra, cuando la haga nueva, como se habría llenado si nunca hubiera caído, de su propósito original. Y cuando eso sea logrado a través de esta palabra de salvación, el poder de Dios en la salvación, ese será ciertamente el verdadero final, el verdadero cumplimiento de su propósito original al hacer este mundo con todas las cosas; – un universo completo, cuando todo lo que está en el cielo, y en la tierra, y debajo de la tierra, y en el mar, y todo lo que en ellos hay, digan:

> Al que está sentado en el trono y al Cordero, sea la alabanza, la honra, la gloria y el poder, por los siglos de los siglos (Apoc. 5:13).

Y, por lo tanto, el Salvador, cuando estuvo aquí, dijo: "Mi Padre hasta ahora trabaja, y yo trabajo" (Juan 5:17).

La obra de Dios fue terminada cuando el séptimo día comenzó en la antigüedad. Él reposó. Pero su obra en esta tierra y en la formación del hombre, fue desecha; así que tuvo que ponerse a trabajar nuevamente en la obra de salvación, para completar [consumar] su propósito original; es por eso qie Jesús dice: "Mi Padre hasta ahora trabaja, y yo trabajo" (Juan 5:17).

Ahora leeré tres pasajes en el Antiguo Testamento y tres en el Nuevo, y pueden agregar tantos como les agrade, especialmente desde el capítulo 40 de Isaías en adelante; pasajes que muestran qué desde el principio de la obra de la creación se manifiesta su poder para la salvación; que Él mismo es el creador y que su poder está manifestado en su obra, como la base de nuestra confianza en su poder para lograr nuestra salvación.

Vayamos primero a Salmos 111:4: "Ha hecho memorables sus maravillas". Una traducción alternativa más literal, sería: "Ha hecho un memorial para sus obras maravillosas". De eso es de lo que hemos estado hablando. Esa es la primera parte del versículo; y ahora el resto: "Clemente y misericordioso es Jehová". Sus obras maravillosas, entonces, que están representadas en el memorial que ha establecido, están unidas allí mismo en ese versículo, a su gracia, su plenitud de compasión por el hombre en este mundo, que mucho lo necesita.

Ahora, el capítulo 40 de Isaías, y puedes seguir adelante, luego, ver el resto del libro de Isaías, y lo verás todo el camino hasta el final. Comenzaré con el primer verso, y dice:

> ¡Consolaos, consolaos, pueblo mío, dice vuestro Dios! Hablad al corazón de Jerusalén; decidle a voces que su tiempo es ya cumplido, que su pecado es perdonado, que doble ha recibido de la mano de Jehová por todos sus pecados. Voz que clama en el desierto: "¡Preparad el camino de Jehová; enderezad calzada en la soledad a nuestro Dios!" (vers. 1-3).

Ese es el mensaje de Juan el Bautista.

> ¡Todo valle será levantado, y todo monte y collado se hará bajo; y lo torcido será enderezado, y lo áspero será allanado! Y se manifestará la gloria de Jehová y toda carne juntamente la verá, porque la boca de Jehová ha hablado. Voz que decía: "¡Da voces!". Y yo respondí: "¿Qué tengo que decir a voces?". "Que toda carne es hierba y toda su gloria es como la flor del campo: La hierba se seca y la flor se marchita, porque el Espíritu de Jehová sopla en ella. ¡Ciertamente hierba es el pueblo! La hierba se seca y se marchita la flor; más la palabra del Dios nuestro permanece para siempre" (vers. 4-8).

Y Pedro, citando ese texto de Isaías, en los dos últimos versículos de 1ª Pedro, 1, dice: "Más la palabra del Señor permanece para siempre", y continúa diciendo: "Y ésta es la palabra que por el evangelio os ha sido predicada". Entonces Isaías continúa y habla, en otras palabras, del evangelio:

> Súbete sobre un monte alto, oh Sión, tú que traes buenas nuevas; levanta fuertemente tu voz, oh Jerusalén, tú que traes buenas nuevas; levántala, no temas; di a las ciudades de Judá: "¡Ved aquí al Dios vuestro!". He aquí que el Señor Jehová vendrá con mano fuerte, y su brazo dominará; he aquí que su recompensa viene con Él y su obra delante de su rostro. Como pastor apacentará su rebaño. En su brazo llevará los corderos, junto a su pecho los llevará; y pastoreará con ternura a las recién paridas (vers. 9-11).

Ese es el evangelio. Hasta ese momento él está enseñando el evangelio por la palabra de Dios. Ahora leamos:

> ¿Quién midió las aguas con el hueco de su mano, y midió los cielos con su palmo, y con tres dedos juntó el polvo de la tierra, y pesó los montes con balanza, y con pesas los collados? (vers. 12).

¿Quién hizo eso? El mismo que viene y dice: "Como pastor apacentará su rebaño"; el mismo, cuya palabra ahora nos habla en el evangelio, y vive para siempre.

> ¿Quién enseñó al Espíritu de Jehová, o le aconsejó enseñándole? ¿A quién pidió consejo para ser instruido? ¿Quién le enseñó el camino del juicio, o le dio conocimiento o le mostró la senda del entendimiento? He aquí que las naciones son para Él como la gota de agua que cae del cubo, son contadas como el polvo de la balanza; He aquí que las islas le son como polvo que se desvanece. Ni el Líbano bastará para el fuego, ni todos sus animales para el sacrificio. Como nada son todas las naciones delante de Él; y en su comparación serán estimadas en menos que nada, y todo es vanidad. ¿A qué, pues, haréis semejante a Dios, con qué imagen le compararéis? (vers. 13-18).

Saltamos ahora hasta el versículo 25 y 26, dice:

> ¿A quién, pues, me haréis semejante o me haréis igual?, dice el Santo. Levantad en alto vuestros ojos y mirad quién creó estas cosas; Él saca y cuenta su ejército; a todas llama por sus nombres y ninguna faltará.

Ninguna se escapa. "Ninguna falta" es el texto. Todos se mantienen: pero ¿qué las mantiene en su lugar? –[Congregación: "El poder de su palabra"]. Él "sustenta todas las cosas con la palabra de su poder" (Heb. 1:3).

Su invitación es ahora a que abramos los ojos y veamos quién creó todas esas cosas, y "saca y cuenta su ejército". ¿Él saca fuera su ejército; cómo lo hace? [Por numero]. ¿Adónde nos lleva todo esto? Leamos el versículo 27:

> ¿Por qué dices, Jacob, y hablas tú, Israel: "Mi camino está escondido de Jehová, y de mi Dios pasó mi juicio"?

Nuevamente leamos:

> Levantad en alto vuestros ojos y mirad quién creó estas cosas; Él saca y cuenta su ejército; a todas llama por sus nombres y ninguna faltará (vers. 26).

Ahora Jacob, ¿por qué dices que Dios se olvidó de ti? ¿Por qué ese desánimo? ¿Por qué piensas que Dios se olvidó de ti? Dios jamás ha olvidado ni a uno solo de los planetas en el universo; los conoce a todos por sus nombres. ¿Acaso se va a olvidar de tu nombre? ¿Para qué se ponen estas dos cosas juntas? –[Voz: "Para nuestro consuelo"]. Porque el mismo que creó todas las cosas, es el que consoló a Israel. El que sabe todas estas cosas es el que nos da a usted y a mí nuestro nuevo nombre.

> ¿No has sabido, no has oído que el Dios eterno es Jehová, el cual creó los confines de la tierra? No desfallece ni se fatiga con cansancio, y su entendimiento no hay quien lo alcance. Él da fortaleza al cansado y multiplica las fuerzas al que no tiene ningunas (vers. 28, 29).

¿Quién lo hace? –[Congregación: "El Señor"]. Bueno, levanta tus ojos y ve quién creó todas estas cosas, que Él tiene fuerza para dar al cansado. Él tiene fuerza para los cansados, por su palabra; así Él dice: "Tened buen ánimo"; "Y se valiente". Es así, porque cuando hablo a Daniel, y lo fortaleció, diciéndole, "¡Esfuérzate!", Daniel dijo: "Hable mi señor, porque me has fortalecido" (Dan. 10:18 y 19).

Ahora el resto del capítulo. Leamos:

> Los muchachos se fatigan y se cansan, los jóvenes flaquean y caen; más los que esperan en Jehová tendrán nuevas fuerzas, levantarán alas como las águilas, correrán y no se cansarán, caminarán y no se fatigarán.

Porque el poder que mantiene a los planetas en sus cursos y en sus posiciones, ese mismo poder estará con los débiles y cansados; y así ellos "correrán, y no se cansarán"; y "caminarán y no se fatigarán". Entonces, ¿no ves que el Señor pone la creación, y su poder en la creación, ahí como el fundamento de nuestra esperanza en su salvación? Entonces, ¿no es todo uno?

Otro versículo bendecido que toca tan íntimamente a todos, lo leí principalmente para ese propósito, se encuentra en Salmos 147:3-4, dice:

> Él sana a los quebrantados de corazón y venda sus heridas. Él cuenta el número de las estrellas; a todas ellas llama por sus nombres.

Entonces Aquél que puede decir el número de las estrellas, llamándolas a todas por sus nombres, es el que venda las heridas y sana a los quebrantados de corazón. Bueno, entonces, ¿has sido herido en espíritu, te han dejado con el corazón roto y casi desesperado, y has pensado que todo y todos te han olvidado? Sólo recuerda el siguiente versículo. El pensamiento conectado aquí es el mismo: Él no solo "sana a los quebrantados de corazón y venda sus heridas", sino que cuenta el número de las estrellas, y las llama a todas por sus nombres, y no olvidará tú nombre. Ese es el Señor. Ese es nuestro Salvador, pero el fundamento de nuestra confianza en Él como Salvador es, que Él creó todas las cosas y conoce todos sus nombres, y las sostiene por la palabra de su poder, la cual salva.

Ahora, leyendo apresuradamente en el Nuevo Testamento; recuerdan esa escritura en Juan 1:1-4: "En el principio era el Verbo, y el Verbo era con Dios, y el Verbo era Dios. Éste era en el principio con Dios. Todas las cosas por Él fueron hechas, y sin Él nada de lo que ha sido hecho, fue hecho. En Él estaba la vida, y la vida era la luz de los hombres". Y el versículo 14: "El Verbo se hizo carne y habitó entre nosotros lleno de gracia y de verdad". "De su plenitud recibimos todos, y gracia sobre gracia" (vers. 16).

Entonces, Aquél que creó todas las cosas vino aquí Él mismo, "lleno de gracia y verdad"; en carne como la nuestra, y a través de Él somos partícipes de su plenitud. ¿No ves, entonces, que el único pensamiento que Dios nos haría tener acerca de la salvación es, que Aquél quién nos creó es el que nos salva?, ¿que aquel poder por el cual Él creó, es el poder por el cual Él salva?; ¿y el medio por el cual Él creó, su palabra, es el mismo medio por el cual salva? Y esta fue su palabra, "a vosotros es enviada la palabra de esta salvación" (Hech. 13:26). Efesios 3, habla del evangelio: comenzando con el versículo 7 y terminando con el 12:

> Del cual yo fui hecho ministro según el don de la gracia de Dios dado a mí por la operación de su poder. A mí, que soy menos que el más pequeño de todos los santos, me es dada esta gracia de predicar entre los gentiles el evangelio de las inescrutables riquezas de Cristo; y de aclarar a todos cuál es la comunión del misterio escondido desde el principio del mundo en Dios, que creó todas las cosas por Jesucristo.

Ahora, ¿qué debía predicar? "Las riquezas inescrutables de Cristo"; y hacer que los hombres vean cuál es el misterio que está "en Dios, que creó todas las cosas por Jesucristo". Entonces el evangelio es traer hombres al entendimiento del propósito de Dios, cuando comenzaron a crear en primer lugar. Entonces, si el evangelio estuviere comprometido en cualquier otra obra, y enseñando cualquier otra cosa, o cualquier otro poder que aquel en la creación original, ¿no ven que la predicación de ello no los llevaría al propósito original? Pero, siendo ese el designio de ello, que simplemente muestra la fuerza que siempre está ante nosotros, que el propósito de Dios en el evangelio es dar a conocer a los hombres el conocimiento, quien perdió el conocimiento de eso, de su propósito original al crear todo por medio de Jesucristo.

Así, seguimos leyendo:

> Para que la multiforme sabiduría de Dios sea ahora dada a conocer por medio de la iglesia a los principados y potestades en los lugares celestiales, conforme al propósito eterno que hizo en Cristo Jesús, nuestro Señor.

Pero en otro lugar leímos que se propuso eso antes de que el mundo comenzara. Habría tenido que hacerlo, si era un propósito eterno. Entonces, en Cristo, en la salvación de este mundo y de los hombres, y en la obra de Cristo en la tierra, Dios está llevando a cabo su eterno propósito que comenzó desde el principio.

> En quien (en Cristo) tenemos seguridad y acceso con confianza por medio de la fe de Él (vers. 12).

Leamos nuevamente ese propósito eterno: "Conforme al propósito eterno que hizo en Cristo Jesús, nuestro Señor". Entonces ese propósito original de creación del que hablamos anoche, que fue en Cristo, la realización de ello que fue frustrada, es Cristo. Entonces, en ese tiempo fue Cristo, y es Cristo ahora. Es Cristo todo el tiempo, y el poder de Dios en Cristo todo el tiempo: el poder de Dios manifestado en la palabra todo el camino para el cumplimiento de su propósito al principio y el cumplimiento de ese propósito al final. Satanás entró y desvió al mundo a un camino torcida. El Señor dijo: "Muy bien, aun así conseguiremos". Satanás no hizo otra cosa, excepto seguir desbaratando el mundo, lo que hizo necesario un rodeo. Pero Dios llevará a cabo su plan incluso en ese rodeo; cumplirá su propósito eterno de forma que el universo quedará atónito y el diablo destruido. Sin ninguna duda el Señor *lo hará*.

Lo mismo se encuentra en Colosenses 1:9-17:

> Por lo cual también nosotros, desde el día que lo oímos, no cesamos de orar por vosotros y de pedir que seáis llenos del conocimiento de su voluntad en toda sabiduría e entendimiento espiritual. Para que andéis como es digno del Señor, agradándole en todo, llevando fruto en toda buena obra y creciendo en el conocimiento de Dios. Fortalecidos con todo poder, conforme a la potencia de su gloria, para toda paciencia y longanimidad con gozo; dando gracias al Padre que nos hizo aptos para participar de la herencia de los santos en luz; Él nos ha librado del poder de las tinieblas y nos ha trasladado al reino de su amado Hijo, en quien tenemos redención por su sangre, el perdón de pecados. Cristo es la imagen del Dios invisible, el primogénito de toda criatura. Porque por Él fueron creadas todas las cosas, las que hay en el cielo y las que hay en la tierra, visibles e invisibles; sean tronos, sean dominios, sean principados, sean potestades; todo fue creado por medio Él y para Él. Y Él es antes que todas las cosas, y todas las cosas en Él subsisten.

Creación, salvación, la bendición de Dios, y su gracia, y también la liberación del poder de las tinieblas, todo es una historia del poder creador de Dios y Dios en Jesucristo. Todo lo anterior está contenido en el primer capítulo de Hebreos. De hecho, impregna toda la Biblia. Ahora entonces, el pensamiento. No necesitamos detenernos más en el pensamiento de que la salvación es creación, y es dada como una señal que significa poder creador manifestado en Jesucristo. Y la única forma en que ese poder es manifestado, absolutamente, es en Jesucristo; La única forma en que podemos conocer a Dios es en Él. Ahora Él ha establecido esa señal para señalar el poder creador de Dios en Jesucristo; y si ese poder creador está en la creación original, o en la obra de salvación para llevar a cabo ese propósito original en la creación, es todo el mismo poder, el mismo propósito, por el mismo, en la misma manera, y por el los mismos medios y la misma señal señalando todo en todos, en toda sus interrelaciones y funcionamiento.

Ahora bien, si tienes otra señal establecida, para señalar la obra de salvación, otra señal que la que Dios ha establecido, ¿Señalará esa otra señal el poder de Dios y la salvación que es esperada? –[Congregación: "No"]. Ahora piensa cuidadosamente en esto. Dios establece una señal para señalar su poder obrando en todas partes y en todos los sentidos, en Cristo Jesús. Si usted o alguien más establece otra señal, no puede significar el poder de Dios, porque quien la establece es otro que no es Dios. Cualquier otra persona que coloca una señal, no es Dios quien la coloca. Entonces es imposible representar el poder de Dios por otra cosa, otra señal; eso es imposible. ¿Lo comprendéis? –[Congregación: "Sí"]. Además, si alguien encuentra en algún lugar de la historia otra cosa establecida para señalar salvación, señalaría la salvación por otro poder que no sea el poder de Dios en Jesucristo. Tendría que hacerlo. Bueno, ¿ha habido algún esfuerzo, alguna pretensión alguna vez hecha en la historia, por algún otro poder, para salvar a la gente, aparte de Jesucristo? –[Congregación; "Sí"]. ¿No ha surgido en el mundo un poder llamado anticristo? –[Congregación: "Sí"]. "Anti" es en contra u opuesto de, Cristo. Ese poder si propone salvar a la gente, ¿no es así? –[Congregación: "Sí"]. Leamos la descripción de lo que hace en primer lugar:

> El cual se opone y se exalta contra todo lo que se llama Dios o es adorado; tanto que como Dios se sienta en el templo de Dios, haciéndose pasar por Dios (2ª Tes. 2:4).

También Daniel 8:25, dice:

> Se levantará contra el Príncipe de los príncipes.

Se "levantará" para reinar, para regir, y para manifestar su poder "contra", opuesto a, "el Príncipe de los príncipes". ¿Quién es el príncipe de los príncipes? –[Congregación: "Cristo"]. Se levanta contra Él, reinará, ejercerá su poder, manifestará su obra, en oposición a Cristo. Veamos el verso 11:

> Aún se engrandeció *contra* el príncipe de los ejércitos.

Porque el versículo anterior muestra que es el ejército del cielo, entonces, como Pablo dice: se exaltó a sí mismo, se opuso y se exaltó a sí mismo por encima de todo lo que se llama Dios, y que es adorado. Se magnificó y exaltó a sí mismo contra el Príncipe del ejército. ¿Cuál es ese poder? –[Congregación: "Papado"]. Ese poder es el papado, la Iglesia, la Iglesia Católica, la Iglesia de Roma. Ahora, ¿no es ésta la doctrina de esa iglesia de que no hay salvación en ningún otro lado? –[Congregación: "Sí"]. ¿O por algún otro medio que no sea esa iglesia? ¿No está eso establecido? –[Congregación: "Sí"]. Además, esa iglesia, ese poder en oposición a Cristo, que se exalta y se establece a sí misma como el camino de salvación, es ella misma opuesta a Cristo. Y, sin embargo, esa iglesia dice que no hay otro camino de salvación. Entonces, no está claro que, si va a tener alguna señal para señalar su poder para salvar, tiene que tener otra que no sea el sábado. Es un hecho.

Ahora, otro pensamiento. Como debe ser una señal distinta del sábado, la cual es la señal del poder de Dios en Jesucristo para la salvación, entonces cualquier otro poder que establezca una señal para mostrar y señalar su poder para la salvación, ¿no tendría que ser, en la naturaleza de las cosas, un rival del sábado? Tendría que ser eso; no hay espacio para nada más. Si ellos establecieran cualquier otra cosa como una señal; la señal que Dios ha establecido se mantendría sola y distinta en el mundo, y tomaría prioridad y no habría rivalidad en absoluto. Por lo tanto, para completar la rivalidad, y hacer su poder manifiesto en oposición a Cristo, el hombre de pecado debe tener una señal de su poder para salvación; y debe ser, en la naturaleza de las cosas, un rival de la señal que es la señal de la salvación en Cristo. Tiene que ser así.

Y la Iglesia de Roma no pretende nada más; no hace ninguna pretensión a otra cosa que no sea el domingo, que ha establecido, es la señal del poder de la iglesia para comandar a los hombres bajo pecado al camino de la salvación. Eso está establecido. Ese es el objeto de ello; eso es todo lo que comenzó a hacer; y eso es todo lo que hizo.

Ahora, cuando el domingo fue establecido, y forzado sobre la gente por el poder del gobierno terrenal, esto hizo el papado viviente práctico, tal como existe en el mundo. Cuando esto fue hecho, el domingo fue puesto en el lugar del sábado del Señor con un directo y definido propósito. Eso fue hecho. Aquí está el registro. Esto lo dice uno de los hombres que lo hizo.

En la página 313 del libro *Two Republics*, leemos lo siguiente:

> Hemos transferido al Día del Señor [llama así al domingo] todas las cosas que era deber efectuar en sábado –*Eusebio*.

Entonces la ley estuvo allí para forzar la observancia del domingo, ¿Y cuál era el propósito de eso?

Ahora leamos de la página 315:

> Nuestro emperador, muy amado del Señor, *cuya fuente de autoridad imperial deriva de lo alto*, y que destaca en el poder de su sagrado título, ha controlado el imperio mundial durante un largo período de años. Efectivamente, este Preservador dispone en estos cielos y en esta tierra, y en el reino celestial, de forma consistente con la voluntad de su Padre. *Así, nuestro emperador* amado por Él, *llevando a aquellos sobre quienes rige en la tierra al unigénito Verbo y Salvador, los hace auténticos súbditos de su reino* –*Eusebio*.

Entonces ese propósito era para salvar a la gente por ese medio; y el domingo fue puesto allí como la señal del poder que lo estaba haciendo; en lugar del sábado del Señor, que señala el poder del Señor para hacerlo. Leo más de la página 316:

> Ordenó asimismo que se observara un día como ocasión especial para la adoración religiosa.

Y, otra vez:

> ¿Quién otro ha ordenado a las naciones que pueblan los continentes y las islas de este vasto mundo que se reúnan en el Día del Señor [se refiere al domingo], observándolo como festivo, no para cuidar el cuerpo sino para fortalecimiento y ánimo del alma mediante la instrucción en la verdad divina? –*Eusebio*.

Para eso fue todo establecido, para tomar el lugar de Dios, para tomar el lugar del sábado del Señor. Es lo suficientemente apropiado que debería hacerlos así, porque hemos descubierto que, si va a haber otro poder que va a salvar a los hombres, tiene que tener otra señal, que no sea la de Dios, para señalizar su poder. Eso hizo el papado; que estableció el gobierno de la iglesia, e hizo de la iglesia el canal de salvación por el poder terrenal absoluto, conduciendo a los hombres en ese camino.

Hemos leído ya la doctrina de la iglesia aquí, las doctrinas de la iglesia de Roma en la forma en que los hombres deben ser salvados, y se trata enteramente del yo del hombre; se trataba así de que el único poder para salvar era el yo. Esa no es la salvación de Cristo. Sus doctrinas enseñan que el hombre se ha de preparar a sí mismo, que ha de lograr una bondad suficiente, y entonces el Señor hará tratos con él: "Si lo haces así y así, entonces seré bueno contigo". Ese es el registro mismo en ese libro, no tengo tiempo para leerlo esta noche. Su doctrina es que un hombre debe hacer eso; pero en él no hay poder para hacerlo; pero existe el argumento, si lo hace, entonces gana todo. Esa no es la salvación de Cristo. Esa no es la salvación de Dios.

Más allá de esto, estas profesas iglesias protestantes de los Estados Unidos han tomado el mismo rumbo ahora, y también han exaltado el domingo, el día que colocaron en este gobierno, tal como lo hizo la iglesia católica en el imperio romano, y con el mismo propósito. Más aún, esas profesas iglesias protestantes saben que no hay en la Biblia mandamiento ninguno acerca del domingo. Lo admiten. Dicen que [el cambio de sábado a domingo] comenzó en la iglesia primitiva. No es relevante hace cuánto tiempo atrás afirman obtenerlo de la iglesia primitiva; si se trata de una institución de la iglesia, si es una ordenanza eclesiástica, algo que la iglesia dispone que los hombres obedezcan, no importa cuándo comenzara: es igualmente *perversa*. Porque cualquier iglesia que intentaría hacerlo, se convierte en la naturaleza del intento, en una iglesia apóstata. Seguid el hilo hasta los días de los apóstoles si queréis; sea como fuere, la iglesia que hiciera así se convirtió en una iglesia apóstata, pretendiendo salvarse a sí misma y a otros al margen del poder de Dios. Por lo tanto, cualquier iglesia que hizo esto, es en la naturaleza de las cosas una iglesia caída, porque no es el oficio de la iglesia en el mundo, el mandar a los hombres; la misión de la iglesia en el mundo es obedecer a Dios, y no mandar a los hombres.

Cualquier iglesia, por lo tanto, que presume mandar a los hombres es, por simple movimiento, una iglesia apóstata. La iglesia que obedece a Dios es la iglesia de Dios. Dios manda; Suyo es el poder; Suya es la autoridad; la iglesia es su instrumento, para que, a través de ella, pueda reflejar Su poder y Su gloria a los hombres. Pero la iglesia no tiene derecho a mandar a nadie; también *solamente* obedece a Dios.

Ahora lo pondré de otra manera, o lo diré un poco más claramente. No es el lugar de la iglesia mandar a nadie; y no es lugar de la iglesia *obedecer* a nadie, *sino solo a Dios*.

Ahora mira eso, un poco más. La iglesia como un todo, la católica y la protestante apóstata, ya se ha puesto en el lugar de Jesucristo; porque cualquier iglesia que se exalte *a sí misma* y se haga *a sí misma* el camino de la salvación, es en esto, una iglesia apóstata, y se pone en el lugar de Jesucristo, quien es el Salvador, ¿lo comprendéis?

Entonces ninguna Iglesia puede exaltarse a sí misma como un Salvador de los hombres; ella puede exaltar a Jesucristo como el Salvador de los hombres, y a Jesucristo en ella como el Salvador de los hombres, pero no *a sí misma*; porque es lo mismo con la iglesia que con los individuos. Tengo la justicia de Jesucristo; Tengo la presencia de Jesucristo morando en mí. Esa es la palabra del cristiano individual, pero el cristiano individual no puede decir *yo* soy el Salvador; el cristiano individual no puede decir *yo* soy justo; decir: "*yo* soy bueno, y tengo bondad para otorgar a los demás, para que puedan ser salvados". No; el cristiano puede decir: yo tengo la justicia de Cristo; Cristo mora en mí, y gobierna en mí, y a través de mí, su bendecido propósito en alcanzar a otros y salvarlos. Pero *Él* es el Salvador; *Él* es el justo; *Él* es el poder; *Él* es todo y en todo.

Al igual que con el individuo, así como un conjunto de individuos. Así como Cristo mora en el individuo, así Él mora en el conjunto de individuos, en un sentido adicional más allá de lo que mora en el individuo; y la justicia de Cristo en la colección de individuos es solo la idea de la justicia de Cristo en mayor medida, si cualquier cosa puede ser, en la colección de individuos, que es la iglesia. Así como Cristo en el individuo obra a través del individuo, para salvar, así Cristo *en la iglesia* obra a través de toda la iglesia para salvar. Pero si la iglesia crece en orgullo y piensa *que* está por encima de todo, y comienza a darse *a sí misma* crédito para su gloria y su poder para salvar, ella, en ese momento, se pone a sí misma en el lugar de Jesucristo como el Salvador. Esa es la misma exaltación propia en la iglesia que hay en el individuo, y fue la auto-exaltación en los individuos que hizo la iglesia se auto exaltara lo cual trajo la apostasía.

Ahora bien, esa es la iglesia que se presenta como el camino de la salvación, como la salvadora ciertamente, como el único canal de salvación, y todo debe salvarse por la forma en que ella determina. Y así se exaltó a sí misma contra Dios y contra el Príncipe de los ejércitos, contra Jesucristo, y estableció esa señal de su poder para salvar, contra la señal que Dios estableció Y, como hemos descubierto, ella lo hizo con la intención directa y el propósito de poner esa señal en el lugar del sábado del Señor.

Y en la segunda iglesia apóstata, aquella que ha venido a esta tierra, ha hecho lo mismo. Ella, por un acto directo del gobierno de los Estados Unidos, por una acción del Congreso, ha puesto la institución del domingo, la señal del poder de la Iglesia de Roma para salvar a los hombres; las profesas iglesias protestantes han puesto eso en el lugar del Sábado del Señor, por un acto directo del Congreso, en esta tierra. De modo que tanto la madre como las hijas han quitado el sábado del Señor, y han puesto la señal de salvación de la iglesia católica en su lugar.

Ahora veamos a qué equivale eso. ¿Qué hemos encontrado que es el sábado? Hemos encontrado a toda consideración, que el sábado es la señal de lo que Jesucristo es para el creyente; la señal de lo que Dios, en Jesucristo, es para los hombres; que tiene en sí la presencia, la bendición, el espíritu, el refrigerio, la presencia de Cristo que santifica, y la presencia de Dios que santifica. Tiene en sí la presencia de Jesucristo; y el hombre que lo guarda por fe en Jesús tiene la presencia de Jesús. Y a medida que llega cada día de reposo, sábado, encuentra presencia adicional de Jesús.

Entonces, cuando esa iglesia apóstata quitó el sábado del camino, y puso su propia señal en su lugar, ¿solo quitó el día? –[Voz: "Ella quitó a Cristo del camino"]. ¿Acaso no fue eso quitar a Jesucristo de las mentes y las vidas de los hombres? Cuando las hijas apóstatas han hecho lo mismo en nuestra tierra, ante nuestros ojos, ¿no han apartado, por medio de eso, la presencia y el poder de Cristo, y así lo han alejado del conocimiento de los hombres y de sus vidas? –[Congregación "Sí"].

Me parece que hay un punto allí que vale la pena considerar, en cuanto a porque es que no se ha progresado en la profesión cristiana en las épocas pasadas, en la forma en que Cristo pretendía siempre que se hiciera progreso en la vida cristiana. ¿Qué puso Él en la vida del hombre cuando lo hizo, a pesar de que había permanecido fiel y nunca había pecado, para llevarlo a un progreso eterno en el conocimiento de Dios, en sí mismo? ¿Qué puso allí? Déjame preguntarte de nuevo ahora. Cuando Dios hizo al hombre al principio, lo puso aquí en la tierra para vivir, si se hubiera mantenido fiel para siempre, y nunca hubiera pecado, ¿había algo que Dios había puesto allí y que le hubiera conferido de modo que lo llevaría a un progreso eterno en el conocimiento de Dios, en la experiencia de su propio corazón? –[Voz: "El sábado"].

¿No lo leímos anoche una y otra vez? ¿No se puso Él mismo, Su nombre, Su presencia viva, Su poder santificador, en el día sábado; y se lo dio al hombre, aunque éste ya estaba bendecido, aunque ya estaba glorificado; para que cuando el hombre bendecido llegara a ese día bendecido, ¿él recibió una bendición adicional? ¿No es así? –[Congregación: "Sí"]. Entonces, ¿no ha puesto Dios en el mundo algo que, si se observa, si se guarda tal como Dios elige e intenta; será algo que mantendrá al hombre, lo llevará hacia adelante, en un canal de crecimiento y progreso en el conocimiento de Jesucristo, en sí mismo? ¿Qué es eso? –[Congregación: "El Sábado"].

Está allí desde que cayó el hombre. Ahora bien, cuando la Iglesia de Roma quitó el sábado de las mentes de los hombres, eso por lo cual ellos podrían ser traídos al reconocimiento de Cristo y Su poder que convierte, ¿había algo allí para llevarlos adelante en la obra santificadora de Cristo? Ese es el secreto, entonces, verán, porque cada iglesia, comenzando en el conocimiento de Dios, la salvación por la fe y la justicia por la fe, vienen a quedarse quietas; entonces otra iglesia tuvo que levantarse, y predicar la justicia por la fe, la salvación por la fe, y vino a quedarse quieta; y otra más tuvo que levantarse y hacer lo mismo, y vino a quedarse quieta. Pero cuando llegamos a esto, el evangelio eterno debe ser predicado nuevamente, y una iglesia levantarse nuevamente al final, que tenga esa señal que lleve la presencia de Jesucristo a los hombres, en su presencia viva, en una obra progresiva hasta la terminación. Esa es la iglesia que tiene el sábado del Señor; y la iglesia que tiene el sábado del Señor es llevada para completar esa obra en la salvación de Cristo.

Entonces, ¿quién puede medir? ¿quién sino la mente de Dios podría medir la iniquidad y el mal que ha sido hecho al mundo por esa cosa temerosa que ha hecho la iglesia apóstata? Nadie más que la mente de Dios puede comprender la mala conducta y la pérdida que ha sido causada en el mundo por ella.

Pues bien, el efecto de eso fue remover la presencia de Cristo; quitar a Cristo del conocimiento, la experiencia del corazón, de los hombres; y poner otro, poner un poder humano, un poder satánico, para poner el yo, en el lugar de Dios, y en el lugar de Cristo, quien se anonadó a sí mismo para que Dios pudiera aparecer en Él.

Ahora, aquí hay un paralelo histórico tan apropiado y tan perfecto que lo leeré. Primero, la humanidad por completo, como hombres, sin ninguna iglesia, están sujetos a Dios. ¿Pueden existir sin Él? –[Congregación: "No"]. Si algún hombre por sus propios actos pudiera realmente independizarse de Dios, ¿podría existir? –[Congregación: "No"]. ¿Qué comenzó a hacer Satanás en primer lugar? ¿No fue el llegar a ser independiente de Dios, es decir, auto-existente? Si él hubiera podido cumplir su propósito, ¿qué hubiera sido? –[Voz: "Su destrucción"]. Destinado a ser, porque satanás no podría existir sin Él, que lo creó; pero en su salvaje ambición, en su intenso, y absorbente egoísmo; pensó que podría vivir sin Dios que lo creó.

¿No es ese el mismo pensamiento en esta, auto-exaltación, que se ha puesto en el lugar de Dios? Ya sea hombre como hombre, u hombres profesos como cristianos organizados en una iglesia, dependen igualmente de Dios, y de Dios en Jesucristo; y están sujetos a la ley de Dios. La ley de Dios es la ley suprema; La ley de Dios es el gobierno de todo su universo, y todos en la tierra están sujetos a esa ley.

Ahora vean el paralelo: hace unos doscientos sesenta años, Irlanda tenía gobierno propio, tal como la que ahora se esfuerza por recuperar. Tenía un Parlamento propio, gobernando sus propios asuntos internos, los asuntos de Irlanda; pero estaba sujeta al gobierno supremo en Inglaterra.

Ahora leo del quinto volumen de *Historia de Inglaterra* de Macaulay, en el capítulo 23.

> Los nobles y los *comunes* irlandeses habían presumido no solo re-promulgar una ley inglesa aprobada expresamente con el propósito de comprometerlos, sino de recrearla con modificaciones. Las alteraciones fueron ciertamente pequeñas: pero las alteraciones, incluso de una letra, equivalían a una declaración de independencia.

Ahora, ¿es la ley de Dios promulgada para comprometer a la iglesia, así como a cualquier otro hombre? –[Congregación: "Sí"]. ¿Ha presumido esa iglesia apóstata de alterar esa ley? –[Congregación: "Sí"]. ¿Qué representaría la alteración en una sola letra? –[Voz: "Una declaración de independencia"]. Ella ha alterado más de una sola letra, en el pensamiento actual, en la idea misma, en lo mismo que revela y pone la presencia de Dios por encima de cualquier otra parte de la ley. Ella lo ha sacado de allí. Entonces, ¿qué ha hecho ella? –[Congregación: "Ponerse allí"]. Ella ha establecido su propia independencia de Dios, y la ha proclamado al mundo.

Las iglesias protestantes, profesas protestantes, ya no protestantes; las profesas iglesias protestantes han llevado al Congreso de los Estados Unidos a la misma posición idéntica; Han llevado al Congreso de los Estados Unidos a una re-promulgación del cuarto mandamiento, ¿no es así? –[Congregación: "Sí"]. Fue citado corporalmente y publicado en el libro de leyes; el gobernador Pattison, el otro día, en Pennsylvania, hablando en el capitolio de ese estado, argumentando en nombre de las leyes dominicales, que ya están en los libros de leyes, dijo que esta ley es solo una parte de ese sistema de la ley de Dios que es "*recreado*" en los estatutos de Pensilvania. Él dice que la ley de Dios está allí "*recreada* o re-promulgada".

¿Pero promulgaron la ley de Dios tal como es? –[Congregación: "No"]. Hacer eso, comprometerse a hacer cumplir, los pondría en igualdad con Dios; pero ellos la promulgaron con alteraciones, y eso los coloca por encima de Dios. Y las iglesias de esta nación se han proclamado independientes de Dios, en el acto en el cual establecieron su propia ley y entonces deliberadamente la alteraron en el curso de la legislación que la estableció.

Permítanme leer otra declaración de la Historia de Inglaterra de Macaulay, de la misma página que antes:

> La colonia en Irlanda era, por lo tanto, enfáticamente una dependencia; una dependencia, no solo por la ley común del reino, sino por la naturaleza de las cosas. Era absurdo reclamar independencia para una comunidad que no podía dejar de ser dependiente sin dejar de existir.

¿Hubo alguna vez un paralelo más completo en la tierra para ilustrar en el lugar del gobierno y la ley gubernamental este principio, que aquel que ocurrió allí, y fue registrado para nuestra instrucción?

Ahora un pensamiento. Jesucristo mismo vino al mundo, ¿no es así? –[Congregación: "Sí"]. Él mismo hizo el sábado, ¿cierto? –[Congregación: "Sí"]. Él mismo era el Señor del sábado, ¿verdad? –[Congregación: "Sí"]. Él sabía, y solo Él, la verdadera idea del sábado, ¿es así? –[Congregación: "Sí"]. Sin embargo, hizo cosas en sábado, llevando a cabo la verdadera idea del sábado, que no se ajustaba a las ideas de los sacerdotes, fariseos y los políticos de ese día, ¿no es así? –[Congregación: "Sí"]. Y eso despertó su odio contra Él. Lo que despertó su odio contra Él fue eso mismo, más que cualquier otra cosa, Él hizo caso omiso de sus ideas sobre el sábado. ¿No es así? –[Congregación: "Sí"]. Y el odio de ello causo que lo expulsarán del mundo, por esa razón más que ninguna otra bajo el sol, ya que no estaba de acuerdo con sus ideas sobre el sábado. Ellos lo hicieron.

En el siglo IV había otra iglesia apóstata que no estaba de acuerdo con la idea de Dios del sábado, y pusieron el sábado y a Él fuera de sus mentes, y fuera del mundo tan lejos como su poder podía ir. La otra lo sacó del mundo, pero Él volvió de nuevo; y lo pusieron solamente tan lejos como a su poder concernía; eso fue lo que hicieron.

Aquí hay otra iglesia apóstata, una tercera, siguiendo el ejemplo de las otras dos apóstatas que se han ido antes. Lo ha puesto en su sábado fuera del mundo porque sus ideas del sábado no están de acuerdo con las de Él, y ellos se rehusaron someterse a Él. Eso es un hecho; sabes que es un hecho.

A fin de que aquella iglesia apostata original pueda cumplir su propósito de sacarlo del mundo, y así mantener sus ideas de lo que es el sábado, se unieron a sí mismas a un poder terrenal, se unieron al César; y le dieron la espalda a Dios. Eso fue hecho. En la segunda apostasía de la iglesia, para que ella pudiera cumplir su propósito de sacarlo del mundo en su día de reposo, ella misma se unió a César, de la misma manera para cumplir su propósito. En la tercera apostasía, a fin de que ésta también pudiera llevar a cabo su idea del sábado contra la idea de Cristo del sábado, deben sacarlo a Él, en su sábado, fuera de su camino; pero a fin de lograr esto, deben unirse nuevamente a los poderes de la tierra, nuevamente al César, tal como lo otros hicieron antes que ellos.

En la primera apostasía, cuando se unieron a Cesar para deshacerse de Él, y mantener sus propias ideas de lo que es el sábado; en contra de Él, el resultado de eso, aunque fue realizado por una mera minoría, una muy pequeña minoría, de hecho tan pequeña, que no se aventuraron a dejar que la gente supiera lo que iban a hacer, por temor a que lo rescataran por completo de sus manos-, esa minoría, tan pequeña como era, estaba compuesta mayormente, y dirigida por completo, por los líderes de la iglesia; y estos líderes de la iglesia, por amenazas, obligaron al representante de la autoridad de Cesar, a ceder ante sus ideas y ejecutar su voluntad. Sabes que lo hicieron. Ese es el registro; y esa fue la ruina total de esa nación, ¿no fue así? –[Congregación: "Sí"].

Entonces, es posible, ¿es posible para una minoría, una *muy pequeña* minoría, dirigida incluso por una minoría de los administradores de la iglesia –líderes–, a tomar un curso que arruinará la nación de la cual forman parte? –[Congregación: "Sí"].

Cuando llegamos a la segunda apostasía, veremos que hicieron lo mismo otra vez, intercambiando su influencia con el poder mundano, y por estos medios obtuvieron el poder gubernamental en sus manos para lograr su propósito de poner a Cristo en su sábado, fuera de su camino, y mantener sus propias ideas del sábado en contra de las de Cristo. Aquello fue hecho por la minoría; esto fue hecho por los principales líderes de la iglesia, pero solo unos pocos. ¿Cuál fue el resultado de esa intriga al imperio de Roma? Fue su ruina absoluta. Entonces es posible que una minoría, una muy pequeña minoría, insignificante en comparación con la gran masa, dirijan, aunque, por algunos de los prelados de la Iglesia; -Digo que es posible, por unos pocos como esos, establecer tal sistema de cosas, tomar un curso, y poner al gobierno en un curso de trabajo que confirme su completa ruina. Eso ha sido demostrado dos veces en la historia.

Entonces, en esta tierra, el año pasado, ante sus ojos y los míos, una minoría de la gente de este país, dirigida por unos pocos; solo una minoría de los líderes de la iglesia; con amenazas, llevó a los políticos a entregar el poder del gobierno en sus manos para lograr su propósito de sostener sus ideas del sábado contra la idea de Cristo del sábado. Se ha demostrado dos veces en la historia que un acto como este, arruinó la nación en la que se realizó. ¿Significa algo esa doble demostración en esta tercera instancia? –[Congregación: "Sí"]. La lección que es enseñada en ambas instancias se sentirá en la tercera. *Esto significa eso*. Ruina, y nada más que ruina puede salir de ella: ni aun ellos mismos pueden evitarla. No se puede hacer. Han establecido un tren de circunstancias que nada en el universo puede detener. *Eso está fijado*.

Ahora este Congreso está a punto de expirar. Es enteramente probable de la situación completa, que expire sin tocar más la cuestión. Si el próximo Congreso lo derogara categóricamente, no afectaría la situación y los resultados. Esa cosa ha comenzado, y continuará a pesar de todo lo que puedan hacer. Usted y yo no debemos estar sorprendidos de que, si no se deroga en el próximo Congreso, se derogará algún día, y cuando llegue ese día, entonces que cada guardador del sábado en la tierra se levante con todo el vigor que el Espíritu de Dios puede darle, que se suelte de todo en la tierra, y se entregue por completo a la causa de Dios. Porque, en poco tiempo, la marea retrocederá y se llevará todo a la ruina. Usted y yo no debemos sorprendernos de que eso pueda suceder. Cuando llegue, ese será el significado de esto.

Pero aquellos que no han tenido una experiencia en la causa de Dios, confundirán el significado de esto; y te dirán: "Te dijimos todo el tiempo que estabas exagerando en ese asunto. No nada había en esto". Así que éstos volverán a su confiada calma; pero cuando la marea retroceda, quedarán atrapados en la ruina. No permitas que tu mente y tu corazón sean engañados por nada de ese tipo, a pesar de que debería venir dos veces. Usted cree en esto. Cree lo que se dice aquí. Estúdienlo por sus vidas, porque sus vidas están en esto. Tenga en cuenta que aquello que ha sido hecho significa, en sí mismo, exactamente lo que estas dos lecciones anteriores enseñan; significa ruina, aunque puede haber abrogaciones una o dos veces. La marea está establecida, y el resultado de eso sigue, a pesar de todo lo que el universo puede hacer. Entonces, no importa lo que un hombre te diga, tú le dices que lo sabes mejor. No hay diferencia si el Congreso lo deshace. Les dices que esa es la razón más segura de que la cosa está mucho más cerca que nunca, y pones toda tu alma en ello. Si él se ríe de ti, Dios ha prometido que llegará el día en que tú te reirás y él llevará luto. Es un asunto peligroso. Pues bien, estas son *algunas* de las cosas. Llamaremos tu atención a otras cosas en otro momento.

La cuestión en cuanto a si el sábado, el séptimo día, el sábado del Señor, es el día, o el domingo es el día, tiene un significado considerable en esto. Significa más de lo que nadie en la tierra haya soñado hasta ahora, a menos que sea tomado personalmente en los consejos de Dios. Más allá de eso, echemos un vistazo. Hemos descubierto que el sábado es la señal del poder de Dios en Jesucristo, obrando la salvación de los hombres. Hemos descubierto que el sábado trae por sí mismo y en sí mismo la presencia de Jesucristo en la experiencia viva de un hombre, como nada más puede hacerlo, y lo mantiene allí. Eso es un hecho; si no lo has descubierto en su propia experiencia, créelo, y usted la va *a encontrar* en su propia experiencia. Todos pueden saber quién creerá.

Bueno, entonces, hemos encontrado que el intento en eso fue alejar al Señor del conocimiento del hombre. Eso ha sido demostrado.

Ahora, sobre esa cuestión, entonces, en cuanto a si el séptimo día es el sábado del Señor o no, cuelga la salvación del hombre. Eso está establecido. Sobre esa cuestión cuelga su salvación o su destrucción, ahora. Hay instancias de ese tipo.

Vayamos y leamos, y con ese pensamiento cerraremos por ahora. Hechos 25:19,20:

> Sino que tenían contra él ciertas cuestiones acerca de su superstición, y de un cierto Jesús, ya muerto, el cual Pablo afirmaba estar vivo. Y yo, dudando en cuestión semejante, le pregunté si quería ir a Jerusalén y allá ser juzgado de estas cosas.

Esa fue una gran cuestión para hacer tal alboroto, en cuanto a si un hombre estaba vivo o muerto. Aquí, toda la nación judía se agitó contra uno de su propio pueblo, y toda la cuestión que estaba involucrada era si Uno estaba vivo o muerto. Eso es todo lo que Festo vio en el asunto. Pero usted y yo sabemos que, sobre esa cuestión, de si esa persona estaba muerta o vida, dependía la salvación o la perdición de todo este mundo. Sabes que es así. Y lo mismo se pregunta hoy. "¿De qué sirve todo este revuelo sobre si es sábado o domingo, el día a guardar; pues, de todos modos, solo es un día? ¿De qué sirve levantar una nueva secta, una nueva denominación, y hacer un gran disturbio? ¿De qué sirve hacer de todo eso un disturbio, ya sea el domingo el sábado de reposo u otro día? ¿si descansamos un día u otro? No importa si ese día es el día de reposo o no".

De la decisión de eso, por los hombres como individuos y como cuerpos, depende la salvación o la destrucción de esta tierra hoy en día. Eso está establecido. Ya sea que ese día sea el sábado del Señor o no, sobre eso cuelga la salvación de los hombres hoy, tal como lo hizo en aquel entonces aquel día. Esas personas, en su envidia contra Cristo, y determinación de mantener su propia idea en contra de la idea de Dios; lo sacaron del mundo, y luego levantaron una controversia sobre si estaba vivo o muerto; así estas mismas personas sacarán el sábado del mundo, y luego levantarán una cuestión en cuanto a si es el sábado o no.

Saben bastante bien que es el día de reposo, pero como los de aquel entonces, mantendrán sus propias ideas del día de reposo contra la idea de Dios, y aunque Él les ha dicho que Él es el Señor del día de reposo, tan cierto como eso fue así, en esa pregunta dependió la salvación de los hombres; tan ciertamente hoy en día, de esta cuestión, depende la salvación de los hombres; porque podemos decir con audacia que la salvación de los hombres depende y si se sostiene de que guarden el sábado del Señor, porque el guardar el sábado del Señor tiene la presencia de Jesucristo, su vida, y el hombre no puede ser salvado sin ello.

Entonces, repito nuevamente, podemos decir con valentía que la salvación de un hombre depende de su propia observancia del sábado del Señor, como está en Jesucristo; porque eso significa Jesucristo; Jesucristo significa el sábado, y el sábado significa Jesucristo. En este día, y cuando los hombres son iluminados sobre esto, cuando el mensaje del evangelio eterno debe ser predicado al mundo, cuando el mensaje del tercer ángel debe ir a ellos, con Cristo en este, y Cristo el todo y todo de esto, entonces aquellos que rechazan el sábado del Señor, le dan la espalda a Cristo, y ellos mismos saben que no hay salvación de esa manera.

Pero, ¿no hemos visto en nuestros estudios anteriores que no hay nada más que predicar a los hombres en este mundo sino a Jesucristo, y solo a Él? Esa es la única cosa, ¿y no hemos visto que debemos predicarlo frente a cada consideración terrenal, cada consideración de protección de los poderes terrenales, cada consideración de riqueza o influencia de cualquier tipo, y la vida misma? Ese es el mensaje al mundo; Cristo es el mensaje al mundo; Cristo tal como se dio a conocer en el sábado del Señor, que es "señal entre mí y ellos, para que supiesen que yo soy Jehová que los santifico" (Ezeq. 20:12). Y mi nombre es: "YO SOY" el que "SOY".

Capítulo 22

¡Levántate, resplandece; porque la gloria de Jehová ha nacido sobre ti!

> ¡Levántate, resplandece; porque ha venido tu luz y la gloria de Jehová ha nacido sobre ti! Porque he aquí que tinieblas cubrirán la tierra y oscuridad las naciones; mas sobre ti amanecerá Jehová y sobre ti será vista su gloria (Isa. 60:1 y 2).

Esta noche hace una semana, cuando el texto con el que cerramos la lección fue este mismo. Y recordaras la pregunta que se hizo al final de la lectura, de esas escrituras, que estábamos estudiando, ¿no es este el momento? ¿No es hora el tiempo para el cumplimiento de este texto que hemos estado leyendo: "Levántate, resplandece; porque ha venido tu luz, y la gloria de Jehová ha nacido sobre ti"?

El domingo siguiente vino esta palabra, y fue leída en la Conferencia:

> Levántate, resplandece; porque ha venido tu luz y la gloria de Jehová ha nacido sobre ti. Porque he aquí que tinieblas cubrirán la tierra y oscuridad las naciones; mas sobre ti amanecerá Jehová y sobre ti será vista su gloria.

Este fue el punto que habíamos alcanzado por diferentes líneas de estudio, y ese es el punto en el que nos encontramos ahora. Aquél que por fe reclamará esa luz y esa gloria, puede tenerla. –[Congregación: Amén]. Aquellos que no lo hagan, no pueden tenerla.

Leo un pasaje de la predicación del hermano Prescott de la otra noche, en la página 444 del *Boletín*. Es una palabra de precaución e instrucción que él nos dio y que vale la pena repetirla:

> Es muy fácil para nosotros obtener ideas equivocadas sobre esto [la obra del Espíritu], y de esa manera, por nosotros mismos, ser engañados sobre ello. He pensado que algunos podrían obtener ideas equivocadas acerca que significa cuando decimos: que nosotros debemos avanzar en el poder del Espíritu, y que debemos poseer poder para avanzar.

Yo también lo he pensado, y eso está hecho. Pero tuvimos la precaución una y otra vez al comienzo de la Conferencia, en contra de que cualquiera estableciera alguna teoría o arreglara cualquier pensamiento sobre cómo iba a venir esa bendición otorgada por Dios. Porque tan ciertamente como deberíamos pensar cómo iba a venir, así no vendría. Y esa es la única forma en que no vendría en absoluto. No vendría y no podría venir de esa manera.

> No entiendo que eso signifique que debemos venir aquí para ser cargados conscientemente, de modo que cuando salgamos de este lugar tengamos un cierto sentimiento de consciente poder en nosotros mismos que se nos ha sido dado, y que lo poseemos, que lo llevamos con nosotros, que podemos manejarlo, como si estuviera, y medirlo, mirarlo, y cuando lo necesitemos, sacarlo y usarlo (*ibíd.*).

No quisiera garantizar que nadie en esta congregación haya tenido esa idea al respecto. Estuve especialmente complacido una mañana en la reunión de ministros; aquellos que estuvieron allí recordarán a lo que me refiero, cuando uno de los hermanos se levantó y dio su testimonio con respecto a la manifestación de la bendición y presencia de Dios durante las reuniones de esta Conferencia; los había anotado en papel en una larga lista. Si cada uno de ustedes hubiera estado marcando las señales del favor especial de Dios en estas reuniones, en lugar de buscar por algo que nunca verán, verían mucho más de lo que ven ahora. Quiero decir que no debemos tener nuestras ideas fijas de que el Señor debe obrar de cierta manera, y de esa manera buscar por algo que nunca vendrá.

Toda potestad [poder] me es dada en el cielo y en la tierra. Por tanto, id... "Yo estoy con vosotros" (Mat. 28:18-20). El poder está en Cristo, *no en nosotros*, y *poseer el poder* se refiere a tener *la presencia personal de Cristo* en nosotros.

Y cuando tenemos esa presencia personal de Cristo en nosotros y con nosotros, el poder es de Cristo entonces y no de nosotros.

Aquí hay un pensamiento: los apóstoles no siempre fueron capaces de hacer milagros a su voluntad.

> El Señor concedió a sus siervos este poder especial, según el progreso de su causa o el honor de su nombre lo requería [E. White, *Sketches from the Life of Paul*, p. 135].

Son muchas las personas que piensa que cuando los apóstoles salieron investidos con el poder para obrar milagros y todo eso, todo lo que tenían que hacer cuando se encontraban con un hombre que estaba enfermo, era hacer un milagro y restaurarlo. No había nada de eso, en absoluto; no podían obrar ningún milagro; excepto si el Espíritu de Cristo, con ellos, denotara la voluntad de Dios en ese caso; así que, no es relevante que tan grandes apóstoles fueran, ellos dependían de la dirección directa del Espíritu de Dios, en cada caso individual, y todo el tiempo; y eso significa para nosotros.

"El poder es la presencia personal de Cristo en nosotros", y tener el poder es eso, "y eso no se refiere necesariamente, en el sentido de una emoción de poder en nosotros todo el tiempo; sino que se refiere a una fe permanente de que Cristo está en nosotros", y se refiere no solo a una creencia permanente en eso, sino a una conciencia permanente de que Él está allí, que su poder está allí obrando en nosotros, con nosotros, por nosotros, a través de nosotros, siempre y en todas las cosas, para la gloria de Dios solamente, no a nuestra voluntad, ni a nuestra guía en ningún sentido.

> Y entonces, cuando salimos, no importa cuáles sean las dificultades, no somos abatidos por ellas; debido a la fe consciente de que Cristo está con nosotros, y que Él es todopoderoso. Bueno, cuando Cristo está con nosotros, en la plenitud de su poder, nuestra fe se aferra a Él continuamente. No es una cuestión de *sentir el poder*, es una cuestión de *conocer* el poder. [W. Prescott].

Ahora, también hemos encontrado en nuestro estudio, que Cristo nos redimió de la maldición de la ley, para que la bendición de Abraham pudiera venir sobre nosotros. ¿Qué encontramos que es la bendición de Abraham? –[Congregación: "Justicia"]. ¿Cómo? –[Congregación: "Por la fe"]. Y Cristo nos redime de la maldición de la ley, para que la justicia que es por la fe pudiera venir sobre los gentiles, *es decir*, sobre nosotros; *para que* pudiéramos recibir la promesa del Espíritu a través de la fe. ¿Cómo recibimos la justicia? –[Congregación: "Por fe"]. ¿Tuviste un cierto tipo de torbellino de sentimientos antes de que pudieras recibir esa justicia? –[Congregación: "No"]. O, ¿tuviste una especie de torbellino de sentimientos, una emoción o una gran conmoción antes de que pudieras saber si esa justicia era tuya o no? –[Congregación: "No"]. ¿Cómo obtuviste la justicia de Dios que es por la fe de Jesucristo? –[Congregación: "Por fe, creyendo su palabra"]. Sabes que Dios nos dijo a ti y a mí, en su palabra, que eso es un regalo gratuito para todo hombre que cree en Jesús, ¿no es así? Y entonces aceptaste ese regalo gratuito, y agradece a Dios que Su justicia es tuya; así es como la obtienes, y eso es fe. Ahora, ésta fue recibida, y solo puede ser recibida siempre, solo por fe.

Eso es recibido por fe para que solo por ella pueda ser recibida. Y, ¿qué es eso? –[Congregación: "La promesa del Espíritu"]. Entonces, cuando descubrimos que la justicia de Dios sobre su pueblo, –solo eso, lo único, lo todo en todo, la preparación del pueblo para recibir la promesa del Espíritu Santo, y su derramamiento, por voluntad propia de Dios, como hemos descubierto que eso es así, y que se recibe por fe, de manera que lo segundo [la promesa del Espíritu Santo] ha de ser recibida exactamente de la misma forma [que la justicia de Dios], es decir, *por fe,* la recibiremos. Entonces, cuando Dios nos dice a usted y a mí –habiéndonos dado su justicia, y nosotros habiéndola recibido con gusto, por lo tanto, la hemos aceptado en su plenitud por la fe, tal y como Dios tiene la intención que la recibamos, y es hecha nuestra por Jesucristo que la trae a nosotros–: "¡Levántate, resplandece, porque ha venido tu luz y la gloria de Jehová ha nacido sobre ti!", y cuando usted y yo hacemos tal como Dios dice, y nos levantamos por *fe* en Él, *Él* verá que resplandecemos. –[Congregación: "Amén"]. Cuando Dios nos dice a usted y a mí que su gloria ha nacido sobre nosotros, que tenemos esa justicia que es por la fe de Jesucristo, entonces usted y yo debemos agradecerle que *su gloria ha nacido sobre usted y sobre mí*. Agradézcale que es así, y tome nuestra posición de manera deliberada, justa, abierta, sincera y honesta ante Dios, bajo el dosel de los ángeles de Dios y su gloria que Él da; y entonces si Él no ve que resplandecemos, es su responsabilidad. No necesitamos dudar, sino saber de lo que Él verá.

Ahora, ese mensaje: "¡Levántate, resplandece, porque ha venido tu luz y la gloria de Jehová ha nacido sobre ti!", es tan cierto y tan claramente el mensaje de Dios para ti y para mí, y a través de usted y de mí, como ministros para el pueblo, desde hoy en adelante, como fue ese mensaje hace cuatro años atrás de la justicia de Dios que es solo por la fe en Jesucristo. –[Congregación: "Amén"]. –[El orador, a pedido, volvió a plantear la última proposición]. Y las personas de hoy que rechazan este mensaje, que es ahora el mensaje para este tiempo, ya que lo rechazaron y despreciaron hace cuatro años, están dando el paso que los dejará eternamente atrás, y que involucra su salvación completa.

Dios nos ha dado un mensaje, y Él mismo nos ha sostenido durante estos cuatro años, a fin de que podamos recibir ahora el mensaje actual. Los que no pudieron recibir el primer mensaje no están en disposición de poder recibir el actual, pues rechazaron el precedente. Y ahora cuando Dios da el anterior mensaje en una medida especial, a fin de que pueda ser recibido el actual, y si ambos son objeto de desprecio, ¿qué más puede venir a esos ojos cegados?, ¿cuál será su final?

Así, como se nos ha llamado varias veces a declarar a lo largo de este Instituto; esta obra, es un momento temeroso. Cada reunión es una cosa temerosa. Pero, hermanos, aunque esto ha sido así, en el tiempo pasado, y de las reuniones que han pasado, la reunión de esta noche es la más temerosa a la que hemos llegado.

Así que vuelvo nuevamente al texto, y digo nuevamente que el mensaje que nos es dado allí, es el mensaje que usted y yo debemos llevar de esta reunión. Y cualquiera que no pueda llevar ese mensaje con él, desde esta reunión, sería mejor que no se fuera a predicar. Y cualquiera que no pueda irse de esta reunión con la conciencia viviente de la presencia de Jesucristo en Su poder, con Su luz y Su gloria brillando sobre él, y en su vida; sería mejor que ese ministro no abandone este lugar como ministro, o como un profeso ministro; porque va a una obra que no puede realizar; él va a encontrarse con gente a quien no puede entender; él va a encontrarse con responsabilidades que no puede cumplir; él va a encontrarse con escenas solemnes que no entenderá; él va a tomar pasos de los cuales no sabe cuál de las siguientes será para él un paso temeroso. Ahí es donde estamos ahora, hermanos y hermanas.

Ahora nos corresponde enfrentarlo, y enfrentarlo *alegremente*. Nos corresponde enfrentarlo, digo, en todas sus solemnes responsabilidades; enfrentarlo con todas sus temerosas consecuencias. Pero debemos estar así preparados por la fe en Jesucristo, y vestidos solo de Su propia justicia, y dependiendo solo de ella; bien preparados, por esto, para enfrentarlo; para que podamos hacerlo con alegría, con la confianza de que Dios va con nosotros, y el deseo de manifestar Su poder, e ir con gozo y alegría a encontrar las escenas que deben ser enfrentadas; asumir el trabajo que debe ser realizado; y para cumplir las solemnes responsabilidades, escenas, acciones y acontecimientos que vendrán, siempre gozosamente en el Señor.

Eso es para nosotros. Necesitamos no estar desanimados, ni en una partícula, porque esto es así. Debiéramos ser los pobladores más felices de este mundo, por el privilegio de estar aquí esta noche. –[Congregación: "Amén"].

Permítanme leer ese texto nuevamente, para obtener otro pensamiento del mismo: "¡Levántate, resplandece, porque ha venido tu luz y la gloria de Jehová ha nacido sobre ti! Porque he aquí que tinieblas cubrirán la tierra y oscuridad las naciones; mas sobre ti amanecerá Jehová y su gloria…" ¿*Tú lo verás* sobre *ti mismo*? ¿Su gloria *tú lo verás en ti mismo*, y sobre *ti mismo*? –[Congregación: "No; No"]. "Sobre ti *será vista* su gloria". Permitámosle.

No vayas a supervisarlo; eso no es de tu incumbencia. No debes considerar ese asunto en absoluto. Si es la gloria del Señor, Él tomará cuidado de que se vea sobre ti. No sabrías que ésta era la gloria de Dios si la vieras sobre ti mismo; porque no se trata de la gloria propia. Cuando vea gloria sobre mí mismo, habrá glorificación propia. ¿Lo puedes comprender? No es la gloria propia lo que estamos buscando; no es la gloria propia lo que Dios va a manifestar al mundo; es la gloria de Dios la que Él va a manifestar; esa es la gloria que será vista.

Por lo tanto, el texto dice a lo que se refiere, y se refiere a lo que dice. "*Sobre ti será vista su gloria*". Gracias a Él que es así, porque Él lo dice así. Gracias a Él que lo dice. Entonces, gracias a Él que es así porque Él lo dice así. Entonces dejemos que Él lo haga. Definitivamente, usted no tiene nada que ver con supervisarlo, tan solo manténgase fuera de ello. Aquel quien emprenda esa acción, se perderá todo. ¿No veis que se trata de la obra misma sobre el corazón?

Queremos justicia, pero muchas personas quieren verla en sí mismos y sobre ellos mismos antes de creer que la tienen; pero ¿no ven que nunca la obtendrán de esa manera? Nunca la conseguirán hasta que quiten el yo del camino; hasta que vuelvan sus espaldas a ellos mismos y miren la palabra de Dios. Entonces, cuando volvamos nuestras espaldas a nosotros mismos y miremos a Aquel, de quien procede esta gloria, y en quién está; cuando miremos el lugar donde está esta gloria, entonces cada uno sabrá desde ese momento que es suya siempre que mire al lugar de donde procede.

"Por tanto, nosotros todos, mirando con cara descubierta como en un espejo la gloria del Señor, somos transformados en la misma imagen, de gloria" (2ª Cor. 3:18), ¿a qué? –[Congregación: "En gloria"]. ¿Se nos ha aparecido su gloria? –[Congregación: "Sí"]. ¿*En verdad*? –[Congregación: "Sí"]. Ahora, permítanme leer ese bendito texto en 2ª **Corintios** 4:6. "Porque Dios, que mandó que de las tinieblas resplandeciese la luz". Lo hizo una vez, ¿verdad? –[Congregación: "Sí"]. Lo ha hecho de nuevo. Tinieblas cubrieron la tierra; densa tiniebla; Dios mandó que la luz brillara y ésta brilló.

Vuelve a decir: "He aquí que tinieblas cubrirán la tierra y oscuridad las naciones; más sobre ti amanecerá Jehová y sobre ti será vista su gloria". Su luz será vista sobre ti, y por eso dice: "¡Levántate, resplandece, porque ha venido tu luz!". Él, ha ordenado que la luz brille de la oscuridad nuevamente. –[Congregación: "Amén"]. ¿Es así? –[Congregación: "Sí"]. "Él ha brillado en nuestros corazones". Bueno, entonces lo ha hecho, ¿no es así?, ¿lo confirmas? –[Congregación: "Sí"]. No me refiero a que lo vayas a decir meramente porque está en el texto, sino que me gustaría que lo afirme porque en su corazón sabe que es así. Por esa entrega de la voluntad, esa sumisión de ella, depositando todo sobre Él, eso es fe. Pues bien, Él lo dice así. Ahora, podemos continuar con este texto:

> Porque Dios, que mandó que de las tinieblas resplandeciese la luz, es el que resplandeció en nuestros corazones (2ª Cor. 4:6).

¿Lo ha hecho? –[Congregación: "Amén"]. ¿Ahora puedes agradecerle que lo ha hecho? –[Congregación: "Sí"]. Cualquiera que pueda agradecer a Dios de que Él haya brillado en su corazón, agradézcale desde el corazón; él puede dar gracias a Dios de que está allí por la fe; puedo hacer esto tan ciertamente como puede agradecerle al Señor de que Su justicia es suya. Leamos un poco más de ese versículo: "Dios, que mandó que de las tinieblas resplandeciera la luz, es el que resplandeció en nuestros corazones". Gracias al Señor. ¿Con qué propósito? "Para iluminación [dar la luz] del conocimiento de la gloria de Dios". ¿Te ha dado Dios la luz del conocimiento de su gloria? –[Congregación: "Sí"]. ¿*Lo ha hecho*? –[Congregación: "Sí"]. ¿Acaso Su gloria no se ha levantado para ti y para mí? ¿No se ha levantado entonces su gloria para y sobre cada uno de nosotros, y en cada uno de nuestros corazones? ¿No ha brillado la luz como Dios ordenó que brillara? Continuando con el texto:

> Porque Dios, que mandó que de las tinieblas resplandeciese la luz, es el que resplandeció en nuestros corazones, para iluminación del conocimiento de la gloria de Dios *en la faz de Jesucristo*.

Entonces, el hombre que puede mirar con la cara descubierta el rostro de Jesucristo, que puede agradecer a Dios con todo su corazón, que la gloria de Dios ha nacido sobre él; entonces Dios se encargará de que esa gloria sea vista sobre él. Hermanos, eso es así; ¡Oh, que cada corazón en la reunión, esta noche, pueda levantar su rostro, sin velo, a ese rostro glorioso que brilla tan gloriosamente y lleno de gracia sobre los hijos de los hombres, y que nos ha salvado de nuestros pecados y nos ha transformado de gloria en gloria en su imagen; de gloria en gloria como por el Espíritu del Señor! Entonces ese Espíritu *ha venido* a aquellos que pueden mirar al rostro de Jesucristo. Y ese Espíritu Santo, que Dios da a los que miran a la faz de Cristo, nos transformará a su propia imagen, y veremos reflejada su gloria, y los hombres también verán su gloria. Hermanos, es así, y esta noche debemos recibir la promesa del Espíritu a través de la fe.

Moisés estuvo con el Señor aquella vez en la montaña, y cuando bajó, su rostro brilló con la gloria de Dios. ¿Cuán *consiente* estaba Moisés de esto? Nada en absoluto. "... No sabía él que la tez de su rostro resplandecía, después que hubo hablado con Él" (Éxo. 34:29). Él no sabía nada al respecto; la gente lo sabía. ¿Estas personas que vieron la gloria en el rostro de Moisés tenían fe? –[Congregación: "No"]. Moisés tuvo fe a fin de que pudiera brillar; La fe de Moisés lo recibió, a fin de que pudiera brillar: y cuando brilló en su rostro, aunque era inconsciente de ello, incluso las personas incrédulas podían verlo.

Esteban se paró frente a los hombres del sanedrín, cuyos corazones estaban endurecidos contra Dios y contra su Cristo, pero su rostro brilló con la gloria de Dios como si ésta hubiera sido la cara de un ángel; y todos los que estaban en el consejo lo miraron, y lo vieron. ¿Lo sabía Esteban? No. No era la gloria de Esteban. Él no tuvo nada que ver con eso. Dios estuvo allí en esa presencia, porque Esteban tuvo tal fe en Jesucristo, y miraba con el corazón descubierto, con el rostro descubierto, por la fe, en el rostro de Jesucristo; y cuando hizo eso, la gloria del Señor nació sobre él, y los paganos, y peor que los paganos, los malvados fariseos, pudieron ver la gloria de Dios sobre él.

Hemos encontrado en nuestro estudio que la obra hoy permanece exactamente como se hizo, donde los apóstoles la dejaron. Pues bien, cuando esa promesa del Espíritu vino sobre el pueblo en ese día, Dios manifestó su propio poder, a su manera, a su propia voluntad, sobre aquellos que eran suyos; esa es la manera que lo hará de nuevo.

Leamos ese versículo nuevamente ahora.

| Porque Dios, que mandó que de las tinieblas resplandeciese la luz.

No lo olvides. Bueno, ¿cómo *podemos olvidarlo*? Esto es la verdad, ¿no es así?

| Para iluminación [dar la luz] del conocimiento de la gloria de Dios en la faz de Jesucristo.

Entonces encontramos en la lección del viernes por la noche que debemos obtener la justicia de Dios que es por la fe de Jesucristo, al mirar el rostro de Jesús; y mientras miramos allí, recibiendo esa justicia cada vez más, siendo moldeados cada vez más a su imagen, la ley de Dios permanece allí en todo su esplendor, testificando que es ahí donde debemos mirar. Descubrimos también que esa era la ocupación de los ángeles en el cielo; "Sus ángeles en el cielo ven siempre la faz de mi Padre que está en el cielo" (Mat. 18:10). Bien, hermanos, cuando nos unimos a la compañía de los ángeles, mirando adonde ellos miran, recibiendo lo que ellos buscan recibir, y allí mismos la ley testifica que es nuestro, entonces, ¿por qué no habría de cubrirnos esa bendita compañía? Esa es la protección que Dios pone sobre su pueblo. Así pues, el requisito es la fe que dirige nuestros ojos hacia el rostro de Jesús; y no es por nuestra bondad, sino por nuestra *necesidad*.

[Con permiso del predicador, el profesor Prescott leyó lo siguiente]:

> El brazo del Infinito sobrepasa las almenas del cielo a fin de tomaros de la mano con fuerza. El poderoso Ayudador está cercano, a fin de auxiliar al más errante de los humanos, al más pecaminoso y desesperado. Mirad hacia lo alto por la fe, y la luz de la gloria de Dios brillará sobre vosotros [E. White, *The Bible Echo*, 1 de diciembre, 1892].

[El predicador retomó la palabra]. No sabía que eso estaba allí; pero, hermanos, podemos estar agradecidos de que el Espíritu de Dios nos guíe hasta ello, aquí. Y no olviden este pasaje que hemos estado queriendo obtener, y ahora viene en el momento exacto:

> Ahora, aparte de la ley, se ha manifestado la justicia de Dios... la justicia de Dios por medio de la fe en Jesucristo, para todos y sobre todos los que creen en Él, porque no hay diferencia, por cuanto todos pecaron y están destituidos de la gloria de Dios (Rom. 3:21-23).

Hemos estudiado esto antes; que la justicia de Dios sin la ley, es manifestada por la ley. Hay otra frase: "Siendo testificada por la ley y *por los Profetas*". No olvides eso por ningún momento, no dejéis de recordar constantemente que allí donde está la justicia de Dios, que se obtiene por la fe de Jesucristo, *los profetas de Dios* estarán en ese lugar, y dando testimonio de que ese hombre la posee. –[Congregación: "¡Amén!"]. Eso quiere decir que es en este tiempo, ya que Él está viniendo a nosotros ahora. Así que, me alegro de que el Espíritu de Dios nos haya guiado a esto a su manera, y que su profeta testifique de que el hecho es verdadero y por lo tanto de que en eso tenemos la verdad tal como es en Jesucristo, brillando desde su santo rostro. [Por petición de algunos se volvió a leer el texto de E. White].

Entonces, hermanos, miren hacia arriba. Luego, cuando veamos las señales en el sol, la luna, las estrellas, y sobre la tierra, angustia de las naciones, entonces *mira hacia arriba*; Levanta tu cabeza. Alégrate, porque tu redención se acerca. *Mira arriba*; porque eso viene solo al mirar el rostro de Aquel que lo ha dicho. *Necesitamos* mirar hacia arriba, porque eso trae la justicia, la gloria, de Jesucristo, y es esa gloria que nos hace inmortales. Pero es la misma gloria que *consume*. *Debemos* mirar hacia arriba. Él quiere que miremos hacia arriba a fin de recibirla. Y Él quiere que miremos, antes de ese gran día a fin de que podamos mantener nuestra vista hacia arriba. *Ahora*, el Señor quiere que miremos hacia lo alto, y nos dice también que ese es su propósito. Mira hacia arriba y levanta la mano por fe, y Él la tomará. Entonces, permítele. Entonces, cuando Dios tome esa mano de fe, Él nos sostendrá a usted y a mí de manera más segura de lo que nosotros pudiéramos posiblemente sostenerlo a Él si tomáramos Su mano. Puedes ver, es la misma manera en cómo nosotros muchas veces guiamos a nuestros propios hijos pequeños. *Nosotros* sostenemos *su* mano, y cuando tropiezan, no caen. En otras ocasiones hemos estado caminando, y ellos son lo que sostienen nuestra mano; entonces cuando tropiezan caen. Gracias al Señor, Él dice:

> Yo Jehová... y sostendré *tu* mano (Isa. 42:6).

Entonces, aunque tropecemos, no caeremos. –[Congregación: "¡Alabado sea el Señor!"]. Oh, Dios es bueno.

[Por solicitud, el siguiente texto fue leído: "Porque yo Jehová soy tu Dios, quien te sostiene de tu mano derecha y te dice: 'No temas, yo te ayudo'" (Isa. 41:13)]. Cuando Él dice: "sostendré tu mano derecha". Oh, permítele tenerla. Entonces no tienes angustia en absoluto.

> Porque Dios, que mandó que de las tinieblas resplandeciese la luz, es el que resplandeció en nuestros corazones, para iluminación del conocimiento de la gloria de Dios en la faz de Jesucristo (2ª Cor. 4:6).

En relación con eso, leeré:

> Por lo tanto, nosotros todos, mirando con el rostro descubierto y reflejando como en un espejo la gloria del Señor, somos transformados de gloria en gloria en su misma imagen, por la acción del Espíritu del Señor (2ª Cor. 3:18 *[RVR1995]*).

¿Cuál es su gloria? Asegurémonos saberlo. Aquí hay un mensaje que tuvimos hace algún tiempo atrás, al cual los referiré; en la página 16 del *Boletín*. Leo:

> La obra será abreviada en justicia. El mensaje de la justicia de Cristo ha de resonar de un extremo del mundo al otro. Esta es la gloria de Dios que cierra la obra del tercer ángel [E. White].

Entonces, esa gloria es esa justicia, esa bondad, ese carácter Suyo. ¿Dónde, entonces, solamente vemos la justicia? –[Congregación: "En la faz de Jesucristo"]. Al mirar ahí, ¿qué efecto tiene sobre nosotros? Nos cambia a la misma imagen; nos transforma en la misma imagen de justicia en justicia, de gloria en gloria, de carácter en carácter, como por el Espíritu del Señor.

Bueno, levántate y resplandece, porque la luz ha llegado. Ese es el mandato del Señor. Eso es por lo que dije antes; éste es el mensaje de este día en adelante tan ciertamente como es recibido. Es eso para nosotros. De hecho, es lo mismo, tan cierto como lo fue cuatro años atrás, solo que, con mayor esplendor, con mayor poder. Ahora, con la fuerza acumulada de cuatro años de ejercicio, Dios lo pone a su pueblo. La proposición es nuevamente: Levántate, resplandece; que ha venido tu luz, y la gloria de Jehová ha nacido sobre ti. ¿Quién lo hará? ¿Quien? –[Numerosas voces: "Lo haré"]. ¡Bien! Hazlo. ¿Por cuánto tiempo? –[Voces: "Siempre"]. ¿Cuán constantemente lo harás? ¿Con que frecuencia? –[Voces: "Siempre"]. Les digo hermanos y hermanas, aquellos que hagan esto encontrarán en sus vidas un poder de sumisión como nunca antes conocieron. Traerá esa pobreza de espíritu, y esa humillación del alma que dará al Espíritu la oportunidad de obrar a su propia maravillosa manera. Ahí es donde estamos. Pues bien, levántate y resplandece, porque la luz *ha venido*, y la gloria del Señor *ha nacido sobre ti*.

Leeré de la página 137 del *Boletín*:

> Aquel que se contenta con recibir sin merecer, que siente que nunca puede recompensar tal amor, que deje a un lado todos los pensamientos y la incredulidad, y viene como un niño pequeño a los pies de Jesús, todos los tesoros del amor eterno le son el regalo libre y eterno" [E. White].

Todos estos tesoros son un regalo gratuito y eterno para nosotros que no tenemos nada con qué obtenerlo. El Señor dice que son míos. Sé que también son míos, porque Él lo dice así. Y voy a agradecerle todo el tiempo. Ahora, hay otro texto espléndido que debemos leer, que nos habla ahora. Isaías 52:1. "¡Despierta, despierta!". Hemos estado dormidos, ¿no es así? Sabes que lo hemos estado. "¡Despierta, despierta, vístete de poder, Sión!". ¿Vestirse de qué? Fuerza. Hemos descubierto, al examinar la situación en la que nos encontramos, que necesitamos un poder, necesitamos una fuerza que sea mayor que todo el poder conjunto que este mundo conoce. Hemos descubierto que necesitamos fuerza, ¿no es así? –[Congregación: "Sí"]. Entonces la necesitamos para este mensaje justo en este momento. Vístete de poder, lo has conseguido. "¡Vístete de poder, Sión! ¡Vístete tu ropa hermosa, oh Jerusalén!". ¿Cuáles son las ropas hermosas? –[Congregación: "Justicia"]. El lino fino es la justicia de los santos. "Se le ha concedido que se vista de lino fino, limpio y resplandeciente (pues el lino fino significa las acciones justas de los santos)" (Apoc. 19:7). Esta es la justicia que viene por la fe en Jesucristo. Y aquí, de igual manera, está una palabra que el Señor nos dirigió en esta Conferencia.

En el *Boletín* de la Iglesia y la Escuela Sabática, leo, p. 408:

> *En este tiempo* la Iglesia ha de ponerse las hermosas vestiduras: Cristo, nuestra justicia [E. White, *GCDB*, 27 de febrero, 1893].

Bueno, ahí está: "¡Vístete tu ropa hermosa, oh Jerusalén, ciudad santa!". ¿Para qué se está poniendo ella sus prendas? ¿A dónde va? Oh, ella está yendo a casa; ella está yendo a la cena de bodas, gracias al Señor; y las personas que fueron a las cenas de boda, en esos tiempos, tuvieron que tener prendas que fueron preparadas por el maestro de la fiesta; y el Señor hace lo mismo ahora. –[Congregación: "Amén"]. Hermanos, demos todos gracias al Señor; seamos agradecidos todo el tiempo.

Pero eso es solo una parte de esto. Aquí está la más bendecida promesa, que me parece a mí, que alguna vez llegó a la Iglesia Adventista del Séptimo Día. "Porque nunca más vendrá a ti incircunciso ni inmundo". Gracias al Señor; nos ha liberado de ahora en adelante de personas no convertidas; de personas traídas a la iglesia para desarrollar su propia injusticia y crear división en la iglesia. Las pruebas de la iglesia se han ido todas; gracias al Señor; todos los portadores de cuentos y charlatanes dañinos se han ido. La iglesia ahora tiene algo mejor que eso para hablar. Ahora pueden hablar de salvar a hombres y mujeres caídos. Tendrán una bondad y una alegría, una santidad y una gloria que está en Jesucristo, de la que hablar, lo cual es real verdaderamente, y lo sabemos.

Esa es una promesa espléndida. ¿Puedes ver cuál es la única forma en que puede hallar cumplimiento? Cuando vayamos hacia adelante desde este lugar, sin saber nada en lo absoluto sino a Jesucristo y a Él crucificado; rehusando saber alguna otra cosa sino eso, rehusando predicar alguna otra cosa sino eso; dependiendo de Su poder; dependiendo de Su gloria, sabiendo que ésta ha llegado y que nos ha ordenado que brillemos, entonces puede ser cumplida. ¿No ves que nadie será atraído por eso excepto aquellos que son atraídos desde el corazón, y en quienes el corazón está convertido? ¿No ves que tú mismo sabrás que ellos están convertidos antes de ser llevados a la iglesia? "Porque nunca más vendrá a ti incircunciso ni inmundo".

Hermanos, hay otra cosa que pertenece a esto ahora. Cuando Dios ha honrado a su Iglesia con su poder y su gloria, y el poder de su Espíritu, el lugar más peligroso en este mundo para un hipócrita, es en esa iglesia. Ananías y Safira lo intentaron, y esa lección fue registrada como una lección para todas las personas, al menos desde este día en adelante. No hay lugar ahora en la Iglesia Adventista del Séptimo Día para los hipócritas. Si el corazón no es sincero, este es el lugar más peligroso en el mundo en que ese hombre estuvo.

Así, los que no quieran avanzar en esta obra, harían mejor en abandonarla del todo. Es peligroso permanecer aquí sin estar dispuesto a avanzar; y ciertamente no podemos avanzar sin tener la gloria del Señor y su luz brillando en el corazón y en la vida. Hemos de ser llamados a comparecer ante reyes y autoridades, y habremos de enfrentar las opresiones y maldad de perseguidores que disponen su veneno contra los que aman al Señor. Dice, Isaías 52:

> ¡Despierta, despierta, vístete de poder, Sión! ¡Vístete tu ropa hermosa, Jerusalén, ciudad santa, porque nunca más vendrá a ti incircunciso ni inmundo! Sacúdete el polvo; levántate y siéntate, Jerusalén; suelta las ataduras de tu cuello, cautiva hija de Sión (vers. 1,2).

Libertad es ahora proclamada a los cautivos. Alabado sea el Señor.

> El Espíritu de Jehová el Señor está sobre mí, porque me ha ungido Jehová; me ha enviado a predicar buenas nuevas a los abatidos, a vendar a los quebrantados de corazón, a publicar libertad a los cautivos, y a los presos apertura de la cárcel; a proclamar el año de la buena voluntad de Jehová, y día de venganza del Dios nuestro; a consolar a todos los enlutados; para ordenar a los que hacen duelo en Sión, para darles gloria en lugar de ceniza, óleo de gozo en lugar del luto, manto de alegría en lugar del espíritu angustiado; y serán llamados árboles de justicia, plantío de Jehová, para que Él sea glorificado (Isa. 61:1-3).
>
> Sacúdete del polvo; levántate y siéntate, Jerusalén; suéltate de las ataduras de tu cuello, oh cautiva hija de Sión. Porque así dice Jehová: "De balde fuisteis vendidos; por tanto, sin dinero seréis rescatados" (Isa. 52:2 y 3).

Eso se ha cumplido.

> Porque así dice el Señor Jehová: "Mi pueblo descendió a Egipto en tiempo pasado, para peregrinar allá; y el asirio lo oprimió sin razón" (vers. 4).

¿Qué hizo entonces el Señor? –[Congregación: "Lo liberó"]. Exactamente. Entonces, ¿cuándo se aplica esto? En el tiempo de la liberación. Por lo tanto, hemos alcanzado ese momento, ¿no b es así? Hemos alcanzado el momento de opresión, y cuando ese momento de opresión ha llegado, también ha llegado el momento de la maravillosa liberación de Dios. Entonces, permitamos que la opresión se vuelva más severa; permitamos que el fuego se caliente más: esto solo muestra que la liberación está mucho más cerca. Gracias al Señor.

> Y ahora Jehová dice: "¿Qué hago aquí, ya que mi pueblo es llevado injustamente? ¡Y los que en él se enseñorean, lo hacen aullar, dice Jehová, y continuamente es blasfemado mi nombre todo el día!", dice Jehová (vers. 5).

Eso es así; ya lo han hecho.

"Por lo tanto mi pueblo conocerá mi nombre". ¿Cuál es su nombre? YO SOY el QUE SOY. No solo sabrán *acerca* de Él; sino también sabrán que *Él es el que es*; y Él es el Todopoderoso. Y su pueblo, conociendo su nombre, el Todopoderoso, conocerá su poder manifestado en ellos, para ellos, a ellos y a través de ellos.

> Por tanto, mi pueblo conocerá mi nombre por esta causa en aquel día, porque YO mismo que hablo, he aquí estaré presente (vers. 6).

Y Él es el mismo quien habla ahora.

> ¡Cuán hermosos son sobre los montes los pies del que trae alegres nuevas, del que anuncia la paz, del que trae buenas nuevas del bien, del que publica la salvación, del que dice a Sión: "¡*Tu Dios reina!*'" (vers. 7).

Permitamos a reyes, poderes, gobernadores y Estados; que se exalten a ellos mismos todo lo que les complazca; Dios nos ha dado a usted y a mí un mensaje para el pueblo: "¡*Tu Dios reina!*". "'¡Voz de tus atalayas!' Alzarán la voz; a una voz gritarán de júbilo". Porque, por supuesto, Él dijo hace mucho tiempo que deberíamos cantar mientras avanzamos en el camino a Sión.

> ¡Voz de tus atalayas! alzarán la voz, juntamente darán voces de júbilo; porque ojo a ojo verán cuando Jehová vuelva a traer a Sión (vers. 8).

Hermanos, mientras miramos el rostro de Jesucristo, y esa luz brilla en nuestras mentes y corazones; necesitamos no tener problema alguno en verlo "ojo a ojo", aunque usted esté en el otro lado de la tierra, y yo en este otro lado. Habrá ese compañerismo de ideas y verdad que unirá nuestros corazones a través del centro de la tierra. Dios está en eso, y por eso es así. Dios puede hacerlo así. No hay otro poder en el universo que pueda hacerlo así.

"¡Cantad alabanzas!". ¿Por qué no, me gustaría saber? No necesitamos tener una reunión especial para estallar en alegría, no es necesario saltar de un lado a otro, y patear los bancos y las sillas. Es la alegría del Señor, y no el fanatismo. No es un sentimiento provocado por tales demostraciones.

> ¡Prorrumpid de gozo, cantad juntamente, ruinas de Jerusalén, porque Jehová ha consolado a su pueblo, ha redimido a Jerusalén! (vers. 9).

El Señor ha consolado a su pueblo. Lo ha hecho, ¿no es así? Bien, entonces, alabemos al Señor por su consuelo.

"Jehová desnudó su santo brazo". *Él* va a hacer algo ahora. Cuando un hombre tiene algo que hacer y comienza a arremangarse, sabes que habla en serio. El Señor ha tomado esa figura familiar, para mostrar la fervorosa obra que ha emprendido, y eso aplica en este momento. Él ha puesto al descubierto su santo brazo; se ha arremangado las mangas; está entrando ahora en una obra que creará una sensación, como en los días de Samuel cuando le dijo a Elí; "Yo haré una cosa en Israel que a quien la oiga le zumbarán ambos oídos" (1° Sam. 3:11). Veamos que nuestros oídos zumben de alegría, nos dice:

> Jehová desnudó su santo brazo ante los ojos de todas las naciones, y todos los confines de la tierra verán la salvación del Dios nuestro (vers. 10).

> Apartaos, apartaos, salid de ahí, no toquéis cosa inmunda; salid de en medio de ella; limpiaos los que lleváis los vasos de Jehová (vers. 11).

"¡Apartaos, apartaos, salid de ahí!". Eso significa liberarse de este mundo, ¿no es así? ¿Te estás liberando? ¿Te has apartado? ¿Te has despedido de la tierra? –[Congregación: "Sí"]. ¿Está el mundo bajo tus pies? –[Congregación: "Sí"]. ¿No está solo bajo de tus pies, sino que está estampado bajo de tus pies? Yo sé, y tú sabes, que cuando nos separamos de todas las cosas de este mundo, Dios puede y nos da a ti y a mí la conciencia de algo que es mucho mejor que todo este mundo entero. "No toquéis cosa inmunda". Eso nos recuerda lo que leemos en 2ª Cor. 6:17 y 18, que dice:

> Salid de en medio de ellos y apartaos, dice el Señor, y no toquéis lo impuro; y yo os recibiré y seré para vosotros por Padre, y vosotros me seréis hijos e hijas, dice el Señor Todopoderoso.
> ¡Purificaos los que lleváis los utensilios de Jehová! Porque no saldréis apresurados ni iréis huyendo (Isa. 52:11 y 12).

No, no vamos a estar asustados, ni atemorizados, "el que creyere, no se apresurará" (Isa. 28:16). Él no está de prisa. El Señor nunca tiene prisa; sino que se toma su propio buen tiempo, y también mucho de éste. El que cree no se apresurará. Otra traducción lo dice así: "no será avergonzado", otra más, "no será confundido", o no será puesto fácilmente fuera de balance.

Y, por cierto, te encontrarás llamado a lugares donde vendrá una tormenta perfecta de voces y lenguas de veinte lados diferentes. Entonces no querrás apurarte, ni perder el equilibrio. Entonces es el momento en que no debes asustarte y huir. ¡Oh no! Él nos ha puesto en el mundo para quedarnos aquí tanto como nos quiera aquí.

> No saldréis apresurados ni iréis huyendo, porque Jehová irá delante de vosotros, y vuestra retaguardia será el Dios de Israel (vers. 11).

Bueno. Él es la vanguardia y la retaguardia. Es el guardia de avanzada, y la guardia trasera también. Es una buena compañía en la cual estar.

Hermanos, ese es el mensaje ahora. Ese es el mensaje que tú y yo debemos llevar desde este lugar, y aquel que no puede llevarlo no debería ir. *Oh, no vayas*. Como hemos sido exhortados por el Espíritu del Señor en este lugar, que nadie vaya sin la conciencia de esa presencia permanente; el poder del Espíritu de Dios. Nadie *necesita* ir sin ella. Porque es *obtenida* y *mantenida* por fe en Él, cuyo rostro miramos, a fin de que podamos recibir, por fe, la justicia de Jesús, para que podamos estar preparados para recibir y si recibir el Espíritu de Dios por fe.

Capítulo 23

El Espíritu del Señor está sobre mí; para enseñar buenas nuevas

Desearía que tuviéramos ahora seis semanas en las cuales estudiar el mensaje del tercer ángel. –[Congregación: "Amén"]. Me refiero a seis semanas juntos; por supuesto, todos tenemos más que eso, por separado. A lo que me refería era a que pudiéramos tener seis semanas continuas. De esa forma podríamos comenzar a obtener un buen resumen del mensaje para este tiempo. Pero, guardando lo que el Señor nos ha dado, y yendo desde aquí con eso, todo lo que queda es estudiar el mensaje y predicarlo, y crecerá a medida que lo hagamos. Y todos veremos del mismo modo, si guardamos lo que hemos recibido aquí y lo predicamos. Sin embargo, ahora el tiempo está tan cerca de concluir, y hay tanto que decir antes de separarnos, que todo lo que podemos hacer esta noche es tocar solo algunos puntos que nos dirijan de donde estamos, en líneas que necesitamos seguir, y que serán nuestra guía de aquí en adelante.

Pasemos al capítulo 13 de Apocalipsis para comenzar con esta noche, y estudiemos ese pasaje de la Escritura que se refiere a los Estados Unidos, y veamos, si podemos saber en qué parte de la profecía, la obra de este poder entra y, dice:

> Engaña a los habitantes de la tierra con las señales que se le ha permitido hacer en presencia de la bestia (vers. 14).

Sé que muchos están perdiendo de vista lo que ya ha ocurrido, al mantener su atención anclada en algo que creen que debía haber sucedido primero; y por haber fijado su atención en aquello que pensaban que debía haber sucedido, descuidan lo que ya sucedió; seguirán apartándose más y más de la luz, estando cada vez menos preparados para enfrentar cualquiera de estas cosas, sea que hayan ocurrido ya, o que estén por ocurrir.

Ahora, en los versículos 13 y 14 está la declaración profética que caracteriza la obra de ese poder. Leo:

> Y hace grandes señales, de tal manera que aun hace descender fuego del cielo a la tierra delante de los hombres. Y engaña a los moradores de la tierra con las señales que le ha sido dado hacer en presencia de la bestia, mandando a los moradores de la tierra que le hagan imagen a la bestia que tiene la herida de espada, y vivió.

Desde la conexión en la que se ubica esto, muchos me han estado escribiendo y diciendo que todas estas cosas deben suceder antes de que se haga la imagen; que esta obra y maravillosas manifestaciones son las obras del espiritismo, y son para persuadir a las personas para hacer una imagen de la bestia. Por lo tanto, es importante para nosotros estudiar la profecía y ver lo que *dice* y, en la medida de lo posible, lo que *no* dice. Comencemos ahora con Apocalipsis 13:11:

> Después vi otra bestia que subía de la tierra; y tenía dos cuernos semejantes a los de un cordero, pero hablaba como un dragón.

¿Cuándo habló como dragón?; ¿Cuándo subía de la tierra? –[Congregación: "No"]. ¿Cuándo es que habla como un dragón? Ahora, leamos:

> Y le fue dado que diese vida a la imagen de la bestia, *para que la imagen* de la bestia *hablase*; e *hiciese* que todos los que no adorasen la imagen de la bestia fuesen muertos (vers. 15).

Entonces, es cuando habla como un dragón, ¿verdad? –[Congregación: "Sí"]. ¿Acaso no es la imagen de la bestia la que habla como un dragón? –[Congregación: "Sí"]. ¿Fue la imagen de la bestia hecha, cuando esta "otra bestia" subía de la tierra? –[Congregación: "No"]. Cuando esta bestia fue vista subiendo de la tierra, ¿fue hecha la imagen de la bestia? –[Congregación: "No"]. ¿Hablaba entonces como un dragón? –[Congregación: "No"]. Entonces, todo ese versículo no se aplica en el lugar donde está impreso. A fin de que puedas ver esto un poco más claramente, pasemos al *Testimonio* 32, página 208. Esto se imprimió en 1885. Leo:

> El movimiento dominical se está ahora abriendo paso en las tinieblas. Los dirigentes están ocultando el fin verdadero, y muchos de los que se unen al movimiento no ven hacia dónde tiende la corriente que se hace sentir por debajo. Los fines que profesan son benignos y aparentemente cristianos [*Joyas de los Testimonios*, Vol. II, p. 152].

¿Tiene eso algo que ver con la bestia que tiene dos cuernos como los de un cordero? –[Congregación: "Sí"].

> Los fines que profesan son benignos y aparentemente cristianos; pero *cuando hablen*, se revelará el espíritu del dragón (*ibíd.*).

"Cuando *hablen*". Eso fue escrito en 1885; aún no había hablado. ¿Es eso correcto? –[Congregación: "Sí"]. ¿Cuándo fue visto que subía? –[Congregación: "En 1798"]. "Tenía dos cuernos como un cordero", cuando fue visto que subía, y los ha tenido todo el tiempo. ¿Es eso así? –[Congregación: "Sí"]. "Sus profesiones son benignos y aparentemente cristianos". Pero ahí está la profecía: "Hablaba como un dragón". Y hemos descubierto por la conexión que es *la imagen* la que habla, y hace que los que no adoren la imagen de la bestia sean asesinados. Esa es la voz del dragón. Pero, "cuando hable, revelará el espíritu del dragón".

Entonces, digo nuevamente, que el versículo 11 no está completamente cumplido en el lugar donde se encuentra en la profecía, y en el orden en el cual las cosas que ésta menciona están mencionadas en la profecía. La última expresión del undécimo verso no se cumple hasta que llegamos al decimoquinto verso. Sigamos leyendo:

> Y ejerce todo el poder de la primera bestia en presencia de ella; y hace a la tierra y a los moradores de ella adorar la primera bestia, cuya herida de muerte fue sanada (vers. 12).

Ahora, ¿ha estado ejerciendo, esta bestia que fue vista saliendo de la tierra, hasta ahora todo el poder que la primera bestia hizo antes de él? –[Congregación: "No"]. ¿Ha obligado a los que moran en la tierra a adorar a la primera bestia? –[Congregación: "No"]. ¿Ese versículo, entonces, versículo 12, se cumplió hasta la época del versículo 15? –[Congregación: "No"]. ¿Hasta el momento después de que se haga la imagen? –[Congregación: "Sí"].

Entonces esos dos versículos de la profecía están manifiestamente no cumplidos en el orden en que se establecen las declaraciones. ¿No es así? –[Congregación: "Sí"].

> Y hace grandes señales, de tal manera que aun hace descender fuego del cielo a la tierra delante de los hombres (vers. 13).

¿Se cumple esto antes de que la imagen de la bestia sea hecha? –[Congregación: "No"]. Todos sabemos, quiénes han leído "Vol. IV [CS]", que esa es una de las últimas cosas que se realiza antes de que Satanás mismo venga, personalmente. Tú que has leído "Vol. IV", sabes eso, y tú que no lo has leído, tan solo léelo y verás que hacer descender fuego del cielo, y eso es una de las últimas cosas que son hechas antes de que Satanás aparezca personalmente, si no es que la última de hecho. En el capítulo, "¿Pueden hablarnos nuestros muertos?", no dice positivamente que esto se hará antes de que Satanás aparezca personalmente, o después; pero, teniendo en cuenta la visión más extrema posible, esto está entre aquellas cosas que son llevadas a cabo cuando los mismos poderes de las agencias satánicas son ejercidos en toda su extensión, para engañar, si es posible, a los mismos elegidos. Este milagro se realiza para demostrar a los hijos de Dios que están equivocados al guardar el sábado. Este milagro se lleva a acabo como una prueba decisiva, y será una de las últimas cosas antes de que se promulgue el decreto de muerte; si no es que la última antes de eso; será una de las últimas. El combate será entre los poderes de la tierra y el Señor; entre los que ceden y obedecen los poderes de la tierra, y los que obedecen al Señor.

Ahora bien, ¿son todos estos milagros realizados abiertamente, y por encima del tablero, claramente *como en contra del Señor*? ¿Es eso lo que pretenden hacer? –[Congregación: "No"]. ¿Son realizados por aquellos que profesan abiertamente negar a Jesucristo? –[Congregación: "No"]. ¿Quién son, entonces? Aquellos que profesan ser ellos mismos el Cristo.

| Se levantarán falsos cristos y falsos profetas, y harán señales y prodigios (Mar. 13:22).

Esto será hecho por aquellos que profesan ser representantes de Jesucristo, y dicen que Cristo está con ellos, y que Dios es el Dios que está de su lado. Pero esto será negado, y será conocido que no es así, por aquellos que conocen al Señor. Pero, sin duda, este desafío será hecho.

En una ocasión, hubo una disputa, sobre si el Señor era Dios o si el sol era dios–Baal. La prueba que decidió ese día entre la gente de que si Elías era un siervo de Dios, y que si Dios era el Dios verdadero y no el dios–Baal, fue que fuego descendió del cielo.

Ahora, esa prueba viene de nuevo, pero esta vez se hará para engañar; y será hecha por aquellos que ahora afirman ser de Baal, o, mejor dicho, aquellos que realmente son los sirvientes de Baal, pero profesan que Baal es dios, es decir, Satanás, por supuesto. Y presentarán ese desafío a usted y a mí, diciendo: –"Ahora, tú dices que la Biblia es la palabra de Dios. ¿Estas firme en eso?"–. "Sí, claro". –"¿Dices que Dios es tu Dios?"–. "Sí, señor". –"¿Y qué se debe guardar el sábado porque esa es la señal de lo que Dios es para el hombre y lo que Cristo es para el hombre?"–. "Sí, señor, esa es exactamente la posición". –"Ahora, una prueba se puso una vez antes que decidió esta cuestión. Eso fue que el fuego descendió del cielo. Eso decidió allí que el Señor era el Dios verdadero. Ahora, le ofrecemos, bajo su propia propuesta, hoy, el mismo desafío. Le decimos que lo desafiamos a esta decisión; le damos un desafío abierto y justo; Les decimos ahora: si somos hombres de Dios, si Dios es nuestro Dios, y no el suyo, si somos hombres de Dios, que baje fuego del cielo sobre la tierra"–. ¿Y qué pasara entonces? Fuego desciende del cielo. "También hace grandes señales, de tal manera que incluso hace descender fuego del cielo a la tierra delante de los hombres" (Apoc. 13:13).

Los hombres lo verán; y esto se hace para decidir esta cuestión, para decidir que ellos son el pueblo de Dios; que ellos son hombres de Dios. Y cuando el verdadero pueblo de Dios diga que esa no es la prueba, que eso no prueba nada, entonces veras, ellos dirán: –"Nos basamos en vuestras propias evidencias: Dices que crees en la Biblia, dices que ese es tu fundamento, y estás de acuerdo en que eso decidió esta pregunta una vez"–. "Sí, señor". –"Pero ahora, cuando hacemos lo mismo, niegas que sea una decisión veraz. ¿De qué sirve razonar más con hombres como estos? Todos niegan sobre la evidencia más clara, que ellos mismos dicen que se mantienen firmes. ¿Qué más se debería hacer sino matar a personas como estas? Ya no puedes razonar con ellos nunca más, y el destino del mundo; las plagas, las pestes y todas estas cosas están llegando sobre la gente a causa de sus locuras, porque no se rinde ni ceden; son terco, aun de todas formas lo obtendrán a su manera. Ahora, a fin de salvar a las personas cuyas vidas son preciosas, lo único que podemos hacer es quitarlos del camino"–. Entonces, decimos, y lo verás al leer, que eso no es hecho antes de que la imagen de la bestia sea hecha; es después de eso, que viene.

Hermanos, no solo es tiempo para que cada uno de nosotros lea, "Vol. IV", sino estudiarlos una y otra vez para conocer la situación de las cosas tal como son. No es tiempo y no podemos darnos el lujo de no leerlo. Así entonces, los tres versículos que hemos leído, ustedes mismos pueden ver que no se cumplen en el orden en que se establecen las declaraciones. Continuemos leyendo:

> Engaña a los habitantes de la tierra con las señales que se le ha permitido hacer en presencia de la bestia. (vers. 14).

Leamos ahora otro pasaje en el capítulo 19 de Apocalipsis, referente a la venida del Señor:

> Y vi a la bestia, a los reyes de la tierra y a sus ejércitos, reunidos para hacer guerra contra el que estaba sentado sobre el caballo, y contra su ejército. Y la bestia fue apresada, y con ella el *falso profeta que había hecho los milagros delante de ella*, con *los cuales había engañado a los que recibieron* la marca de la bestia, y *habían adorado su imagen* (vers. 19 y 20).

Alguien me habló recientemente sobre otra traducción de la Biblia refiriéndose a eso, –ignoro si se trata de la Versión Revisada o de alguna otra–, que traduce así el pasaje: "El falso profeta que obraba milagros en su presencia, milagros con los que engañaba a quienes *habían recibido* la señal de la bestia y que *habían adorado* su imagen".

Pastor D.T. Bourdeau: "Así se lee en el francés".

Pastor Jones: El mismo pensamiento está en esto. Eso muestra, entonces, que los milagros, los milagros engañosos, que se realizan, son hechos para engañar a los que tenían la marca de la bestia. Pero, ¿reciben los hombres la marca de la bestia antes de que se haga la imagen? Bajo el mensaje, y la responsabilidad que éste conlleva, ¿son contados los hombres responsables de recibir la marca de la bestia y adorarla antes de que aparezca la imagen y se comprometa a obligarlos a hacerlo? No, porque descubrimos en nuestras lecciones aquí que hasta que la imagen fuera hecha, había una forma de escapar de la adoración de la bestia. El camino estaba abierto para que un hombre se negara; pero, *después de que la imagen es hecha*, no hay camino abierto para que un hombre se niegue a adorar a la bestia, porque no hay lugar en la tierra donde el poder de la bestia no se encuentre: en consecuencia, después de que eso viene, no hay más escapatoria, y es ahí entonces que los hombres se vuelven responsables de adorar a la bestia o su imagen. No hay otra forma de escapar. La única solución es volverse a Dios. Llegará, pues, un tiempo en el que la decisión será ineludible y debe hacerse entre Dios y los poderes de la tierra solamente.

Nuevamente: leamos el capítulo 16 de Apocalipsis. Como sabemos, ahí, las plagas están amenazadas de caer sobre la gente por adorar a la bestia y su imagen. Bajo la sexta plaga, leemos estos versículos 13 y 14:

> Vi salir de la boca del dragón, de la boca de la bestia y de la boca del ...

¿Cómo dice? ¿Acaso dice: "Y vi salir tres espíritus inmundos a manera de ranas de la boca del dragón, y de la boca de la bestia, engañando a la gente, *haciendo así* al falso profeta"? –[Congregación: "No"]. ¿En otras palabras, cuál es el falso profeta? –[Congregación: "La bestia de los dos cuernos"]. La imagen de la bestia es el falso profeta, porque ese versículo en el capítulo 19 lo dice:

> Y vi a la bestia, a los reyes de la tierra y a sus ejércitos, reunidos para hacer guerra contra el que estaba sentado sobre el caballo, y contra su ejército. Y la bestia fue apresada, y *con ella el falso profeta* que había hecho los milagros delante de ella, con los cuales había engañado a los que recibieron la marca de la bestia, y habían adorado su imagen (vers. 19 y 20).

En el capítulo 13, leemos:

> Y ejerce todo el poder de la primera bestia en presencia de ella, y hace que la tierra y sus habitantes adoren a la primera bestia, cuya herida mortal fue sanada (vers. 12).

Entonces, ¿quién es el falso profeta? –La imagen de la bestia. Ahora bien, estos espíritus, son los espíritus de los demonios. El siguiente versículo (Apocalipsis 16:14) dice:

> Porque son espíritus de demonios, haciendo milagros, que van a los reyes de la tierra y a todo el mundo, para congregarlos para la batalla de aquel gran día del Dios Todopoderoso.

¿Pero de dónde vienen estos espíritus de demonios que hacen milagros? Ellos vienen de ciertos lugares para hacer estos milagros. Esa es la verdad, ¿no es así? Y vienen de esos lugares, para reunir a la gente para la batalla del gran día del Dios Todopoderoso. Estos espíritus de demonios vienen en ese momento con este poder de obrar milagros, en este poder de obrar milagros, de esta manera de obrar milagros, para hacer una obra determinada. ¿De dónde vienen? De la bestia y el falso profeta (o la imagen de la bestia). Entonces, de esos testimonios, y de esos dos versículos, ¿no es claro que los milagros engañosos, los grandes milagros que se hacen para engañar a los hombres, vienen *después de que la imagen es hecha*, y no *para hacer* la imagen? –[Congregación: "Sí"].

Bien, veamos si tenemos razón. *Testimonio 32*, página 207:

> Para obtener popularidad y apoyo, los legisladores cederán a la demanda de una ley dominical [*Joyas de los Testimonios*, Vol. II, p. 150].

¿Lo *harán*? -Lo han hecho. ¿Está eso cumplido? –[Congregación: "Sí"]. Eso ha sido cumplido. Lo han hecho, y lo han hecho tan ciertamente que ellos mismos han dicho públicamente que lo hicieron con ese propósito. La evidencia, más de lo que hemos tenido en cualquier otro momento, está en este pequeño folleto: "El Cautiverio de la República". Es un informe de la audiencia ante el Comité del Proyecto de Ley de Clausura del Domingo de la Feria Mundial, un informe del cuál di cuenta aquí en mi segunda charla. Esto está ahora siendo imprimido y viene desde la prensa. Se titula "El Cautiverio de la República". La idea fundamental consiste en que las iglesias han capturado a la república [de América del Norte] manteniéndola cautiva, y las propias declaraciones de los congresistas, no solamente las de Hiscock y Hawley y las del verano pasado, sino especialmente las declaraciones más recientes, procedentes de miembros de ese Comité que habían tenido que escuchar nuestros argumentos muy a pesar suyo, declaraciones de estos mismos hombres, diciendo que no deben avanzar más en esa dirección por miedo del daño a la Feria y al país en general. Lo tienes una y otra vez ahí de varias maneras diferentes; así que hay más evidencia que la que tuvimos el verano pasado; pero siguen diciendo que lo hicieron entonces, por esa razón, y lo mantienen todavía por la misma razón. Así que es cumplido una y otra vez, si alguien quiere evidencia sobre ese punto.

Continuamos leyendo del número 32:

> Los que temen a Dios no pueden aceptar una institución que viola los preceptos del Decálogo [*Joyas de los Testimonios*, Vol. II, p. 150].

¿Esta institución que ha sido creada por esos hombres para asegurar popularidad y patrocinio, se refiere de alguna manera a un precepto del decálogo? –[Congregación: "Sí"]. ¿Mencionaron algún precepto del decálogo al hacerlo? –[Congregación: "Sí"]. "Los que temen a Dios no pueden aceptar" esto. ¿Escuchaste eso? –[Congregación: "¡Amén!"].

> Los que temen a Dios no pueden aceptar una institución que viola los preceptos del Decálogo (*ibíd.*).

Se trata de una institución que viola tan abiertamente un precepto del Decálogo, que el gobierno no puede establecerla sin anular ese precepto [4º mandamiento] del Decálogo, alterándolo en su totalidad. No los pusieron en *paralelo*, uno al lado del otro. Tampoco promulgaron una ley dominical por sus propios méritos, sino que tomaron deliberadamente el precepto divino, le quitaron aquello que Dios había puesto en él, e implementaron lo que la Iglesia Católica estableció en su lugar.

> Sobre este campo de batalla se produce el último gran conflicto de la controversia entre la verdad y el error (*ibíd.*).

La batalla ha comenzado; y al haber terminado esta reunión habremos de hacerle frente.

> Y no se nos deja en duda en cuanto al resultado. Ahora, como en los días de Mardoqueo, el Señor vindicará su verdad y su pueblo. Por el decreto que imponga la institución del papado en violación a la ley de Dios, nuestra nación se separará así misma completamente de la justicia (p. 151).

Ahora otra cosa: quiero preguntarles si esto se ha cumplido. Se recuerda que este *Testimonio* se escribió en 1885.

> Cuando el protestantismo extienda la mano a través del abismo para asir la mano del poder romano... (*ibíd.*).

Esto es "cuando extienda la mano". En 1884 dijo que "lo hará". Y esto dice que "cuando extienda la mano". Ese pequeño testimonio especial, ahora hace un año, afirmó que, "lo está alcanzando". *Sabemos*, ahora, que lo *ha hecho*. ¿no es así?

Leamos del *Testimonio* n° 33, p. 240.

> Cuando nuestra nación abjure de tal manera los principios de su gobierno que promulgue una ley dominical, en este acto el protestantismo dará la mano al papismo [*Joyas de los Testimonios*, Vol. II, pp. 318 y 319].

Pero ellos unieron manos con el papado al hacer esto, a fin de conseguirlo; ¿y no es todo cierto en esa única cosa? Ella ha dado la mano al papado. Entonces eso está cumplido, ¿verdad? –[Congregación: "Sí"]. Entonces, hasta este punto el testimonio esta cumplido; ¿es eso así? –[Congregación: "Sí"]. Luego, más adelante: este mismo párrafo aquí, en la página 240 del *Testimonio* No. 33:

> Cuando nuestra nación abjure de tal manera los principios de su gobierno que promulgue una ley dominical, en este acto el protestantismo dará la mano al papismo; y con ello recobrará vida la tiranía que durante largo tiempo ha estado aguardando ávidamente su oportunidad de resurgir en activo despotismo (*ibíd.*).

Hemos encontrado por nuestros otros estudios y por los últimos Testimonios que han llegado eso, a través de la influencia del gobierno de los Estados Unidos que todas las naciones son devueltas al papado; y cuando eso sea hecho, es a través de este país que *se da vida* al mismo espíritu tiránico que pasa por todo el mundo. Entonces, estamos en ese punto ahora, ¿es así? –[Congregación: "Sí"]. Ahora veamos qué queda. Hay algo más que viene en esta conexión.

En la página 207 del *Testimonio* No. 32 leemos:

> Cuando se incline por encima del abismo para *darse la mano* con el espiritismo... [*Joyas de los Testimonios*, Vol. II, p. 151].

Hasta ahora este último punto se ha cumplido, ¿es así? –[Congregación: "Sí"]. Mientras que el otro permanece.

> Cuando se incline por encima del abismo para darse la mano con el espiritismo, cuando, bajo la influencia de esta triple unión, nuestro país repudie todo principio de su constitución como gobierno protestante y republicano... (*ibíd.*).

Cuando se dieron la mano con el papado, fue para establecer la institución papal, tal como nos había predicho el testimonio que se imprimió en el *Boletín*, que se trata de poner a un lado el memorial de Dios y establecer en su lugar el falso sábado. Al hacer eso, se ha dado las manos con el papado. Ha establecido la institución del papado en lugar de la institución de Dios. Hasta ahí se ha cumplido; se ha cumplido al darse las manos con el papado. Ahora, lo que falta es que se de las manos con el espiritismo. Y después, "bajo la influencia de esta triple unión", todo principio, no sólo como gobierno protestante, sino también *republicano*, será repudiado. Ahora, un gobierno republicano es un gobierno del pueblo, en contraste con uno monárquico. ¿Cuál es el propósito de Satanás al obrar todos esos milagros? Bueno, primero leeré el resto de esta cita:

> Cuando, bajo la influencia de esta triple unión, nuestro país repudie todo principio de su constitución como gobierno protestante y republicano, y haga provisión para la propagación de las mentiras y *seducciones* papales, entonces *sabremos* que *ha llegado el tiempo en que se verá la asombrosa obra de Satanás*, y que el fin está cerca (*ibíd.*).

Ahora, ¿por qué es esto, y con qué propósito es que Satanás hace estos milagros? ¿Acaso no es para probar que él es Cristo? –[Congregación: "Sí"]. "Se levantarán falsos cristos y falsos profetas, y harán grandes señales y prodigios, de tal manera que engañarán, si es posible, aun a los escogidos" (Mat. 24:24). Pero él mismo se pone en el lugar de Cristo. "Cristo es Rey", ¿no es así? –[Congregación: "Sí"]. Cuando Satanás en esos milagros se ponga en el lugar de Cristo, debe ser lo mismo, ¿no es así? –[Congregación: "Sí"]. Cuando esto sea hecho, entonces en su misma cara, cada principio del gobierno Republicano se habrá eliminado, y tendrán una monarquía establecida. Y así, el objetivo del espiritualismo es abrir el camino para la profesada venida de Cristo y el establecimiento de su reino en la tierra.

Como puede ver, habiendo hecho tanto ya, es bastante fácil dar el siguiente paso y reconocer a "Cristo" como rey [el falso Cristo]. Eso es lo que están instando ahora los Reformadores Nacionales, que han estado trabajando para aquello que han obtenido; por aquellos que reconocen la fuerza de lo que ha sido hecho al establecer de esta una "nación cristiana". Esto se hará de la misma manera. El principio será reconocido de alguna manera; y se darán la mano con el espiritismo. Luego, cuando eso esté hecho, cuando el camino esté abierto, "Cristo" es reconocido como rey, lo que abre el camino para que *Satanás* venga *como Cristo* y establezca su reino aquí y haga todos estos milagros, arrastrando al mundo con él. Es ahí donde se levanta el clamor –tal como expresa el Vol. IV–, "¡Cristo ha venido! ¡Cristo ha venido!". [*El conflicto de los siglos*, p. 682].

Entonces, ¿no nos muestra todo esto que la obra de Satanás en el espiritualismo, en estas maravillas y milagros que engañan a los hombres, ocurre *después del establecimiento de la imagen* [de la bestia], tal como indica la profecía?

> Diciendo a los habitantes de la tierra que le hagan una imagen a la bestia que fue herida de espada y revivió. Se le permitió infundir aliento a la imagen de la bestia, para que la imagen hablara e hiciera matar a todo el que no la adorara. Y hacía que, a todos, pequeños y grandes, ricos y pobres, libres y esclavos, se les pusiera una marca en la mano derecha o en la frente, y que ninguno pudiera comprar o vender, sino el que tuviera la marca o el nombre de la bestia o el número de su nombre (Apoc.13:14-17).

Entonces, puede ver nuevamente que hasta el verso quince, ninguno de los versos está cumplido en el orden en que se establecen sus declaraciones. "Bueno, entonces", dirá alguien, "¿por qué es de esa manera? ¿Cómo sabremos, entonces, *cuando* venga?".

El Vol. IV también nos dice eso, en la página 443:

> Para saber a qué se asemeja la imagen y cómo será formada, debemos estudiar los rasgos característicos de la misma bestia: el papado [*El conflicto de los siglos*, p. 496].

Debemos aprender del cumplimiento de la profecía y ser capaces de detectarla, a partir de nuestro conocimiento de aquello de lo que es una imagen. En otras palabras, no debemos obtener el conocimiento del cumplimiento de esta profecía solamente de la profecía misma; sino que debemos detectar y aprender del cumplimiento de esta profecía a partir del registro de la naturaleza, la obra y la disposición de *la bestia* de la cual es tan solo *una imagen*. Entonces, a fin de que veamos cuándo estos pasajes se cumplen; a fin de que veamos su cumplimiento, debemos estar familiarizados con el original, con la bestia; y *bien familiarizados con ello*, para que cuando cualquiera de estos puntos aparezca, podamos ver a dónde pertenece, porque sabemos dónde pertenecía en el original; y luego, sabiendo a dónde pertenece, podremos evitarlo.

Hay una peculiaridad acerca de esta profecía, algo que muchas otras no tienen: hay algunas profecías; como la del capítulo séptimo de Daniel: la caída de Babilonia, Medo-Persa, Grecia y Roma, y así sucesivamente; la cuales éstas los hombres podían presenciar su cumplimiento de los mismos eventos, y podían estar perfectamente seguro en ello. En otras palabras, ¿era seguro para los hombres, familiarizados con la Escrituras, en esperar que otro reino reemplazará a Babilonia, y esperar que fuese Medo-Persa, sabiendo que eso hallaría su cumplimiento de evento mismo? –Sí. Podía observar su cumplimiento y podía observar el evento mismo. Pero atención: aquí tenemos esta profecía que viene al final del mundo, y en el torbellino de los eventos que configuran el fin del mismo, aquel que espera ver su cumplimiento para ponerse en acción, se encontrará que llegó demasiado tarde.

Por lo tanto, esta es una profecía con la que Dios quiere que estemos tan bien familiarizados de antemano, que la veamos desde el lado correcto, y no estar detrás cuando ésta llegue. Y para hacer eso, ves que el Señor nos da una ilustración que ya se ha cumplido en la historia; Él nos da el desarrollo de los eventos que ocurrieron ya; cumplido ante los ojos de los hombres, en un proceso lento; de modo que, al estudiarlo, así como ocurrió, lentamente; podamos llegar a estar enteramente familiarizarnos con los principios que fueron establecidos, sus consecuencias, y el resultado de ellos. Y lo hace a fin de que podamos estar tan bien familiarizados con esas cosas en todos sus aspectos, que cuando el primer indicio de esas cosas sea tocado *aquí*, podamos conocer el resultado muy de antemano y, por lo tanto, tener tiempo suficiente para tomar precaución y nunca ser atrapado.

Es por eso que el Señor no quiere que busquemos el cumplimiento de esta profecía en la profecía misma; porque si esperamos para eso, las cosas más importantes en el cumplimiento de la profecía serán aquellas de las que depende nuestra salvación en el mismo momento en que esas cosas se cumplan; y si estamos en el lado equivocado, si llegamos tarde, simplemente seremos dejados fuera. Por lo tanto, Él ha hecho provisión, para mostrarnos a la bestia en su plenitud, en toda su obra, a fin de que al estudiar eso, podamos detectar la imagen, en cada fase y en cada lado. El primer indicio de cualquier cosa del tipo es suficiente; porque sabemos de qué se trata: todo está encerrado en ello; y, por lo tanto, tan pronto veamos eso venir, podemos decir: "Esto significa la imagen de la bestia; está ahí encerrada, y debo evitar cualquier conexión con ello desde ahora hasta el fin del mundo". Viendo el crecimiento de ello que se ha iniciado, que sé que era el espíritu y el principio del papado cuando se inició, cuando lo veo y lo evito todo en cada paso, estoy en un terreno seguro, y a menos que lo haga estoy en terreno peligroso.

Por lo tanto, el Espíritu de Profecía nos ha dicho que, si quisiéramos saber acerca de la imagen, debemos estudiar a la original: la bestia. Y aquellos que están observándola de esta manera, podrán detectar la iniquidad en cada una de sus fases; no importa de qué forma se presente o de dónde venga, incluso si es solo el más mínimo destello. Y Dios quiere que estemos tan bien familiarizados con el original que podamos detectar la imagen, aunque solo sea un destello de sus mentiras que mostrará.

Hermanos, estas cosas son importantes para que las tengamos en cuenta y para que las sepamos, para que no seamos vencidos, que no nos sorprendan sin la preparación necesaria en cada momento, sino que andemos siempre con antelación en la mente y en la luz del Espíritu de Dios. Entonces lo digo de nuevo. Desde la naturaleza de las cosas y en el rápido torbellino de estos últimos días y todas estas cosas que vienen tan rápido, a fin de estar seguros tenemos que estar por delante de los acontecimientos actuales. Y a fin de preparados para ellos, Dios los ha ido trazando con detalle ante nosotros en la evidencia histórica de la bestia. Nos lo ha dibujado de forma que podamos estudiarlo calmadamente en su lento desarrollo, hasta alcanzar la plenitud de sus ruinosos resultados en el pasado. Se nos ha dado a nuestro alcance, mediante la iluminación del Espíritu de Dios, estar siempre por delante de estas cosas que están viniendo ahora; para que cuando venga, por rápido que sea, solo nos alegremos, porque sabemos de antemano lo que todo esto significa. Eso es todo lo que puedo decir sobre esa línea particular de profecía, o este pasaje particular. Me ha parecido necesario prestarle atención antes de separarnos, debido al gran número de preguntas que he recibido al respecto.

Ahora, esbocemos lo que está en el libro de Apocalipsis después de eso. El mensaje del tercer ángel advierte contra la bestia y su imagen, y el peligro de beber el vino de la ira de Dios. Y luego sigue la venida del Salvador para cosechar la mies de la tierra, y el pueblo de Dios de pie en el Monte Sión. Así pues, ahí, ese es un bosquejo desde donde estamos hasta la victoria final.

Entonces el capítulo dieciséis ocupa las plagas; el diecisiete se refiere a Babilonia la grande, la madre; el dieciocho es el mensaje de advertencia; el tiempo de refrigerio, la lluvia tardía, el alumbramiento de la tierra con la gloria de Dios, el llamado a salir de Babilonia, porque ella ha caído y se ha convertido en habitación de demonios, así como albergue de todo espíritu inmundo, y de todo pájaro inmundo y aborrecible, y que no recibáis de *sus plagas*; y Dios ha recordado sus iniquidades. Y luego la palabra continúa y da la ocurrencia real del juicio de Dios sobre Babilonia la grande, a su completa ruina y perdición. Recordaréis que el capítulo 19 es un cántico, la voz de una gran multitud en el cielo, diciendo:

> Y después de estas cosas oí una gran voz de gran multitud en el cielo, que decía: ¡Aleluya! Salvación y honra y gloria y poder al Señor nuestro Dios. Salvación, honra, gloria y poder son del Señor Dios nuestro, porque sus juicios son verdaderos y justos, pues ha juzgado a la gran ramera que corrompía la tierra con su fornicación, y ha vengado la sangre de sus siervos de la mano de ella... Entonces los veinticuatro ancianos y los cuatro seres vivientes se postraron en tierra y adoraron a Dios, que estaba sentado en el trono. Decían: "¡Amén! ¡Aleluya!". Y del trono salió una voz que decía: "Alabad a nuestro Dios todos sus siervos, y los que lo teméis, así pequeños como grandes". Y oí como la voz de una gran multitud, como el estruendo de muchas aguas y como la voz de grandes truenos, que decía: "¡Aleluya!, porque el Señor, nuestro Dios Todopoderoso, reina". Gocémonos, alegrémonos y démosle gloria, porque han llegado las bodas del Cordero y su esposa se ha preparado. Y a ella se le ha concedido que se vista de lino fino, limpio y resplandeciente (pues el lino fino significa las acciones justas de los santos). El ángel me dijo: Escribe: "Bienaventurados los que son llamados a la cena de las bodas del Cordero". Y me dijo: "Estas son palabras verdaderas de Dios" (vers. 1-9).

Y lo siguiente que él ve es el cielo abierto y he aquí un caballo blanco y la venida de Cristo, la destrucción de las naciones de la tierra, la bestia y su imagen son arrojados juntos al lago de fuego y los remanentes son asesinados.

Luego, el capítulo 20 es la atadura de Satanás, la resurrección de los justos. Luego los mil años terminan, y después viene la resurrección de los impíos y el juicio y la destrucción de ellos. El capítulo 21 anuncia la nueva tierra, y la ciudad celestial sobre ella. Y el capítulo 22:

> Y no habrá más maldición; y el trono de Dios y del Cordero estará en ella, y sus siervos le servirán; y verán su rostro, y su nombre estará en sus frentes. Y allí no habrá más noche; y no tienen necesidad de lámpara, ni de luz de sol, porque el Señor Dios los alumbrará; y reinarán por siempre jamás (vers. 3-5).

Ahora, hermanos, ¿no ven que desde el mensaje de Apocalipsis 14, desde el registro del mensaje del tercer ángel, cuando la imagen de la bestia es hecha, que el resto del libro de Apocalipsis es una historia directa, tan lineal como puede ser escrita? Desde el momento en que la imagen de la bestia es formada, y el mensaje del tercer ángel avanza como se lee, tal como ahora avanza desde esta Conferencia; a medida que avanzamos con el mensaje; El resto del libro de Apocalipsis es una historia directa para usted y para mí hasta el final del libro. ¿Lo puedes ver? –[Congregación: "Sí"]. Un evento justo después de otro, todos directamente relacionados, y esas cosas están justo delante de nosotros; el resto del libro es solo eso, y lo sabes suficientemente bien.

Ahora, aquí hay otra palabra que queremos leer desde donde estamos; La reconocerás. *Testimonio*, vol. 1, página 186. Habla del mensaje de Laodicea:

> Tiene por objeto despertar al pueblo de Dios, hacerles ver sus reincidencias y llevarlos a un arrepentimiento cabal, a fin de que resulten favorecidos con la presencia de Jesús y sean hechos idóneos para el fuerte pregón del tercer ángel. A medida que este mensaje afectaba al corazón, conducía a una profunda humildad ante Dios. *Ángeles eran enviados en todas direcciones a fin de preparar los corazones incrédulos para la verdad*. La causa de Dios comenzó a levantarse, y su pueblo conocía su posición.

Ahí es donde estamos. Él ha dicho: "Levántate", ¿no es así? –[Congregación: "Sí, señor"]. Nos ha llevado al mensaje que nos dice: "¡Levántate, resplandece; que ha venido tu luz...!". Bueno, ahora ha llegado el tiempo de levantarnos. Nos hemos levantado; porque Él nos lo dijo, y Él lo dice así. Nos hemos levantado; porque no debemos olvidar que cuando Él habla la palabra y nosotros nos rendimos a ella, entonces la palabra se cumple. Él dice: "Levántate". Decimos: Señor, así sea; y luego estamos de pie. Su palabra nos levanta. Él dice resplandece. Decimos: Señor, así sea; y es así. Cuando antes la oscuridad estaba sobre la tierra, Él dijo: Sea la luz: y fue la luz. Ahora Él dice: Levántate; esa palabra, cuando reposamos sobre ella, nos levanta. Él dice: resplandece. Y esa palabra cuando nos rendimos a ella, nos hace resplandecer. Su palabra de hoy que dice: Resplandece, tiene tanta luz en ella como esa palabra que dijo: Sea la luz, en un principio. Esa palabra tiene luz en ella, y cuando nos rendimos a ella, Él verá que resplandecemos.

Pero sobre lo que quería llamar su atención especialmente fue a esta promesa de que los ángeles fueron enviados en todas las direcciones para preparar corazones incrédulos para la verdad. Ahora los ángeles de Dios han salido hacia adelante, ¿no es así? Son enviados. ¿Qué vas a hacer?

Cuando salgamos de esta reunión, dependiendo del poder de Dios, vamos con su poder, en su presencia, con su gloria sobre nosotros, esperando por Él que se manifieste a su manera, en su propio buen tiempo, tal como le complace; entonces puedes verle, enviando a sus ángeles por delante, y luego enviándonos, porque simplemente nos envía a encontrar los corazones que los ángeles ya han preparado.

Por lo tanto, hermanos, nada tenemos que hacer en cuanto a ingeniar nuevos planes de acción. ¿Puedes ver eso? No tenemos nada que ver con despertar un interés, y hacer una gran exhibición despertando un interés. El interés *está levantado*. Dios quiere que nos despertemos *al* interés. Despertar *al* interés, y no despertar *un* interés. Haremos bien si nos levantamos *al* interés; eso es todo lo que el Señor nos pide.

Luego, cuando nos envíe, debemos ir con esa promesa; está delante de nosotros; e ir al encuentro de la obra que Dios ha preparado para nosotros en cada mano, en cada dirección; ahí es donde estamos ¿No es así como era en los días de los apóstoles? Una razón por la que deseaba tener seis semanas más para estudiar juntos aquí, era que pudiéramos estudiar el libro de los Hechos; entonces podríamos ver cómo Dios obra cuando lo hace a Su manera; pero ustedes mismos pueden estudiar el libro de los Hechos. Ese es nuestro libro de lecciones ahora. Esa fue la forma en que obró cuando derramó la lluvia temprana, y ese es el libro de lecciones para ver cómo Él obrará ahora en el tiempo de la lluvia tardía. Aquí tenemos un ejemplo de ello, leo:

> Y como pasaban por las ciudades, les entregaban los decretos que habían sido ordenados por los apóstoles y los ancianos que estaban en Jerusalén para que los guardasen. Así que las iglesias eran confirmadas en la fe, y aumentaban en número cada día. Y pasando a Frigia y a la provincia de Galacia, les fue prohibido por el Espíritu Santo predicar la palabra en Asia (Hech. 16:4-6).

¡El Espíritu Santo les *prohibió* predicar la palabra en Asia! ¡Y eso a pesar de que el Señor los había enviado a predicar el evangelio a toda criatura! "Y cuando llegaron a Misia, intentaron ir a Bitinia, pero el Espíritu no se lo permitió" (vers. 7). Hubo hombres que sabían cuál era la dirección del Espíritu de Dios. Y tú y yo también debemos saberlo. –[Congregación: "Amén"]. Y a eso es a lo que se refieren los *Testimonios*; y la finalidad de nuestras reuniones. No abandonéis este lugar hasta que estés preparado para conocer la dirección del Espíritu de Dios, y reconocer la guía del Espíritu de Dios. Ese es el objeto de nuestra reunión aquí.

Bueno, no podían predicar más el evangelio en Asia ni en Bitinia, y todo cuanto podían hacer era avanzar hasta donde les fuera posible, en la única dirección que quedaba abierta ante ellos, de forma que descendieron hasta Troas; allí estaba el límite. No les era dado predicar en ningún lugar a sus espaldas; no podían ir a su derecha y aún menos a su izquierda, y allí estaban al borde del mar. Ahí estaban. ¿Entonces qué paso? Luego, el Señor les dijo qué hacer.

> Y pasando por Misia, descendieron a Troas. Y de noche apareció a Pablo una visión: Un varón macedonio estaba en pie, y le rogaba, diciendo: "Pasa a Macedonia y ayúdanos". Y cuando él vio la visión, inmediatamente procuramos ir a Macedonia, dando por cierto que el Señor nos llamaba para que les predicásemos el evangelio. Zarpando, pues, de Troas, fuimos rumbo directo a Samotracia, y al día siguiente a Neápolis; y de allí a Filipos, que es la ciudad principal de la provincia de Macedonia, y una colonia; y estuvimos en aquella ciudad algunos días. Y el día sábado salimos de la ciudad, junto al río, donde solían hacer oración; y sentándonos, hablamos a las mujeres que se habían reunido. Y una mujer llamada Lidia, que vendía púrpura en la ciudad de Tiatira, temerosa de Dios, estaba oyendo; el corazón de la cual abrió el Señor para que estuviese atenta a lo que Pablo decía (vers. 8-14).

¿Por qué el Señor quería que fueran a Macedonia? Para satisfacer el interés que los ángeles del Señor ya habían abierto. Cornelio, también, estaba buscando al Señor. Un ángel se le apareció, y le dijo que enviara a buscar a Pedro, quién le diría palabras, por medio de la cual sería salvo. Pedro fue, pero fue solo para satisfacer el interés que ya había sido levantado. Felipe, también, fue enviado lejos a través del país para encontrar al eunuco y satisfacer el interés que estaba ya levantado en su mente y corazón.

Eso es suficiente en ese punto. Puedes ver por esto, que el libro de los Hechos, desde este día en adelante, es tu libro de lecciones, y el mío sobre la obra de Dios; cómo llevará a cabo la obra, y qué lugar quiere que ocupemos en ésta. Y, hermanos, tengan en cuenta que lo que Él dice es así todo el camino hasta el final.

Leamos un pasaje de Isaías al respecto de lo que el Señor quiere que hagamos y lo que tiene para nosotros. Recordaréis que me referí al capítulo 60 de Isaías. Leeremos ahora los dos últimos versículos:

> Todo tu pueblo, todos ellos, serán justos. Para siempre heredarán la tierra; serán los renuevos de mi plantío, obra de mis manos, para glorificarme. El pequeño llegará a ser un millar; del menor saldrá un pueblo poderoso. Yo, Jehová, a su tiempo haré que esto se cumpla pronto.

Luego, el capítulo 61:

> El Espíritu de Jehová el Señor está sobre mí, porque me ha ungido Jehová; me ha enviado a predicar buenas nuevas a los abatidos, a vendar a los quebrantados de corazón, a publicar libertad a los cautivos, y a los presos apertura de la cárcel; a proclamar el año de la buena voluntad de Jehová, y día de venganza del Dios nuestro; a consolar a todos los enlutados (vers. 1 y 2).

Ahora los dos últimos versículos de ese mismo capítulo, y luego el capítulo 62:

> En gran manera me gozaré en Jehová, mi alma se gozará en mi Dios, porque me vistió con vestiduras de salvación, me rodeó de manto de justicia, como a novio me atavió y como a novia adornada con sus joyas. Porque como la tierra produce su renuevo y como el huerto hace brotar su semilla, así Jehová, el Señor, hará brotar justicia y alabanza delante de todas las naciones (Isa. 61:10,11).

Eso es lo que va a hacer ahora.

> Por amor de Sión no callaré y por amor de Jerusalén no descansaré (Isa. 62:1).

¿Qué dices? ¿Tienes miedo de casarte? "O sí, ya llevo bastante tiempo en el trabajo y creo que es mejor que me vaya a casa y descanse". Sería mejor que te quedes donde estás y descanses. Quédate allí y trabaja mientras descansas.

> Por amor de Sión no callaré y por amor de Jerusalén no descansaré hasta que salga como un resplandor su justicia y su salvación se encienda como una antorcha (Isa. 62:1).

Hermanos, quiero decirles que, si emprenden la reforma de salud y la viven según la idea de Dios, no tendrán que descansar; trabajarás mientras descansas, y no necesitarás vacaciones en absoluto. Lo sé por experiencia. Sabes tan bien como yo que durante los últimos tres años he estado trabajando todo el tiempo, y no he tenido vacaciones; No las he necesitado; no quiero ninguna. He pasado por institutos y reuniones de campamento, directamente de uno a otro, sin descanso, y he ganado peso y fuerza todo el tiempo. Y saldré de esta Conferencia General, donde he estado trabajando cada minuto, desde la mañana hasta la medianoche algunas veces, tan fresco como estaba cuando comencé la Conferencia; y espero quedarme así. Pero debes aprender a trabajar en tu alimentación, en lugar de tus signos vitales. Un hombre no puede seguir así y trabajar en sus signos vitales; pero puede trabajar en sus comidas y hacerlo año tras año. Obtén la reforma de salud tal como es y no necesitaras vacaciones. Entonces podemos hacer esto como Él dijo: "por amor de Jerusalén no descansaré". Me atrevo a hablar sobre este tema de la reforma de salud, porque creo que soy un buen espécimen.

–"Puede afirmar eso porque tiene un sistema digestivo privilegiado", dirá alguien. –No señor: tengo el estómago delicado, y desde hace años. He tenido que ser cuidadoso continuamente a fin de evitar desarreglos digestivos, pero para eso está precisamente la reforma pro-salud: para darle a un hombre la sensación suficiente para cuidar de sí mismo. Así pues, atengámonos a esto:

> Por amor de Sión no callaré y por amor de Jerusalén no descansaré, hasta que salga como un resplandor su justicia y su salvación se encienda como una antorcha.

> Entonces verán las naciones tu justicia y todos los reyes tu gloria; y te será puesto un nombre nuevo, que la boca de Jehová nombrará. Y serás corona de gloria en la mano de Jehová y diadema de realeza en la mano del Dios tuyo. Nunca más te llamarán "Desamparada" ni tu tierra se dirá más "Desolada"; sino que serás llamada Hefzi-bá [Mi deleite está en ella], y tu tierra, Beula [Desposada]; porque el amor de Jehová estará en ti, y tu tierra será desposada. Pues como el joven se desposa con la virgen, así se desposarán contigo tus hijos; y como el gozo del esposo con la esposa, así se gozará contigo el Dios tuyo. Sobre tus muros, oh Jerusalén, he puesto guardas; todo el día y toda la noche no callarán jamás. ¡Los que os acordáis de Jehová, no descanséis! (Isa. 62:1-6).

Bueno, cuando obremos sin descanso, y sin dar al Señor descanso, hay algo que va a suceder:

> ¡Ni le deis tregua, hasta que restablezca a Jerusalén y la ponga por alabanza en la tierra! Juró Jehová por su mano derecha y por su poderoso brazo: "Nunca más daré tu trigo por comida a tus enemigos, ni beberán los extraños el vino por el que tú trabajaste; Mas los que lo cosecharon lo comerán, y alabarán a Jehová; y los que lo vendimiaron, lo beberán en los atrios de mi santuario". ¡Pasad, pasad por las puertas; barred el camino al pueblo; allanad, allanad la calzada, quitad las piedras, alzad pendón ante los pueblos! He aquí que Jehová hizo oír hasta lo último de la tierra: "Decid a la hija de Sión: He aquí viene tu Salvador [ese es nuestro mensaje]; he aquí su recompensa con Él y delante de Él su obra". "Y les llamarán Pueblo Santo, Redimidos de Jehová; y a ti te llamarán Ciudad Deseada, no desamparada" (Isa. 62:7-12). "*¿Quién es Éste que viene* de Edom, de Bosra con vestiduras rojas? ¿Éste que es hermoso en su vestir, que marcha en la grandeza de su poder? Yo, el que *hablo en justicia, poderoso para salvar*" (Isa. 63:1).

Esa es la venida del Señor. Los capítulos 63, 64 y 65 de Isaías hablan de los nuevos cielos y la nueva tierra; y el 66 declara que, así como éstos permanecen, así permaneceremos nosotros, "y de mes en mes, y de sábado en sábado, vendrán todos a adorar delante de mí, dice Jehová" (vers. 23). ¿No ves que Isaías, desde los capítulos 60 al 66, es un paralelo de Apocalipsis 13 hasta el final del libro? Todas estas cosas que el Señor usa para mostrarnos lo que va a hacer ahora.

Bueno, hermanos, la Biblia está llena de esto; La Biblia está llena de esto. Permitamos creerlo; creámosle a Él, y al mensaje que nos ha dado, y el poder del mensaje que Él ha dado a todos, y que nadie salga de esta Conferencia sin él [mensaje].

Capítulo 24

¡Prepárate, porque el Señor está viniendo! ¡Prepárate, para ser como Él!

COMENZAREMOS con el párrafo del "Volumen IV" que leímos anoche. Está en la página 443 de la serie *El Gran Conflicto* (edición para el colportor):

> Para saber a qué se asemeja la imagen y cómo será formada, debemos estudiar los rasgos característicos de la misma bestia: el papado [*El conflicto de los siglos*, p. 496].

Y necesitamos estudiar esto ahora, más de lo que alguna vez lo hemos necesitado; porque no todas las características de la imagen de la bestia han sido desarrolladas todavía. La imagen aún no ha aparecido ante el mundo en todas sus características y en todo su desarrollo. Cada paso, a partir de ahora y en lo que resta, será la aparición de sucesivas características de la imagen, creando cada vez más la semejanza completa, la semejanza perfecta, en todas sus partes, de la original. No hemos visto más que el principio, ahora; pero, como hemos encontrado en nuestras lecciones aquí, el comienzo que ha sido tomado es tal que ningún poder en la tierra o en ningún otro lugar puede detenerlo. Continuará desarrollando todo lo que contiene, a pesar de todo lo que se pueda hacer para evitarlo. Seguirá adelante, incluso en contra de los deseos, y muchas veces en contra de las intenciones, de quienes iniciaron el proceso.

Ahora solo veamos cómo esta cosa ha crecido con nosotros; cómo se desarrolla justo ante nuestros ojos. Hace varios años, cuando comenzamos primeramente un trabajo real, directo y activo en esta fase en particular, establecimos el *American Sentinel* [revista dedicada a la libertad religiosa]; eso es hace ocho años dese ahora, creo. Había entonces, una sola organización en el país, dedicada a esa labor [de introducir en la legislación americana la obligatoriedad del descanso dominical]. En muy poco tiempo esa organización atrajo a sí a otras, en número de cuatro o cinco en el primer y segundo años. Entonces, el movimiento fue más allá de la gestión, y realmente más allá del poder, de la organización original. Luego, la misma organización original desapareció por completo de nuestras mentes, y este nuevo molde fue puesto sobre ella, este mayor poder que se le dio, la llevó más allá de la organización original por aquellos que fueron añadidos. Eso era en contra de lo que nuestra oposición estaba entonces; era esta nueva forma con la que teníamos que lidiar.

Ahora, el incremento de poder derivado por estas organizaciones adicionales, la ha llevado a ella misma y a todo el movimiento al lugar donde la organización original pretendía que fuera; así que ahora no tenemos más que tratar con estas organizaciones. No tenemos nada en particular que discutir con ellas. Nuestro argumento no es en contra de ellos o de su trabajo. Ahora tenemos que lidiar con el gobierno de los Estados Unidos; yo iba a decir, simplemente incidentes, pero en realidad son aún menos que eso; puesto que el gobierno tomará medidas y estará obligado a tomar medidas que irán directamente en contra de las intenciones, y muchas veces en contra del poder de aquellos quienes han hecho lo que ha sido hecho. Y si bien nuestro trabajo al principio fue en contra de esa primera organización, y como nuestro segundo trabajo fue en contra de la organización aumentada y el trabajo que estaba haciendo; *ahora* todas esas organizaciones están fuera del camino, y ahora tenemos que lidiar con lo que ha sido hecho por ellas.

Esa es nuestra posición ahora. Ahí es donde estamos parados, y si "The American Sabbath Union" hace esto, aquello u lo otro [al igual que "The National Reform Association", presionaba al Congreso para que aprobara una legislación religiosa decretando el descanso obligatorio dominical], no tiene relevancia para nosotros ahora; porque se tomarán medidas, y se harán cosas que, "The American Sabbath Union" nunca pretendió hacer inteligentemente o concienzudamente. Cosas serán hechas en contra de los deseos, y más allá de la intención, la intención consciente, de la combinación completa. Porque ellos, incluso en su intento más radical, nunca pretendieron nada, sino que ellos mismos deberían administrar al gobierno cuando lo obtuvieran: pero para sorpresa suya, van a ser los católicos –y no ellos– quienes tendrán la influencia en el gobierno, una vez logrado su objetivo inicial. Y ahí es donde se encontrarán a ellos mismos abandonados en la niebla; ahí es donde se encontrarán a ellos mismos en desventaja. Y estas cosas serán hechas, a pesar de ellos, en las que nunca pensaron cuando fueron cegados por su propio celo para obtener un poder que no les pertenecía; pero no tienen a nadie a quien culpar sino a ellos mismos.

Ahora, el Congreso ha aplazado; y la acción que ese Congreso tomó, está sujeta al gobierno sin ningún remedio. No solo eso, sino que se dio un paso adicional en esa línea en los últimos días de la sesión. Todavía no he encontrado todos los detalles del resultado, pero conozco los hechos, y son estos: se encontró que el baile inaugural que se realizaría, celebrando la inauguración de Cleveland, debía tener lugar el sábado por la noche. Se esperaba, por supuesto, que bailaran más allá de las doce de la noche. The Marine Band, la Banda Nacional de los Estados Unidos, fue contratada; debían proporcionar la música para el baile, y también debían dar conciertos el domingo siguiente. Los ministros de la ciudad de Washington enviaron una petición al Congreso, y el senador Quay, por supuesto, la presentó. Y aquí están los particulares que son reportados ahí. Expongo a continuación las particularidades de dicha petición:

> 28 de febrero de 1893. El Sr. Quay presentó hoy en el Senado una petición firmada por pastores de las iglesias de Washington y otros lugares, sobre el tema del concierto propuesto por la Marine Band, en el edificio de la Oficina de Pensiones, el próximo domingo, como parte de las ceremonias inaugurales.

No sé cómo fue eso. Esta es la petición:

> CONCIERTOS EN DOMINGO EN EL EDIFICIO DE LA OFICINA DE PENSIONES
>
> *Sr. Quay*: Presento una petición de sesenta clérigos de la ciudad de Washington, que pido sea leída.
>
> *El Vicepresidente*: La petición será leída si no hay objeción.
>
> *El Secretario Principal*: La petición es la siguiente:
>
>> Al Presidente de los Estados Unidos, al Secretario del Interior, y al Senado y la Cámara de Representantes reunidos en el Congreso:
>>
>> PETICIÓN
>>
>> *Dado que*, habiendo sido anunciado por el comité inaugural a través de los diarios que, como parte del programa para las ceremonias inaugurales, tres conciertos de la banda de la marina serán llevados a cabo en el edificio de la Oficina de Pensiones, el próximo domingo 5 de marzo; y,
>>
>> *Dado que*, el Congreso de los Estados Unidos, *en deferencia al sentimiento cristiano de la nación* expresado clara e inequívocamente por la prensa religiosa, el púlpito y por petición, ha cerrado por decreto legal las puertas de la Exposición Colombina los domingos:
>>
>> Por lo tanto, creyendo, que permitir la celebración de tales conciertos el domingo por una banda de músicos conectados con uno de los grandes departamentos del gobierno, en un edificio del gobierno que está ocupado por otro gran departamento, y como una parte de las ceremonias relacionadas con la ceremonia de apertura del *Presidente de esta gran nación cristiana*, por y con la aprobación de sus gobernantes elegidos, sería *un pecado nacional*; creyendo también que tal profanación, como fue propuesta, no tiene precedentes; resultaría en un daño incalculable, y sería usada como una autoridad y un ejemplo para la completa secularización del domingo
>>
>> Pedimos encarecidamente que se emitan órdenes prohibiendo el uso de cualquier edificio gubernamental para tal propósito en ese día.
>>
>> Firmado por W.R. Graham, pastor de la Iglesia Protestante Metodista de Congress Street; W. Sherman Phillips, pastor de la Iglesia Protestante Metodista de Tabor Mt.; y muchos otros.

Como pueden ver, el Senado aprobó una resolución en respuesta a esa petición, cumpliendo con su solicitud hasta el punto de pedirle información al Secretario del Interior. He visto, por una publicación periodística posterior, al dar el informe del resultado, la declaración de que el Secretario del Interior había ordenado que la Marine Band no debería tocar el domingo, y que el Presidente de Cleveland había dado a entender su deseo en el mismo sentido. Por lo tanto, cuando dieron las doce en punto, el sábado por la noche, la banda se detuvo en seco, las grandes y brillantes luces eléctricas se apagaron y todos en el piso dejaron de bailar.

Para lo que atraigo su atención a eso, es para que vean que el gobierno, el Senado de los Estados Unidos, al menos, ha tomado un paso adicional en apoyo del domingo, al aprobar esa resolución; y ahí está permanece.

Otro caso significativo es el ocurrido en el tribunal del juez Tuley, en Chicago, en el que las Compañías de los buques a vapor decidieron sumarse a la iniciativa de los Comisionados para la Feria Mundial a fin de evitar que el parque Jackson permaneciera cerrado los domingos para los excursionistas que llegaban en los buques a vapor. Fracasaron en su intento, y el juez Tuley decidió que el gobierno de los Estados Unidos es el único que posee autoridad sobre ese parque, para propósitos de exposición, y como había establecido que el domingo debería ser observado allí, eso dejaba fuera al Estado de Illinois y a la Ciudad de Chicago de cualquier palabra sobre el asunto.

Entonces, ya ves, todo lo que toca esta cuestión, todo lo que surge, todo se lleva al apoyo de lo que se ha hecho. Ahora, si no se convoca una sesión extraordinaria del Congreso, y ninguna lo ha sido aún, y sin duda no lo será por ahora, como el presidente no ha dado a entender su intención de hacerlo, entonces esa legislación se aplicará sin que nadie la cuestione ni interfiera hasta la clausura de la Feria Mundial; el asunto por el cuál la resolución legal fue aprobada, ha sido conseguida; entonces tendremos al gobierno de los Estados Unidos comprometido a, y habiendo vivido a través de, más de un año de historia bajo la presente ley dominical establecida. Y así el precedente habrá sido establecido, será una parte de la experiencia del gobierno, una parte de su historia; y dado que no son estadistas –y muy pocos lo son hoy en día, especialmente en el Congreso–, se rigen más por lo que *se ha sido hecho* que por lo que *debería hacerse*, ese será el argumento más fuerte y el gran baluarte para siempre en la posteridad, en favor del domingo como el día sagrado del gobierno de los Estados Unidos.

Pero, como hemos dicho anteriormente, si se convocara una sesión extraordinaria, y otro Congreso derogara esa ley dominical, eso no afectaría en lo más mínimo el principio involucrado en la legislación dominical; porque cualquier legislación posterior puede derogar cualquier ley aprobada por cualquier legislatura anterior, y dicha acción no cuestiona el derecho de la legislación anterior a *constituir en ley* lo que ha sido derogado. Cuando una legislatura deroga una ley de una legislatura anterior, no cuestiona el derecho de la legislatura anterior a constituirlo en ley, sino simplemente la política de la misma.

El derecho a hacer la cosa es igual que si no se derogara. En consecuencia, si se llamara a una sesión extraordinaria, y se derogara el acto del cierre dominical, el gobierno estaría tan claramente obligado y comprometido al principio de que la legislación dominical es correcta para el gobierno, como lo está ahora.

[Voz: "Supongamos que lo derogan por inconstitucional"].

Si el Congreso la derogara expresamente en la declaración y por la razón, de que era inconstitucional por completo, eso la afectaría, pero un poco más; porque sería simplemente la opinión de un Congreso contra la opinión de otro, como se hace a menudo entre los grandes partidos. Incluso ahora, esta es precisamente la posición de los dos grandes partidos sobre la cuestión arancelaria. El partido demócrata insiste en que la ley arancelaria republicana es inconstitucional. Por lo tanto, si esta legislación dominical no fuera derogada corporalmente porque es inconstitucional, cualquier Congreso sucesivo podría retomarla porque el Congreso lo hizo una vez antes; así esto arrojaría el asunto a una igual controversia, y eso es todo lo que habría para esto.

Pero nada de lo que se haga podrá borrar enteramente esa legislación, en su principio del asunto y en el derecho del gobierno para disponer su cumplimiento. El hecho es que el gobierno es así arrojado a las manos de esta jerarquía, que nunca puede ser liberado. Se suscitarán controversias, y tan pronto como los católicos avancen y muestren su fuerza, los profesos protestantes se resentirán. Podemos esperar eso en cualquier momento. Puede venir de cualquier dirección y casi de cualquier lugar. Ocurrirá antes o después, y de hecho ya ha comenzado. Cuando tuvo lugar la dedicación del recinto de la Feria Mundial, los católicos, el cardenal Gibbons y el representante del papa recibieron allí grandes honores. Debido a eso, un buen número de profesos protestantes –los predicadores– se enojaron mucho al respecto. Dijeron que ya no querían oír hablar más de la Feria. Declararon: "Si los católicos han de tener la prioridad y recibir los honores, no queremos tener nada que ver con la Feria". Pero a los católicos nos les interesa los que los protestantes desearan. Ellos han obtenido el honor, y tendrán el poder, y si a los "protestantes" no les gusta, todo lo que necesitan hacer es mantenerse alejados. Y los protestantes manteniéndose alejados darán a los católicos lo que tanto han deseado lograr aquello que pretendieron desde en un principio. Entonces, en resumen: si se inhiben, conceden mucho más poder a los católicos; si por el contrario se *implican*, están reconociendo la supremacía católica. Y así son tomados cautivos, y no pueden evitar su sumisión a ese poder. Eso es todo lo que pueden hacer.

Solo *hay* una cosa que pueden hacer. Pueden escapar de todo y ser liberados de esto si lo desean; pero la única forma en que pueden hacerlo es aceptar el mensaje del tercer ángel. No hay otra salida. Estos hombres, muchos de ellos, han sido conducidos a esto al no ver lo que había en ello. Han sido conducidos a esto por la influencia de los ministros que tienen una posición más alta que ellos en las denominaciones de alrededor, sin soñar nunca lo que había en ella. Cuando vean que están atrapados en un laberinto perfecto, y que cuanto más avanzan en él, y en cualquier forma en que giren, se pierden; cuando vean eso, y cuán completamente han permitido ser vendidos, se liberados huyendo a Dios. Y esta es la razón por la cual el Señor eleva a su pueblo por encima del mundo y hace que su iglesia resplandezca para que no podamos estar escondidos, y cuando comiencen a buscar por liberación, verán dónde está la liberación, porque en el mensaje del tercer ángel Dios ha establecido liberación ante el mundo, y "una ciudad asentada sobre un monte no se puede esconder" (Mat. 5:14).

Ahora, cuando Dios nos levanta, nos coloca en una montaña alta, por así decirlo, y hace que Su luz irradie en todas las direcciones, entonces las personas en todas las direcciones la verán, y cuando descubran que están tan perdidos donde están, se alegrarán de obtener la liberación de cualquier fuente. Estarán felices de ver que es Dios quien liberará en esta dirección, y preferirían tener a Dios que al papado, incluso si tienen que venir a los adventistas del séptimo día para encontrarlo. Lo harán.

Otra cosa: Ese Congreso–iglesia, ese asistente de la Feria Mundial que fue recientemente dedicada, o más bien inaugurada en las ceremonias de dedicación –siendo el arzobispo de Irlanda el gran magnate y orador–, fue abierta con la sanción, bendición y para bien de la iglesia Católica. Comenzando por ahí, y siguiendo con las ceremonias que tuvieron lugar en los recintos de la Feria, los católicos, en razón de la preeminencia que se les dio, hicieron que los pastores protestantes se quejaran con expresiones como estas: "Si los católicos van a manejarlo todo, que no cuenten con nosotros".

Ahora, cuando llegue el Congreso Mundial de Religiones, y todas estas cosas salgan a la luz, entonces podemos esperar; no sabemos cómo sucederá, pero podemos esperar; que surjan controversias a partir de ese reconocimiento gubernamental de la religión. Y a partir de este día en adelante, en todo lo que surja, podemos esperar solo el mayor desarrollo de la imagen que ya está formada. Todo lo que podemos mirar por ahora es simplemente que, en cada paso, y en todo lo que sea hecho, otras características serán desarrolladas que más perfectamente completarán la viva, reputación, y completa imagen de la bestia.

En todas estas cosas vendrá, y cuando las turbulencias, los disturbios y todos los males que estas cosas engendran, comiencen a forjarse, y comiencen a venir sobre esta nación, el gobierno hará un esfuerzo por librarse de ello. Se hará un esfuerzo para rescatar al gobierno y liberarlo del mal que se está llevando a cabo a través de él. Las persecuciones vendrán. Las opresiones vendrán de esto cada vez más, y habrá una reacción; y si esa reacción condujera a un acto gubernamental, eso en su intención haría que el gobierno volviera a los principios originales de la Declaración y la Constitución, como dije la otra noche, cuando se haga eso, será tiempo para que cada uno se preparare para irse en cualquier momento. Ese será el momento para que cada uno aumente sus energías, profundice su consagración, se ponga a sí mismo con todo lo que se posee y con todas las fuerzas al servicio de la obra; ya que cuando se produzca la contra-reacción a esa reacción, y la marea del mal ascienda de nuevo sobre nosotros, tal como sin duda sucederá, le seguirán la opresión y persecución religiosas.

En Europa esto *podría* haber sido *dos veces*. Leeré un pasaje sobre este tema que nunca se publicó. Fue dada en una visión en 1850 y otra en 1852. El hermano Cornell lo tenía y nos permitió copiarlo. Él dice que el hermano O. Hewitt estaba presente cuando las visiones fueron dadas, y aseguró estas copias.

En ese momento, esto se dijo:

> Vi que en Europa las cosas se estaban agitando para que se cumplieran sus deseos. Parecía languidecer por *una* o *dos veces*, de forma que los corazones de los impíos se aliviaran y endureciesen, pero la obra no se detendría (sólo aparentaría hacerlo), ya que las mentes de los reyes y gobernadores se esforzaban en procura de la supremacía, intentando predominar sobre cada uno de los demás y sobre las mentes del pueblo.

Así pueden ver, aunque detenga su velocidad una o dos veces, en *realidad* no se detiene; solo *aparenta*. Y dice que así los corazones de los impíos serán aliviados. ¿Aliviado de qué? ¿Qué había inquietado los corazones de los impíos? Porque, el mensaje que les dice lo que significan estas angustias, como el Señor ha dicho: "Angustia de las gentes, confundidas a causa del bramido del mar y de las olas. Desfalleciendo los hombres a causa del temor y expectación de las cosas que vendrán sobre la tierra" (Luc. 21:25 y 26). Ellos serán convencidos por el Espíritu de Dios de que esas cosas son así, y tendrán miedo de que así sea; no se alegrarán de que sea así, sino que temerán que así sea. En esa situación, cuando comprueben que el asunto languidece, se sentirán aliviados. Y luego dirán: "Pensamos que era una falsa alarma". Pero entonces, cuando el asunto vuelva a arreciar, y el mensaje avance [diciendo]: "Eso es lo que les dijimos, y ahora asegúrate de prepararte", entonces ellos responderán: "Eso lo dijisteis hace ya mucho tiempo, y se ha estancado y debilitado". Ahí es donde entra la dureza del corazón, así como fue endurecido el corazón del faraón, y en consecuencia los corazones de los malvados se sentirán aliviados y endurecidos; y cuando se balancee de regreso [para caer encima], el final llega y son atrapados por sorpresa.

Ahora sobre nuestro propio país: En 1888, cuando fui al Senado, tuve la audiencia ante el Comité del Senado. Cuando regresé, la hermana White me preguntó cuál era la situación allí y cuál era la perspectiva*. Le comuniqué lo que me dijeron los senadores, que, tratándose de una sesión breve, el Congreso se cerraría el 4 de marzo; que la sesión estaba ya tan avanzada como para hacer imposible que se considerase

---

* Ver el comentario de Alonzo Jones en la página 79.

la legislación, incluso si se introdujera. Según el calendario que tenían, no vieron ni siquiera la posibilidad de ingresarla al Senado, y si lo hicieran, todavía no había posibilidad de que se pudiera pasar por ambas cámaras, como debería ser. Le conté la situación tal como era. La respuesta de la hermana White fue ésta: "Entonces está más cerca de lo que esperamos". El pensamiento natural sería, que, si la legislación no pasara, estas cosas que estamos buscando (problemas, persecuciones, etc.) estarían más lejos en el tiempo; pero, si esto *avanzara*, entonces estas cosas estarían más cercanas. Bueno, eso sería la forma natural de verlo, por supuesto la forma de Dios siendo la forma correcta, y la nuestra la incorrecta; la suya está destinada a ser la opuesta a la nuestra, y lo que naturalmente pensaríamos es la señal de que estaba más lejos, sería en verdad la señal de que está más cerca.

Pues bien, ella continuó diciendo que al suceder eso, cuando pusieran al gobierno en sus manos y comenzarán a oprimir y a manifestar el espíritu que les caracteriza; las opresiones y persecuciones que seguirán harán reaccionar a los hombres de mente justa, que aborrecen las persecuciones, y habrá un momento de calma y un poco tiempo de alivio y aparente paz. Y *luego*, cuando la marea deba retroceder de regreso después de la reacción, todas las cosas ocurrirán de forma rápida. Así que puedes ver la situación aquí, es similar a lo que ella vio que sería en Europa, como se expresa en este testimonio en 1852. Así, es por eso que la otra noche dije que ninguno de nosotros quiere ser atrapado o engañado por nada que será hecho de aquí en adelante, profesando o esperando, para deshacer lo que ya se ha hecho. Lo que sea que venga, tengan en mente, que cuando si llegue, es solo un pequeño alivio que Dios nos da para hacer más trabajo del que nunca antes hicimos en el mundo. Y eso solo nos abre el camino para que podamos hacer de una manera *más fácil* lo que tenemos que hacer. Y así, cada uno que tendrá ese punto de vista y quién actuará en consecuencia; luego, cuando la obra de Dios haya terminado, él simplemente pasará a la asamblea triunfante en el Monte Sión.

Por el contrario, todo aquel que exclame: "¡Oh no! ¡Os precipitáis! Estabas yendo demasiado rápido; le dais una importancia excesiva" –tal como dirán muchos–, debiera saber que disponemos de advertencias también al respecto.

Aquí está el registro de lo que algunos dirán (*Testimonio* n° 33, p. 243):

> Si los dirigentes de nuestras asociaciones no aceptan ahora el mensaje que Dios les envía, ni entran en acción, las iglesias sufrirán una gran pérdida. Si, al ver venir la espada, el atalaya toca la trompeta con sonido certero, las filas del pueblo harán repercutir la advertencia, y todos tendrán oportunidad de prepararse para el conflicto. Pero con demasiada frecuencia, el dirigente ha estado vacilando y pareciendo decir: "No nos apresuremos demasiado. Puede haber un error. Debemos tener cuidado de no provocar una falsa alarma". La misma vacilación e incertidumbre de su parte clama: "Paz y seguridad" (*Joyas de los Testimonios*, Vol. II, p. 322. *Traducción revisada*).

Entonces, ¿no ves en esto que cualquiera que dude, cualquiera que vacile, su propia conducta dice: "Paz y seguridad"? Puede que no lo diga en voz alta, pero lo dice. Es por eso que en otro lugar leemos, en lecciones anteriores, "Se necesitan Calebs que digan: 'Ahora, es tiempo de actuar'".

Sigo leyendo:

> La misma vacilación e incertidumbre de su parte clama: "Paz y seguridad" (1ª Tes. 5:3). No os excitéis. No os alarméis. Se le da a esta cuestión de la Enmienda Religiosa más importancia de la que tiene. Esta agitación se apagará (*ibíd.*).

¿Puedes ver eso? Eso muestra que algunos dirán eso. Bueno, entonces, ¿no ven ustedes, los que dicen eso, y toman esa vacilante, rezagada, interrogante, admirada posición cuando ven algo que parece deshacer todo lo que se ha hecho [por los defensores de la imposición religiosa dominical]?, pues ellos dirán: "Sí, eso es lo que te dijimos. Te lo dijimos hace mucho tiempo. Pero has seguido adelante y has despertado y alarmado a toda la gente, y ahora todo está deshecho, y ¿de qué ha servido vuestra obra? Es una alarma falsa que has enviado. Has engañado a la gente".

No hay cosa tal. Al producirse una bonanza como esa, los que viven en el temor de Dios y están en su consejo comprenderán que es su gran oportunidad. –[Una voz: "¿No habrá venido en respuesta a nuestras oraciones pidiendo que se retengan los cuatro vientos?"]. Efectivamente, y cuando llegue ese momento de calma, en lugar de clamar: "Paz y seguridad", todo aquel que ande en el consejo de Dios exclamará: "¡Preparémonos! ¡Apresurémonos!, pues muy pronto la marea retrocederá, y luego, todos los que estén atrapados quedan atrapados para siempre". Comprended dónde está el peligro.

Leamos un poco más de *El conflicto de los siglos*, p. 438:

> Cuando la iglesia primitiva se corrompió al apartarse de la sencillez del evangelio y al aceptar costumbres y ritos paganos, perdió el Espíritu y el poder de Dios; y para dominar las conciencias de la gente buscó el apoyo del poder civil.

No olvidéis que se trata del papado.

> El resultado fue el papado, es decir, una iglesia que controlaba el poder del estado y lo usaba para promover sus propios fines; especialmente para extirpar "la herejía". Para que los Estados Unidos forme una imagen de la bestia, el poder religioso debe dominar de tal manera al gobierno civil que la autoridad del estado sea empleada también por la iglesia para cumplir sus fines (*ibíd.*).

¿Alguien ha visto algo así de ese tipo hecho en los Estados Unidos? –[Congregación: "Sí"]. Ahora, honestamente, ¿crees que hay una persona en este lugar aparte de ti que ha visto algo como eso en los Estados Unidos? –[Congregación: "Sí"]. ¿Hay alguien que *no* lo haya hecho? –[Congregación: "No"]. No hay diferencia en lo que dice al respecto; no hay diferencia en lo que piensa al respecto o en cómo lo ve él mismo; ¿Hay alguien en esta casa o en los Estados Unidos que *no* haya visto esto? La pregunta no es lo que él cree al respecto: esa no es la pregunta en absoluto; sino ¿hay alguien que no haya visto lo ocurrido? –[Congregación: "No"]. No hay nadie que no haya visto el hecho ya ocurrido: saben que está hecho, ya sea que concedan o no que es la imagen de la bestia; esa no es la cuestión; pero ya *está hecho*. Lo han visto erigirse. Si alguien dijera que no es la imagen de la bestia, podemos responder: "bueno es justo como la imagen de la bestia". Quizá hasta ese punto podamos estar de acuerdo.

Entonces, otra cosa que viene justo aquí. Algunos han deseado poder tener una declaración de la Suprema Corte de los Estados Unidos en cuanto a que se refirió la Corte en esa decisión, o en cuanto a lo que pretendía; pero, hermanos, eso no serviría de nada. Si la Corte Suprema de los Estados Unidos escribiera una declaración expresa de que la Corte no tenía la intención de hacer de esta una nación cristiana, que definitivamente no tenía la intención de establecer una religión nacional aquí; eso no afectaría el asunto ni en lo más mínimo.

La cuestión no es qué *pretendía* la Corte; sino lo que la *ha hecho*. Eso es lo que cuenta. Y lo que la Corte ha hecho es lo que será visto, y sus frutos serán cosechados, y los efectos de esto se llevarán a cabo, a pesar de todo lo que la Corte alguna vez haya tenido la intención. Eso no tiene nada que ver con esto. No supongo que nadie en la Corte haya intentado lo que está en lo que la Corte dice; porque la Corte no sabe lo que está en lo que ha dicho; y, por lo tanto, no podría haber intentado lo que contiene. La Corte no sabe lo que contiene. No sueñan lo que contiene.

¿Sabía el Congreso lo que implicaba el acta dominical que decretaba el cierre de la Feria Mundial los domingos? ¿Sabían lo que involucraba? –[Congregación: "No"]. Supongamos que el Congreso se levantara y aprobara una resolución para la nación, diciendo al pueblo estadounidense: "Mediante esta acta declaramos que no fue nuestra intención en ningún momento el poner el gobierno de los Estados Unidos y su poder en las manos de las iglesias". Y podrían decirlo así honestamente, ¿no creen que podrían?

Pregunta: ¿Eran conscientes los obispos del tiempo de Constantino del alcance de su edicto? [Se refiere a la promulgación de la primera ley dominical conocida].

Respuesta: No; no lo eran. No sabían lo que aquello encerraba. Esa es la cuestión.

Entonces, si ahora el Congreso dijera claramente que no tenían la intención de entregar el gobierno en manos de las iglesias y, por lo tanto, el gobierno *no* está en manos de las iglesias; ¿sería por ello cierto? No continúa estando en manos de la iglesia; sin importar lo que pretendían.

El punto aquí es que ciertamente no sabían lo que esto encerraba, pero *ahora* saben que implicaba aquello que por entonces ignoraban. Un senador del Estado de Washington dijo al hermano Decker, que, de haber sabido entonces lo que supo después, no habría votado como lo hizo. Y miembros de la Cámara han reconocido lo mismo. Pero ahí está la diablura de esto. A Satanás no le interesa, y al papado no le interesa si ellos saben o no lo que esto encierra, si lo hacían con una intención o con otra; lo hicieron; está hecho, y sus frutos aparecerán, y lo malo que está en ello vendrá, a pesar de las intenciones del Congreso, a pesar de lo que supo o ignoró el Tribunal y el Congreso.

En todo caso, no es ahí donde debemos ir para interpretar las acciones emprendidas. Es a la Palabra de Dios a la que hemos de ir y buscar la interpretación de estas cosas que se han sucedido. En la historia del papado es la que nos proporcionará la clave para interpretar el presente. Sólo los que la estudien serán capaces de ver lo que encierran los hechos presentes. Los que no están familiarizados con la historia del papado, los que no la han estudiado ni analizado su origen, sus intromisiones y desarrollo, con la lógica de cada uno de los pasos desde el inicio hasta su resultado actual; los que no han estado al tanto de ese proceso, no estarán en disposición de comprender lo que esas cosas encierran, y cuáles son las consecuencias que han de traer.

Esa es la razón por la que el Señor nos ha señalado los hechos [del pasado] como fuente de nuestro conocimiento. Permitidme que lea esto una vez más: "Para saber a qué se asemeja la imagen y cómo será formada". Tal como ya dije anoche, Dios nos ha proporcionado medios por los que podemos conocer con antelación lo que ha de suceder, de forma que al ponerse de manifiesto seamos capaces de reconocer al instante que significan el papado.

Así pues, lo que importa no es cuál fuera la intención del Tribunal en su decisión. Y si el Tribunal Supremo de los Estados Unidos redactara un documento firmado por cada uno de sus jueces, manifestando que no pretendían ninguna de esas cosas, yo afirmaría simplemente: eso nada tiene que ver con la cuestión. Permanece estrictamente lo que dijeron, que fue: "Esta es una nación cristiana". Y lo demostraron "aprobándolo". Y todo esto emergerá de ello a pesar de cualquier cosa que alguna vez pretendieron o supieron acerca de ello. Eso no tiene nada que ver con esto.

Y tenemos los testimonios que leemos aquí; están al alcance de todos en la obra "*Special Testimonies*". En ellos se nos dice que no es del mundo de donde hemos de obtener la información; no debemos tomar consejo del mundo. Nuestras órdenes proceden de arriba; de ahí ha de venir nuestro consejo.

En la página primera del nº 21 de *Review and Herald* encontramos una declaración al respecto de que quienes se mantienen en el consejo de Dios, tendrán sabiduría para detectar y evitar los movimientos de Satanás. Hermanos, el Señor nos ha provisto de todo lo necesario en cada respecto, a fin de que podamos resistir contra todo lo que Satanás pretenda. Ved que el Señor ha puesto a nuestra disposición tres diferentes recursos para que podamos adquirir el debido conocimiento: la Biblia, los Testimonios y la historia del papado. Tres son las fuentes de información: la historia, la Escritura, y el Espíritu de Profecía para explicar ambas. ¿No nos ha provisto acaso de todo lo necesario?

Bueno, entonces hagamos uso de los documentos y los medios que nos ha dado por los cuales estar completamente armados en contra de estos engaños. Es todo cuanto necesitamos. Requerirá estudio; ¿Pero para qué es un predicador en el mundo, si no es para estudiar? Eso es lo que quiero saber. No tiene nada más que hacer más que estudiar; y nada más que hacer que trabajar. Estudiar y trabajar, trabajar y estudiar *todo el tiempo*. Por supuesto, será trabajo más duro de lo que muchos han hecho, estudiar todas estas cosas y poner tu mente en ellas con todas tus fuerzas. Pero no debe temer de tener fiebre cerebral; no tengas miedo de eso. Ojalá –y no me refiero sólo a los pastores, porque todos debemos ministrar un momento u otro–; que cada adventista del séptimo día llegara hasta el fondo de todo esto y estudiara hasta quedar exhausto. Le sería de gran provecho. Que esforzara su mente en el estudio hasta el límite. No habéis de tener temor alguno de agotar así las energías de vuestra mente. ¿Qué dice el Señor? "Amarás al Señor tu Dios con todo tu corazón, con toda tu alma y ...", ¿con cuánto de la mente? –[Congregación: "Con toda tu mente"]. Poneos, pues, a la obra. Dispongámonos a ello; con toda vuestra mente, tal como el Señor requiere. Permitámosle que *toda* vuestra mente sea del Señor.

Leeré algo más de esa declaración dedicada a quienes piensan que todo volverá a la calma. *Testimonio* n° 33, pp. 243 y 244:

> Con demasiada frecuencia, el dirigente ha estado vacilando y pareciendo decir: "No nos apresuremos demasiado. Puede haber un error. Debemos tener cuidado de no provocar una falsa alarma". La misma vacilación e incertidumbre de su parte clama: "Paz y seguridad" (1ª Tes. 5:3). "No os excitéis. No os alarméis. *Se le da a esta cuestión de la Enmienda Religiosa más importancia de la que tiene. Esta agitación se apagará*". En esta forma se niega virtualmente el mensaje enviado por Dios; y la amonestación que estaba destinada a despertar la iglesia no realiza su obra. La trompeta del atalaya no emite un toque certero, y el pueblo no se prepara para la batalla. Tenga el centinela cuidado, no sea que por su vacilación y demora deje que las almas perezcan, y se le haga responsable de la sangre de ellas (*Joyas de los Testimonios*, Vol. II, pp. 322 y 323. Traducción revisada).

Entonces otra cosa. Algunos de los hermanos que ministran y buena parte han dicho: "No creo que esta libertad religiosa funcione, este asunto de la iglesia y el trabajo del Estado; se parece demasiado a la política. No creo que sea exactamente el modo de trabajar en la iglesia, y en sábado, y así sucesivamente". Bueno, eso depende completamente de cuál sea la condición de tu corazón; depende totalmente de lo que es para ti. Si es simplemente algo político para usted, entonces todo lo que es para usted es política. Si es libertad religiosa realmente con usted y en usted, entonces es el evangelio. Si se trata solo de una teoría, solo de un formalismo externo, entonces todo lo que tiene que ver con usted es la política: la política es todo lo que sabe. Pero si está contigo y en ti, la verdadera libertad del alma, la verdadera libertad que Cristo da al alma convertida, entonces es la libertad religiosa verdaderamente, el evangelio de Cristo, y ninguna política al respecto. Esa es la diferencia entre la política y el evangelio de Cristo.

Me gustaría saber quién es el mayor, el más agudo y astuto de todos los políticos que hay en la tierra. –[Congregación: "El papa de Roma"]. Efectivamente. Siempre ha sido el mayor de los políticos. Cada uno de los papas ha sido un político; eso lo sabéis. Pero profesan el evangelio. ¿Quién *profesa la religión* más que el papa? Ahora bien, los principios del evangelio, tal como los profesa el papado, se reducen a una manifestación exterior. No puede tratarse más que de política. Pero permítase que los principios del evangelio que mantienen sólo en lo externo, y a los que se aferran como una teoría, como un credo... Permítase que esos principios del evangelio alcancen el corazón y traigan a él[corazón] a Jesucristo, y entonces florecerá la auténtica libertad religiosa. Pero en ese caso no habría papas.

Así, los hermanos que han supuesto que la obra de la libertad religiosa se asemejaba demasiado a la política, están realmente en necesidad de descubrir lo que significa la libertad religiosa, así como de obtener para sí mismos en sus corazones dicha libertad: sabrían entonces que no se trata de política, sino de religión. Quienes así piensan, no comprendieron lo que es auténtica religión. Aquel que encontró la libertad religiosa que hay en Jesucristo, y que el evangelio le trae, y que separa todo lo religioso del Estado, que separa la Iglesia del estado, quien así hace sabe que no se trata de política; conoce el camino de la rectitud y lo recorre, y lo hace a pesar de no importa qué consideración pueda argüir o presentar el mundo; y no hay en ello política alguna, sino principio.

Bueno, entonces aquí es donde estamos parados. Estas son algunas de las cosas que debemos considerar.

Y el secreto de todo, el principio y el final de todo, *todo en todo*, es simplemente Jesucristo en un hombre, Cristo en vosotros, la esperanza de gloria (Col. 1:27). Eso lo explica todo; eso da entendimiento de todo; lo suministra todo en Cristo. Cristo y Él crucificado; eso es todo lo que cualquier hombre quiere; eso es todo lo que cualquier hombre necesita; es todo lo que podemos tener.

> Porque en Él habita corporalmente toda la plenitud de la divinidad, y vosotros estáis completos en Él (Col. 2:9 y 10).

Luego, a medida que nos separamos, yendo hacia adelante para llevar el mensaje que Dios nos ha dado, en el poder que Él nos ha dado con ello, para llevar el evangelio eterno a cada nación, tribu, lengua, y pueblo; y –no lo olvidéis–, diciendo a *gran voz*:

> ¡Temed a Dios y dadle gloria, porque la hora de su juicio ha llegado! ¡Adorad a aquel que hizo el cielo y la tierra, el mar y las fuentes de las aguas! (Apoc. 14:7).

Siguiéndole el otro ángel que proclama:

> Ha caído, ha caído Babilonia, la gran ciudad, porque ha hecho beber a *todas las naciones* del vino del furor de su fornicación (vers. 8)

¿Es así? ¿Se trata ahora de todas las naciones? –[Congregación: "Sí"]. Entonces *resuene aún más fuerte* la voz:

> Si alguno adora a la bestia y a su imagen y recibe la marca en su frente o en su mano, él también beberá del vino de la ira de Dios, que ha sido vaciado puro en el cáliz de su ira... Aquí está la perseverancia de los santos, los que guardan los mandamientos de Dios y la fe de Jesús... Bienaventurados de aquí en adelante los muertos que mueren en el Señor (vers. 9-13).

Bueno, entonces, cuando uno de tus amigos muere, ¿por qué te enlutas? Dios ha prometido una bendición sobre él. No te robes *a ti mismo* de una bendición también, por la incredulidad. "Bienaventurados de aquí en adelante los muertos que mueren en el Señor". Y entonces se confirma en los versos 13-16:

> Sí, dice el Espíritu, descansarán de sus trabajos, porque sus obras con ellos siguen. Miré, y vi una nube blanca. Sentado sobre la nube, uno semejante al Hijo del hombre, que llevaba en la cabeza una corona de oro y en la mano una hoz aguda. Y otro ángel salió del templo gritando a gran voz al que estaba sentado sobre la nube: "¡Mete tu hoz y siega, porque la hora de segar ha llegado, pues la mies de la tierra está madura!". El que estaba sentado sobre la nube metió su hoz en la tierra y la tierra fue segada.

> También vi como un mar de vidrio mezclado con fuego, y a los que habían alcanzado la victoria sobre la bestia y su imagen, sobre su marca y el número de su nombre, de pie sobre el mar de vidrio, con las arpas de Dios (Apoc. 15:2).

Ahí es donde vamos. Es un viaje directo a través del camino. Ahí es donde está nuestro destino. Bueno, entonces no ven que todo lo que hacemos, cada tema que tomamos, cada palabra que pronunciamos, es en vista de la venida del Señor. Él *está* viniendo. Él está *viniendo*. ¿No te alegra? Sí, el Señor viene, Él mismo. Y lo veremos tal como Él es. No como *era*, sino como *es*. Su rostro brillando como el sol; su vestido blanco como la luz; su voz como la voz de una multitud, hablando paz y alegría eterna a aquellos quienes esperan por Él. Sí, hermanos, Él está viniendo; todo glorioso, Él viene. Lo veremos; lo veremos. Sí, como ese himno bendecido, que dice:

> Viene, no como el recién nacido en Belén;
> No viene para temblar en un pesebre.
> Viene, no para volver a recibir desprecio;
> No vuelve como peregrino sin techo.
> Viene, pero no a penar en Getsemaní;
> No viene a suspirar y sudar sangre en el huerto;
> No viene esta vez para morir en un madero,
> Y comprar el perdón para los rebeldes
> Oh no; esta vez viene con toda su gloria;
> con su esplendorosa gloria.

Exactamente; está envuelto en un resplandor de gloria ilimitada. ¿Cuántos de los santos ángeles con Él? –[Congregación: "Todos ellos"]. ¿Todos ellos? –[Congregación: "Cada uno de ellos"]. ¿Pero lo conoceremos a Él entonces entre una compañía de ángeles, cada uno brillando por encima del brillo del sol? Ah, hermanos, Él que ha ido con nosotros todo el camino; Él que ha estado con nosotros en el sufrimiento; Él que ha estado con nosotros en la tristeza; Él que nos libró de los problemas; Él que ha caminado con nosotros todo el camino; Él que nos ha salvado de nuestros pecados; Él que ha hecho que lo conozcamos, ¿puede algo oscurecerlo en ese día y esconderlo de nosotros? –[Congregación: "No"]. No; esa bendita presencia que nos ha unido a Él cuando estaba tan lejos, ¿puede algo alejarnos de Él cuando venga tan cerca? No; y los diez mil veces diez mil y miles de miles de ángeles *no están allí para alejarnos de Él*; No están allí para rodearlo como un cuerpo guardián de soldados, para mantener a la gente alejada. Oh no; *vienen a llevarnos a Él*. –[Congregación: "Amén"]. Eso es lo único para lo que están allí, para llevarnos a Él. Y nos llevará a sí mismo; porque Él lo dice así, lo dice así. Y lo veremos por nosotros mismos, y nuestros ojos lo contemplarán a Él, y no a un extraño. No, no es un extraño. Las últimas palabras de Pablo fueron: "Oh Señor, ¿cuándo podré abrazarte? ¿Cuándo podré verte sin que un velo se interponga?" [*Sketches of the Life of Paul*, p. 331]. ¿No podemos todos decirlo también? –[Congregación: "Amén"].

Hermanos, no tardará mucho tiempo a que regrese. –[Voces: "No, ciertamente"]. Más aún: veremos todos ahí, lo que aman a Jesús. ¿Habéis prestado atención al giro que toman las palabras de Pablo, al animarnos con respecto a la pérdida de amigos por la muerte, en la seguridad de que resucitarán? Está en 1ª Tesalonicenses 4:13-17, y dice:

> Tampoco queremos, hermanos, que ignoréis acerca de los que duermen, para que no os entristezcáis como los otros que no tienen esperanza... El Señor mismo, con voz de mando, con voz de arcángel y con trompeta de Dios, descenderá del cielo. Entonces, los muertos en Cristo resucitarán primero. Luego nosotros, los que vivimos, seremos arrebatados juntamente con ellos en las nubes para recibir al Señor en el aire, y así estaremos siempre...

¿Junto a nuestros amigos? –[Congregación: "Con el Señor"]. ¡Cómo! Empieza con el pensamiento de reunirse pronto con los seres queridos, pero al llegar al clímax los olvida totalmente. ¿Cuál es la razón? La razón es que ese día glorioso, *el Señor lo es todo en todos*. Por supuesto que estaremos gozosos al encontrar allí a nuestros amigos; pero hermanos, lo estaremos mucho más porque *el gran Amigo* esté allí personalmente. Él toma precedencia de todos nuestros otros amigos en ese día. Tal será nuestro gozo al ver allí a nuestro Amigo, que "desaparecen" los demás, y así leemos: "Estaremos siempre CON EL SEÑOR".

Hermanos, entonces no habrá ningún velo en el medio. Seremos como Él; porque nosotros, lo veremos tal como Él es. Entonces estemos alegres, estemos alegres todo el camino. Dile a la gente que el Señor está viniendo. Diles, prepárense, porque Él está viniendo. Diles estas cosas. Di, su venida está cerca. Prepárate, porque Él está viniendo. Prepárate para encontrarte con Él, porque Él está viniendo. Prepárate para ser como Él; porque esa gloria de la que nos ha dado una parte ahora, nos hará como Él por completo en ese día. ¿Dónde está el himnario? Cantemos *En la mañana de la resurrección*. Creo que ahora podemos cantar juntos.

En la mañana de la resurrección,
veremos venir al Salvador,
y a los hijos de Dios gozosos,
en el reino del Señor.

Coro:
Resucitaremos; resucitaremos,
cuando el son de trompeta atraviese el cielo azul;
Sí, los muertos en Cristo resucitarán primero.
Sí, todos los muertos en Cristo se levantarán,
en la mañana de la resurrección nos levantaremos.

Sentimos la gloria de su venida,
mientras la visión parece tardearse.
Nos consolaremos con las palabras de la Santa Escritura.

Por la fe descubriremos que nuestra batalla,
pronto se acabará y pronto
Nos daremos mutua bienvenida
en las riberas felices de Canaán.
Contaremos la dulce historia,
al encontrarnos entre amigos en la gloria,
Y nos mantendremos listos para saludar al Rey Celestial.

www.ingramcontent.com/pod-product-compliance
Lightning Source LLC
Chambersburg PA
CBHW060457010526
44118CB00018B/2446